Langenscheidt
Praxiswörterbücher

W0341501

Langenscheidt

Praxiswörterbuch
Tourismus
Englisch

Freizeit, Reisen,
Tourismuswirtschaft, Verkehr

Englisch – Deutsch
Deutsch – Englisch

von Günter Schroeder

Dritte, bearbeitete und erweiterte Auflage

Langenscheidt

Berlin · München · Wien · Zürich · New York

Bibliografische Information der Deutschen Nationalbibliothek
Die Deutsche Nationalbibliothek verzeichnet diese Publikation in der Deutschen Nationalbibliografie; detaillierte bibliografische Daten sind im Internet über https://portal.d-nb.de abrufbar.

Eingetragene (registrierte) Marken sowie Gebrauchsmuster und Patente sind in diesem Wörterbuch nicht ausdrücklich gekennzeichnet. Daraus kann nicht geschlossen werden, dass die betreffenden Bezeichnungen frei sind oder frei verwendet werden können.

Das Werk ist urheberrechtlich geschützt. Jede Verwendung außerhalb der Grenzen des Urheberrechtsgesetzes bedarf der vorherigen schriftlichen Zustimmung des Verlages. Dies gilt besonders für Übersetzungen, Vervielfältigungen, auch von Teilen des Werkes, Mikroverfilmungen, Bearbeitungen sonstiger Art sowie für die Einspeicherung in elektronische Systeme.

3., bearbeitete und erweiterte Auflage
© 2010 Langenscheidt Fachverlag, ein Unternehmen der Langenscheidt KG, Berlin und München
Satz: Hagedorn medien[design], Stuttgart
Druck: Mercedes-Druck, Berlin
Printed in Germany
ISBN 978-3-86117-327-4

10010

Vorwort

Trotz Finanz- und Wirtschaftskrise gehört der Tourismus nach wie vor zu den wichtigsten Wachstumsbereichen in der Wirtschaft.

Integrierte Touristik-Konzerne dominieren weiterhin den Markt der Organisierten Reisen, nachdem die Tourismusindustrie lange Zeit von mittelständischen Strukturen geprägt war. Gleichwertig zu den Leitveranstaltern wie TUI Travel PLC und Thomas Cook (Rewe Touristik auf dem Vormarsch) gilt, dass Spezialisierung und Angebot in der Nische dem Mittelstand gute Entwicklungschancen bieten. Im Vertrieb bestimmen Ketten und Kooperationen das Umsatzgeschehen, immer noch vorrangig in der Vermittlung von Pauschal- und Bausteinreisen.

Anders das Bild beim Business Travel, wo die großen Geschäftsreisenanbieter den Markt bestimmen (siehe dazu auch Grafik Seite 268). Hier operieren die Ketten als Händler auf Nettobasis mit unterschiedlichen Aufschlags(entgelt)-Systemen. Zunehmend werden für die Buchung von Flügen und Hotelunterkünften unabhängige (Meta-)Suchmaschinen neben bekannten Flug- und Hotelportalen bemüht. Diese stehen im Wettbewerb mit Online-Reisebüros, was Nutzern grundsätzlich die Wahl nicht leichter macht.

Die Tourismusbranche umfasst alle Dienstleistungen rund ums Reisen, angefangen mit der Beratung im Reisebüro über Ziel und Preis der Buchung der Reise oder des Tickets und entsprechender Reiseversicherungen; Verkehrsmittel wie Flugzeug, Schiff, Bahn, Bus und PKW sorgen für die Beförderung. Dienstleistungen vor Ort wie Hotellerie, Handel, Gastronomie, Autovermietung, Reiseführer, Veranstaltungsmanagement u. a. runden mit ihrem Service diese Wertschöpfungskette ab. Akademische und berufliche Ausbildung im Tourismus haben ein hohes Niveau erreicht. Die Anforderungen an die multilinguale Kommunikationsfähigkeit sind gestiegen.

Das vorliegende Fachwörterbuch basiert auf den bekannten Kriterien der touristischen Fachsprache. Diese ist Arbeitssprache und Form der Kommunikation in der Branche ohne Abschirmung nach außen. Sie dient der schnelleren und klareren Verständigung der Fachleute untereinander. Sie muss daher eindeutig und nicht weiter interpretationsbedürftig sein. Das ist das Diktat einer Branche, in der es auf Tempo und Zuverlässigkeit ankommt.

Dieses Praxiswörterbuch wendet sich an Touristiker in Ausbildung und Beruf, Reiseleiter, Reisejournalisten, Entscheider in Verbänden und Politik, vermehrt ebenso an interessierte Touristen, die sowohl den sprachlichen Mehrwert der Branche schätzen als auch in die globale Reisewelt mit seinen attraktiven Programmen eintauchen wollen.

Englisch ist die Lingua Franca unter Touristikern. Daher wundert es nicht, dass auch die 2. Auflage „Tourismus“ schnell vergriffen war. Deutschland und Großbritannien zählen zu den größten Quellmärkten Europas und aus diesen Ländern kommen auch die 3 umsatzstärksten Reiseveranstalter (siehe dazu Grafik auf Seite 267).

Englische Fachsprachen dominieren ebenso die Kommunikation bei Fluggesellschaften und Kreuzfahrt- und Fährschiffreedereien. Vermehrt werden von Studenten englischsprachige Studiengänge im Tourismus-Management belegt und mit Bachelor- und Master-Diplomen abgeschlossen.

Trotz bester Bewertungen hat der Autor eine komplette Überarbeitung der 2. Auflage vorgenommen, den Wortschatz um über 4.000 neue Begriffe, zahlreiche Abkürzungen und mehr als 8.000 Übersetzungen ergänzt sowie spezielle Ausdrucksformen in der Schweizer und österreichischen Fachsprache des Tourismus hinzugefügt.

Grundsätzlich unterschieden wird bei der Übersetzung nach britischem *(BE)* und amerikanischem Englisch *(AE)*. Neben den umfangreichen Einträgen möchten wir den Leser auf Wissenswertes in Grafiken, Tabellen und informativen Übersichten im Anhang des Werks aufmerksam machen.

Der Autor ist als Dozent für Betriebswirtschaftslehre an verschiedenen Fachhochschulen und anderen Instituten tätig, ebenso Verfasser des Tourismuslexikons und war Spezialreisen-Veranstalter und -mittler auf dem Gebiet des Schiffstourismus.

Wesentliche Mitwirkung am Zustandekommen dieses Werkes ging aus von Stefan Hintz, Leiter Travel Management New Yorker Group-Services International, Braunschweig, und vorher bei First Travel Management in Hauptsache für Organisation, Technik und Business Travel.

Außerdem von Anne Claire Schroeder-Rose, Rechtsanwältin und Contract Manager für Begriffe des Reiserechts und der Reiseversicherung.

Der Autor dankt an dieser Stelle allen Experten aus Verbänden und Unternehmen für ihre wertvolle Mitarbeit. Besonderer Dank gilt der Redaktion des Langenscheidt Fachverlags für die Manuskriptbearbeitung und die Betreuung bei der Gestaltung dieses Wörterbuches.

Ich hoffe, dass dieses Praxiswörterbuch allen Lesern bei der Arbeit oder im Studium hilfreich und nützlich sein wird.

Autor und Verlag sind allen Benutzern für Vorschläge und Ergänzungen zur weiteren Verbesserung dieses Fachwörterbuches dankbar. Diese sind an den Langenscheidt Fachverlag, Postfach 40 11 20, D-80711 München oder an fachverlag@langenscheidt.de zu senden.

Günter Schroeder

In gleicher Reihe „Tourismus" sind auch die Praxiswörterbücher Französisch, Italienisch und Spanisch erschienen.

Unter dem Leitthema *Tourismussprache verstehen – International kommunizieren* steht auch Das Tourismuslexikon, 5. Auflage, Schroeder/Hintz, das die hier übersetzten Begriffe vertieft und diese Touristikern und interessierten Touristen verständlich erklärt, von z. B. Akkulturation über Malus bis Zodiac.

Benutzungshinweise

1. Beispiele für die alphabetische Ordnung

Maastrichter Vertrag
Maastricht-Kriterien
Machbarkeitsstudie
mächtig
Maghreb-Staat
Magisches Viereck
Magnetschnellbahn
Magnetschwebebahn
Magnetschwebebahn-Trasse

Produkt
Produkt/hochwertiges
Produkt/markenloses
Produktdifferenzierung
Produkterfahrungs-Programm
Produktivität
Produktivitätssteigerung
Produkt- und Verkaufsschulung

e-ticket
e-ticketing
early booker
early-booking discount
early season
Easy
eAuction
EC
eco auditing
eco-friendly
ecobalance
ecological awareness
ecological tourism
ecologically aware tourism
ecologically sustainable tourism
ecology
economic boom
economize

2. Bedeutung der Zeichen

/	arbeiten/auf Hochtouren = auf Hochtouren arbeiten
[ ]	look-to-book rate [ratio] = look-to-book rate oder look-to-book ratio
( )	festival (performance) society = festival society oder festival performance society
( )	Kursive Klammern enthalten Erklärungen
•	kennzeichnet Wendungen

3. Abkürzungen

Abk.	Abkürzung
adj	Adjektiv
adv	Adverb
(AE)	amerikanisches Englisch
Aut	Österreich
(BE)	britisches Englisch
dtCH	deutschsprachige Schweiz
e.g.	for example
f	Femininum
i.e.	that means
jdm	jemandem
m	Maskulinum
n	Neutrum
obs	obsolet
pl	Plural
s.	siehe
sb	somebody
sth	something
u. a.	unter anderem
v	Verb
z. B.	zum Beispiel

Zur klaren Unterscheidung von Bindestrich und Trennstrich am Zeilenende werden Bindestriche am Anfang der nächsten Zeile wiederholt:

advance booking charter *(obs)* ABC-
-Charter *m (Tarifart Flugverkehr)*

Das Werk entspricht der neuen deutschen Rechtschreibung (Stand 1.8.2006).

Englisch – Deutsch

A

AA *(Abk. für: Automobile Association)* Automobilclub *m* für Großbritannien und Nordirland
AAA *(Abk. für: American Automobile Association)* US-Amerikanischer Automobilclub *m*
ABA *(Abk. für: American Bus Association)* Amerikanischer Bus-Verband *m*
abandonment Aufgabe *f*, Preisgabe *f* *(Schiff)*; Überlassung *f*
abandonment-clause Verzichtklausel *f*
abatement Rabatt *m*, Steuernachlass *m*, Preisnachlass *m*
abbreviation Abkürzung *f*, Kürzel *n*
abc group air traffic *(obs)* ABC-Gemeinschaft *f* Flugverkehr
abc islands ABC-Inseln *fpl (Aruba, Bonaire, Curaçao)*
aborigine Ureinwohner(in) *m(f) (australischer)*
abroad im Ausland
absolute collection Vollinkasso *n*
absolute liability Gefährdungshaftung *f*, Vollhaftung *f*
absorbing company aufnehmende Gesellschaft *f (einer Verschmelzung; of a merger)*
absorption costing Vollkostenrechnung *f*
ABTA *(Abk. für: Association of British Travel Agents)* Britischer Reisebüro-Verband *m*
abundance of species Artenvielfalt *f*
academic award Akademischer Grad *m*
academic degree Akademischer Grad *m*
accelerate *v* beschleunigen
acceptance Zusage *f*
acceptance of a risk Risikoübernahme *f*
acceptance point Akzeptanzstelle *f*
access charge Trassenpreis *m (rail)*
access point Einwahlknoten *m*
accident black spot Unfallschwerpunkt *m*
accident insurance Unfallversicherung *f*
accident prevention Unfallverhütung *f*
acclimation Akklimatisation *f*
acclimatization *(AE)* Akklimatisation *f*
accommodating *adj* kulant
accommodation *(dtCH, Aut)* Nächtigung *f (Übernachtung)*; Quartier *n*, Übernachtung *f*, Unterbringung *f*, Unterkunft *f*
accommodation agency Zimmernachweis *m*, Zimmerreservierung *f*, Zimmervermittlung *f*
accommodation business Beherbergungsgewerbe *n*
accommodation category Unterbringungsklasse *f*, Unterkunftseinstufung *f*
accommodation contract Beherbergungsvertrag *m*, Übernachtungsvertrag *m*
accommodation establishment Beherbergungsbetrieb *m*
accommodation expenses Übernachtungskosten *pl*
accommodation facility Beherbergungsstätte *f*
accommodation of guests Beherbergung *f* von Gästen
accommodation office *(AE)* Zimmervermittlung *f*
accommodation price Beherbergungspreis *m*
accommodation rating Unterkunftseinstufung *f*
accomodation receipt Gefälligkeitsquittung *f*
accommodation service Zimmernachweis *m*
accommodation statistics Beherbergungsstatistik *f*
accommodation unit Wohneinheit *f*
account balancing Kontoabschluss *m*
account management fee Buchungsgebühr *f*
account number Kontonummer *f*
account of a journey Reisebericht *m*
account payable Kreditor *m*
account period Abrechnungsperiode *f*
accountability Verantwortung *f*
accountable transaction abrechnungspflichtige Transaktion *f*
accountancy Rechnungswesen *n*
accounting Abrechnung *f*
accounting method Berechnungssystem *n*
accounting of services in destination Abrechnung *f* von Serviceleistungen im Zielgebiet *(Abk.: ASZ)*
accounting period Abrechnungsperiode *f*
accounting service Abrechnungsdienstleister *m*
accreditation Akkreditierung *f*
accredited spa anerkannter Kurort *m*
accretion of discount Disagio *n*
accruals Rückstellungen *fpl*

accrued liabilities Rückstellungen *fpl*
accruing costs anfallende Kosten *pl*, laufende Kosten *pl*
acculturation Akkulturation *f (zeitlich verzögerte Übernahme kultureller Elemente aus der Kultur bzw. Ferienkultur der Gäste in die Kultur der Bereisten)*
accumulate *v* sammeln
accumulated needs Nachholbedarf *m*
accumulation risk Kumulrisiko *n*
achievement-oriented society Leistungsgesellschaft *f*
acid rain saurer Regen *m*
acquisition of a company Akquisition *f (Kauf von Unternehmen bzw. Unternehmensanteilen)*
acquisition of frequent flyer miles Meilenerwerb *m*
acquisition price Kaufpreis *m*
acquisitions negotiation Akquisitionsgespräch *n*
act of God höhere Gewalt *f*
act of strength Kraftakt *m*
acting with foresight vorausschauendes Handeln *n*
action for damages Schadenersatzklage *f*
action planning Maßnahmenplanung *f*
action scope Handlungsspielraum *m*
activation of rates Ratenfreischaltung *f*
Active Counter Working Group Arbeitskreis *m* Aktiver Counter *(travel agents)*
active holiday Aktivurlaub *m*
activity Aktivität *f*, Beschäftigung *f*, Betätigung *f*
activity holiday Aktivurlaub *m*
activity programme Animation *f*
ad hoc traffic Ad-hoc-Verkehr *m*
ADAC tour service travel tip ADAC--Tour-Service-Reisetipp *m*
adapter Adapter *m*
adaptive cruise control Abstandsregeltempomat *m*
adaptor Adapter *m*
add-on Zuschlag *m*
add-on amount Anstoßflugpreis *m*
add-on business Zusatzgeschäft *n*
add-on fare Anstoßflugpreis *m*
add-on ticket Anschlussflugschein *m*
additional authorized driver *(Abk.: AAD)* zusätzlicher Fahrer *m*
additional booking Zubuchung *f*
additional business Zusatzgeschäft *n*
additional charge Nachbelastung *f*
additional data Zusatzdaten *f*
additional driver Zusatzfahrer *m (Abk.: ZF; Mietwagen)*
additional expense coverage Mehrkosten-Schutz *m*
additional expenses Nebenkosten *pl*
additional insurance Zusatzversicherung *f*
additional liability insurance *(Abk.: ALI)* Haftpflichtzusatzversicherung *f* Mietwagen
additional meal allowance Verpflegungsmehraufwand *m*
additional night Verlängerungsnacht *f*
additional requirements Nachholbedarf *m*
additional reservation Zubuchung *f*
additional sale Zusatzverkauf *m*
additional service available at extra cost Zusatzleistung *f* gegen Aufpreis
additional services Nebenleistungen *fpl*
additional travel costs Reisenebenkosten *pl*
additional wage costs Lohnnebenkosten *pl*
additional week Verlängerungswoche *f*
additive distribution channel additiver Vertriebsweg *m*
address Anschrift *f*
adequate compensation angemessene Entschädigung *f*
adjoining room Nebenzimmer *n*
adjudicator Gutachter *m*
adjusted *adj* **for price** preisbereinigt
adjuster committee Sachverständigenbeirat *m*
adjustment of claims Schadensregulierung *f*
administration charge Verwaltungsgebühr *f*
administration fee Verwaltungsgebühr *f*
administration of master data Stammdatenverwaltung *f*
administrative accounting Finanzbuchhaltung *f*
admiral's ship Flaggschiff *n*
admission Zugeständnis *n*
admission ticket Eintrittskarte *f*
admission to higher education Hochschulzulassung *f*
admission to the territory Einreiseerklärung *f*
admittance formality Einreiseformalität *f*

adult education Zweiter Bildungsweg *m*
advance booking Vorausbuchung *f*, Vorbestellung *f*, Vorverkauf *m*
advance booking charter *(obs)* ABC--Charter *m (Tarifart Flugverkehr)*
advance booking office Vorverkaufsstelle *f*
advance commission payment Provisionsvorauszahlung *f*
advance financing Vorfinanzierung *f*
advance financing of travel Reisevorfinanzierung *f*
advance information Vorausmeldung *f*
advance order Vorbestellung *f*
advance payment Vorauszahlung *f*
advance registration Voranmeldung *f*
advance reservation Voranmeldung *f*, Vormerkung *f*
advance sale Vorverkauf *m*
advance seat reservation vorherige Sitzplatzreservierung *f*
advance ticket sales Vorverkauf *m*
advanced education course Weiterbildungslehrgang *m*
advantage Vergünstigung *f*, Vergütung *f*
advantageous *adj* nützlich, vorteilhaft
adventure Erlebnis *n*
adventure cruise Erlebniskreuzfahrt *f*
adventure gastronomy Erlebnisgastronomie *f*
adventure holiday *(BE)* Abenteuerurlaub *m*, Erlebnisurlaub *m*
adventure journey Abenteuerreise *f*
adventure playground Abenteuerspielplatz *m*
adventure sport Extremsportart *f*
adventure tour Abenteuerreise *f*
adventure trip Abenteuerreise *f*
adventure vacation *(AE)* Abenteuerurlaub *m*
advertising Werbung *f*
advertising budget Werbeetat *m*
advertising campaign Werbefeldzug *m*
advertising concept Werbekonzept *n*
advertising material Werbemittel *npl*
advertising media Werbemittel *npl*
advertising medium Werbeträger *m*
advice of loss Verlustanzeige *f*
advisory service Beratungsleistung *f*
aerial cableway Seilschwebebahn *f*
aerial perspective Vogelperspektive *f*
aerial photograph Luftaufnahme *f*
aerial ropeway Seilschwebebahn *f*
aerial tramway Seilbahn *f (Luftseilbahn)*
aerial view Luftaufnahme *f*
aerofoil Tragflügelboot *n*
aeromobile Luftkissenfahrzeug *n*
aeronautical agreement Luftfahrtvereinbarung *f*, Luftverkehrsabkommen *n*
aeroplane *(BE)* Maschine *f*
affair *(Aut)* Pantscherl *(Flirt, Liebelei)*
affiliate Schwestergesellschaft *f*, Tochtergesellschaft *f*
affinity card Kundenkarte *f*
affinity group Affinitätsgruppe *f*
affirmative action *(AE)* Chancengleichheit *f*
African, Caribbean and Pacific Countries AKP-Staaten *f*
after-dinner nap Mittagsruhe *f*
after-sales service Kundendienst *m*
after-season Nachsaison *f*
afternoon nap Mittagsruhe *f*
afternoon snack *(dtCH, Aut)* Jause *f (Zwischenmahlzeit nachmittags)*
age limit Altersgrenze *f*
agency Agentur *f (Abk.: AGT)*; Geschäftsstelle *f*, Vermittlung *f*, Vertretung *f*
agency abroad Auslandsvertretung *f*
agency-administered enterprise Regiebetrieb *m*
agency agreement Agenturvertrag *m*, Geschäftsbesorgungsvertrag *m*, Vermittlungsvertrag *m*, Vertretervertrag *m*
agency commission Provisionsvergütung *f* für Vermittlungsgeschäfte
agency commitment programme Agenturbindungsprogramm *n*
agency contract Agenturvertrag *m*, Vermittlungsvertrag *m*
agency fee Vermittlungsgebühr *f*
agency loyalty programme Agenturbindungsprogramm *n*
agency relationship programme Agenturbindungsprogramm *n*
agency service Vermittlungsleistung *f*
agency ticket Agenturfahrschein *m*
agenda Tagesordnung *f*
Agenda 21 Agenda 21 *f*
agent Agent *m*, Handelsvertreter *m*, Vertreter *m*
agent code Vermittler-Code *m*, Agent--Code *m*
agent in charge *(Abk.: AIC)* diensthabende Angestellte *m(f)*
agent's commission Provisionsvergütung *f* für Vermittlungsgeschäfte
agent's discount Agentenermäßigung *f*

agglomeration Agglomeration *f*, Anhäufung *f*, Konglomerat *n*
agio Aufgeld *n*
agora Agora *f (Marktplatz einer antiken griechischen Stadt)*
agreement Abkommen *n*, Übereinstimmung *f*, Vereinbarung *f*, Vertrag *m*
agreement on mutual air ticket acceptance Abkommen *n* über Indossofreiheit
air bridge Fluggastbrücke *f*
air cargo Luftfracht *f*
air carriage law Luftbeförderungsrecht *n*
air conditioning Klimaanlage *f*
air corridor Luftkorridor *m*
air crew Flugzeugbesatzung *f*
air cushion vehicle Luftkissenfahrzeug *n*
air fare Flugpreis *m*
air fare calculation Flugpreisberechnung *f*
air fare computation Flugpreisberechnung *f*
air freight Luftfracht *f*
air hole Luftloch *n*
air hostess Flugbegleiterin *f*
air lane Flugkorridor *m*
air mail Flugpost *f*
air marshals bewaffnete Flugbegleiter *mpl*
air mile Flugmeile *f*
Air Operator Certificate *(Abk.: AOC)* Flugbetriebserlaubnis *f*
air passenger Fluggast *m*
air passenger regulation Fluggastrecht *n*
air passenger risk Fluggastrisiko *n*
air photo Luftaufnahme *f*
air pressure in the cabin Luftdruck *m* in der Kabine
air rescue system Luftrettungssystem *n*
air resistance Luftwiderstand *m*
air round trip Flugrundreise *f*
air route Fluglinie *f*, Flugroute *f*, Flugstrecke *f*, Luftstraße *f*
air route network Luftstraßennetz *n*
air route system Luftstraßennetz *n*
air safety Flugsicherheit *f*
air safety costs Luftsicherheitskosten *pl*
air security charge Luftsicherheitspauschale *f*
air security fee Flugsicherheitsgebühr *f*, Luftsicherheitsgebühr *f*
air service agreement Luftverkehrsabkommen *n*
air show Luftfahrtausstellung *f*
air-shuttle traffic Pendelluftverkehr *m*
air sickness Luftkrankheit *f*
air-sickness bag Spucktüte *f*
air sovereignty Lufthoheit *f*
air taxi Flugtaxi *n*
air terminal Air Terminal *n*, Flugabfertigungsstelle *f*
air ticket Flugkarte *f*, Flugschein *m*
air ticket coupon Flugcoupon *m*
air traffic Flugbetrieb *m*, Flugbewegung *f*, Flugverkehr *m*, Luftreiseverkehr *m*
air traffic act Luftverkehrsgesetz *n*
air traffic bottleneck Kapazitätsengpass *m* beim Flugverkehr
air traffic congestion Luftraumüberlastung *f*
air traffic control Flugsicherung *f*, Flugüberwachung *f*, Luftverkehrsüberwachung *f*
air traffic control communication and information system Kommunikations- und Informationssystem *n* Luftverkehrssicherheit *(Abk.: KISLS)*
air traffic control station Flugleitstelle *f*
air traffic controller Fluglotse *m*
air traffic law Luftverkehrsgesetz *n*
air traffic licensing regulation Luftverkehrszulassungsordnung *f (Abk.: LZO)*
air traffic management assistant Luftverkehrskaufmann *m*
air traffic management officer Luftverkehrskaufmann *m*
air traffic market Luftverkehrsmarkt *m*
air traffic regulation Flugstreckenrecht *n*
air traffic right Luftverkehrsrecht *n*, Streckenrecht *n*
air traffic statistics Luftverkehrsstatistik *f*
air traffic tariff system Luftverkehrstarifwesen *n*
air transport agreement Luftfahrtvereinbarung *f*
air transportation Lufttransport *m*
air transportation network Luftverkehrsnetz *n*
air travel Flugreise *f*
air travel security charge Flugsicherheitsgebühr *f*
air trip Flugreise *f*
air turbulence Turbulenz *f (während des Fluges)*
air zone Luftzone *f*
airbus Airbus *m*
aircraft accident Flugunfall *m*

aircraft cabin Flugzeugkabine *f*
aircraft load factor Flugauslastung *f*
aircraft manufacturer Flugzeugbauer *m*
aircraft noise Fluglärm *m*
aircraft noise abatement Flugzeuglärmbekämpfung *f*
aircraft pool service Mitflugzentrale *f*
airfield Flugfeld *n*, Rollfeld *n*
airfield movement control Vorfeldkontrolle *f* auf Flughäfen
airflow corridor Schleuse *f (Luft)*
airing Belüftung *f*
airlift Luftbrücke *f*, Lufttransport *m*
airline Fluggesellschaft *f*, Fluglinie *f*, Luftfahrtgesellschaft *f*, Luftfahrtunternehmen *n*, Luftverkehrsgesellschaft *f*
airline company *(BE)* Fluggesellschaft *f*, Luftfahrtgesellschaft *f*, Luftfahrtunternehmen *n*
airline corporation Luftverkehrsgesellschaft *f*, Luftverkehrsunternehmen *n*
airline definition of the classes on board Klassendefinition *f* der Fluggesellschaften
airline operating company Luftverkehrsgesellschaft *f*, Luftverkehrsunternehmen *n*
airline passenger Fluggast *m*
airline ticket Flugkarte *f*, Flugschein *m*
airline ticket purchase Flugscheinkauf *m*
airline ticket sale Flugscheinverkauf *m*
airline ticket sales Flugscheinverkauf *m*
airlines alliance Luftfahrtbündnis *n*
airmail stamp Flugpostmarke *f*
airpass Airpass *m*, Couponheftangebot *n*
airplane *(AE)* Maschine *f*
airport Flughafen *m*
airport association Flughafenverband *m*
airport authority Flughafenbehörde *f*
airport bus Flughafenbus *m*
airport charge Flughafengebühr *f*
airport coding Flughafenschlüssel *m*
airport development Flughafenausbau *m*
airport extension Flughafenausbau *m*
airport observation deck Besucherterrasse *f* Flughafen
airport of departure Abflughafen *m*
airport operator Flughafenbetreiber *m*
airport personnel Flughafenpersonal *n*
airport railway station Flughafenbahnhof *m*
airport service charge *(Abk.: ASC)* Flughafenservicegebühr *f*
airport shuttle service Flughafen-Zubringerservice *m*
airport staff Flughafenpersonal *n*
airport tax Flughafengebühr *f*, Flughafensteuer *f*
airport terminal Flughafenterminal *n*
airport transfer Flughafentransfer *m*
airship Luftschiff *n*
airside Luftseite *f (Flughafen)*
airspace Luftraum *m*
airspace border Luftraumgrenze *f*
airstrip Landebahn *f*
airway Fluglinie *f*, Luftkorridor *m*, Luftstraße *f*
aisle Gang *m (Korridor)*
aisle seat Gangplatz *m*
all-in price Pauschale *f*
all-in rate Pauschalsatz *m*
all-inclusive *adj* ganzheitlich, pauschal, umfassend
all-inclusive Pauschale *f*
all-inclusive offer Pauschalangebot *n*
all-inclusive package tour Alles-inklusive-Pauschalreise *f*, Vollpauschalreise *f*
all-inclusive price Pauschalpreis *m*
all-inclusive supply Komplettversorgung *f*
all-inclusive-tour liability Haftung *f* bei Pauschalreisen
all-suite hotel All-Suite-Hotel *n*
all-terrain vehicle Allradfahrzeug *n*
all-year-round-destination Ganzjahresdestination *f*
allegiance Loyalität *f (Treue)*
alliance Allianz *f*
allied company Schwestergesellschaft *f*
allocation Kapazität *f*
allocation procedure Vergabeverfahren *n*
allotment Kontingent *n*
allotment management Kontingentverwaltung *f*
allowance Zugeständnis *n*
allowance for depreciation Absetzung *f* für Abnutzung
allowance for traveling expenses *(AE)* Kilometerpauschale *f*
allowance for travelling expenses *(BE)* Kilometerpauschale *f*
allowed baggage *(AE)* Freigepäck *n*
allowed luggage *(BE)* Freigepäck *n*
alpine café *(dtCH, Aut)* Jausenstation *f*

alpine climber Hochtourist *m*
Alpine Convention Alpenkonvention *f*
Alpine dairy *(dtCH)* Sennhütte *f*
alpine health vacation *(Aut)* Alpine Wellness *f*
Alpine Initiative Alpen-Initiative *f*
alpine pass Alpenpass *m*, *(dtCH)* Kunststraße *f*
alpine pub *(dtCH, Aut)* Jausenstation *f*
alpine railway Alpenbahn *f*
Alpine Research Institute Alpenforschungsinstitut *n (Abk.: AFI)*
alpine restaurant *(dtCH, Aut)* Jausenstation *f*
alpine road Alpenstraße *f*
alpine route *(dtCH)* Kunststraße *f (Alpenpass-Straße)*
alpine tunnel Alpenstraßentunnel *m*
alpine wellness *(Aut)* Alpine Wellness *f (Gesundheitsurlaub im Hochgebirge)*
alpinist Alpinist *m*
alteration to a booking [reservation] Umbuchung *f*
alternation Abwechslung *f*
alternative accommodation Ersatzunterkunft *f*, Parahotellerie *f*
alternative costs alternative Kosten *pl*, Opportunitätskosten *pl*
alternative programme Kontrastprogramm *n*
amalgamation Zusammenschluss *m*
amazing vividness stupende Lebendigkeit *f*
ambiance Ambiente *n*
ambitious *adj* ambitioniert
ambulance flight Rettungsflug *m*
amendment form Änderungsnote *f*
American Automobile Association *(Abk.: AAA)* US-Amerikanischer Automobilclub *m*
American breakfast Amerikanisches Frühstück *n*
American Bus Association *(Abk.: ABA)* Amerikanischer Bus-Verband *m*
amorous adventure Liebesabenteuer *n*
amortization Schuldentilgung *f*
amount covered Versicherungssumme *f*
amount of work Arbeitsaufwand *m*
Amsterdam Treaty Amsterdamer Vertrag *m*
amusement *(Aut)* Hetz, Unterhaltung *f*
amusement park Freizeitpark *m*, Themenpark *m*, Vergnügungspark *m*
ancillary covenant Konkurrenzklausel *f*
ancillary revenues zusätzliche Erlöse *mpl*
ancillary services Nebenleistungen *fpl*
ancillary wage costs Lohnnebenkosten *pl*
animateur Animateur(in) *m(f)*
animation Unterhaltung *f*
annexe Dependance *f* Hotel
anniversary year Jubiläumsjahr *n*
announced bus tourism ausgeschriebener Busreiseverkehr *m*
announcement Ausschreibung *f*, Bekanntgabe *f*, Durchsage *f*
annual accounts Jahresabschluss *m*
annual auditor Abschlussprüfer(in) *m(f)*
annual average temperature Jahresdurchschnittstemperatur *f*
annual budget Jahresplanung *f*
annual conference Jahrestagung *f*
annual general meeting Jahreshauptversammlung *f*
annual holiday Jahresurlaub *m*
annual leave Jahresurlaub *m*
annual leisure time Jahresfreizeit *f*
annual percentage rate effektiver Jahreszins *m*
annual profit or loss Jahresergebnis *n* Bilanz
annual report Jahresbericht *m*, Geschäftsbericht *m*
annual result Jahresergebnis *n* Bilanz
annual travel cover for leisure and business travel Jahres-Reiseschutz *m* für Freizeit- und Geschäftsreisen
annual vacation with pay bezahlter Jahresurlaub *m*
annual working time Jahresarbeitszeit *f*
annulment Annullierung *f*, Wandlung *f* Versicherungswesen
answer card Rückantwortkarte *f*
Antarctic Antarktis *f*
Antarctica Antarktis *f*
anti-theft system Antidiebstahlsystem *n*
anticipation rebate Vorauszahlungsrabatt *m*
antipodes Antipoden *fpl (entgegengesetzte Teile der Erde)*
antiques Antiquitäten *fpl*
antiquities Antiquitäten *fpl*
antitrust division *(AE)* Kartellbehörde *f*
aparthotel Aparthotel *n*
apartment Apartment *n*, Ferienwohnung *f (Abk.: Fewo)*

apartment and house exchange *(AE)* Haus- und Wohnungstausch *m*
apartment and house swap Haus- und Wohnungstausch *m*
apartment hotel Aparthotel *n*
apartment-swap(ping) *(AE)* Wohnungstausch *m*
appeal *v* reizen
appeal Zugkraft *f*
appearance Erscheinungsbild *n*
application Anmeldung *f*, Bewerbung *f*
application deadline Anmeldeschluss *m*
application form Anmeldeformular *n*, Antragsformular *n*
application program Anwenderprogramm *n*
applied research angewandte Forschung *f*
apply *v* beantragen, sich bewerben
appraisal Gutachten *n*
appreciative *adj* genussvoll
apprentice Auszubildende *m(f)*
apprenticeship at study for tourism Ausbildungswege *mpl* im Tourismus [Fremdenverkehr]
approach Anflug *m*, Herangehensweise *f*, Kontaktaufnahme *f*, Landeanflug *m*
approval code Genehmigungscode *m*
approval procedure Genehmigungsverfahren *n*
approved tourist information (office) Anerkannte Tourist-Informationsstelle *f* *(Abk.: Atis)*
aquabus Aquabus *m*
aquatics Wassersport *m*
aqueduct Aquädukt *m*
arbitration committee Vermittlungsausschuss *m*
arbitration court Schiedsgericht *n*
arbitration proceedings Schiedsgerichtsverfahren *n*
arbitration process Schiedsgerichtsverfahren *n*, Schlichtungsverfahren *n*
Arc de Triomphe Triumphbogen *m (Paris)*
arcade *(dtCH)* Laube *f*, Laubengang *m*
Arcadia Arkadien
arcadian carefreeness arkadische Unbeschwertheit *f*
archipelago Archipel *m*
architectural conservation Denkmalschutz *m*
architecture Baukunst *f*
archive *v* archivieren
Arctic Arktis *f*
arctic circle Polarkreis *m*
arctic circle ceremony Polartaufe *f*
area Gelände *n (Grund)*; Region *f*, Revier *n*
area of responsibility Aufgabenbereich *m*
area of validity Geltungsbereich *m* *(Fahrkarte)*
area traffic control zentrale Verkehrssteuerung *f*
arena Arena *f*, Stadion *n*, Bühne *f*
arrangement Reservierung *f*, Vereinbarung *f*, Vergleich *m*, Vermittlung *f*
arrival Ankunft *f*, Anreise *f*, Reiseende *n*
arrival area Ankunftsbereich *m*, Ankunftsebene *f*
arrival board Ankunftstafel *f*
arrival day Ankunftstag *m*, Anreisetag *m*
arrival gate Ankunftsflugsteig *m*
arrival time Ankunftszeit *f*, Landezeit *f*
arrivals level Ankunftsebene *f*
arrivals of guests Gästeankünfte *fpl*
art treasures Kunstschätze *mpl*
articulated bus Gelenkbus *m*
as a sideline nebenberuflich
as pretty as a picture bildhübsch
ascent Bergfahrt *f*
ascertainment of demand Bedarfsermittlung *f*
assembly Versammlung *f*
assembly point Sammelpunkt *m*
assessment Leistungskontrolle *f*
assessment centre Personalauswahlverfahren *n*
assessment of financial needs Kapitalbedarfsermittlung *f*
asset manager Vermögensverwalter *m*
assets Aktiva *pl*, Wirtschaftsgüter *npl*, Vermögensgüter *npl*, Aktivposten *mpl*
assignment Abtretung *f*, Vertragsübertragung *f*
assistance Mitwirkung *f*
assistant entertainment activity organizer Animateur-Assistent *m*
assistant host Animateur-Assistent *m*
assistant hostess Animateur-Assistentin *f*
associate Mitarbeiter(in) *m(f)*; Teilhaber *m*
associated advertising Verbundwerbung *f*
associated company Schwestergesellschaft *f*
associated employer outlay Lohnnebenkosten *pl*

association Verband *m*, Zusammenschluss *m*
association advertising Gemeinschaftswerbung *f*
Association for market research Gesellschaft *f* für Konsumforschung *(Abk.: GfK)*
Association for Sustainable Tourism Development Arbeitsgemeinschaft *f* für nachhaltige Tourismus-Entwicklung *(Abk.: DANTE)*
association lawsuit Verbandsklage *f*
association of airports Flughafenverband *m*
Association of Alpine Countries Arbeitsgemeinschaft *f* der Alpenländer *(Abk.: Arge ALP)*
Association of British Travel Agents *(Abk.: ABTA)* Britischer Reisebüro-Verband *m*
Association of Ferry Travel and Ferry Tourism Verband *m* der Fährschifffahrt & Fährtouristik *(Abk.: VFF)*
Association of German Airlines [Airline Companies] *(obs)* Arbeitsgemeinschaft *f* Deutscher Luftfahrtunternehmen *(Abk.: ADL)*
Association of German Cities and Towns Deutscher Städtetag *m*
Association of German Commercial Airports Arbeitsgemeinschaft *f* Deutscher Verkehrsflughäfen *(Abk.: ADV)*
Association of German language--learning holiday operators *(BE)* Fachverband *m* deutscher Sprachreise--Veranstalter *(Abk.: FDSV)*
Association of German language--learning vacation operators *(AE)* Fachverband *m* deutscher Sprachreise--Veranstalter *(Abk.: FDSV)*
association of German small and medium-sized passenger shipping companies mittelständische Personenschifffahrt *f*
Association of German Trade Fair Industry Ausstellungs- und Messe-Ausschuss *m* der Deutschen Wirtschaft *(Abk.: Auma)*
assortment Sortiment *n*
assume *v* **a risk** ein Risiko übernehmen
assumption of liability Haftungsübernahme *f*
assumption of risk Risikoübernahme *f*
assurance company Versicherungsunternehmen *n*
assurance policy Versicherungsschein *m*
assured party Versicherte *m(f)*
assured specific quality Beschaffenheitsvereinbarung *f*
assured specified feature zugesicherte Eigenschaft *f*
assurer Versicherer *m*
at the turn of the year zwischen den Jahren
at year-end zwischen den Jahren
Athens agreement Athener Abkommen *n*
Atlantic Ocean Atlantik *m*
atmosphere Ambiente *n*, Stimmung *f*
atrium cabin Atrium Kabine *f*
attendance Dienstleistung *f*, Anwesenheit *f*, Besucherzahl *f*
attitude of anticipation Erwartungshaltung *f*
attraction Zugkraft *f*
attractive *adj* anziehend
auction platform Auktionsplattform *f*
auction sale Auktionsplattform *f*
audience Besucher(in) *m(f)*
audio conference Fernsprechkonferenz *f*
audit Beweissicherung *f*, *(dtCH)* Vernehmlassung *f (Anhörung, Beratschlagung)*
audit report Prüfungsbericht *m*
auditor Abschlussprüfer(in) *m(f)*, Buchprüfer *m*, Buchprüferin *f*
auditor of annual accounts Abschlussprüfer(in) *m(f)*
aurora borealis Nordlicht *n*, Polarlicht *n*
austerity course Sparkurs *m*
austerity measure Sparmaßnahme *f*
austerity plan Sparmaßnahme *f*
austerity programme Sparprogramm *n*
Austria Österreich *(Republik Österreich)*
Austrian national airline Austrian Airlines *(Abk.: OS; nationale Österreichische Fluggesellschaft)*
authentic *adj* authentisch
authenticity Authentizität *f*, Echtheit *f (Natürlichkeit)*
authorisation Vollmacht *f*
authority Kompetenz *f*
authority to act Handlungsvollmacht *f*
authority to sign Handlungsvollmacht *f*
authorization Ermächtigung *f*, Genehmigung *f*
authorization code Autorisierungscode *m*, Genehmigungscode *m*

authorization process Genehmigungsverfahren *n*
authorization request Autorisierungsanfrage *f*
authorized amount autorisierter Betrag *m*
authorized transaction autorisierte Transaktion *f*
auto ferry Autofähre *f*
autocar Kraftfahrzeug *n*
autoist *(AE) (dtCH)* Autowanderer *m*
automated peoplemover-system automatisches Peoplemover-System *n* *(Abk.: APM)*
automated teller machine *(Abk.: ATM)* Bankomat *m*
automatic call distribution *(Abk.: ACD)* automatische Anrufverteilung *n*
automatic flight ticket automatisierter Flugschein *m*
automatic teller machine *(Abk.: ATM)* Geldautomat *m*, EC-Geldautomat *m*
automatic vehicle identification automatische Fahrzeugidentifikation *f*
automation Automatisierung *f*
automobile Kraftfahrzeug *n*
Automobile Association *(Abk.: AA)* Automobilclub *m* für Großbritannien und Nordirland
Automobile Association of Germany Automobilclub *m* von Deutschland *(Abk.: AvD)*
Automobile Club of Germany Automobilclub *m* von Deutschland *(Abk.: AvD)*
autostopper Anhalter *m*
autotrain insurance *(AE)* Autoreisezug--Versicherung *f*
auxiliary function Hilfsfunktion *f*
auxiliary services Nebenleistungen *fpl*
availability Verfügbarkeit *f*, Verwendbarkeit *f*
availability display Verfügbarkeitsanzeige *f*
avalanche-safe trail lawinensicherer Weg *m*
avalanche-secure trail *(dtCH)* lawinensicherer Weg *m*
average Havarie *f*
average cost of business travel durchschnittliche Geschäftsreisekosten *pl*
aviation Flugwesen *n*
aviation accident insurance Luftfahrt--Unfallversicherung *f*
aviation alliance Luftfahrtbündnis *n*
aviation certification regulation Luftverkehrszulassungsordnung *f (Abk.: LZO)*
aviation exhibition Luftfahrtausstellung *f*
aviation fuel Flugbenzin *n*
aviation history Luftfahrtgeschichte *f*
aviation industry Luftverkehrsmarkt *m*
aviation insurance contract Luftversicherungsvertrag *m*
aviation law Luftverkehrsrecht *n*
aviation network Luftverkehrsnetz *n*
aviation safety standards Sicherheitsstandards *mpl* in der Luftfahrt
aviation statistics Luftfahrtstatistik *f*
aviophobia Flugangst *f*
awakening Aufbruch *m*
award Prämie *f*, Preis *m (Auszeichnung)*; Sachprämie *f*
award flight Prämienflug *m*
award mile Prämienmeile *f*
awarding procedure Vergabeverfahren *n*

B

baby Kleinkind *n*, Säugling *m*
baby bed Babybett *n*
baby food Babynahrung *f*
Bachelor of Business Administration (BA) Bachelor (BA), *(obs)* Diplombetriebswirt BA *m*
Bachelor of Business Administration in Tourism *(certified)* Bachelor Tourismus/Betriebswirtschaft, *(obs)* Betriebswirt(in) *m(f)* Reiseverkehr/Touristik
back country Hinterland *n*
back-end incentive Back-End-Förderung *f*
back-end promotion Back-End-Förderung *f*
back-screen procedure Belegvorbereitung *f*
backcoupling Rückkopplung *f*
background information Hintergrundinformation *f*
backlog Nachholbedarf *m*
backpack Rucksack *m*
backpackers Rucksack-Reisende *mpl(fpl)*
backpacking tour Rucksackreise *f*

backpacking tourism Rucksacktourismus *m*
backpacking trip Rucksackreise *f*
baggage *(AE)* Gepäck *n*, Reisegepäck *n*
baggage allowance *(AE)* Freigepäck *n*
baggage car *(AE)* Gepäckwagen *m*
baggage cart *(AE)* Kofferkuli *m*
baggage checking procedure for groups *(AE)* Gepäckpool *m*
baggage checkroom *(AE)* Gepäckaufbewahrung *f*
baggage claim Gepäckausgabe *f*
baggage claim area Gepäckausgabe *f*
baggage compartment *(AE)* Gepäckraum *m*
baggage conveyor belt *(AE)* Gepäckförderband *n*
baggage counter *(AE)* Gepäckschalter *m*
baggage desk *(AE)* Gepäckschalter *m*
baggage handler *(AE)* Gepäckträger *m*
baggage handling *(AE)* Gepäckabfertigung *f*
baggage-ID *(AE)* Gepäckidentifizierung *f*
baggage-identification *(AE)* Gepäckidentifizierung *f*
baggage insurance *(AE)* Reisegepäckversicherung *f*
baggage label *(AE)* Gepäckaufkleber *m*, Kofferanhänger *m*
baggage locker *(AE)* Gepäckschließfach *n*
baggage rack *(AE)* Gepäcknetz *n*
baggage reclaim *(AE)* Gepäckausgabe *f*
baggage tag *(AE)* Gepäckmarke *f*, Gepäckschein *m*, Kofferanhänger *m*
baggage tracing system Gepäcksuchsystem *n*
baggage transportation *(AE)* Gepäckbeförderung *f*
baggage voucher Gepäckschein *m*
BahnCard BahnCard *f (DB)*
bail-out Rettungsplan *m*
bait offer *(AE)* Lockvogelangebot *n*
balance of capital transactions Kapitalbilanz *f*
balance of invisible trade Dienstleistungsbilanz *f*
balance of payments Zahlungsbilanz *f*
balance of services Dienstleistungsbilanz *f*
balance of trade Handelsbilanz *f*
balance payment Restzahlung *f*
balance sheet Bilanz *f*
balanced budget Haushaltsstabilität *f*
balancing of an account Kontoabschluss *m*
balcony Balkon *m*
balloon trekking Ballontrekking *n*, Ballonwanderung *f*
ballooning Montgolfiere *f (Ballonfahrt)*
balneology Balneologie *f*
balneotherapy Bädertherapie *f*
ban Verbot *n*
ban on night flights Nachtflugverbot *n*
ban on night-time flying Nachtflugverbot *n*
ban on travel Reiseverbot *n*
bank account Bankkonto *n*
bank debit card EC-Karte *f (Bank)*
bank guarantee Bankbürgschaft *f*, Bankgarantie *f*
bank identification number *(Abk.: BIN)* Bankleitzahl *f (Abk.: BLZ)*
bank of issue Notenbank *f*
banker's guarantee Bankbürgschaft *f*, Bankgarantie *f*
bankruptcy Konkurs *m*, Bankrott *m*, Insolvenz *f*
banquet Bankett *n (Festessen)*; Festmahl *n*
bar *(AE)* Gasthaus *n*, Hausbar *f*, Kneipe *f*, Wirtshaus *n*
barbecue *(AE)* Barbecue *n*, Volksfest *n*
barefoot *adj* barfuß
bargain hunter Schnäppchenjäger *m*
bargain hunting Schnäppchenjagd *f*
bargain price Vorzugspreis *m*
bargain sale *(dtCH, Aut)* Aktion *f (Sonderangebot)*
baroque Barock *n*
barrier-free room behindertengerechtes Zimmer *n*
barrier-free transportation systems barrierefreie Verkehrssysteme *npl*
barrier to mobility Mobilitätsbarriere *f*
barter Tauschgeschäft *n*
bascule bridge Klappbrücke *f*
base Ausgangspunkt *m*
base commission Grundprovision *f*
base fare Basistarif *m*
base rate Basistarif *m*
basic agreement Rahmenabkommen *n*
basic and fully-comprehensive insurance Basis- und Kompaktschutz *m*
basic conditions Rahmenbedingungen *fpl*
basic contract for services Rahmendienstleistungsvertrag *m*

basic equipment Grundausstattung *f*
basic fare Basistarif *m*
basic occupancy Grundauslastung *f*
basic parameters Rahmenbedingungen *fpl*
basic price Eckpreis *m*, Grundpreis *m*
basic rate Eckpreis *m*
basic research Grundlagenforschung *f*
basic responsibilities Grundpflichten *fpl*
basilica Basilika *f*
bastion Bastei *f*
bath Bad *n*, Badewanne *f*
bath-place of residence Badeaufenthalt *m*
bath tub Badewanne *f*
bathing beach Strandbad *n*
bathing center *(AE)* Badezentrum *n*
bathing centre *(BE)* Badezentrum *n*
bathing holidays Badeferien *pl*
baths Badezentrum *n*
battle Preiskampf *m*
Bavarian Travel Agency *(obs)* Amtliches Bayerisches Reisebüro *n (Abk.: ABR)*
bay Bai *n*, Bucht *f*, Meeresbucht *f*
be *v* **an enthusiastic flyer** flugbegeistert sein
be *v* **coupled with sth** mit etwas verbunden sein
be *v* **in full swing** auf Hochtouren arbeiten
be *v* **of use to sb** jdm etwas nützen
be *v* **on standby** Bereitschaftsdienst haben
beach Strand *m*
beach chair Strandkorb *m*
beach hotel Strandhotel *n*
beach location Strandlage *f*
beach with bathing facilities Strandbad *n*
beachside hotel Strandhotel *n*
bearer bond Inhaber-Teilschuldverschreibung *f*
bearer debenture Inhaber-Teilschuldverschreibung *f*
beauty farm Schönheitsfarm *f*
bed-and-board house *(AE)* Fremdenheim *n*
bed and breakfast *(Abk.: B&B)* Übernachtung *f* mit Frühstück
bed-and-breakfast hotel Hotel *n* Garni
bed buying Einkauf *m (Hotel)*; Hoteleinkauf *m*
bed capacity Bettenkapazität *f*
bed-linen Bettwäsche *f*
bed occupancy rate Zimmerauslastungsgrad *m*
bed utilization Auslastung *f (von Betten)*
bedclothes Bettwäsche *f*
bedroom Schlafzimmer *n*
bedstock Bettenkapazität *f*
beer delivery contract Bierlieferungsvertrag *m (including investment financing)*
beer-garden Biergarten *m*
beginner Einsteiger(in) *m(f)*
beginning of a journey Reisebeginn *m*
behavioral feature Verhaltensmerkmal *n*
behavioral trait *(AE)* Verhaltensmerkmal *n*
behaviour arrangement Kulanzregelung *f*
behavioural feature Verhaltensmerkmal *n*
behavioural trait *(BE)* Verhaltensmerkmal *n*
bellboy *(AE)* Page *m*
bellman Portier *m*
belt *v* **up** anschnallen
Belt Belt *m*
benchmark Bewertungsmaßstab *m*
benchmarking Benchmarking *n*, Betriebsvergleich *m*, Leistungsvergleichssystem *n*
benefit *v* **from sth** von etwas profitieren
benefit *v* **sb** jdm etwas nützen *(von Vorteil sein)*
benefit Vergütung *f*
benefit event Wohltätigkeitsveranstaltung *f*
berth Liegeplatz *m*, Schlafkoje *f*, *(dtCH)* Couchette *f*
berths Unterbetten *npl (auf einem Schiff)*
best available rate *(Abk.: BAR)* bestverfügbarer Preis *m*
best price guarantee *(Abk.: BPG)* Best-Preis Garantie *f*
between Christmas and New Year zwischen den Jahren
between class Zwischenklasse *f*
between deck Zwischendeck *n*
between-term vacations Semesterferien *pl*
beverages Getränke *npl*
bicycle *(dtCH)* Velo *n*, Fahrrad *n*
bicycle path Fahrradweg *m*
bicycle station Fahrradstation *f*
bicycle tour Radtour *f*, Radwanderung *f*
big shot *(umgangssprachlich)* hochkarätige Person *f*
big wheel Riesenrad *n*

bike *(dtCH)* Velo *n (Fahrrad)*
bike rental company Fahrradverleih *m*
bike tour Radtour *f*
bikini Bikini *m*
bilingual *adj* zweisprachig
bilingual discipline zweisprachige Studienrichtung *f*
bilingual signpost zweisprachige Beschilderung *f*
bilker blinder Passagier *m*
bilking Zechprellerei *f*
bill Rechnung *f*
bill of sale Kaufvertrag *m*
billboard Schwarzes Brett *n*
billing Abrechnung *f*
billing of service provider Leistungsträgerabrechnung *f*
billing procedure Abrechnungsverfahren *n*
bimetallism Doppelwährung *f*
binding *adj* verbindlich
bingo Bingo
bioclimate Bioklima *n*
biometric audit [check, control] Biometrische Kontrolle *f*
biometric data [statistics] Biometrische Daten *fpl*
biosphere reserve Biosphärenreservat *n*
biotope Biotop *n*, Lebensraum *m (Biotop)*
biplane Doppeldecker *m (Flugzeug)*; Doppelstockwagen *m*
bird-fly-line Vogelfluglinie *f (route between Hamburg and Copenhagen, ferry connection between Puttgarden and Rødby)*
bird strike Vogelschlag *m*
bird's-eye view Vogelperspektive *f*
bistro car Bistrowagen *m*
bizarre *adj* exotisch, seltsam
black box Flugschreiber *m*
black box flight recorder Flugdatenschreiber *m*, Flugaufzeichnungsgerät *n*
black economy Schattenwirtschaft *f*
black hat Suchmaschinen-Spamming *n*
blacklist Schwarze Liste *f*
blackout date Ausschlusstermin *m*
blanket cover Kollektivversicherung *f*
blanket crime policy Vertrauensschadenversicherung *f*
blind flight Blindflug *m*
blizzard Blizzard *m*
block charter Blockcharter *m*
block exemption Gruppenfreistellung *f*
blocking minority Sperrminorität *f*
blog *v* bloggen *(Schreiben von Internet-Tagebüchern)*
blog Blog *n*, Online-Tagebuch *n*
blow dryer Haartrockner *m*
Blue Flag Award Blaue Europa-Flagge *f*
Blue Riband Blaues Band *n*
board Verpflegung *f*
board and lodge Kost *f* und Logis *f*
board and lodging Pension *f*, Vollpension *f*
Board of Customs and Excise Zollbehörde *f*
board of directors Aufsichtsrat *m*
boarding Einschiffen *n*
boarding announcement Aufforderung *f* zum Einsteigen, Flugaufruf *m*
boarding card Bordkarte *f*
boarding house Pension *f*
boarding-house *(BE)* Fremdenheim *n*
boarding pass Bordkarte *f*
boarding preparation Einsteigevorbereitung *f*
boarding time Einsteigezeit *f*
boardinghouse *(AE)* Fremdenheim *n*
boat Boot *m*, Schiff *n*
boat holiday Bootsurlaub *m*
boat manoeuvres Bootsmanöver *mpl*
boat ride Bootsfahrt *f*
boat station Bootsstation *f*
boat trip Bootsfahrt *f*
boatel Hotelschiff *m*, schwimmendes Hotel
boathouse Bootshaus *m*
boating holiday Bootsurlaub *m*
body care Körperpflege *f*
body language Körpersprache *f*
body of water Gewässer *n*
body scanner Nacktscanner *m*
bonafide nach Treu und Glauben
bond Anleihe *f*, Kaution *f*, Obligation *f*, Pfandbrief *m*, Wertpapier *n*
bonding scheme *(BE)* Garantiefonds *m*
bonus Bonus *m*, Gewinnbeteiligung *f*, Prämie *f*, Vergütung *f*, Sachprämie *f*
bonus-malus system Bonus- und Malusregel *f*
bonus mile Bonusmeile *f*
bonus points Bonus *m*
bonus programme Bonusprogramm *m*
bookability Buchbarkeit *f*
booking Buchung *f*, Reservierung *f*
booking ahead Vorausbuchung *f*, Vorbestellung *f*, Vormerkung *f*

booking and reservation system Buchungs- und Reservierungssystem *n*
booking at short notice kurzentschlossene Buchung *f*
booking charge Buchungsentgelt *n*
booking class Buchungsklasse *f*
booking class coordination [harmonization] Buchungsklassenharmonisierung *f*
booking confirmation Buchungsbestätigung *f*, Reservierungsbestätigung *f*
booking contest Buchungswettbewerb *m*
booking data Buchungsdaten *npl*
booking deadline Vorausbuchungsfrist *f*
booking fee Buchungsentgelt *n*, Buchungsgebühr *f*, Reservierungsgebühr *f*
booking form Buchungsmaske *f*
booking four months before departure Altbuchung *f*
booking in advance Vormerkung *f*
booking inquiry Buchungsanfrage *f*
booking less than four months before departure Neubuchung *f*
booking management Buchungssteuerung *f*
booking mask Buchungsmaske *f*
booking office Vorverkaufsstelle *f*
booking on request Buchung *f* auf Anfrage
booking on waiting list Buchung *f* auf Warteliste
booking procedure Buchungsvorgang *m*
booking release Buchungsfreigabe *f*
booking restraint Buchungszurückhaltung *f*
booking status Buchungsstand *m*
booking status list Buchungsstandliste *f*
booking stop Buchungsstopp *m*
booking template Buchungsmaske *f*
booking volume Buchungsaufkommen *n*, Buchungsvolumen *n*
booking, reservation and distribution system for travel and tourism Buchungs-, Reservierungs- und Vertriebssystem *n* für Reise und Touristik
boom Aufschwung *m*
boom atmosphere Aufbruchstimmung *f*
booming economy Hochkonjunktur *f*
boondoggle *(AE)* Zeitverschwendung *f*
boost Ankurbelung *f*, Auftrieb *m*
booze *v* zechen
border crossing Grenzübergang *m*
border-crossing point Grenzpunkt *m*
border point Grenzpunkt *m*
border triangle Dreiländereck *n*
borderland local traffic Nahverkehr *m* im Grenzgebiet
boredom Langeweile *f*
borrowed capital Fremdkapital *n*
bound-in insert Beihefter *m*
bow Bug *m (Schiff)*
bow thruster Bugstrahlruder *n*
bowling alley Bowlingbahn *f*
box lunch *(AE)* Lunchpaket *n*
bracing climate Reizklima *n*
braining Aus- und Fortbildung *f*
brains trust Podiumsdiskussion *f*
brainstorming Informations- und Gedankenaustausch *m*
branch Betriebsstelle *f*, Dependance *f* Hotel, Filiale *f*
branch meeting Branchentreff *m*, Branchentreffen *n*
branch of business Branchenbezeichnung *f*
branch office Geschäftsstelle *f*
brand Handelsmarke *f*, Marke *f*, Markenzeichen *n*
brand appearance Markenauftritt *m*, Markenerscheinen *n*
brand policy Markenpolitik *f*
brand preference Markenpräferenz *f*
branded item Markenartikel *m*
breach of contract Vertragsbruch *m*
breach of duty Pflichtverletzung *f*
breadwinner Geldverdiener *m*
break *(BE)* Kurzurlaub *m*, Pause *f*
break-even point Gewinnschwelle *f*, Nutzenschwelle *f*
breakdown Aufspaltung *f*
breakdown service Abschleppdienst *m*, Pannendienst *m*, Pannenservice *m*, Straßenhilfsdienst *m*
breakers' aerosols Brandungsaerosole *npl*
breakfast Frühstück *n*, *(dtCH)* Morgenessen *n (Frühstück)*
breakfast bar Esstheke *f*
breakfast buffet Frühstücksbuffet *n*
breakfast room Frühstücksraum *m*
breaking off of a journey Reiseabbruch *m*
breaking off of a tour Reiseabbruch *m*
breaking off of a trip Reiseabbruch *m*
bribe Schmiergeld *n*
bribe-money Schmiergeld *n*

brick Backstein *m*
bridge Brücke *f*
bridge deck Brückendeck *n*, Fahrbahntafel *f (touristischer Landschaftshinweis)*
bridge officer Brückenoffizier *m*
bridging loan Überbrückungskredit *m*
briefing Einsatzbesprechung *f*, Mitarbeiterunterrichtung *f*, Pressegespräch *n*
briefing tour Informationsreise *f*
bright spot Lichtblick *m*
brochure Prospekt *m(n)*
brochure distribution system Katalogdistributionssystem *n*
broken voyage abgebrochene Reise *f*
broker Handelsmakler *m*
brokerage contract Vermittlungsvertrag *m*
browse *v* surfen *(im Internet)*
brunch Brunch *n*
brunch buffet Brunchbuffet *n*
Brussels travel contract convention Brüsseler Übereinkommen *n* über den Reisevertrag
buck the trend gegen den laufenden Trend
buckle *v* **on** anschnallen
budget Budget *n*, Haushaltsplan *m*
budget airline Billigfluggesellschaft *f*
budget deficit Haushaltsdefizit *n*, Haushaltsfehlbetrag *m*
budget estimates Haushaltsplan *m*
budget flight Billigflug *m*
budget planning Budgetplanung *f*
budget price Sparpreis *m*
budget rate Sparpreis *m*
budget shortfall Haushaltsfehlbetrag *m*
budget stability Haushaltsstabilität *f*
budgetary policy Haushaltspolitik *f*
buffet breakfast Büfett-Frühstück *n*
buffet car Bistrowagen *m*
bugging Lauschangriff *m (Glosse)*
bugs *(AE)* Ungeziefer *n*
bulk business Volumengeschäft *n*
bulk discount Mengennachlass *m*, Mengenrabatt *m*
bulk risk *(dtCH)* Klumpenrisiko *n*
bulky baggage *(AE)* sperriges Gepäck *n*
bulky luggage *(BE)* sperriges Gepäck *n*
bull-fighting arena Stierkampfarena *f*
bull-ring Stierkampfarena *f*
bullish *adj* draufgängerisch, optimistisch
bullish sentiment Aufbruchstimmung *f*
bulwark Bastei *f (Bastion)*
bumper year Rekordjahr *n*
bumping Nichtbeförderung *f* bei Überbuchung
Bund-Länder Commission for Tourism Bund-Länder-Ausschuss *m* Tourismus
bungalow Bungalow *m*
bunkhouse Schlafbaracke *f*
buoyant *adj* lebhaft
bus Autobus *m*, Bus *m*
bus charter Busanmietung *f*
bus departure time Busabfahrtszeit *f*
bus holiday destination traffic Ferienzielverkehr *m* Bus
bus holiday destination travel Ferienzielreise *f*
bus holiday destination trip Ferienzielreise *f*
bus including a small bistro Bistrobus *m*
bus lane Haltebucht *f*
bus round trip Busrundreise *f*
bus services of railway companies Bahnbus *m*
bus shuttle service Buspendelverkehr *m*
bus station Busbahnhof *m*
bus terminal Busterminal *n*
bus tourism *(AE)* Bustourismus *m*
bus travel Busreise *f*
bus trip Busreise *f*
business activities Geschäftstätigkeit *f*
business acumen Geschäftstüchtigkeit *f*
business administration Betriebswirtschaftslehre *f*
business aircraft Geschäftsflieger *m*, Geschäftsreiseflugzeug *n*
business centre Geschäftszentrum *n*
business class Business-Klasse *f*
business climate Konsumklima *n*
business climate index for German tourism touristischer Vertriebsklima-Index *m*
business community Geschäftswelt *f (die Geschäftsleute)*
business culture Unternehmenskultur *f*
business customers Firmenkundschaft *f*
business day Arbeitstag *m*
business development Wirtschaftsförderung *f*
business district Geschäftsviertel *n*
business employer Unternehmer(in) *m(f)*
business entertainment Kundenbewirtung *f*
business field Geschäftsfeld *n*
business hospitality Kundenbewirtung *f*

business insurance Unternehmensversicherung *f*
business jet Geschäftsflieger *m*, Geschäftsreiseflugzeug *n*
business license Gewerbeschein *m*
business location Wirtschaftsstandort *m*
business lunch Arbeitsessen *n*, Geschäftsessen *n*
business magnate Handelsherr *m*
business management Betriebswirtschaftslehre *f*, Unternehmensführung *f*
business management contract Geschäftsbesorgungsvertrag *m*
business mission Leitbild *n*
business model Geschäftsmodell *n*
business objective Unternehmensziel *n*
business operations *pl* Geschäftigkeit *f*
business plan Unternehmenskonzept *n*
business platform Geschäftsplattform *f*
business principles Unternehmensleitbild *n*
business procedure Geschäftsordnung *f*
business profitability Unternehmensrentabilität *f*
business reply card Rückantwortkarte *f*
business revival Konjunkturbelebung *f*
business secret Geschäftsgeheimnis *n*
business sector Geschäftsbereich *m*, Wirtschaftsabschnitt *m*
business sector meeting Branchentreff *m*, Branchentreffen *n*
business segment Geschäftsfeld *n*
business split Betriebsaufspaltung *f*
business start-up Gründung *f* eines Unternehmens
business strategy Geschäftsstrategie *f*
business terms and conditions Geschäftsbedingungen *fpl*
business-to-customer portal Endkundenportal *n*
business tourism Geschäftstourismus *m*
business transmission Betriebsübergang *m*
business travel Geschäftsreise *f*, Dienstreise *f*, Firmendienst *m*, wirtschaftsorientierter Tourismus *m*
business travel agency Geschäftsreiseanbieter *m*, Geschäftsreisebüro *n*
business travel analysis Geschäftsreiseanalyse *f*, Geschäftsreiseprozess *m*
business travel association Geschäftsreiseverband *m*
business travel center *(Abk.: BTC) (AE)* Geschäftsreisezentrum *n*
business travel centre *(BE)* Geschäftsreisezentrum *n*
business travel expenses Geschäftsreisekosten *pl*
business travel management Geschäftsreisemanagement *n*, Reisemanagement *n*
business travel management system Reisemanagementsystem *n*
business travel planning Geschäftsreiseplanung *f*
business travel podcast Geschäftsreisepodcast *m*
business travel process Geschäftsreiseprozess *m*
business travel report Geschäftsreiseanalyse *f*
business traveller Geschäftsreisende *m(f)*
business travelling Geschäftsreise *f*
business trip Dienstreise *f*, Geschäftsreise *f*
business visa Geschäftsvisum *n*
business year Geschäftsjahr *n*
businessman Gewerbetreibende *m(f)*, Unternehmer(in) *m(f)*
buttons Page *m*
buyer Nachfrager *m*
buyer confidence Konsumklima *n*
buyer confidence index Konsumklima-Index *m*
buyer's market Käufermarkt *m*
buying Einkauf *m*
buying combine Einkaufsgemeinschaft *f*
buying habits Kaufgewohnheiten *fpl*
buying power Kaufkraft *f*
buying price Kaufpreis *m*
buyout Unternehmensübernahme *f*
bypass *(BE)* Umgehungsstraße *f*

C

cab *(AE) (Aut)* Fiaker *m (Kutsche)*; Taxi *n*
cab driver *(AE)* Taxifahrer(in) *m(f)*
cab rank *(BE)* Taxistand *m*
cabin Abteil *n*, Hütte *f*, Kabine *f*, Kajüte *f*
cabin attendant Flugbegleiter *m*, Flugbegleiterin *f*
cabin attendants Kabinenpersonal *n*
cabin baggage *(AE)* Kabinengepäck *n*
cabin crew Bordpersonal *n*, Flugbegleit-

personal *n*, Flugbesatzung *f*, Kabinenpersonal *n*, Servicepersonal *n* auf Passagierflugzeugen
cabin cruiser Kabinenkreuzer *m*
cabin lift Kabinenseilbahn *f*
cabin luggage *(BE)* Kabinengepäck *n*
cabin pressure Luftdruck *m* in der Kabine
cable car Bergbahn *f (Seilbahn)*; Gondel *f*, Gondelbahn *f*, Seilbahn *f*
cable car ride Bergfahrt *f*
cable pulley Seilschwebebahn *f*
cable railway Seilbahn *f*, Standseilbahn *f*
cabotage Anschlusskabotage *f*
cabstand *(AE)* Taxistand *m*
café *(dtCH)* Caffé *n*, Café *n*, *(Aut)* Kaffeehaus *n*
cafeteria Cafeteria *f*, *(Aut)* Kaffeehaus *n (mit Selbstbedienung)*; Selbstbedienungsrestaurant *n*
calculation Kalkulation *f*
call center telefonischer Hilfsdienst *m*, telefonischer Service *m*
calm zone Ruhezone *f*
calmness Gelassenheit *f*
camp bed Zustellbett *n*
campaign goods Aktionsware *f*
campaign planning Maßnahmenplanung *f*
campaign to preserve cultural heritage Aktion *f* zur Rettung des Kulturerbes *(Abk.: ARK)*
camper Campingbus *m*, Wohnmobil *n*
camper van Reisemobil *n*, Campingbus *m*
campground *(AE)* Campingplatz *m*,
camping Camping *n*
camping contract Campingvertrag *m*
camping flight *(obs)* Ferienflug *m* mit Scheinvoucher
camping ground *(AE)* Campingplatz *m*
camping guide Campingführer *m*
camping holiday Campingurlaub *m*
camping leisure centre *(BE)* Camping--Freizeitzentrum *n*
camping site *(BE)* Campingplatz *m*
camping tourism Campingtourismus *m*
camping vacation Campingurlaub *m*
campsite Campingplatz *m*
campus Campus *m (z. B. Universitätscampus)*
canal *f* Gracht
canal barge Kabinenkreuzer *m*
canalisation Besucherlenkung *f*
cancel *v* entwerten, streichen, rückgangig machen, stornieren
cancelation *(AE)* Storno *n*
cancellation Abmeldung *f (Rückgängigmachen einer Anmeldung)*; Annullierung *f*, Auflösung *f*, Kündigung *f*, Stornierung *f*, Storno *n*
cancellation charge Annullierungsgebühr *f*, Stornogebühr *f*
cancellation charge scale Stornokostenstaffel *f*
cancellation charges Rücktrittskosten *pl*, Stornokosten *pl*
cancellation condition Stornobedingung *f*
cancellation contract Aufhebungsvertrag *m*
cancellation cover Stornokosten-Schutz *m (insurance against cancellation in the event of non-commencement, rebooking or interruption of a journey)*
cancellation fee Annullierungsgebühr *f*, Stornogebühr *f*
cancellation fees Rücktrittskosten *pl*, Stornokosten *pl*
cancellation of a booking Rücktritt *m* von Reisebuchung
cancellation of travel contract Kündigung *f* des Reisevertrags
cancellation of trip Nichtdurchführung *f* der Reise
cancellation protection Kündigungsschutz *m*
canon *(AE) (dtCH)* Tobel *m*
canteen Mensa *f*
Canton *(dtCH)* Kanton *m (Schweizer Bundesland)*
canyon *(dtCH)* Tobel *m*
canyoning Canyoning *n*
capacity Fassungsvermögen *n*, Kapazität *f*
capacity bottleneck Kapazitätsengpass *m* beim Flugverkehr
capacity calculation Kapazitätsberechnung *f*
capacity restriction Kapazitätsengpass *m* beim Flugverkehr *(in der Luft und auf dem Boden)*
capacity survey Kapazitätserhebung *f*
capacity usage [utilisation] Kapazitätsauslastung *f*
cape Kap *n*
capital Kapital n
capital allowance *(BE)* Abschreibung *f*
capital asset market Kapitalmarkt *m*
capital city of culture Kulturhauptstadt *f*

capital commitment Kapitalbindung *f*
capital company Kapitalgesellschaft *f*
capital demand Kapitalbedarf *m*
capital expenditure Investition *f*
capital expenditure planning Investitionsplanung *f*
capital goods Investitionsgüter *npl*
capital increase Kapitalerhöhung *f*
capital investment in stock Kapitalanlage *f* in Wertpapieren, Kapitalbindung *f*
capital investment loan Investitionskredit *m*
capital market Kapitalmarkt *m*
capital needs Kapitalbedarf *m*
capital requirement Kapitalbedarf *m*
capital return Kapitalverzinsung *f*
capital transfer control Kapitalverkehrskontrolle *f*
capital value Kapitalwert *m*
capitalized value method Ertragswertverfahren *n*
caprice *(dtCH, Aut)* Kaprize *f*, Laune *f*
captain Kapitän *m*
captain's dinner Kapitänsdinner *n*
captive market Verkäufermarkt *m*
capture Kaperung *f*
car driver *(dtCH)* Autowanderer *m*
car ferry Autofähre *f*
car-free Sunday autofreier Sonntag *m*
car-free tourism region *(dtCH)* autofreies Fremdenverkehrsgebiet *n (autofreies Tourismusgebiet)*
car hire Autovermietung *f*, Fahrzeugverleih *m*
car hire association *(BE)* Mietwagenverband *m*
car hire reservation programme *(BE)* Mietwagenreservierungsprogramm *n*
car package tour Auto-Package-Tour *f*
car park *(BE)* Parkplatz *m*
car passenger Mitfahrer(in) *m(f)*
car pool Fahrbereitschaft *f*, Fahrgemeinschaft *f*, Fuhrpark *m*
car pool service Mitfahrzentrale *f*
car radio emergency call Auto-Reiseruf *m*
car rally Sternfahrt *f*
car rental Fahrzeugverleih *m*
car rental association *(AE)* Mietwagenverband *m*
car rental reservation program *(AE)* Mietwagenreservierungsprogramm *n*
car rental return Mietwagenrückgabe *f*
car rental service Autovermietung *f*
car returns Mietwagenrückgabe *f*
car sharing Fahrgemeinschaft *f*
car-sharing Carsharing *n (auch Stadt- oder Stadtteilauto)*
car sharing agency Mitfahrzentrale *f*
car sleeper train Autoreisezug *m (Abk.: ARZ)*
car theft insurance Autodiebstahlversicherung *f*
caravan *(BE)* Campingbus *m*, Caravan *m*, Wohnanhänger *m*, Wohnwagen *m*
caravan park *(BE)* Wohnwagenpark *m*
Caravan, Boat and International Travel Market *(obs)* Caravan, Boot und Internationaler Reisemarkt *m (Abk.: CBR)*
caravaner *(BE)* Wohnwagentourist *m*
caravanserai Karawanserei *f*
caravansery Karawanserei *f*
card control number Kartenprüfnummer *f*
card lost reporting hotline Sperrnotruf *m (Kreditkarte)*
card system Kartensystem *n*
Card Validation Code *(Abk.: CVC)* Kartenprüfnummer *f*
career Beruf *m*, Werdegang *m*
career advancement Karrieresprung *m*
career boost Karrieresprung *m*
career-changer Quereinsteiger *m (someone entering a new field of work different from their educational background)*
career-orientated practical Berufspraktikum *n*
career push Karriereschub *m*
carefree *adj* unbeschwert
carer Kümmerer *m (Berater, Betreuer)*
cargo load factor Nutzladefaktor *m*
cargo ship voyage Frachtschiffsreise *f*
Caribbean Association Arbeitsgemeinschaft *f* Karibik
Caribbean Sea/the Karibisches Meer *n*
Caribbean/the Karibisches Meer *n*
carnet Zollpassierscheinheft *n*
carnival season Fünfte Jahreszeit *f*
carousel Gepäckförderband *n*
carriage Beförderung *f*
carriage by air Lufttransport *m*
carriage category Wagengattung *f*
carriage function Beförderungsfunktion *f*
carriage indication diagram Wagenstandsanzeiger *m*
carriage obligation Beförderungspflicht *f (obligation of buses, taxis, etc. to accept passengers)*

carrier Beförderungsunternehmen *n*, Verkehrsträger *m*
carrier licence Verkehrsträgerlizenz *f*
carrier's liability for ferry crossing Fährschiffspassagenhaftung *f*
carry-on luggage Handgepäck *n*
cartel authority Kartellbehörde *f*
cartel law Wettbewerbsrecht *n*
cascade Kaskade *f*, Wasserfall *m*
case history Fallbeispiel *n*
case study Fallstudie *f*
cash Bargeld *n*
cash discount Skonto *n*
cash dispenser Geldautomat *m*
cash for clunkers *(AE)* Abwrackprämie *f*
cash-keeping Kassenführung *f*
cash management Kassenführung *f*
cash payment Barzahlung *f*
cashpoint Geldautomat *m*
casting Rollenverteilung *f*
castle hotel Burghotel *n*, Schlosshotel *n*
casual work Leiharbeit *f*
casuality insurance Unfallversicherung *f*
catacomb Katakombe *f*
catalog *(AE)* Katalog *m*
catalogue *(BE)* Katalog *m*
catamaran Katamaran *m*
catchment area Einzugsbereich *m*
category Kategorie *f*
category of accommodation Unterbringungsklasse *f*
catering Bewirtung *f*, Catering *n*, Gastronomie *f*, Verpflegung *f*
catering contract *(BE)* Bewirtungsvertrag *m*
catering facility *(BE)* gastronomische Einrichtung *f*, Versorgungseinrichtung *f*
catering trade *(BE)* Gastronomie *f*, Gastronomiegewerbe *n*, Bewirtungsgewerbe *n*
cell Handy *n*
cell phone Mobiltelefon *n*
cellar Weinkeller *m*
cellular network Mobilfunknetz *n*
cellular phone network *(AE)* Mobilfunk *m*
cellular radio Mobilfunk *m*
cement pier Betonseebrücke *f*
census of working population by place of work Arbeitsstättenzählung *f*
center *(AE)* Ortszentrum *n*, Zentrum *m*
center of industrial concentration *(AE)* Ballungsraum *m*
center seat *(AE)* Mittelplatz *m*
central accounting department of Deutsche Bahn Abrechnungszentrale *f* Personenverkehr DB *(Abk.: AZP)*
central bank Notenbank *f*
central bus station zentraler Omnibusbahnhof *m (Abk.: ZOB)*
central computer Zentralrechner *m*
Central European Time *(Abk.: CET)* Mitteleuropäische Zeit *f (Abk.: MEZ)*
central health treatment centre *(BE)* zentrales Kurmittelhaus *n*
central order administration zentrale Auftragsverwaltung *f*
central processing unit *(Abk.: CPU)* Zentraleinheit *f*
central station Hauptbahnhof *m (Abk.: Hbf)*
central tourism [tourist] office Tourismuszentrale *f*
centrally managed economy Planwirtschaft *f*
centrally planned economy zentrale Planwirtschaft *f*
centre *(BE)* Ortszentrum *n*, Zentrum *m*
centre of industrial concentration *(BE)* Ballungsraum *m (Ballungszentrum)*
centre seat *(BE)* Mittelplatz *m*
CEO *(Abk. für: Chief Executive Officer)* Konzernlenker *m*, Vorsitzender *m* des Vorstands
certificate Nachweis *m*
certificate of air-worthiness Luftverkehrszulassungsbescheinigung *f*
certificate of employment Beschäftigungsnachweis *m*
certificate of entitlement for international travel cover Auslandsschutzbrief *m (Dokument)*
certificate of insurance Versicherungsschein *m*
certificate of origin Ursprungszeugnis *n*
certificate of professional competence Fachkundennachweis *m*
certification Zertifizierung *f*
certification system Zertifizierungssystem *n*
certified health resort anerkannter Kurort *m*
certified tour guide Gästeführer *m*
certified tourism resort prädikatisierter Tourismusort *m*
chain and system catering Ketten- und Systemgastronomie *f*

chain and system gastronomy Ketten- und Systemgastronomie *f*
chain of travel agencies Reisebürokette *f*
chain store Filiale *f*
chain store company Filialunternehmen *n*
chair lift Sessellift *m*
chalet Chalet *n*, *(dtCH)* Sennhütte *f* *(Landhaus im Schweizer Stil)*
challenging *adj* herausfordernd
chamber of commerce exam IHK-Prüfung *f*
chamber of industry and commerce Industrie- und Handelskammer *f (Abk.: IHK)*
chambermaid Zimmermädchen *n*
chance-risk assessment Chancen- und Gefahrenanalyse *f*
change *v* umsteigen
change Abwechslung *f*, Wechsel *m*, Änderung *f*
change in employment Einsatzwechseltätigkeit *f*
change in ownership Eigentümerwechsel *m*
change in person Ersatzperson *f*
change in social values Wertewandel *m*
change in the timetable Fahrplanwechsel *m*
change in trend Tendenzwende *f*
change in values Wertewandel *m*
change management Veränderungsmanagement *n*
change of booking Umbuchung *f*
change of employment Arbeitsplatzwechsel *m*
change of flight schedule Flugplanänderung *f*
change of itinerary Reisewegänderung *f*
change of job Arbeitsplatzwechsel *m*
change of reservation Umbuchung *f*
change of route Reisewegänderung *f*
change of scenery Tapetenwechsel *m*
change of shift Schichtwechsel *m*
changed booking Umbuchung *f (umgebuchter Termin)*
changed reservation Umbuchung *f*
changing of the guard Wachwechsel *m*
Channel Ärmelkanal *m*
Channel shuttle service Eurotunnel--Pendeldienst *m*
Channel Tunnel Eurotunnel *m*
chapter Kapitel *n (Abschnitt)*
chapter 11 *(USA)* Konkursabwendungs--Verfahren *n*
chapter 7 Chapter 7 *(Vorschriften zur Abwicklung eines Unternehmens in den USA)*
characteristic of a sociodemographic target group soziodemografisches Zielgruppenmerkmal *n*
charge Benutzungsgebühr *f*, Gebühr *f*, Preis *m (Rechnungspreis)*
charge for an unoccupied bed Leerbettgebühr *f*
charge for the use of the beach Strandbenutzungsgebühr *f*
chargeable transaction abrechnungspflichtige Transaktion *f*
charges Abgaben *fpl*, Entgelt *n*
charity performance Wohltätigkeitsveranstaltung *f*
charter *v* **a ship** ein Schiff chartern
charter Charter *m*, Vollcharter *m*
charter air traffic Bedarfsluftverkehr *m*, Charterflugverkehr *m*
charter aircraft Chartermaschine *f*
charter airline Bedarfsfluggesellschaft *f*, Charterfluggesellschaft *f*, Ferienfluggesellschaft *f*
charter business Vermietung *f*
charter flight Campingflug *m*, Charterflug *m*, Touristikflug *m*, touristischer Linienflug *m*
charter flights operating on a weekly rotation Kettencharter *m*
charter including crew and equipment Nasscharter *m*
charter rate excluding crew Trockencharter *m*
charter traffic Charterverkehr *m*
charter transport Charterverkehr *m*
chartered aircraft Chartermaschine *f*
chartered train Sonderzug *m*
chat *v* **with sb** mit jdm chatten *(mit jemandem im Internet kommunizieren)*
chauffeur Berufskraftfahrer *m*, Chauffeur *m*, Fahrer(in) *m(f)*
chauffeur-driven limousine Limousine *f* mit Chauffeur
cheap flight Billigflug *m*
cheap hotel Absteige *f*
check *(AE)* Rechnung *f (Restaurant)*; Vergleich *m*, Überprüfung *f*
check card guarantee Scheckkartengarantie *f*
check-in Abfertigung *f*, Einchecken *n*

check-in area Abfertigungshalle *f*
check-in counter Abfertigungsschalter *m*
check-in deadline Meldeschlusszeit *f*
check-in desk Abfertigungsschalter *m* *(am Flughafen)*
check-in process Abfertigungsprozess *m*
check-in time Meldezeit *f*
check-out Auschecken *n*
checked baggage *(AE)* aufgegebenes Gepäck *n*
checked-in baggage *(AE)* aufgegebenes Gepäck *n*
checked-in luggage *(BE)* aufgegebenes Gepäck *n*
chef de cuisine Küchenmeister *m*
chic *adj* mondän
Chicago Convention Abkommen *n* von Chicago, Chicagoer Abkommen *n*
chief editor Chefredakteur(in) *m(f)*
chief receptionist *(AE)* Empfangschef *m* im Hotel
chief steward Chefsteward *m*
chief stewardess Chefstewardess *f*
chief waiter *(AE)* Chefkellner *m*
chief waitress *(AE)* Chefkellnerin *f*
child abuse Kindesmissbrauch *m*
child and youth tourism Kinder- und Jugendtourismus *m*
child care Kinderbetreuung *f*
child minder Betreuungsperson *f (für Kinder)*
child minding Kinderbetreuung *f*
child molestation Kindesmissbrauch *m*
child passenger Kinderpassagier *m*
child reduction Kinderermäßigung *f*
children welcome Kinder willkommen
children's bed Kinderbett *n*
children's club Kinderclub *m*
children's entertainment Kinderanimation *f*
children's rate Kindertarif *m*
child's bed Kinderbett *n*
child's club Kinderclub *m*
child's fare Kindertarif *m*
child's rate Kindertarif *m*
child's (safety) seat Kindersitz *m*
child's ticket Kinderfahrkarte *f*
chill-out room Ruheraum *m*
chip key Einwegschlüssel *m*
choice of pillows Kissenauswahl *f*
christening of a new (cruise) line Linientaufe *f*
christening of a ship Schiffstaufe *f*
Cicero Cicerone *m*
Cicerone Cicerone *m*, Fremdenführer *m*
cigar lover Zigarrenliebhaber *m*
cinema seating Kinobestuhlung *f*
circle of guests Gästekreis *m*
circle trip Flugrundreise *f*
circuit Kreis(lauf) *m (Schaltsystem)*; Rundgang *m*
circular Rundbrief *m*, Rundschreiben *n*
circular flight Rundflug *m*
circular tour Rundfahrt *f*, Rundreise *f*
circular trip Rundfahrt *f*
circulation Umlauf *m*, Kreislauf *m*
citadel Zitadelle *f*, Hochburg *f*
cities for mobility Städte *fpl* für Mobilität
citizenship Nationalität *f*, Staatsangehörigkeit *f*, Staatsbürgerschaft *f*
city break Städtereise *f*
city bus Stadtbus *m*
city center *(AE)* Stadtzentrum *n*
city centre *(BE)* Innenstadt *f*, Stadtzentrum *n*
city centre toll Innenstadtmaut *f*
city experience Stadterlebnis *n*
city guide Stadtbilderklärer *m*, Stadtführer *m (Großstadt)*
city-information Städte-Information *f* *(e.g. Freiberg-Information, information on cities and towns)*
city marketing Stadtmarketing *n*
city reconnaissance Stadterkundung *f*
city scouting Stadterkundung *f*
city tour Städtereise *f*, Stadtrundfahrt *f*
city tour including two cities Doppelstädtereise *f*
city partnership, town partnership Städtepartnerschaft *f*
city traffic Stadtverkehr *m*
city trip Städtereise *f*
Civil Aeronautics Board Zivilluftfahrtbehörde *f*
Civil Aviation Agreement Luftverkehrsabkommen *n*
Civil Aviation Authority *(Abk.: CAA)* Zivilluftfahrtbehörde *f*
Civil Aviation Conference Zivilluftfahrtkonferenz *f*
civil code company Gesellschaft *f* des bürgerlichen Rechts *(Abk.: GbR)*
Civil Law Bürgerliches Gesetzbuch *n* *(Abk.: BGB)*
claim Beanstandung *f*, Reklamation *f*, Anspruch *m*, Forderung *f*, Schadensfall *m*

claim for compensation Minderungsanspruch *m*
claim for damages Schadenersatzklage *f*
claim for reimbursement Minderungsanspruch *m*
claim for travel expenses *(BE)* Reisekostenabrechnung *f (Abk.: RKA)*
claim settlement Schadensregulierung *f*
claim to sole rights Ausschließlichkeitsbindung *f*
clarity Übersichtlichkeit *f*
class Kategorie *f*
class of carriage Beförderungsklasse *f*
class of transport Beförderungsklasse *f*
class outing Klassenfahrt *f*
classicism Klassizismus *m*
classification of camp sites Klassifizierung *f* der Campingplätze
classification of camping grounds Klassifizierung *f* der Campingplätze
classification of cruiseships Klassifizierung *f* der Kreuzfahrtschiffe
classification of flights Flugartengliederung *f*
classification of holiday flats, holiday homes and private rooms Klassifizierung *f* für Ferienwohnungen, -häuser und Privatzimmer
classification of hotels Klassifizierung *f* der Hotels
classification of risk Risikoeinstufung *f*
classification of tour buses *(AE)* Klassifizierung *f* der Reisebusse
classification of tour coaches *(BE)* Klassifizierung *f* der Reisebusse
classification scheme [system] Klassifizierungssystem *m*
classy *adj* stilvoll
clean business travel *(Germanwatch)* klimafreundliche Geschäftsreise *f*, umweltverträgliche Geschäftsreise *f*
clean car umweltfreundliches Auto *n*
cleaning Reinigung *f*
clear text display Klartextanzeige *f*
clearance for take off Starterlaubnis *f* eines Flugzeuges
clearing Abfertigung *f*, Verrechnung *f*
clearing house Abrechnungsdienstleister *m*, Verrechnungsstelle *f*
clearing procedure Abfertigungsverfahren *n*, Abrechnungsverfahren *n*
clearing service provider Abrechnungsdienstleister *m*
clearing system Abrechnungsverfahren *n*
clever *adj* ausgebufft, gescheit
clever to flight klug zum Flug
cleverness Schlagfertigkeit *f*
cliché Klischee *n*
client Kunde *m*
clients right Kundenrecht *n*
climate control Klimaschutz *m*
climate neutrality Klimaneutralität *f*
climate protection Klimaschutz *m*
climatherapy Klimatherapie *f*
climatic health resort Heilklimatischer Kurort *m*, Luftkurort *m*
climatic resort Heilklimatischer Kurort *m*
climatic spa Luftkurort *m*
climatic therapy Klimatherapie *f*
climatic zone Klimazone *f*
climbing lane *(AE)* Kriechspur *f*
cloaking Technik *f* zur Suchmaschinenoptimierung
close proximity to the beach Strandnähe *f*
close to downtown zentrumsnah
closed-door circular tour Rundfahrt *f* mit geschlossenen Türen
closing date Ausschlusszeit *f*, Schlusstermin *m* für Anmeldungen
closing time Sperrstunde *f*
closure of an account Kontoabschluss *m*
clothes hanger Kleiderbügel *m*
club Golfschläger *m*
club holiday *(BE)* Cluburlaub *m*
club ship Clubschiff *n*
club vacation *(AE)* Cluburlaub *m*
co-channel clearance procedure Zweikanal-Abfertigungsverfahren *n*
co-driver Mitfahrer(in) *m(f)*
coach *(BE)* Autobus *m*, Bus *m (Reisebus)*; Reisebus *m*
coach class Holzklasse *f*, Touristenklasse *f*
coach hire Busanmietung *f*
coach station *(BE)* Busbahnhof *m*
coach tourism *(BE)* Bustourismus *m*
coach travel Busreise *f*
coach trip *(BE)* Busreise *f*
coaching Nachhilfe *f*, Training *n*
coast Küste *f*
coastal cruise Küstenkreuzfahrt *f*
coastal resort Seebad *n*
coastal road Küstenstraße *f*
coastal route Küstenstraße *f*
coat-hanger Kleiderbügel *m*
cock-and-bull story Seemannsgarn *n*

cockpit crew fliegendes Personal *n*
cocktail cabinet Hausbar *f*
code Kennzahl *f*
code of commercial law Handelsgesetzbuch *n (Abk.: HGB)*
code of conduct Verhaltenscodex *m*
code share [sharing] flight Gemeinschaftsflug *m*
coffeehouse *(Aut)* Kaffeehaus *n*, *(dtCH)* Caffé *n*, Café *n*
cog-railway *(AE)* Zahnradbahn *f*
cold beds *(dtCH)* kalte Betten *npl (i.e. oversupply of ready-built apartments which results in non-occupied beds in holiday regions of Switzerland; wegen Überangebot nicht belegte Betten in Ferienregionen der Schweiz)*
cold calls kalte Telefonakquisition *f*
colleague Mitarbeiter *m*, Mitarbeiterin *f*
collect *v* sammeln
collection agency Inkassobüro *n*
collection service Abholservice *m*, Inkassostelle *f*
collective agreement Tarifvertrag *m*
collective claim Verbandsklage *f*
collective good öffentliches Gut *n*
collective insurance Kollektivversicherung *f*
collective ticket Sammelfahrschein *m*
collective visa Sammelvisum *n*
collective wage agreement Tarifvertrag *m*
collision damage waiver *(Abk.: CDW)* Haftungsbefreiung *f* Mietwagen, Vollkaskoversicherung *f*
colloquium Kolloquium *n*
colonial past Kolonialvergangenheit *f*
colonial style Kolonialstil *m*
combination of subjects Fächerkombination *f*
combined costing Mischkalkulation *f*
combined ferry Kombi-Fährschiff *m*
combined income from a low wage plus supplementary state benefit Kombilohn *m*
combined ticket Kombiticket *n*
combined transport kombinierter Verkehr *m*
combined wages Kombilohn *m*
come-back Rückkehr *f*
comfort Rückversicherung *f*
comfort letter Patronatserklärung *f*
comfort station Bedürfnisanstalt *f*
comfortable *adj* komfortabel, behaglich
command economy Kommandowirtschaft *f*
commerce Handel *m*
Commerce and Industry Regulation Act Gewerbeordnung *f (Abk.: GewO)*
commercial accounting Rechnungswesen *n*
commercial agency agreement Handelsvertretervertrag *m*
commercial agent Handelsvertreter *m*
commercial agent contract Handelsvertretervertrag *m*
commercial airline Linienfluggesellschaft *f*
commercial airline pilot Verkehrsflugzeugführer(in) *m(f)*
commercial flight gewerblicher Flug *m*
commission Kommission *f (Gremium, Untersuchungsausschuss)*; Provision *f*, Vermittlungsgebühr *f*
commission business Zwischenhandel *m*
commission charge Vermittlungsgebühr *f*
commission claim Provisionsanspruch *m*
commission cut Nullprovision *f*
commission drawback system Provisionsrückerstattungssystem *n*
commission fee Vermittlungsgebühr *f*
commission model Vergütungsmodell *n*
commission refund Provisionsrückvergütung *f*
commission reimbursement system Provisionsrückerstattungssystem *n*
commitment Obligo *n*
committee Kommission *f*
committee for the preservation of monuments and historic buildings Rat *m* für Denkmalpflege
committee for tourism Ausschuss *m* für Tourismus
Common Market Gemeinsamer Markt *m*
commons/the öffentliches Gut *n*
communal accommodation Gemeinschaftsunterkunft *f*
communal lodging *(BE)* Gemeinschaftsunterkunft *f*
communication cord *(BE)* Notbremse *f*
communication culture Kommunikationskultur *f*
communication medium Kommunikationsmittel *n*

communication platform Kommunikationsplattform *f*
communication system Nachrichtenverbindungssystem *n*
communications policy Kommunikationspolitik *f*
community Gemeinde *f*, Gemeinschaft *f* *(Internet)*
community of car-free Swiss tourist villages Gemeinschaft *f* Autofreier Schweizer Tourismusorte *(Abk.: GAST; u. a. Zermatt und Saas Fee)*
commutation ticket *(AE)* Zeitkarte *f*
commuter Berufspendler *m*
commuter traffic Pendelverkehr *m*
commuter train Nahverkehrszug *m*
companion fare Begleitertarif *m*, Partnertarif *m*
company account Reisestellenkarte *f*
company acquisition Unternehmensübernahme *f*
company amalgamation Unternehmensfusion *f*
company-based education betriebliche Ausbildung *f*
company-based training betriebliche Ausbildung *f*, betriebliches Ausbildungswesen *n*
company by-laws Geschäftsordnung *f*
company car Dienstwagen *m*, Firmenwagen *m*, Geschäftswagen *m*
company car regulations Geschäftswagenordnung *f*
company card Firmenausweis *m*
company charter Gesellschaftsvertrag *m*
company contract rate firmeneigene Vertragsrate *f*
company cost-effectiveness Betriebsrentabilität *f*
company credit card Firmenkreditkarte *f*
company data Firmendaten *fpl*
company excursion Betriebsausflug *m*
company leader Konzernlenker *m*
company merger Unternehmensfusion *f*
company of tradition Traditionsunternehmen *n*
company operating in the tourism sector Tourismusbetrieb *m*
company profile Unternehmensleitbild *n*, Unternehmensprofil *n*, Firmen-Portrait *n*
company profitability Betriebsrentabilität *f*, Unternehmensrentabilität *f*
company promotion program Firmenförderprogramm *n*
company report Geschäftsbericht *m*
company service *(BE)* Firmendienst *m*
company subscription *(BE)* Firmenabonnement *n*
company take-over Unternehmensübernahme *f*
company tax Gesellschaftssteuer *f*
company travel agency *(BE)* Firmenreisestelle *f*
company travel card Reisestellenkarte *f*
company travel department Firmenreisestelle *f*, Implant *n*
company travel guideline Reiserichtlinie *f*
company-wide accountability konzernübergreifende Verantwortung *f*
company's performance Unternehmensentwicklung *f*
comparative advertising vergleichende Werbung *f*
comparative method Vergleichsverfahren *n*
comparison of data Datenabgleich *m*
compartment Abteil *n (Zug)*
compass card Windrose *f*
compatibility Kompatibilität *f*, Vereinbarkeit *f*
compensate *v* kompensieren
compensation Entgelt *n*, Entlohnung *f*, Lohnausgleich *m*, Minderung *f*, Schmerzensgeld *n*, Vergütung *f*; Schadenersatz *m*
compensation claim Schadenersatzanspruch *m*
compensation for damages Schadenersatz *m*
compensation for travelling costs Reisekostenerstattung *f*
compensation model Vergütungsmodell *n*
compensation pay Kompensationszahlung *f*
compensation yield for climate protection Kompensationsertrag *m* zum Klimaschutz
compensatory wage increase Lohnausgleich *m*
compère *(BE)* Conférencier *m*
competence Kompetenz *f*, Sachkunde *f*
competence center *(AE)* Kompetenzzentrum *n*
competence centre *(BE)* Kompetenzzentrum *n*
competency of court Gerichtsstand *m*

competition Konkurrenz *f*, Konkurrenzkampf *m*, Wettbewerb *m*
competition clause Konkurrenzklausel *f*
Competition Commission *(BE)* Kartellbehörde *f*
competition distortion Wettbewerbsbeschränkung *f*
competition law Wettbewerbsrecht *n*
competitive ability Wettbewerbsfähigkeit *f*
competitive advantage Wettbewerbsvorteil *m*
competitive comparison Wettbewerbsvergleich *m*
competitive edge Wettbewerbsvorteil *m*
competitive process Wettbewerb *m*
competitive product Wettbewerbsprodukt *n*
competitive struggle Konkurrenzkampf *m*
competitiveness Wettbewerbsfähigkeit *f*
complaint Beanstandung *f*, Beschwerde *f*, Reklamation *f*
complaint deadline Mangelzeitraum *m*
complaints day Beschwerdetag *m*
complaints management Beschwerdemanagement *n*
complementary air traffic Ergänzungsluftverkehr *m*
complementary studies Ergänzungsstudium *n*
complementary ticket Ergänzungsfahrschein *m*
complete cover Komplettschutz *m*
complete cover holiday insurance Ferien-Kompaktschutz *m (special holiday insurance policies covering the obvious problems, such as a stolen wallet or purse, an accident or an illness; they also provide compensation for delays and cancellation, for damaged or lost luggage, and even a telephone help line for emergencies)*
complete protection Komplettschutz *m*
complete range Vollsortiment *n*
compliance Übereinstimmung *f*
complimentary accommodation Gratisübernachtung *f*
composition of a product range Sortimentsgestaltung *f*
composition proceeding Vergleichsverfahren *n*
composure Gelassenheit *f*
comprehension Verständnis *n*
comprehensive insurance Vollkaskoversicherung *f*
comprehensive insurance package Versicherungsbündel *n*
comprehensive insurance plus collision Vollkaskoversicherung *f*
compress *v* komprimieren
compromise Kompromiss *m*, Vergleich *m*
compulsory *adj* obligatorisch
compulsory advance Vorschusspflicht *f*
compulsory agenda Pflichtprogramm *n*
compulsory attendance Anwesenheitspflicht *f*
compulsory exchange Zwangsumtausch *m*
compulsory holiday Zwangsurlaub *m*
compulsory inoculation Pflichtimpfung *f*
compulsory insolvency insurance Insolvenzversicherungspflicht *f*
compulsory timetable Pflichtprogramm *n*
compulsory vaccination Pflichtimpfung *f*
computer-aided reservation system *(Abk.: CRS)* computergestütztes Reservierungssystem *n*
computer center *(AE)* Rechenzentrum *n*
computer centre *(BE)* Rechenzentrum *n*
computer reservation system *(Abk.: CRS)* computergestütztes Reservierungssystem *n*, Computerreservierungssystem *n*
computer science Informatik *f*
concept of the company Unternehmenskonzept *n*
conception Leitbild *n*
concern Konzern *m*
concert promoter Konzertveranstalter *m*
concession Zugeständnis *n*
concierge Concierge *m*, Portier *m*
Conciliation Body for Long-Distance Travel Schlichtungsstelle *f* Mobilität
conciliation committee Vermittlungsausschuss *m*
conciliation procedure Schlichtungsverfahren *n*
conclusion of a contract Vertragsabschluss *m*
concourse Bahnhofshalle *f*, Halle *f*
concurrent *adj* gleichzeitig
condensation trail Kondensstreifen *m*
condition of cancellation Stornobedingung *f*

conditional acceptance Änderungsvorbehalt *m*
conditional receipt Deckungszusage *f*
conditions of a travel contract Reisebedingungen *fpl*
conditions of carriage Beförderungsbedingungen *fpl*
conditions of carriage of passenger carriers Beförderungsbestimmungen *fpl* der Verkehrsunternehmen
conditions of travel Reisebedingungen *fpl*
conducted tour Gesellschaftsreise *f*
conductor Schaffner(in) *m(f)*, Zugbegleiter(in) *m(f)*
confederation Verband *m*
conference Besprechung *f*, Konferenz *f*, Sitzung *f (Besprechung)*; Verhandlung *f*, Zusammenkunft *f*
conference compartment Konferenzabteil *n*
conference expenses Tagungsauslagen *fpl*
conference guest Tagungsgast *m*
conference on maritime law Seerechtskonferenz *f*
conference participant Tagungsgast *m*
conference professional Tagungsfachmann *m*
conference room Konferenzraum *m*, Tagungsraum *m*
conference service Tagungsservice *m*
conference tourism Tagungstourismus *m*, Tagungs- und Kongresstourismus *m*
conference venue Tagungsstätte *f*
confidentiality obligation Verschwiegenheitspflicht *f*
confirmation Zusage *f*, Bestätigung *f*
confirmation of baggage damage *(AE)* Bestätigung *f* einer Gepäckbeschädigung
confirmation of luggage damage *(BE)* Bestätigung *f* einer Gepäckbeschädigung
confirmation of reservation Reservierungsbestätigung *f*
confirmation of return flight Rückflugbestätigung *f*
confirmed feature Beschaffenheitsvereinbarung *f*, zugesicherte Eigenschaft *f*
confiscation of one's driving license Führerscheinentzug *m (driving license)*
congestion Stauung *f*
congestion charge Citymaut *f*
conglomeration Agglomeration *f*, Ansammlung *f*
congress Begegnung *f*, Kongress *m*, Tagung *f*
congress alliance Kongressallianz *f*
congress and conference association, conference and convention association Kongress- und Tagungsvereinigung *f*
congress centre Kongresszentrum *n*
congress hostess Kongresshostess *f*
congress hotel Kongresshotel *n*
congress rate Messerate *f*
congress service Tagungsservice *m*
congress specialist Kongressfachkraft *f*
congress tourism Kongresstourismus *m*, Tagungs- und Kongresstourismus *m*, Tagungstourismus *m*
conjunction ticket Verbindungsflugschein *m*
connected rooms verbundene Zimmer *npl*
connecting air ticket Anschlussflugschein *m*
connecting flight Anschlussflug *m*
connecting plane ticket Anschlussflugschein *m*
connecting transport Anschlussbeförderung *f*
connection Anschluss *m*, Verkehrsverbindung *f*, Zusammenhang *m*
connection at the beginning or the end of the day Tagesrandverbindung *f*
connection flight Umsteigeflug *m*, Weiterflug *m*
connection flight ticket Umsteigekarte *f (Flug)*; Verbindungsflugschein *m*
connection ticket Anschlussfahrschein *m*
consequence Auswirkung *f*
conservation area Naturschutzgebiet *n*
conservation of evidence Beweissicherung *f*
consolidated financial statement konsolidierter Abschluss *m*, Konzernabschluss *m*
consolidated group accounts konsolidierter Abschluss *m*
consolidation Konsolidierung *f*
consolidator Consolidator *m (Ticketgroßhändler, Sammellader)*; Ticketgroßhändler *m*
consortium Arbeitsgemeinschaft *f*
constancy Beständigkeit *f*
construction project Bauvorhaben *n*
consul Konsul *m*

consular assistance Konsularhilfe *f*
consulate Auslandsvertretung *f*, Konsulat *n*
consulate general Generalkonsulat *n*
consultancy abuse Beratungsmissbrauch *m*
consultancy quality Beratungsqualität *f*
consultancy service Beratungsleistung *f*
consultant Fachreferent(in) *m(f)*, Gutachter *m (Management)*
consultation *(dtCH)* Vernehmlassung *f*
consultation plan Vernehmlassungsentwurf *m* Schweizer „Koordination Landeswerbung" *(Swiss marketing cooperation)*
consulting firm Beratungsunternehmen *n*
consulting service Beratungsleistung *f*
consumer Nachfrager *m*, Verbraucher *m*
consumer advice Verbraucherberatung *f*
consumer association Arbeitsgemeinschaft *f* der Verbraucher *(Abk.: AgV)*
consumer climate Konsumklima *n*
consumer confidence index Konsumklima-Index *m*
consumer goods Konsumgüter *npl*
consumer items Konsumgüter *npl*
consumer portal Endkundenportal *n*
consumer price index Verbraucherpreisindex *m*
consumer protection Verbraucherschutz *m*
consumer protection group Verbraucherschutzgruppe *f*
Consumer Research Association Gesellschaft *f* für Konsumforschung *(Abk.: GfK)*
consumption habits [pattern] Verbrauchsgewohnheiten *fpl*
contacting Kontaktaufnahme *f*
container dwelling Wohncontainer *m*
contemplative *adj* beschaulich
content Inhalt *m*
contents Inhaltsverzeichnis *n*
contest Wettbewerb *m*
context Kontext *m*, Zusammenhang *m*
continental breakfast einfaches Frühstück *n*, Kontinentales Frühstück *n*
continental tour Festlandreise *f*
contingent Kontingent *n*
contingent commissions *(AE)* Superprovision *f*
continuation of a flight Weiterflug *m*
continued payment of wages Lohnfortzahlung *f*
continuous annual holiday *(BE)* zusammenhängender Jahresurlaub *m*
continuous annual vacation *(AE)* zusammenhängender Jahresurlaub *m*
contract Vertrag *m*
contract between generations Generationenvertrag *m*
contract for service Dienstvertrag *m*
contract for services Geschäftsbesorgungsvertrag *m*
contract for work and services Werkvertrag *m*
contract hotel Vertragshotel *n*
contract of accommodation Beherbergungsvertrag *m*
contract of carriage Beförderungsvertrag *m*
contract of employment Dienstvertrag *m*
contract of passage Passagevertrag *m*
contract of representation Vertretervertrag *m*
contract of transport Beförderungsvertrag *m*
contract partner Vertragspartner *m*
contract rate Vertragsrate *f*
contract realization Vertragserfüllung *f*
contract signature Vertragsabschluss *m*
contract-teacher Dozent *m*
contracting party Vertragspartei *f*, Vertragspartner *m*
contractual agent Erfüllungsgehilfe *m*
contractual failure Leistungsstörung *f*
contractual liability vertragliche Haftung *f*
contractual operator Erfüllungsgehilfe *m*
contribution margin Deckungsbeitrag *m*
control Regulierung *f*, Kontrolle *f*
control of capital movement Kapitalverkehrskontrolle *f*
control of the market Marktbeherrschung *f*
control tower Kontrollturm *m*
controlled economy Kommandowirtschaft *f*
controlling Rechnungswesen *n*
conurbation Ballungsraum *m*
convalescence Erholung *f (Rekonvaleszenz)*
convalescence home Erholungsheim *n (für Rekonvaleszenten)*
convention Abkommen *n*, Kongress *m*, Tagung *f*, Veranstaltung *f*, Versammlung *f*
convention centre Kongresszentrum *n*

convention hall Veranstaltungssaal *m*
convention hotel Kongresshotel *n*
Convention on International Civil Aviation *(Abk.: ICAO)* Abkommen *n* über die internationale Zivilluftfahrt
convention tourism Kongresstourismus *m*
conventions Konventionen *fpl*, Gepflogenheiten *fpl*
convergence Konvergenz *f*, Annäherung *f*, Zusammentreffen *n*
convergence criteria Konvergenzkriterien *f*
conversion Wandlung *f* Versicherungswesen
conversion rate Umrechnungskurs *m*, Umrechnungssatz *m*
convertibility Konvertibilität *f*
convertible bond Wandelschuldverschreibung *f*
conveyance Beförderungsmittel *npl*
conveyance of passengers Personentransport *m*
cook Koch *m*
cooking Küche *f*
cooperation Kooperation *f*, Mitwirkung *f*, Zusammenschluss *m*
cooperation between DB and other carriers Wechselverkehr *m*
cooperation of cities [towns] Städtekooperation *f*
cooperation of independent travel agencies unabhängige Reisebürokooperation *f*
cooperation of travel agencies Reisebürokooperation *f*
cooperation of unaffiliated travel agencies unabhängige Reisebürokooperation *f*
cooperation partner Kooperationspartner *m*
cooperative Genossenschaft *f*
cooperative direct advertising kooperative Direktwerbung *f*
cooperative society Genossenschaft *f*
coordination Harmonisierung *f*
copilot Copilot *m*
copycat Trittbrettfahrer *m (Nebenerwerbstouristiker)*
copyright Urheberrecht *n*
coral reef Korallenriff *n*
core business Kerngeschäft *n*
core competence Kernkompetenz *f*
core workforce Stammbelegschaft *f*
corkage Korkengeld *n*
corkage charge Korkengeld *n*
corners of the earth/from all aus aller Herren Länder
corporate affiliate Konzerngesellschaft *f*
corporate card Firmenkreditkarte *f*
corporate concept Unternehmenskonzept *n*
corporate credit card Firmenkreditkarte *f*
corporate culture Unternehmenskultur *f*
corporate customers Firmenkundschaft *f*
corporate development Unternehmensentwicklung *f*
corporate earnings Unternehmensertrag *m*
corporate goal Unternehmensziel *n*
corporate governance Unternehmensführung *f*, Unternehmensführung *f* und Aufsicht *f*, Unternehmenskultur *f*
corporate identification card Firmenausweis *m*
corporate identity Erscheinungsbild *n*, Unternehmensidentität *f*, Unternehmensleitbild *n*
corporate image Leitbild *n*
corporate merger *(AE)* Unternehmensfusion *f*
corporate mission Unternehmensleitbild *n*
corporate net fare *(Abk.: CNR)* Firmen-Nettorate *f*, Firmen-Nettorate *f*
corporate program Firmenförderprogramm *n*
corporate retail Eigenvertrieb *f*
corporate service *(AE)* Firmendienst *m*
Corporate Social Responsibility *(Abk.: CSR)* betriebliche Sozialverantwortung *f*, verantwortungsvolles unternehmerisches Handeln *n*
corporate subscription *(AE)* Firmenabonnement *n*
corporate tax Körperschaftssteuer *f*
corporate touristic image touristisches Leitbild *n*
corporate travel agency *(AE)* Firmenreisestelle *f*
corporation Konzern *m*
correctness of brochures Prospektwahrheit *f*
correspondence course in tourism Fernlehrangebot *n* im Tourismus
correspondence studies Fernstudium *n*

correspondence ticket Umsteigekarte *f*
corridor Gang *m*
cost Aufwand *m*
cost accounting Kostenrechnung *f*
cost area Kostenbereich *m*
cost-benefit analysis Kosten-Nutzen--Analyse *f*
cost-benefit ratio Kosten-Nutzen-Verhältnis *n*
cost centre Kostenstelle *f*
cost-conscious *adj* kostenbewusst
cost control Kostenkontrolle *f*
cost-cutting Kostenreduzierung *f*, Kostensenkung *f*
cost-cutting drive Kostensenkungsprogramm *n*
cost-cutting measure Sparmaßnahme *f*
cost-cutting programme Sparprogramm *n*
cost-effective *adj* kostengünstig
cost effectiveness, cost-effectiveness Wirtschaftlichkeit *f*, Preis-Leistungs-Verhältnis *n*
cost efficiency Kosteneffizienz *f*
cost location Kostenstelle *f*
cost of equity rate Eigenkapitalkostensatz *m*
cost of travel Reisepreis *m*
cost optimization Kostenoptimierung *f*
cost pressure Kostendruck *m*
cost price Selbstkostenpreis *m*
cost reduction program Kostensenkungsprogramm *n*
cost saving Kosteneinsparung *f*
cost segment Kostensegment *n*
cost sharing Selbstbehalt *m*
costing Kostenrechnung *f*
costs and revenue development Kosten- und Erlösentwicklung *f*
cosy café *(Aut)* Tschocherl *(gemütliches Café)*
cot Babybett *n*, Kinderbett *n*
cottage party *(dtCH)* Hüttenabend *m*
couchette *(coach, car)* Liegewagen *m*
council for the preservation of monuments and historic buildings Rat *m* für Denkmalpflege
council regulation to improve the flow and safety of traffic Sozialvorschrift *f* im Straßenverkehr
counter Schalter *m*
counter clerk Expedient *m (im Reisebüro)*
counter payment Kompensationszahlung *f*
country Land *n*
country estate Landgut *n*, Landsitz *m*
country inn Landgasthof *m*
country of origin Quellenland *n*
country program *(AE)* Länderprogramm *n*
country pub Landgasthof *m*
coupon Gutschein *m*
coupon offer Couponheftangebot *n*
coupon value Gutscheinwert *m*
courier baggage *(AE)* Kuriergepäck *n*
courier flight Kurierflug *m*
courier service Kurierdienst *m*
course Gang *m (Essen)*; Kurs *m (Lehrgang)*; Kurs *m (Schiff, Flugzeug)*; Rennstrecke *f*
course correction Kurskorrektur *f*
course in further education Weiterbildungslehrgang *m*
course of treatment Schrumpfkur *f*
court judgement Gerichtsurteil *n*
court of arbitration Schiedsgericht *n*
cover note Deckungszusage *f*
covered court facilities Hallenbetriebe *mpl*
covering the needs flächendeckend
crash Absturz *m*
crash course Intensivkurs *m*
crawler lane *(BE)* Kriechspur *f*
creative action kreatives Tun *n*
creative ticketing kreatives Ticketing *n*
creative work kreatives Tun *n*
creativeness Kreativität *f*
creativity Kreativität *f*
credit Kredit *m*; Gutschrift *f*
credit card Kreditkarte *f*
credit card company Kreditkartengesellschaft *f*
credit card disagio Kreditkartendisagio *n*
credit card discount Kreditkartendisagio *n*
credit card emergency call Kreditkartennotruf *m*
credit card invoice Kreditkartenabrechnung *f*
credit cooperative Kreditgenossenschaft *f*
credit document Wertpapier *n*
credit investigation company Schutzgemeinschaft *f* für allgemeine Kreditsicherung *(Abk.: Schufa)*
credit item Gutschrift *f*
credit note Gutschrift *f (Betrag)*
credit policy Kreditvergaberichtlinie *f*

credit rating Bonität *f*
credit risk Kreditrisiko *n*
credit shortage Kreditverknappung *f*
credit squeeze Kreditklemme *f*
credit standing Kreditwürdigkeit *f*
creditor Gläubiger *m*, Kreditor *m*
creditworthiness Kreditwürdigkeit *f*, Bonität *f*
creek Bai *n*
crevasse Gletscherspalte *f*
crew fliegendes Personal *n*, Flugpersonal *n*
crew briefing Dienstbesprechung *f*
crew on-board Besatzung *f* an Bord
crib Babybett *n*, Kinderbett *n*
criminological data in police investigation polizeiliche Fahndungsdaten *npl*
crisis Krise *f*
crisis management Krisenmanagement *n*
crisis prevention Krisenprävention *f*
cross-border tourism grenzüberschreitender Tourismus *m*, Nachbarschaftstourismus *m*
cross-border traffic grenzüberschreitender Verkehr *m*
cross-Channel rail operator (Eurostar) Bahn-Betreiber *m* der Verbindung unter dem Ärmelkanal (Eurostar)
cross-reference Querverweis *m*
cross-section description Querschnittsdarstellung *f*
cross-section publication Querschnittsveröffentlichung *f*
cross-section representation Querschnittsdarstellung *f*
cross-selling branchenfremder Vertrieb *m*
cross ticket Überkreuzflugticket *n*
crossing passage Überfahrt *f*
crossing-the-line ceremony Äquatortaufe *f*, Linientaufe *f*
crossover distribution branchenfremder Vertrieb *m*
crossroads Straßenkreuzung *f*
crowd Menschenmasse *f*
cruise Kreuzfahrt *f*, Schiffsreise *f*, Schiffsurlaubsreise *f*, Seereise *f*
cruise around the world Weltreise *f* mit Kreuzfahrtschiffen
cruise cabins by availability Glückskabinen *fpl*
cruise conference Kreuzfahrtkonferenz *f*, Schifffahrt-Konferenz *f*
cruise control Tempomat *m*
cruise director Bordreiseleitung *f*, Kreuzfahrtdirektor *m*
cruise flight Kreuzfahrt *f* mit dem Flugzeug *(Kreuzflug)*
cruise line Kreuzfahrtgesellschaft *f*
cruise liner Kreuzfahrtschiff *n*
cruise-only agency *(AE)* Fachagentur *f* für Seereisen, Spezialbüro *n* für Schiffsreisenverkauf
cruise ship Kreuzfahrtschiff *n*, Passagierschiff *n*
cruise speed Reisegeschwindigkeit *f*
cruise study Kreuzfahrtstudie *f*
cruise tour operator Seereisenveranstalter *m*
cruise tourism Seetouristik *f*
cruiser gear Tempomat *m*
cruising altitude Reiseflughöhe *f*
cruising club Kreuzfahrerclub *m*
cruising flight Flugrundreise *f*
crunch Krise *f*
crystal-clear water kristallklares Wasser *n*
cuisine Küche *f*
culinary *adj* kulinarisch
cultivated *adj* kultiviert
Cultural Capital of Europe Kulturhauptstadt *f* Europas
cultural heritage Kulturerbe *n*
cultural landscape Kulturlandschaft *f*
cultural life Kulturleben *n*
cultural link kultureller Brückenschlag *m*
cultural month Kulturmonat *m*
cultural scene Kulturszene *f*
cultural tourism Kulturtourismus *m*
cultural trip Bildungsreise *f*
culture on holiday Kultur *f* im Urlaub
culture-orientated tourism kulturorientierter Tourismus *m*
culture shock Kulturschock *m*
cumulative *adj* kumulativ
curative bath Heilbad *n (Aktivität)*
curative treatment Heilbehandlung *f*
curatorial correction maintenance denkmalpflegerische Instandsetzung *f*
curatorial repair denkmalpflegerische Instandsetzung *f*
cure Kur *f*
curiosity Neugierde *f*
curiosity about the world Weltneugierde *f*
currency Währung *f*

currency denomination Währungsangabe *f*
currency depreciation Geldentwertung *f*
currency devaluation Geldabwertung *f*, Währungsabwertung *f*
currency exchange office Wechselstube *f*
currency fluctuation Wechselkursschwankung *f*
currency indication Währungsangabe *f*
currency risk Währungsrisiko *n*
current *(Aut)* Heuriger *m*
current affairs Zeitgeschehen *n*
current-driven ferry Stromruckfähre *f*
current events Zeitgeschehen *n*
current value Zeitwert *m*
curriculum vitae *(Abk.: CV)* Lebenslauf *m*
custom Brauchtum *n*, Gepflogenheit *f*
customer Gast *m*, Kunde *m*, Nachfrager *m*
customer advisor Kundenbetreuer *m*
customer advisory council Kundenbeirat *m*
customer assistance Gästebetreuung *f*
customer bonding programme Rabattverein *m*
customer care Kundenbetreuung *f*
customer consultation counter Kundenberatungsschalter *m*
customer database Kundendatenbank *f*
customer invitation Arbeitsessen *n*
customer loyalty Kundenbindung *f*
customer loyalty card in the tourism sector Kundenkarte *f* in der Reisebranche
customer loyalty program Kundenbindungsprogramm *n*
customer-oriented *adj* kundenorientiert
customer preference Kundenwunsch *m*
customer rebate association Rabattverein *m*
customer relationship management *(Abk.: CRM)* Kundenbeziehungsmanagement *f*
customer request Kundenwunsch *m*
customer requirement Kundenwunsch *m*
customer retention Kundenbindung *f*
customer retention programme Kundenbindungsprogramm *n*
customer satisfaction Kundenzufriedenheit *f*
customer satisfaction analysis Kundenzufriedenheitsanalyse *f*
customer service Kundenbetreuung *f*, Kundendienst *m*
customer service officer Kundenbetreuer *m*
customer services counter Kundenberatungsschalter *m*
customer support Kundenbetreuung *f*
customer survey Kundenbefragung *f*
customs Zoll *m*
customs and border district Zollgrenzbezirk *m*
customs authorities Zollbehörde *f*
customs boat Zollkreuzer *m*
customs check Zollkontrolle *f*
customs clearance Abfertigungsschalter *m*, Verzollung *f*, Zollabfertigung *f*
customs control Zollkontrolle *f*
customs duty Zoll *m*, Zollabgabe *f*
customs inspection Zollkontrolle *f*
customs pass Zollpassierschein *m*
customs processing Zollabfertigung *f*
customs regulation Zollbestimmung *f*
customs service Zollbehörde *f*
customs union Zollunion *f*
cut price Dumpingpreis *m*
cut-price holiday (won in a contest) Gewinnreise *f*
cutthroat competition Verdrängungswettbewerb *m*
cutting short a journey Reiseabbruch *m*
cybercafé Internetcafé *n*
cycle *(dtCH)* Velo *n*
cycle tour Radwanderung *f*
cycle touring Radwanderung *f*
cycleway Fahrradweg *m*
cyclical upswing Konjunkturbelebung *f*
cycling holiday *(BE)* Radurlaub *m*
cycling tour Radreise *f*, Radtour *f*
cycling tour analysis Radreiseanalyse *f*
cycling tourism Fahrradtourismus *m*
cycling vacation *(AE)* Radurlaub *m*
cyclist Radwanderer *m*
cyclone Wirbelsturm *m*

D

daily *adj* alltäglich
daily business Tagesgeschäft *n*
daily expenditures Tagesausgaben *fpl*
daily rate Tagesrate *f*
daily tasks Tagesgeschäft *n*

damage at sea Havarie *f*
damage proportion Schadensquote *f*
damage quota Schadensquote *f*
damage to persons Personenschaden *m*
damages Schadenersatz *m*
danger of infection Ansteckungsgefahr *f*
data acquisition Datengewinnung *f*
data bank Datenbank *f*
data capture Datenerfassung *f*
data carrier Datenträger *m*
data communication Datenfernübertragung *f*
data consolidation Datenkonsolidierung *f*
data enrichment Verknüpfung *f* von Datenquellen
data handling Datenverarbeitung *f*
data integrity Datenintegrität *f*
data linkage Verknüpfung *f* von Datenquellen
data management Datenmanagement *n*
data medium Datenträger *m*
data mining Datengewinnung *f*
data privacy Datenschutz *m*
data processing Datenverarbeitung *f*,
data-processing centre Rechenzentrum *n*
data protection Datenschutz *m*
data protection registrar Datenschutzbeauftragte *m(f)*
data safety Datensicherheit *f*
data security Datensicherheit *f*
data security engineer Datenschutzbeauftragte *m(f)*
database Datenbank *f*, Informationsdatenbank *f*
date line Datumsgrenze *f*
date of departure Abflugdatum *n*, Abreisedatum *n*
day care centre Kindertagesstätte *f*
day cruiser Tagesschiff *n*, Tageskreuzer *m*
day excursion Tagesausflug *m*
day-let Tageszimmer *n*
day nursery Kindertagesstätte *f*
day of arrival Ankunftstag *m*, Anreisetag *m*
day of departure Abreisetag *m*
day-return ticket Tagesrückfahrkarte *f*
day room Tageszimmer *n*
day ticket Tageskarte *f*
day-to-day business Tagesgeschäft *n*
day trip Ausflugsfahrt *f*
day-trip traffic Tagesausflugsverkehr *m*
day tripper, day-tripper *(BE)* Tagesbesucher *m*, Ausflügler *m*
daylight Tageslicht *n*
daylight saving time Sommerzeit *f*
days of sunshine Sonnentage *mpl*
daytime connection Tagesverbindung *f*
daytime headlights Tagfahrlicht *n*
daytime running light Tagfahrlicht *n*
deadhead blinder Passagier *m*, Leerfahrt *f*
deadline Ausschlusszeit *f*, Fristablauf *m*
deadline for advance booking Vorausbuchungsfrist *f*
deadline for registrations Schlusstermin *m* für Anmeldungen
deal Abkommen *n*, Menge *f*
debenture Obligation *f*
debit charge procedure Lastschriftverfahren *n*
debriefing Nachbesprechung *f*
debriefing session Einsatzbesprechung *f*
debt Schulden *fpl*, Verbindlichkeiten *fpl*
debt-burden Schuldenlast *f*
debt collection Inkasso *n*
debt equity conversion Umwandlung *f* von Schulden in Beteiligungen
debt financing Fremdfinanzierung *f*
debt for equity swap Umwandlung *f* von Schulden in Beteiligungen
debt-free *adj* schuldenfrei
debt reduction Schuldenreduzierung *f*
debtor Debitor *m*, Schuldner *m*
decelerate *v* entschleunigen, verlangsamen
deceleration Entschleunigung *f*, Verlangsamung *f*
decide *v* entscheiden
decision maker Entscheidungsträger *m*
decision to make a journey Reiseentscheidung *f*
deck Deck *n*, Schiffsdeck *n*
deck chair Deckstuhl *m*, Liegestuhl *m*
deck-chair and parasol hire *(BE)* Liegen- und Schirmverleih *m*
deck-chair and parasol rental *(AE)* Liegen- und Schirmverleih *m*
deck passenger Deckpassagier *m*
declarable zollpflichtig
declaration of discharge from liability Enthaftungserklärung *f*
declaration of income Einkommensteuererklärung *f*
declaration of intent Absichtserklärung *f*
declaration of liability Haftungserklärung *f*

decline Talfahrt *f (Wirtschaft)*; Rückgang *m*
decline in turnover Umsatzeinbruch *m*
declining demand Nachfragerückgang *m*
decoupling Abkopp(e)lung *f*
decrease Minderung *f*
decrease in demand Nachfragerückgang *m*
decrease in exhaust emissions Rückgang *m* des Schadstoffausstoßes
decrease in pollution Rückgang *m* des Schadstoffausstoßes
deductible (average) *(AE)* Selbstbehalt *m*
deduction for depreciation Absetzung *f* für Abnutzung
deep-sea shipping Hochseeschifffahrt *f*
default Leistungsstörung *f*, Schlechterfüllung *f*, Verzug *m*
default in payment Zahlungsverzug *m*
default interests Verzugszinsen *mpl*
default of payment Zahlungsverzug *m*
default risk Ausfallrisiko *n*
defect Mangel *m*
defective performance Schlechterfüllung *f*
deferred payment Zahlungsaufschub *m*
deficit criteria Defizitgrenze *f*
deficit limit Defizitgrenze *f*
deflation Deflation *f*
degradation Verschlechterung *f*
degree Akademischer Grad *m*, Diplom *n* *(professional qualification; Studienabschluss)*
degree course specialising in tourism Universitätsstudium *n* mit Tourismusschwerpunkt
degree dissertation Diplomarbeit *f*
degree in tourism Tourismusstudium *n*
degree of fame Bekanntheitsgrad *m*
degree of occupancy Auslastungsgrad *m*
degree of utilized capacity Auslastungsgrad *m*
degree subject Studienfach *n*
del-credere commission Delkredere-Provision *f*
delay Verspätung *f*, Verzug *m*
delay in payment Zahlungsverzug *m*
delay of payment Zahlungsaufschub *m*
delayed delivery Lieferfristenüberschreitung *f*
delicacy Gaumenfreude *f*, *(Aut)* Schmankerl, Leckerbissen *m*
deluxe bus *(AE)* Luxusbus *m*
deluxe class *(AE)* Luxusklasse *f*
deluxe hotel *(AE)* Luxushotel *n*
deluxe room *(AE)* Luxuszimmer *n*
deluxe trip *(AE)* Luxusreise *f*
demand Nachfrage *f*
demand analysis Bedarfsanalyse *f*
demand for events Veranstaltungsbedarf *m*
demand for payment Mahnung *f*
demand traffic Bedarfsverkehr *m*
demography Demografie *f*
denied boarding Nichtbeförderung *f*
denied boarding compensation Entschädigungsleistung *f* bei Nichtbeförderung
denied boarding in the event of overbooking Nichtbeförderung *f* bei Überbuchung
depart Abreise *f*
department Fachbereich *m*, Referat *n* *(Behörde)*; Ressort *n*
departure Abfahrt *f*, Abflug *m*, Abreise *f*, Ausreise *f*, Reisebeginn *m*
departure airport Abflughafen *m*
departure board Abfahrtstafel *f*
departure date Abflugdatum *n*, Abflugtermin *m*, Abreisedatum *n*
departure day Abreisetag *m*
departure frequency Abfahrtsfrequenz *f*
departure from booking-date Abreise *f* ab Buchung
departure gate Flugsteigausgang *m*
departure hall Abflughalle *f*
departure level Abflugebene *f*
departure lounge Abflughalle *f*
departure point Abfahrtsort *m*
departure record Ausreiseformular *n*
departure sailing Ausreise *f (Schiff)*
departure schedule Abfahrtsplan *m*
departure terminal Abflugterminal *n*
departure time Abfahrtszeit *f*
departure week Abflugwoche *f*
dependance Gästehaus *n*
deposit *v* **a suitcase at the baggage room** einen Koffer in Verwahrung geben
deposit *v* **an air ticket** einen Flugschein hinterlegen
deposit Anzahlung *f*, Deposit *n*, Kaution *f*, Vorauszahlung *f*
deposit of a ticket Tickethinterlegung *f*
deposit system Depotsystem *n*
depreciate *v* entwerten
depreciation Abschreibung *f*, Abwertung *f*

depression Depression *f*, Wirtschaftskrise *f*
derailment Entgleisung *f (Zug)*
deregistration Abmeldung *f (von Fahrzeugen)*
deregulation Abbau *m* von Wettbewerbsbeschränkungen, Deregulation *f*, Liberalisierung *f*, offener Himmel *m*
deregulation of labour markets Flexibilisierung *f* des Arbeitsmarktes
desalination plant Meerwasserentsalzungsanlage *f*
descent Talfahrt *f*
design of aircraft Flugzeugdesign *n*
destination Ausflugsziel *n*, Bestimmungsort *m*, Destination *f*, Zielmarkt *m*, Zielort *m*
destination agency Zielortagentur *f*
destination area Zielgebiet *n (kleines Gebiet)*
destination area agency Zielgebietsagentur *f*
destination area study group Zielgebietsarbeitsgemeinschaft *f*
destination area working committee Zielgebietsarbeitsgemeinschaft *f*
destination bus Zielgebietsbus *m*
destination information Information *f* über ein Reiseziel, Zielgebietsinformation *f*
destination management Destinationsmanagement *n*, Zielgebietsmanagement *n*
destination manager Leitung *f* eines Zielgebiets
destination manual Länderbrief *m*
destination marketing Destinationsmarketing *n*
destination region Zielgebiet *n (großes Gebiet)*
destination station Bestimmungsbahnhof *m*
destination traffic Zielverkehr *m*
deterioration Verschlechterung *f*
deterioration of quality Qualitätsverlust *m*
detour Abstecher *m (Umweg)*; Reisewegänderung *f*, Umleitung *f*
devaluation Abwertung *f*
devalue *v* entwerten
developed destination erschlossene Destination *f*
development of senior management Führungskräfteentwicklung *f*
development planning Raumplanung *f*
diagram Diagramm *n*
dialogue partner Gesprächspartner *m*
dictionary Wörterbuch *n*
didactic Didaktik *f*
difference in altitude Höhenunterschied *m*
differentiation Differenzierung *f*
digital *adj* digital, elektronisch
digital certificate digitales Zertifikat *n*
digital fingerprint digitaler Fingerabdruck *m*
digital immigrants digitale Immigranten *mpl (gem. Prof. Urs Gasser, Universität St. Gallen, und seinem Buch "Born Digital"; Bezeichnung für Internetgeneration vor 1980 geboren; auch beschrieben als Tipp-ex-Generation, im übertragenen Sinne "Quereinsteiger")*
digital natives mit Multimedia aufgewachsene Personen *fpl (Bezeichnung für Internetgeneration, die nach 1980 geboren wurde; gem. Prof. Urs Gasser, Universität St. Gallen, und seinem Buch "Born Digital"; auch beschrieben als Net-Genner, Instant Messengers oder Generation @)*; Multitasker *m (Digital-Medien-Nutzer, die mehreren Aufgaben/Programmen nachkommen)*
digital signature digitale Signatur *f*
digital tachograph digitaler Tachograph *m (Abk.: DT)*
digital TV shopping Einkaufen *n* via Digitalfernsehen
digitalisation *(BE)* Digitalisierung *f*
digitalization *(AE)* Digitalisierung *f*
dine-and-dash *(AE)* Zechprellerei *f*
dinghy Beiboot *n*
dining car Speisewagen *m*
dining hall [room] Speisesaal *m*
dinner Abendessen *n*, Mittagessen *n*, *(dtCH)* Nachtessen *n (Abendessen)*
diploma Diplom *n*
diploma thesis Diplomarbeit *f*
direct booking Buchung *f* im Direktvertrieb, Direktbuchung *f*
direct collection Direktinkasso *n*
direct debit authorization Einzugsermächtigung *f*
direct debiting system Lastschriftverfahren *n*
direct-dial telephone Direktwahltelefon *n*

direct distribution direkter Vertrieb *m*, Direktvertrieb *m*
direct flight Direktflug *m*
direct mail advertising Direktwerbung *f*
direct mailing Direktwerbung *f*
direct marketing direkter Vertrieb *m*, Direktmarketing *n (Abk.: DIMA)*; Direktvermarktung *f*, Eigenvertrieb *f*
direct marketing brand Direktvertriebsmarke *f*
direct operator Direktveranstalter *m*
direct promotion Selbstvermarktung *f*
direct quotation Preisnotierung *f*
direct responsibility Eigenverantwortung *f*
direct sales direkter Vertrieb *m*
direct selling direkter Vertrieb *m*, Direktvertrieb *m*
direct service Dienstleistung *f*
direction code Richtungscode *m*
direction indicator Richtungscode *m*
directive *(EU)* Richtlinie *f (Abk.: RL)*; Verordnung *f*
directory Verzeichnis *n*
dirigible Luftschiff *n*
disciplinary traffic penalty *(dtCH)* Parkbußen *fpl (Verkehrsordnungswidrigkeit, Verwarnungsgeld)*; *(Aut)* Organstrafverfügung *f (Anonymverfügung, Verkehrsordnungswidrigkeit, Verwarnungsgeld)*
disclosure duty Informationspflicht *f*
disclosure requirement Informationspflicht *f*
discount Bonus *m*, Disagio *n*, Ermäßigung *f*, Nachlass *m*, Preisnachlass *m*, Rabatt *m*
discount association Rabattverein *m*
discount factor Abzinsungsfaktor *m*
discount for prepayment Vorauszahlungsrabatt *m*
discount law Rabattgesetz *n*
discount rate Abzinsungsfaktor *m*
discounter travel Discounterreisen *fpl*, Discounter-Reiseangebot *n*
discovery tour Entdeckungsreise *f*
discrimination Ungleichbehandlung *f*
discussion Kolloquium *n*
disembark *v* ausschiffen, aussteigen
disembarkation Ausbooten *n*, Landung *f*, Ausschiffung *f*
disembarkation boat Ausschiffungsboot *n*
disembarkation card Landungskarte *f*
dish of the day Tagesgericht *n*
dismissal Kündigung *f*, Kündigung *f* von Mitarbeitern
dismissal protection Kündigungsschutz *m*
dismissal with the option of altered conditions of employment Änderungskündigung *f*
disorderly *adj* unordentlich
dispatch counter Abfertigungsschalter *m (Zoll)*
displacement competition Verdrängungswettbewerb *m*
dispose *v* entscheiden
disregard Nichtachtung *f*
disrespect Nichtachtung *f*
disruption of service Leistungsstörung *f*
disseminator Multiplikator *m*
dissertation Dissertation *f (Doktorarbeit)*
distance Wegstrecke *f*
distance between seats Sitzabstand *m*
distance control Abstandsregeltempomat *m*
distance from beach Strandentfernung *f*
distance learning Fernanwesenheit *f*, Fernstudium *n*
distance studies Fernstudium *n*
distance training program *(AE)* Fernschulungsprogramm *n*
distance training programme *(BE)* Fernschulungsprogramm *n*
distance zone Entfernungszone *f*
distinction Differenzierung *f*, Unterschied *m*
distinctiveness Unverwechselbarkeit *f*
distortion of competition Wettbewerbsverzerrung *f*
distribution channel Vertriebskanal *m*, Vertriebsweg *m*
distribution of advertising material Werbemittelvertrieb *m*
distribution-of-business plan Geschäftsverteilungsplan *m*
distribution policy Distributionspolitik *f*
distribution strategy Vertriebsstrategie *f*
distributor Vertretung *f*, Vertriebsgesellschaft *f*
district Region *f*, Revier *n*
ditching Notwasserung *f*
diversification Diversifikation *f*, Erweiterung *f*, Verteilung *f*, Streuung *f*
diversion *(BE)* Umleitung *f*
dividend Dividende *f*
dividends Gewinnbeteiligung *f (Dividende)*
diving area Tauchrevier *n*

diving safari Tauchsafari *f*
division Betriebsstelle *f*, Geschäftsbereich *m*
division of enterprise Betriebsaufspaltung *f*
divisional board Bereichsvorstand *m*
do not disturb bitte nicht stören
dock Dock *n*
dockyard Werft *f*
doctoral thesis *(BE)* Dissertation *f*
document Beleg *m*, Dokument *n*
document folder Dokumentenmappe *f*
document print-out Belegausdruck *m*
document printer Dokumentendrucker *m*
document production Dokumentenerstellung *f*
documentation Nachweis *m*
domain name Domain-Name *m*
domestic economic activity Binnenkonjunktur *f*
domestic flight Inlandsflug *m*
domestic market Binnenmarkt *m*, Heimatmarkt *m*
domestic shipping Binnenschifffahrt *f*
domestic traffic Inlandsverkehr *m*
domestic transportation Binnenverkehr *m*
domestic travel Inlandreise *f*
domicile protection Domizilschutz *m*
domination of the market Marktbeherrschung *f*
donation Spende *f*
doom-mongering Schwarzmalerei *f*
door to door (transportation) Beförderung *f* von Haus zu Haus
doorman Portier *m*
dorm Schlafsaal *m*
dormitory *(BE)* Mehrbettzimmer *n*, Schlafsaal *m*
dosshouse *(BE)* Absteige *f*
dossier Akte *f*
dot.com company Dotcom-Unternehmen *n*
double armrest Doppelarmlehne *f*
double bed Doppelbett *n*
double bed cab Doppelbettkabine *f*
double bed cabin Zweibettkabine *f*
double bedroom Zweibettzimmer *n*
double-berth cabin Doppelbettkabine *f*
double booking Doppelbuchung *f*
double-deck railway carriage Doppelstockwagen *m*
double-decker bus Doppeldecker *m* *(Bus)*
double-decker train Doppeldecker *m* *(Zug)*
double-digit *adj* zweistellig
double-digit growth zweistelliger Zuwachs *m*
double reservation Doppelbuchung *f*
double room (with double bed) Doppelzimmer *n*
double room with twin beds Doppelzimmer *n* mit zwei getrennten Betten
double standard Doppelwährung *f*
double tax treaty Doppelbesteuerungsabkommen *n*
double taxation Doppelbesteuerung *f*
double taxation convention Doppelbesteuerungsabkommen *n*
double-track *adj* zweigleisig
double tracked *adj* zweigleisig
down payment Abschlagszahlung *f*, Anzahlung *f*, Vorauszahlung *f*
downgrading Herabstufung *f*
downhill Abfahrt *f (Ski)*
downhill run Talfahrt *f (Ski)*
downstream navigation Talfahrt *f*
downswing Abschwung *m*, Abwärtstrend *m*
downtown *(AE)* Innenstadt *f*, Stadtzentrum *n*, Ortszentrum *n*
downtrend Abwärtstrend *m*
downturn Abschwung *m*
downward trend Abwärtstrend *m*
drag Luftwiderstand *m*
drag lift Schlepplift *m*
draw *v* **profiles** profilieren
dream beach Traumstrand *m*
dream holiday *(BE)* Traumurlaub *m*
dream vacation *(AE)* Traumurlaub *m*
dress code Kleiderordnung *f*
dress regulation Kleiderordnung *f*
drinking water reservoir Trinkwasservorrat *m*
drinking-water stocks Trinkwasservorrat *m*
drinks Getränke *npl*
drive *v* steuern *(Auto)*
drive on the left Linksverkehr *m*
drive-time zone Entfernungszone *f*
driver Chauffeur *m*, Fahrer(in) *m(f)*, *(Aut)* Fiaker *m (Kutscher, Fremdenführer)*
driver information Fahrerinformation *f*
driver of a hired car *(BE)* Selbstfahrer *m*
driver of a rental car *(AE)* Selbstfahrer *m*

driver-training regulation Berufskraftfahrer-Ausbildungsordnung *f*
driving and rest times Lenk- und Ruhezeiten *fpl*
driving ban Fahrverbot *n*, Führerscheinentzug *m*
driving license Führerschein *m*
driving permit Führerschein *m*
driving safety training Fahrsicherheitstraining *n*
drop-off charge Rückführungsgebühr *f*
drop off location Abgabeort *m*
dual system Duales System *n*
dual tone multifrequency Mehrfrequenzwahlverfahren *n (Abk.: MFV)*
dude ranch Ferienranch *f*
due and payable fällig
due care Sorgfaltspflicht *f*
due diligence Sorgfaltspflicht *f*
dumping price Dumpingpreis *m*, Schleuderpreis *m*
dumping rate Dumpingpreis *m*
duplex Duplex *n*, Maisonette *f*
duplicate booking Doppelbuchung *f*
duration of journey Reisedauer *f*
duration of stay Aufenthaltsdauer *f*
duration of tour Reisedauer *f*
duration of training Ausbildungsdauer *f*
dutiable zollpflichtig
duty Bereitschaftsdienst *m*, Zollabgabe *f*
duty-free area Zollausschlussgebiet *n*
duty-free shop zollfreier Laden *m*
duty-free shopping zollfreier Einkauf *m*
duty of care Fürsorgepflicht *f*
duty to cooperate Mitwirkungspflicht *f*
duty to keep confidential Verschwiegenheitspflicht *f*
duty to participate Mitwirkungspflicht *f*
duty to supply information Informationspflicht *f*
dynamic package tour dynamische Bausteinreise *f*
dynamic packaging tourism Bausteintouristik *f*
dynamic packaging travel programme Bausteinreiseprogramm *n*
dynamic pricing dynamisches Preismodell *n*

E

e-mail elektronische Post *f*
e-ticket flight Fliegen *n* ohne Ticket, ticketloses Fliegen *n*
e-ticketing elektronisches Ticketing *n*, ticketlose Abrechnung *f*
early bird Frühbucher *m*
early bird discount Frühbucherrabatt *m*
early booker Frühbucher *m*
early booking Frühbuchung *f*, frühzeitiges Buchen *n*
early booking brochure Vorabkatalog *m (Frühbucherkatalog)*
early-booking discount Frühbucherrabatt *m*
early return vorzeitige Rückreise *f*
early season Vorsaison *f*
early warning system Frühwarnsystem *n*
earning power Rentabilität *f*
earplug Ohrstöpsel *m*
earthbound tour erdgebundene Reise *f*
earthbound travel erdgebundene Reise *f*
Easy Pass Grenzkontrollsystem *n* zur vereinfachten Einreise
eAuction of an order elektronische Versteigerung *f* eines Auftrags
EC card EC-Karte *f*
EC cashpoint EC-Geldautomat *m (Bankautomat)*
eco auditing Öko-Audit-Verfahren *n*
eco-friendly air conditioning umweltfreundliche Klimatisierung *f*
eco-tax on tourists Ökosteuer *f* für Touristen
ecobalance Ökobilanz *f*
ecolabel Umweltzeichen *n*
ecological assessment Umweltbilanz *f*
ecological awareness Umweltbewusstsein *n*
ecological damage Umweltbelastung *f*
ecological tourism Ökotourismus *m*
ecologically aware tourism umweltorientierter Tourismus *m*
ecologically sustainable tourism umweltverträglicher Tourismus *m*
ecology Ökologie *f*
Economic and Monetary Union *(Abk.: EMU)* Wirtschafts- und Währungsunion *f (Abk.: WWU)*
economic boom Hochkonjunktur *f*
economic crisis worldwide globale Wirtschaftskrise *f*

economic cycle Konjunktur *f*
economic domain Wirtschaftsstandort *m*
economic factor betriebswirtschaftliche Größe *f*
economic growth Wirtschaftswachstum *n*
economic location Wirtschaftsstandort *m*
economic necessity wirtschaftliche Notwendigkeit *f*
economic outlook Konjunkturaussicht *f*
economic principle ökonomisches Prinzip *n*
economic recovery Konjunkturbelebung *f*
economic sector Wirtschaftsabschnitt *m*
economic situation Konjunktur *f*
economic slowdown Konjunkturflaute *f*
economic summit Wirtschaftsgipfel *m*
economic trend Konjunktur *f*
economic union Wirtschaftsunion *f*
economical *adj* sparsam
economically orientated tourism wirtschaftsorientierter Tourismus *m*
economics Volkswirtschaft *f*, Volkswirtschaftslehre *f*
economics of tourism Tourismusökonomie *f*, Tourismuswirtschaft *f*
economize *v* sparen
economy class Economyklasse *f*, Touristenklasse *f*
economy-class syndrome Flugsyndrom *n (risk of suffering from deep vein thrombosis with ensuing pulmonary embolism during or after a long-distance aeroplane flight, especially among female passengers)*
economy price Sparpreis *m*
economy rebound Erholung *f*
ecotourism nachhaltiger Tourismus *m*, Ökotourismus *m*, sanfter Tourismus *m*, umweltorientierter Tourismus *m*
ecotourism award Umweltpreis *m*
edge *(of a city/town)* Ortsrand *m*
editor Redakteur(in) *m(f)*
editorial staff Redaktion *f*
education Ausbildung *f (akademisch)*; Ausbildungswesen *n*, Bildung *f*
education and further education Aus- und Fortbildung *f*
education and training Aus- und Fortbildung *f*
education institute Fortbildungsstätte *f*
education partner Bildungspartner *m*
education voucher Bildungsgutschein *m*
educational course in tourism Fortbildungsangebot *n* im Tourismus
educational establishment Bildungseinrichtung *f*
educational holiday *(BE)* Bildungsreise *f*, Studienreise *f*, Bildungsurlaub *m*
educational institution Bildungseinrichtung *f*
educational institution of bus operators Bildungswerk *n* der Omnibusunternehmer
educational institution of coach operators *(BE)* Bildungswerk *n* der Omnibusunternehmer
educational journey Studienreise *f*
educational leave Bildungsurlaub *m*
educational qualifications Bildungsabschluss *m*
educational tour Fachstudienreise *f*
educational tour operator Studienreiseveranstalter *m*
educational tourism Bildungstourismus *m*
educational trekking tour Wanderstudienreise *f*
educational trip Studienreise *f*
educational vacation *(AE)* Bildungsreise *f*, Studienreise *f*, Bildungsurlaub *m*
effect Auswirkung *f*, Einfluss *m*, Erfolg *m*
effects *(dtCH)* persönliche Effekten *pl*
efficiency Effizienz *f*, Produktivität *f*
efficiency advance Effizienzsteigerung *f*
efficiency comparison performance Leistungsvergleichssystem *n*
efficiency control Leistungskontrolle *f*
efficiency-enhancing measures Rationalisierung *f*
efficiency increase Effizienzsteigerung *f*
ejection seat Schleudersitz *m*
elapsed flying time verstrichene Flugzeit *f*
Electronic Business Act Elektronisches Geschäftsverkehrsgesetz *n (Abk.: EGG)*
electronic code card system elektronisches Schlüsselkartensystem *n*
electronic data exchange technology elektronischer Datenaustausch *m*
electronic data interchange *(Abk.: EDI)* elektronischer Datenaustausch *m*
electronic distribution elektronischer Vertrieb *m*
electronic draft capture *(Abk.: EDC)* elektronische Datenerfassung *f*

electronic keycard system elektronisches Schlüsselkartensystem *n*
electronic mail elektronische Post *f*
electronic mailbox elektronischer Briefkasten *m*
electronic marketplace elektronischer Marktplatz *m*
electronic request for proposal *(Abk.: eRFP)* elektronische Ausschreibung *f*
electronic road atlas elektronischer Autoatlas *m*
electronic sales elektronischer Vertrieb *m*
electronic seat-booking system elektronische Platzbuchungsanlage *f*
electronic signature elektronische Signatur *f*
electronic ticketing elektronisches Ticketing *n*
electronic ticketing flight ticketloses Fliegen *n*
electronic travel agency elektronisches Reisebüro *n*
elementary event Elementarereignis *n*
elevator *(AE)* Aufzug *m*, Fahrstuhl *m*, Lift *m*
email elektronische Post *f*
embarkation Einschiffen *n*
embarkation and disembarkation Ein- und Ausschiffung *f*
embarkation card Ausreiseformular *n*
embarkation point Anlegeplatz *m*
embassy Botschaft *f*, Botschaftsgebäude *n*
emblem Wahrzeichen *n*
emcee Conférencier *m*
emergence Aufbruch *m*
emergency Notfall *m*
emergency aid Soforthilfe *f*
emergency aid insurance featuring 24-hour emergency call service Soforthilfe-Versicherung *f* mit 24h-Notruf--Service
emergency assistance agreement Solidarhilfeabkommen *n*
emergency brake Notbremse *f*
emergency call number for blocking electronic authorizations Sperrnotruf *m (Kreditkarte)*
emergency door Notausgang *m*
emergency exit Notausgang *m*
emergency landing Notlandung *f*
emergency procedure Sofortmaßnahme *f*
emergency road service Pannendienst *m*
emergency schedule Notfahrplan *m*
emergency telephone Notrufsäule *f*
emergency timetable Notfahrplan *m*
emerging nation Schwellenland *n*
emerging relief Soforthilfe *f*
emigrant Auswanderer *m*
emigration Auswanderung *f*
emission certificate trade Emissionshandel *m*
emissions trading Emissionshandel *m*
employability Beschäftigungsfähigkeit *f*
employee Angestellte *m(f)*, Arbeitnehmer(in) *m(f)*, Mitarbeiter *m*, Mitarbeiterin *f*
employee association Arbeitnehmerverband *m*
employee efficiency Mitarbeitereffizienz *f*
employee-elected representation Arbeitnehmervertretung *f*
employee on-costs Lohnnebenkosten *pl*
employee representatives Arbeitnehmervertretung *f*
employee satisfaction Mitarbeiterzufriedenheit *f*
employee share Belegschaftsaktie *f*
employees Belegschaft *f*
employees' committee Betriebsrat *m*
employer Arbeitgeber(in) *m(f)*
employer's remuneration Unternehmerlohn *m*
employer's salary Unternehmerlohn *m*
employers' association Arbeitgeberverband *m*
employers' federation Arbeitgeberverband *m*
employment Beschäftigung *f*
employment agency Beschäftigungsgesellschaft *f*, Personalvermittlungsagentur *f*
employment agreement Betriebsvereinbarung *f*
employment contract Anstellungsvertrag *m*, Arbeitsvertrag *m*
employment market Stellenmarkt *m*
employment on call Abrufarbeit *f*
employment permit Arbeitserlaubnis *f*
Employment Promotion Act Beschäftigungsförderungsgesetz *n (Abk.: BeschFG)*
empty bed fee Leerbettgebühr *f*
empty run Leerfahrt *f*
empty trip Leerfahrt *f*

en route flight Streckenflug *m*
encashment Inkasso *n*
encoding Verschlüsselung *f*
encoding technique Verschlüsselungstechnik *f*
encounter Begegnung *f*
encourage *v* stimulieren
encourager Mutmacher *m*
encouraging *adj* ermutigend
encryption Verschlüsselung *f*
encryption technique Verschlüsselungstechnik *f*
encryption technology Verschlüsselungstechnik *f*
end of journey Reiseende *n*
end of the line Endstation *f*
end of tour Reiseende *n*
endorsement Sichtvermerk *m*
endurance test Härtetest *m*
energy efficiency Energieeffizienz *f*
energy price Energiepreis *m*
English Channel Ärmelkanal *m*
ennui Langeweile *f*
Enquete Commission Enquetekommission *f*
enquiry Anfrage *f*
ensigns of maritime navigation Flaggenwesen *n* in der Seeschifffahrt
enterprise resource planning *(Abk.: ERP)* Ressourcenplanung *f* in Unternehmen
entertainer Animateur(in) *m(f)*, Unterhaltungskünstler *m*
entertaining expenses Bewirtungsauslagen *fpl*
entertainment *(Aut)* Hetz *(Spaß, gute Unterhaltung)*; Bewirtung *f*, Unterhaltung *f*
entertainment activities Animation *f*
entertainment activity organizer Animateur(in) *m(f)*
entertainment activity program *(AE)* Animationsprogramm *n*
entertainment activity programme *(BE)* Animationsprogramm *n*
entertainment allowance Bewirtungspauschale *f*
entertainment program *(AE)* Unterhaltungsprogramm *n*
entertainment programme *(BE)* Unterhaltungsprogramm *n*
enthusiast Liebhaber(in) *m(f)*
entitlement to holidays *(BE)* Urlaubsberechtigung *f*
entitlement to leave Urlaubsanspruch *m*
entitlement to vacations *(AE)* Urlaubsberechtigung *f*
entrance Einreise *f*
entrepreneur Unternehmer(in) *m(f)*
entrepreneurial challenge unternehmerische Herausforderung *f*
entry Einreise *f*
entry regulations Einreisebestimmungen *fpl*
entry requirements Einreisebestimmungen *fpl*
environment Umwelt *f*, Umgebung *f*
environment issues manager Umweltbeauftragte *m(f)*
environmental awareness Umweltbewusstsein *n*
environmental commissioner Umweltbeauftragte *m(f)*
environmental compatibility Umweltverträglichkeit *f*
environmental consciousness Umweltbewusstsein *n*
environmental conservation Umweltschutz *m*
environmental economist Umweltökonom(in) *m(f)*
environmental impact Umweltbelastung *f*, Umweltverträglichkeit *f*
environmental impact analysis Umweltverträglichkeitsprüfung *f (Abk.: UVP)*
environmental impact assessment Umweltverträglichkeitsprüfung *f (Abk.: UVP)*
environmental initiative Umweltinitiative *f*
environmental label Umweltzeichen *n*
environmental label in German tourism Umweltdachmarke *f* im Deutschland-Tourismus *(Viabono)*
environmental management compliance officer Umweltmanagementbeauftragte *m(f)*
environmental penny *(obs)* Umweltgroschen *m (programme and award of the European Travel Insurance Co. to an environmental protection project in the tourism sector)*
environmental performance evaluation Ökobilanz *f*
environmental pollution Umweltbelastung *f*
environmental protection Umweltschutz *m*

environmental provision Umweltvorsorge *f*
environmental regulations Umweltauflagen *fpl*
environmental representative Umweltbeauftragte *m(f)*
environmental requirements Umweltauflagen *fpl*
environmental sustainability Umweltverträglichkeit *f*
environmental zone Umweltzone *f*
environmentally aware tourism umweltorientierter Tourismus *m*
environmentally friendly air conditioning umweltfreundliche Klimatisierung *f*
environmentally friendly tourism umweltverträglicher Tourismus *m*
environs Umland *n*
equal opportunity *(BE)* Chancengleichheit *f*
equal treatment Gleichbehandlung *f*
equator Äquator *m*
equipment in a room Zimmerausstattung *f*
equitable distribution gerechte Verteilung *f*
equity capital Eigenkapital *n*, Grundkapital *n*
equity capital regulations Eigenkapitalregeln *fpl (für Kreditvergabe der Banken an Unternehmen gem. Basel II)*
equity return Eigenkapitalrentabilität *f*
equity support program *(AE)* Eigenkapitalhilfeprogramm *n (Abk.: EKH)*
equity support programme *(BE)* Eigenkapitalhilfeprogramm *n (Abk.: EKH)*
equivalent Gegenwert *m*
error message Fehlermeldung *f*
erudite *adj* bildungssprachlich, gebildet, gelehrt
escape Alltagsflucht *f*
escape chute Notrutsche *f*
escape slide Notrutsche *f*
esoteric travel esoterisches Reisen *n*
essential *adj* substanziell
established clientele Kundenstamm *m*
estate Anwesen *n*, Grundstück *n*
estimated time of arrival *(Abk.: eta)* voraussichtliche Ankunftszeit *f*
estimated time of departure *(Abk.: etd)* voraussichtliche Abflugzeit *f*
estimated total voraussichtlicher Endpreis *m*
estuary Mündungsgebiet *n* von Flüssen
EU action plan to promote tourism Aktionsplan *m* der EU zur Förderung des Tourismus
EU deficit procedure Defizitverfahren *n* der EU
EU Directive for Package Tours, EU Directive on Package Travel EU--Richtlinie *f* über Pauschalreisen
EU Directorate for Tourism Direktorat *n* D für Tourismus der EU
EU Distance Selling Directive Distanzhandelsrichtlinie *f* der EU
EU promotion of tourism EU-Tourismusförderung *f*
euphoric mood Aufbruchstimmung *f*
euregio Euregio *f*
euro Euro *m*
Euromonitor Euromonitor *m (Reiseuntersuchung durch Telefonbefragung)*
European Aviation Safety Agency *(Abk.: EASA)* Europäische Agentur *f* für Flugsicherheit
European Capital of Culture Kulturhauptstadt *f* Europas
European Central Bank *(Abk.: ECB)* Europäische Zentralbank *f (Abk.: EZB)*
European Community Europäische Gemeinschaft *f*
European Cultural Route Kulturstraße *f* Europas
European inter-city train Eurocity *m (Abk.: EC)*
European landscape of the year Europäische Landschaft *f* des Jahres
European monetary system Europäisches Währungssystem *n (Abk.: EWS)*
European Organisation for the Safety of Air Navigation *(Eurocontrol)* Europäische Flugsicherungsbehörde *f*
European quality seal Euro-Gütesiegel *n*
European Route Europastraße *f*
European seal of approval Euro-Gütesiegel *n*
European stamp of quality Euro-Gütesiegel *n*
European Union Europäische Union *f (Abk.: EU)*
European Union flag Europa-Flagge *f*
Eurotunnel Eurotunnel *m*
evading payment Zechprellerei *f*
evaluation portal Bewertungsportal *n*
evening classes *(AE)* Abendstudium *n*
evening course *(AE)* Abendstudium *n*

evening meal *(dtCH)* Nachtessen *n* *(Abendessen)*
evening study *(AE)* Abendstudium *n*
event Veranstaltung *f*, Ereignis *n*, Fall *m*
event equipment Veranstaltungsausrüstung *f*
event expenditures Veranstaltungsausgaben *fpl*
event forecast Veranstaltungsvorschau *f*
event marketing Event-Marketing *n*
event of damage Versicherungsfall *m*
event of loss Versicherungsfall *m*
event policy Veranstaltungsrichtlinie *f*
event preview Veranstaltungsvorschau *f*
event projection Veranstaltungsvorschau *f*
event requirements Veranstaltungsbedarf *m*
event ticket Veranstaltungsticket *n*
event tourism Event-Tourismus *m*
event travel Anlassreise *f*
events of the day Zeitgeschehen *n*
every-day working life Arbeitsalltag *m*
everyday *adj* alltäglich
ex gratia settlement Kulanzregelung *f*
exam Klausur *f*
exam sheet Prüfungsbogen *m*
examination sheet Prüfungsbogen *m*
examination subject Prüfungsfach *n*
example Vorbild *n*, Beispiel *n*
excavation ground Grabungsstätte *f*
excavation place Grabungsstätte *f*
excess *(BE)* Selbstbehalt *m*
excess baggage *(AE)* Übergepäck *n*
excess capacity Überkapazität *f*
excess luggage *(BE)* Übergepäck *n*
excess of supply Angebotsüberhang *m*
exchange Geldwechsel *m*, Tausch *m*
exchange charge Wechseltarif *m*
exchange deal Tauschgeschäft *n*
exchange document Umtauschdokument *n*
exchange of experiences Erfahrungsaustausch *m*
exchange of flats and houses *(BE)* Haus- und Wohnungstausch *m*
exchange of information and ideas Informations- und Gedankenaustausch *m*
exchange office Wechselstube *f*
exchange programme Austauschprogramm *n*
exchange rate Devisenkurs *m*, Umrechnungskurs *m*
exchange rate fluctuation Wechselkursschwankung *f* Wechselkurs *m*
exchange rate risk Währungsrisiko *n*
exchange risk Währungsrisiko *n*
exciting *adj* aufregend, spannend
exclusive agency Generalvertretung *f*
exclusive price Exklusivpreis *m*
exclusivity agreement Exklusivitätsvereinbarung *f*
exclusivity contract Ausschließlichkeitsbindung *f*
excursion Abstecher *m*, Ausflug *m*, Ausflugsfahrt *f*, *(Aut)* Rutscher *(kurze Fahrt, Abstecher)*; Tour *f*
excursion boat Tageskreuzer *m*, Ausflugsboot *n*
excursion bus Ausflugsbus *m*
excursion coach *(BE)* Ausflugsbus *m*
excursion destination Ausflugsziel *n*
excursion flight Rundflug *m*
excursion program Ausflugsprogramm *n*
excursion ship Ausflugsschiff *n*, Tagesschiff *n*
excursion to the country Landausflug *m*
excursion traffic Ausflugsverkehr *m*, Tagesausflugsverkehr *m*
excursion train Sonderzug *m*
excursionist Ausflügler *m*
executive board Vorstand *m*
executive regulations Ausführungsbestimmungen *fpl*
executives Geschäftsführung *f*
exemplary function Vorbildfunktion *f*
exemption directive Freistellungsverordnung *f*
exemption limit Freigrenze *f*
exemption regulation Freistellungsverordnung *f*
exercise room Fitnessraum *m*
exercise therapy Bewegungstherapie *f*
exertion Kraftanstrengung *f*
exhibition Ausstellung *f*
exhibition ground Messegelände *n*
exhibition stand spectacular spektakulärer Messestand *m*
exhibition tourism Ausstellungstourismus *m*
exhibitor Aussteller *m*
exit *v* aussteigen
exit Abfahrt *f (Autobahn)*; Ausreise *f*; Ausgang *m*
exotic *adj* exotisch
expanded breakfast erweitertes Frühstück *n*

expectation Erwartungshaltung *f*
expected time of arrival voraussichtliche Ankunftszeit *f*
expected time of departure voraussichtliche Abflugzeit *f*
expedient Verrichtungsgehilfe *m*
expedition Entdeckungsreise *f*, Streifzug *m*
expedition cruise Expeditionskreuzfahrt *f*
expedition tourism Expeditionstourismus *m*
expendable *adj* überflüssig
expenditure Aufwand *m*
expenditures Ausgaben *fpl*
expenditures to gross national product Staatsquote *f*
expense Aufwand *m*
expenses Ausgaben *fpl*
experience *v* **sth** etwas erleben
experience Erlebnis *n*
experience journey Erlebnisreise *f*
experience premium Erlebnisprämie *f*
expert Fachreferent(in) *m(f)*
expert advisory board Sachverständigenbeirat *m*
expert committee Sachverständigenbeirat *m*
expert in the trade fair, conference and congress trade Fachwirt(in) *m(f)* für die Messe-, Tagungs- und Kongresswirtschaft
expert knowledge Fachkenntnis *f*
expertise Fachkenntnis *f*
expiry date Fristablauf *m*
expiry option Verfallsoption *f*
export Ausfuhr *f*, Export *m*
export duty Ausfuhrzoll *m*
export regulations Ausfuhrbestimmungen *fpl*
export tariff Ausfuhrzoll *m*
exposition Ausstellung *f*
express Schnellzug *m*
express bus Schnellbus *m*
express coach *(BE)* Schnellbus *m*
express coach network Europabus *m* *(Abk.: EB; consisting of more than 30 partners all over Europe)*
express ferry Schnellfähre *f*
express reservation Expressreservierung *f*
express train Expresszug *m*, Hochgeschwindigkeitszug *m*, Schnellzug *m*
expressway *(AE)* Autobahn *f*, Schnellstraße *f*
extended breakfast erweitertes Frühstück *n*
extended holiday *(BE)* Langzeiturlaub *m*
extended protection *(Abk.: EP)* Erhöhung der Haftpflichtdeckungssumme *f* *(Mietwagen)*
extended vacation *(AE)* Langzeiturlaub *m*
extending a term of payment Stundung *f*
extension night Verlängerungsnacht *f*
extension of credit Zahlungsaufschub *m*
extension of deadline Fristverlängerung *f*
extension week Verlängerungswoche *f*
extensive *adj* umfassend
external activity Auswärtstätigkeit *f*
external effect externer Effekt *m*
external marketing Außenmarketing *n*
external sales Außenumsatz *m*
external service Fremdleistung *f*
external trade Außenhandel *m*
external travel agency Fremdreisebüro *n*
exterritorial stopover exterritorialer Zwischenaufenthalt *m*
extra bed Zustellbett *n*
extra charge Aufgeld *n*, Aufschlag *m* Preis [Kosten], Zuschlag *m*
extra commission following an increase in sales Steigerungsprovision *f*
extra costs Nebenkosten *pl*
extra expenses Nebenkosten *pl*
extra night Verlängerungsnacht *f*
extra occupational *adj* berufsbegleitend
extra-professional *adj* nebenberuflich
extra service at extra cost Zusatzleistung *f* gegen Aufpreis
extra tour Sonderfahrt *f*
extra travel costs Reisenebenkosten *pl*
extra week Verlängerungswoche *f*
extras Nebenkosten *pl*
extraterritorial stopover exterritorialer Zwischenaufenthalt *m*
extreme sport Extremsport *m*
extreme sports tourism Extremtourismus *m*
extreme travel experience grenzenloses Reiseerlebnis *n*
eye-catcher Blickfang *m*

F

fabric Bausubstanz *f*, Struktur *f*, Gefüge *n*, Stoff *m*
face biometrics Gesichtsbiometrie *f*
face mask Mundschutz *m*
facilities for the disabled Behinderteneinrichtungen *fpl*
fact-finding journey Informationsreise *f*
factory inspectorate Gewerbeaufsicht *f*
factory split Betriebsaufspaltung *f*
facultative fakultativ
faculties of perception Wahrnehmungsvermögen *n*
faculty Fachbereich *m*
failure to provide travel service Reisemangel *m*
fair hostess Messehostess *f*
fair rate Messerate *f*
fair stand spectacular spektakulärer Messestand *m*
fair trade law Gesetz *n* gegen unlauteren Wettbewerb *(Abk.: UWG)*
fairground Messegelände *n*
fairy story festivals Märchenfestspiele *npl*
fairy story train Märchenzug *m*
fake booking Scheinbuchung *f*
fake voucher Scheinvoucher *m*
fam trip Presseinformationsreise *f*; Fachstudienreise *f*, Informationsreise *f*
familiarization trip Fachstudienreise *f*
family business Familienbetrieb *m*
family friendly *adj* familiengerecht
family holiday *(BE)* Familienerholung *f*
family holiday resort *(BE)* Familienferienort *m*
family-orientated *adj (BE)* familiengerecht
family-oriented *adj (AE)* familiengerecht
family-owned im Familienbesitz
family room Familienzimmer *n*
family-run operation Familienbetrieb *m*
family vacation *(AE)* Familienerholung *f*
family vacation resort *(AE)* Familienferienort *m*
Far East Ferner Osten *m*
far-reaching repercussions weitreichende Auswirkungen *fpl (Konsequenzen)*
far-seeing *adj* weitsichtig
far-sighted *adj* weitsichtig
fare Fahrpreis *m*
fare basis Preisbasis *f*
fare calculation Preisberechnung *f*
fare database Tarifdatenbank *f*
fare-dodger Trittbrettfahrer *m*
fare families *(Airline)* Tariffamilien *fpl*
farm Bauernhof *m*
farm holidays Ferien *pl* auf dem Bauernhof
farm tourism Agrartourismus *m*
farm vacations *(AE)* Ferien *pl* auf dem Bauernhof
farmhouse Bauernhof *m*, Farmhaus *n*
farmhouse holiday *(BE)* Urlaub *m* auf dem Bauernhof
farmhouse holidays *(BE)* Ferien *pl* auf dem Bauernhof
farmhouse vacation *(AE)* Urlaub *m* auf dem Bauernhof
fascinating *adj* faszinierend
fashionable *adj* mondän
fast ferry Schnellfähre *f*
fast food Fastfood *n*
fast food restaurant Imbisshalle *f*, Schnellrestaurant *n*
fast lane Überholspur *f*
fast train Hochgeschwindigkeitszug *m*, Schnellzug *m*
fasten *v* **one's seatbelts** anschnallen
fat-tax Gewichtszuschlag *m*
fathom Faden *m* Nautik
fault Mangel *m*
fauna Fauna *f*
favor *(AE)* Gefälligkeit *f*, Dienstleistung *f*
favour *(BE)* Gefälligkeit *f*, Dienstleistung *f*
fax on demand Abruf-Fax *n*
fax polling Faxumfrage *f*
F&B manager Wirtschaftsdirektor(in) *m(f)*
fear of flying Flugangst *f*
feasibility study Machbarkeitsstudie *f*
feast Bankett *n*, Festmahl *n*
Federal Association of German Car Rental Agencies Bundesverband *m* der Autovermieter Deutschlands *(Abk.: BAV)*
Federal Association of the German Tourism Industry Bundesverband *m* der Deutschen Tourismuswirtschaft *(Abk.: BTW)*
Federal Aviation Administration *(Abk.: FAA)* Luftfahrt-Aufsichtsbehörde *f*
Federal Aviation Office Luftfahrtbundesamt *n (Abk.: LBA)*
Federal Cartel Office Bundeskartellamt *n*

Federal Foreign Office of Germany Auswärtiges Amt *n (Abk.: AA)*
Federal Government Commissioner for Tourism Beauftragte *m(f)* der Bundesregierung für Tourismus
Federal Police Bundespolizei *f*
Federal Republic of Germany Deutschland *(Bundesrepublik Deutschland)*
federal state Bundesland *n*
Federal Trust Agency (for industry privatization) Treuhandanstalt *f*
fee Entgelt *n*, Gebühr *f*
fee for using the beach Strandbenutzungsgebühr *f*
feedback Rückinformation *f*, Rückkopplung *f*
feeder bus Zubringerbus *m*
feeder coach *(BE)* Zubringerbus *m*
feeder flight Zubringerflug *m*
feeder service Zubringerdienst *m*
fees Abgaben *fpl (Gebühren)*
fellow passenger Mitreisende *m(f)*, Reisebegleiter(in) *m(f)*
fellow traveler *(AE)* Mitreisende *m(f)*
fellow traveller *(BE)* Mitreisende *m(f)*
female air traffic management assistant Luftverkehrskauffrau *f*
female air traffic management officer Luftverkehrskauffrau *f*
female client Kundin *f*
female cook Köchin *f*
female customer Kundin *f*
female management assistant in office administration Bürokauffrau *f*
female office administrator Bürokauffrau *f*
female student Student(in) *m(f)*
female travel consultant Reiseverkehrskauffrau *f*
ferris wheel Riesenrad *n*
ferry Fähre *f*, Fährschiff *n*
ferry boat Fähre *f*, Fährschiff *n*
ferry business Fährgeschäft *n*
ferry carrier Fährunternehmen *n*
ferry company Fährunternehmen *n*
ferry crossing Fährüberfahrt *f*
ferry enterprise Fährunternehmen *n*
ferry flight Überführungsflug *m*
ferry insurance Fährversicherung *f*
ferry package tour produzierter Verkehr *m (Fährschiff)*
ferry passenger without cabin reservation Deckpassagier *m*
ferry terminal Fährhafenabfertigungsgebäude *n*
ferry ticket Schiffsfahrschein *m (DER Traffic)*
ferryboat Fähre *f*, Fährschiff *n*
festival Volksfest *n*
festival location Festspielort *m*
festival (performance) society Festspielgesellschaft *f*
festival tour Festspielreise *f*
festival town Festspielort *m*
fictitious booking Scheinbuchung *f*
fictitious invoice fingierte Rechnung *f*
fictitious point of turnaround fiktiver Umkehrpunkt *m* Flugtarifberechnung
fictitious turnaround point fiktiver Umkehrpunkt *m* Flugtarifberechnung
fictitious voucher Scheinvoucher *m*
fidelity insurance Vertrauensschadenversicherung *f*
fiduciary duty Fürsorgepflicht *f*
field exploration Feldforschung *f*
field of responsibility Ressort *n*
field of study Studienfach *n*
field research Feldforschung *f*
field trip Exkursion *f*
file Akte *f*, Datei *f*
film orientated tourism Filmtourismus *m*
final costing Nachkalkulation *f*
final destination Zielort *m*
final payment Restzahlung *f*
final price Endpreis *m*
finance investor Finanzinvestor *m*
financial accounting Finanzbuchhaltung *f*
financial assets finanzielle Vermögenswerte *mpl*
financial guarantees finanzielle Garantien *fpl*
financial investor Finanzinvestor *m*
financial liabilities finanzielle Verbindlichkeiten *fpl*
financial service provider Finanzdienstleister *m*
financial statement Bilanz *f*, Vermögensaufstellung *f*
financial transaction Finanztransaktion *f*
financial year Geschäftsjahr *n*
financing with outside capital Fremdfinanzierung *f*
fine *(Aut)* Organstrafverfügung *f (Anonymverfügung, Verkehrsordnungswidrigkeit, Verwarnungsgeld)*; *(dtCH)* Parkbus-

sen *fpl (Verkehrsordnungswidrigkeit, Verwarnungsgeld)*
fire exit Notausgang *m*
firm option Festoption *f*
first-aid kit Reiseapotheke *f*
first-minute booking frühzeitiges Buchen *n*
first minute booking brochure Vorabkatalog *m*
first-time employee Berufseinsteiger(in) *m(f)*
fiscal year Geschäftsjahr *n*
fish story *(AE)* Seemannsgarn *n*
fit(ness) for the future Zukunftsfähigkeit *f*
fitness room Fitnessraum *m*
fitness to drive Fahrtauglichkeit *f (Fahrer)*
fitness to fly Flugreisetauglichkeit *f*
fix *v* **a time limit** Frist setzen
fixed cancellation fee Stornopauschale *f*
fixed costs fixe Kosten *pl*
fixed option Festoption *f*
fixed-price Festpreis *m*
fixed-price offer Festpreisangebot *n*
fixed route festgelegte Streckenführung *f*
fixed-route ticket Streckenfahrschein *m*
fixed routing festgelegte Streckenführung *f*
fixed-zone ticket Streckenfahrschein *m*
fjord Fjord *m*, Förde *f*
flag Flagge *f*
flag carrier Linienfluggesellschaft *f*
flag of convenience Billigflagge *f*
flag of convenience country Billigflaggen-Land *n*
flag of necessity Billigflagge *f*
flag-signal system of maritime navigation Flaggenwesen *n* in der Seeschifffahrt
flagging out Ausflaggen *n*
flagship Flaggschiff *n*
flashpass Zeitkarte *f*
flat economy Konjunkturflaute *f*
flat-rate *adj* pauschal
flat rate Pauschale *f*, Pauschalpreis *m*, Pauschalsatz *m*, Pauschaltarif *m*
flat-rate tariff Pauschaltarif *m*
flat-sharing agency Mitwohnzentrale *f*
flat-swap(ping) *(BE)* Wohnungstausch *m*
fleet Flotte *f*, Fuhrpark *m*
fleet management Fuhrparkmanagement *n*
fleet market Flottenmarkt *m*
fleet of vehicles Fuhrpark *m*
flexibility of labour markets Flexibilisierung *f* des Arbeitsmarktes
flight Flug *m*, Flugreise *f*
flight altitude Flughöhe *f*
flight approval Flugzulassung *f*
flight area Fluggebiet *n*
flight attendant Flugbegleiter *m*, Flugbegleiterin *f*
flight attendant association Flugbegleitervereinigung *f*
flight baggage Fluggepäck *n*
flight briefing Flugbesprechung *f*
flight cancellation Flugausfall *m*
flight control station Flugleitstelle *f*
flight control system Flugleitsystem *n*
flight coupon Flugcoupon *m*
flight crew Bordpersonal *n*, Flugbesatzung *f*
flight data Flugdaten *npl*
flight data recorder Flugdatenschreiber *m*
flight delay Flugverspätung *f*
flight dispatcher Flugdienstberater(in) *m(f)*
flight document replacement form Freischreiberklärung *f*
flight forward planning Flugdisposition *f*
flight hole Flugloch *n*
flight information Fluginformation *f*
flight information board Fluganzeigetafel *f*
flight integrated in a rotation system Kettenflug *m*
flight interruption manifest Flugunterbrechungsbescheinigung *f*
flight net fare Netto-Tarif *m* Flug
flight number Flugnummer *f*
flight of fancy Höhenflug *m (phantasy)*
flight-only booking system Einzelplatzbuchungssystem *n*
flight-only business Einzelplatzgeschäft *n*
flight-only sale Einzelplatzverkauf *m*
flight-only sector Nur-Flug-Geschäft *n*
flight path Flugroute *f*
flight personnel Flugpersonal *n*
flight plan Flugplan *m*
flight pricing system Flugkalkulationssystem *n*
flight purchasing consortium Arbeitsgemeinschaft *f* Flugeinkauf
flight recorder Flugschreiber *m*
flight route Flugstrecke *f*
flight safety Flugsicherheit *f*

flight schedule Flugplan *m*
flight schedule period Flugplanperiode *f*
flight seat availability Flugplatzangebot *n*, Flugplatzverfügbarkeit *f*
flight seat offer Flugplatzangebot *n*
flight segment Flugsegment *n*
flight sharing agency Mitflugzentrale *f*
flight supervision Flugüberwachung *f (an Bord)*
flight time Flugdauer *f*, Flugzeit *f*
flight with electronic ticketing ticketloses Fliegen *n*
fling Liebesabenteuer *n*
floatel schwimmendes Hotel *n*
floating hotel Hotelschiff *m*, schwimmendes Hotel *n*
floating houses schwimmende Ferienhäuser *npl (auf Usedom)*
floating taxi *(cab)* Wassertaxi *n*
floatplane Wasserflugzeug *n*
floodgate Schleuse *f*
floor Etage *f*
floor mosaic Fußbodenmosaik *n*
floor service Etagenservice *m* im Hotel
flophouse *(AE)* Absteige *f*
flora Flora *f*
fluctuation Fluktuation *f*
fluctuation margin Schwankungsbreite *f*
fluctuation of temperature Temperaturschwankung *f*
fly and drive Fliegen *n* und Fahren *n*, Kombinationsangebot *n* Flug und Mietwagen
flyer 1. Faltblatt *n*, Flugblatt *n*, Handzettel *m*; 2. *(AE)* Schnellbus *m*
flying distance Flugstrecke *f*
flying experience Flugerfahrung *f*
flying hour Flugstunde *f*
flying time Flugzeit *f*
flying visit Stippvisite *f*
flying weather Flugwetter *n*
focal subject Schwerpunktthema *n*
foehn wind Föhn *m*
folding caravan zusammenklappbarer Caravan *m*
follow-up Nachlauf *m*
follower Nachfolger(in) *m(f)*
fondness of travelling Reiselust *f*
food Essen *n*
food and beverage manager Wirtschaftsdirektor(in) *m(f)*
food system specialist Fachfrau *f* für Systemgastronomie
food taster Vorkoster *m*
foodservice *(AE)* Gastronomie *f*
foodservice concepts operating under the same name Ketten- und Systemgastronomie *f*
foodservice contract *(AE)* Bewirtungsvertrag *m*
foodservice facility *(AE)* gastronomische Einrichtung *f*
foodservice trade *(AE)* Gastronomiegewerbe *n*
foot ferry Personenfähre *f*
foot rest Fußstütze *f*
footage Filmmaterial *n*
footboy Hausdiener *m*
footfall Laufkundschaft *f*
footpath *(BE)* Wanderweg *m*
forecast Hochrechnung *f*, Prognose *f*
foreign branch Auslandsvertretung *f (von Firmen)*
foreign countries Ausland *n*
foreign currencies ausländische Zahlungsmittel *npl*, Sorten *fpl*
foreign currency Devisen *pl*
foreign currency earnings Deviseneinnahmen *fpl*
foreign currency income Deviseneinnahmen *fpl*
foreign daily allowance Auslandstagegeld *n*
foreign exchange Devisen *pl*
foreign exchange fund Reisedevisenfonds *m*
foreign language Fremdsprache *f*
foreign market Auslandsmarkt *m*
foreign trade Außenhandel *m*
foreign worker charter Gastarbeitercharter *m*
foreign worker discount Gastarbeiterermäßigung *f*
forerunner Vorreiter *m*, Wegbereiter *m*
foresight Weitsicht *f*
forfeit Verwirkung *f*
forfeiture Verwirkung *f*
forgery-safe ID card fälschungssicherer Ausweis *m*
forgery-safe identification card fälschungssicherer Ausweis *m*
form of enterprise Unternehmensform *f*
form of identification *(Abk.: FOID)* Identifikationsschlüssel *m*
form of labor organization *(AE)* Arbeitsgestaltungsform *f*
form of labour organisation *(BE)* Arbeitsgestaltungsform *f*

formation of a blocktrain Blockzugbildung *f*
forum Forum *n*
forum of experts Sachverständigenbeirat *m*
forward compatibility Zukunftsfähigkeit *f*
forward-looking *adj* zukunftsweisend
forwarding clerk Expedient *m*
four-month period before booking of a package tour or a flight Viermonatsfrist *f*
four-pillar model of the DRV Vier-Säulen-Modell *n (extended with associated members as a 5th pillar)*
four-wheel drive vehicle Allradfahrzeug *n*
framework agreement Rahmenabkommen *n*
framework conditions Rahmenbedingungen *fpl*
franchise Franchise *n*
franchise agreement Franchisevertrag *m*
franchise contract Franchisevertrag *m*
franchise-giver Franchisegeber *m*
franchised company Franchisenehmer *m*
franchisee Franchisenehmer *m*
franchiser Franchisegeber *m*
franchising company Franchisegeber *m*
Frankfurt District Court table of typical liabilities and compensations for travel customers Frankfurter Tabelle *f*
freckles *(Aut)* Guckerschecken *fpl (Sommersprossen)*
free accommodation Gratisübernachtung *f*
free baggage allowance *(AE)* Freigepäckgrenze *f*
free cancellation Gratisstorno *n*
free collective bargaining Tarifautonomie *f*
free economy Marktwirtschaft *f*
free lodging *(AE)* Gratisübernachtung *f*
free luggage Freigepäck *n*
free luggage allowance *(BE)* Freigepäckgrenze *f*
free movement of services Dienstleistungsfreiheit *f*
free movement of workers Arbeitnehmerfreizügigkeit *f*
free holiday (won in a contest) Gewinnreise *f*
free port Freihafen *m*, Zollausschlussgebiet *n*
free seating freie Sitzplatzwahl *f*
free shuttle bus gratis Shuttlebus *m*
free trade area Freihandelszone *f*
free trade association Freihandelsgemeinschaft *f*
free trade community Freihandelsgemeinschaft *f*
free zone Freihandelszone *f*
freedom of establishment Niederlassungsfreiheit *f*
freedom of movement for employees Arbeitnehmerfreizügigkeit *f*
freedom of trade Gewerbefreiheit *f*
freedom to provide services Dienstleistungsfreiheit *f*
freedom to roam Jedermannsrecht *n*
freedom to travel Reisefreiheit *f*
freedoms of the air *(basic air traffic rights)* Freiheiten *fpl* der Luft
freedoms of the seas *(basic sea-going rights)* Freiheiten *fpl* der Meere
freelancer freier Mitarbeiter *m*, freie Mitarbeiterin *f*
freeloader Trittbrettfahrer *m*
freerider Trittbrettfahrer *m*
freeway *(AE)* Autobahn *f*
freeway emergency call Autobahnnotruf *m*
freeway motel Autobahnhotel *n*
French Association of Travel Agencies and Operators Französischer Reisebüro- und Veranstalterverband *m*
French service Französischer Service *m*
frequency Frequenz *f*
frequent air traveler *(AE)* Vielflieger *m*
frequent air traveller *(BE)* Vielflieger *m*
frequent flyer Vielflieger *m*
frequent flyer (bonus) miles Vielfliegermeilen *fpl*
frequent flyer programme Vielfliegerprogramm *n*
frequent traveler *(AE)* Oftreisende *m(f)*
frequent traveler program *(AE)* Vielfliegerprogramm *n*
frequent traveller *(BE)* Häufigreisende *m(f)*, Oftreisende *m(f)*
frequent traveller programme *(BE)* Vielfliegerprogramm *n*
freshwater pool Süßwasserpool *m*
fringe program *(AE)* Rahmenprogramm *n*
fringe programme *(BE)* Rahmenprogramm *n*

front desk *(AE)* Rezeption *f*
front lobby *(AE)* Empfangshalle *f*
front office *(AE)* Empfangsbüro *n*
front-office manager *(AE)* Empfangschef *m* im Hotel
frontier crossing Grenzübergang *m*
fuel Treibstoff *m*
fuel surcharge Kerosinzuschlag *m*, Treibstoffzuschlag *m*
fulfilment of contract Vertragserfüllung *f*
full *adj* vollbesetzt
full board Vollpension *f*
full breakfast Amerikanisches Frühstück *n*
full charter Vollcharter *m*
full-cost accounting Vollkostenrechnung *f*
full costing Vollkostenrechnung *f*
full cover Komplettschutz *m*
full employment Vollbeschäftigung *f*
full encashment Vollinkasso *n*
full liability Vollhaftung *f*
full parliamentary committee Vollausschuss *m*
full-paying air passenger vollzahlender Fluggast *m*
full pension *(AE)* Vollpension *f*
full price Vollpreis *m*
full (product) range Vollsortiment *n*
full rate Vollpreis *m*
full reversal Vollstorno *n*
full-service travel agency Vollreisebüro *n*
full-time job Vollbeschäftigung *f*
fully care Komplettversorgung *f*
fully comprehensive insurance Vollkaskoversicherung *f*
fully inclusive package tour Vollpauschalreise *f*
fully occupied *adj* vollbesetzt
fun *(Aut)* Hetz *f*, Vergnügen *n*
fun-oriented society Spaßgesellschaft *f*
fun park Vergnügungspark *m*
fun pool Spaßbad *n*
fun society Spaßgesellschaft *f*
fun swimming pool Spaßbad *n*
fun trip Vergnügungsfahrt *f*
function room Gesellschaftsraum *m*, Veranstaltungssaal *m*
functional planning operative Planung *f*
functionally competent *adj* zuständig
fund manager Vermögensverwalter *m*
fundamental responsibilities Grundpflichten *fpl*
fundraising options for property buyers Objektfinanzierungsform *f*
funicular Seilbahn *f*, Standseilbahn *f*
funicular railway Standseilbahn *f*
furnishings Zimmereinrichtung *f*
furniture Zimmereinrichtung *f*, Möbel *pl*
further education Fortbildung *f*
further education event Weiterbildungsveranstaltung *f*
further education examination Weiterbildungsprüfung *f*
further studies in tourism Aufbaustudium *n* im Tourismus
fusion Fusion *f*, Zusammenschluss *m*
future leaders Führungsnachwuchs *m*
futurologist Zukunftsforscher *m*

G

gain Ertrag *m*, Gewinn *m*
gala performance Galavorstellung *f*
gallery Rundgang *m*; Galerie *f*; Balkon *m*
galley Bordküche *f*
gambling trip Glücksspielreise *f*
gambling voyage Gewinnreise *f*
game reserve Wildreservat *n*
games room Spielezimmer *n*
gangway Fluggastbrücke *f*
garage parking Garage *f*
garden inn *(Aut)* Schanigarten *m (kleiner Gastgarten)*
garden restaurant *(Aut)* Schanigarten *m*
garden show Gartenschau *f*
gas coupon Benzingutschein *m*
gas station *(AE)* Tankstelle *f*
gasoline *(AE)* Benzin *n*, Treibstoff *m*
gasoline voucher *(AE)* Benzingutschein *m*
gastronomy Gastronomie *f*
gate Flugsteig *m*
gated community bewachter Privatwohnbereich *m (z. B. Dubai)*
gateway to the world Tor *n* zur Welt
gather *v* sammeln, zusammentragen
gathering Massenversammlung *f*, Versammlung *f*, Zusammenkunft *f*
general agency Generalvertretung *f*
general aviation Allgemeine Luftfahrt *f*
General Aviation Terminal *(Abk.: GAT)* Abfertigungshalle *f* für Geschäftsflieger

general collective labour agreement Flächentarifvertrag *m*
general conditions Rahmenbedingungen *fpl*
general exhibition allgemeine Ausstellung *f*
general fair Universalmesse *f*
general gastronomy Verkehrsgastronomie *f*
General German Bike Club Allgemeiner Deutscher Fahrrad-Club *m (Abk.: ADFC)*
general German room reservation Allgemeine Deutsche Zimmerreservierung *f (Abk.: ADZ)*
general higher education entrance qualification Allgemeine Hochschulreife *f*
general information about holiday destinations Reiseländerinformation *f*
general meeting Hauptversammlung *f*, Mitgliederversammlung *f*
general merchant Vollkaufmann *m*
general partner Komplementär *m*
general partnership offene Handelsgesellschaft *f (Abk.: OHG)*
general qualification for university entrance Allgemeine Hochschulreife *f*
general terms and conditions Allgemeine Geschäftsbedingungen *fpl (Abk.: AGB)*
general terms and conditions for coach hire Allgemeine Geschäftsbedingungen *fpl* für den Mietomnibus
general terms and conditions for insurance against cancellation in the event of non-commencement, rebooking or interruption of a journey Allgemeine Bedingungen *fpl* für die Reiserücktrittskosten-Versicherung *(Abk.: ABRV)*
general terms and conditions of carriage Allgemeine Beförderungsbedingungen *fpl (Abk.: ABB)*
general terms and conditions of insurance for travel assistance in all emergencies and in case of medical repatriation Allgemeine Bedingungen *fpl* für die Versicherung von touristischen Beistandsleistungen und Rücktransportkosten *(Abk.: ABtBR)*
general terms and conditions of travel baggage insurance *(AE)* Allgemeine Bedingungen *fpl* für die Versicherung von Reisegepäck *(Abk.: AVR)*
general terms and conditions of travel luggage insurance *(BE)* Allgemeine Bedingungen *fpl* für die Versicherung von Reisegepäck *(Abk.: AVR)*
general travel conditions Allgemeine Reisebedingungen *fpl (Abk.: ARB)*
generalist Generalist *m*
generate *v* entwickeln, erzielen, schaffen *(erzeugen)*
generation @ Multitasker *m (Digital-Medien-Nutzer, die mehreren Aufgaben/ Programmen nachkommen)*
generation change Generationswechsel *m*
generation compact Generationenvertrag *m*
genesis Entstehungsgeschichte *f*
geographical location geografische Lage *f*
geographical position geografische Lage *f*
geographical situation geografische Lage *f*
geography Geografie *f*
German Air Traffic Control Deutsche Flugsicherung *f (Abk.: DFS)*
German Airline Association Bundesverband *m* der Deutschen Fluggesellschaften *(Abk.: BDF)*
German Alpine Association Deutscher Alpenverein *m (Abk.: DAV)*
German Association for Nature Conservation Deutscher Naturschutzring *m (Abk.: DNR)*
German Association for Tourism Law Deutsche Gesellschaft *f* für Reiserecht *(Abk.: DGfR)*
German Association for tourist managers, entertainment organisers and tourist guides Bundesverband *m* der Reiseleiter, Animateure und Gästeführer *(Abk.: BRAG)*
German Association of City and Town Marketing Bundesvereinigung *f* City- und Stadtmarketing Deutschland *(Abk.: BCSD)*
German Association of Environmental Education Deutsche Gesellschaft *f* für Umwelterziehung *(Abk.: DGU)*
German Automobile Club ADAC Allgemeiner Deutscher Automobil-Club *m (Abk.: ADAC)*
German automobile club AvD Automobilclub von Deutschland *m (Abk.: AvD)*

German Bicycle Club Allgemeiner Deutscher Fahrrad-Club *m (Abk.: ADFC)*
German Cartel Act Gesetz *n* gegen Wettbewerbsbeschränkungen *(Abk.: GWB)*
German Cartel Authorities Bundeskartellamt *n*
German Chambers of Industry and Commerce Deutscher Industrie- und Handelskammertag *m (Abk.: DIHK)*
German Civil Code Bürgerliches Gesetzbuch *n (Abk.: BGB)*
German Conference of Cities Deutscher Städtetag *m*
German Cooperative Eco-Bank Ökobank *f*
German Cycling Association Allgemeiner Deutscher Fahrrad-Club *m (Abk.: ADFC)*
German Environment and Nature Conservation Federation Bund *m* für Umwelt- und Naturschutz Deutschland *(Abk.: BUND)*
German FAA Luftfahrtbundesamt *n (Abk.: LBA)*
German Federal Bureau of Aircraft Accidents Investigation Bundesstelle *f* für Flugunfalluntersuchung *(Abk.: BFU)*
German Federal Institute for Air Traffic Control Bundesanstalt *f* für Flugsicherung *(Abk.: BFS)*
German Federal Railway Trust Fund Bundeseisenbahnvermögen *n*
German federal regulation which allows for certain exemptions from the German public transport law Freistellungsverordnung *f*
German Federal Supervisory Office for Insurance Companies Bundesaufsichtsamt *n* für das Versicherungswesen *(Abk.: BAV)*
German Federation of Tourist Guide Associations Bundesverband *m* der Gästeführer
German Hanse Deutsche Hanse *f*
German high speed train Intercity-Express *m (Abk.: ICE)*
German Hotel and Catering Association Deutscher Hotel- und Gaststättenverband *m (Abk.: Dehoga)*
German hotel classification Deutsche Hotelklassifizierung *f*
German Institute for Professional Training in Tourism Deutsches Seminar *n* für Tourismus *(Abk.: DSFT)*
German Lufthansa Deutsche Lufthansa *f (Abk.: DLH)*
German National Tourist Board *(Abk.: GNTB)* Deutsche Zentrale *f* für Tourismus *(Abk.: DZT)*
German Pilots Association Vereinigung *f* Cockpit
German Rail Deutsche Bahn *f (Abk.: DB)*
German Rail Agency DB-Agentur *f*
German Rail motorail train DB-Autozug *m*
German Rail travel & tourism DB-Reise & Touristik *f*
German railcard BahnCard *f*
German railroad regulations Eisenbahnverkehrsordnung *f (Abk.: EVO)*
German Railway Act Allgemeines Eisenbahngesetz *n (Abk.: AEG)*
German Railway reform Bahnreform *f*
German shipping regulations governing the amount of crew and the level of training required Schiffsbesetzungs- und Ausbildungsordnung *f (Abk.: SBAO)*
German Spa Association Deutscher Heilbäderverband *m (Abk.: DHV)*
German Tourist Association Deutscher Tourismusverband *m (Abk.: DTV)*
German Travel Agency Deutsches Reisebüro *n (Abk.: DER)*
German Travel Association Deutscher ReiseVerband *m (Abk.: DRV)*
German Travel Monitor Deutscher Reisemonitor *m*
Germany Deutschland
get *v* **off** aussteigen
get-together Zusammenkunft *f*
getaway Alltagsflucht *f*
ghost segment Informationssegment *n (Flugbuchung)*
gift service Geschenkservice *m*
gift voucher Geschenkgutschein *m*, Geschenk-Gutschein *m (Reise)*
give-aways Werbegeschenke *npl*, Werbemittel *npl*
glacial landscape Gletscherlandschaft *f*
glacier Gletscher *m*
glacier landscape Gletscherlandschaft *f*
glacier tour Gletschertour *f*
glacier world Gletscherwelt *f*
glass bottom boat Glasbodenboot *n*
gliding flight Gleitflug *m*

global *adj* weltumspannend
global airline alliance Globales Luftverkehrsbündnis *n*
global aviation Weltluftverkehr *m*
global economic crisis globale Wirtschaftskrise *f*
global economy Weltwirtschaft *f*
global economy crisis Weltwirtschaftskrise *f*
global markets globale Märkte *mpl*
global tourism globaler Tourismus *m*
globalisation Globalisierung *f*
globetrotter Globetrotter *m*, Weltenbummler *m*
glossy brochure Hochglanzbroschüre *f*
glossy magazine Hochglanzmagazin *n*
go *v* **away on a trip** verreisen
go *v* **on a journey** verreisen
go *v* **window-shopping** flanieren
going public Börsengang *m*
golf Golfspiel *n*
golf club Golfschläger *m*
golf course Golfplatz *m*
golf(ing) tour Golfreise *f*
gondola Gondel *f (Boot)*
good health Wohlbefinden *n*
good to know gut zu wissen
goodwill settlement Kulanzregelung *f*
GOP *(AE; Abk. für: gross operating profit)* Betriebsergebnis *n (brutto)*
gorge *(dtCH)* Tobel *m (Schlucht, Hohlweg)*
gorgeous *adj* faszinierend
gossip factory Gerüchteküche *f*
Gothic Gotik *f*
Gothic period Gotik *f*
governance Kontrolle *f*
governess *(Aut, dtCH)* Gouvernante *f*
government liability Staatshaftung *f*
grading scheme Klassifizierungssystem *m*
graduated price scale Preisstaffel *f*
grand hotel Grandhotel *n*
grand hotel-imitation of the ocean liners Hotelismus *m*
grant a licence eine Lizenz erteilen
graphic desktop grafische Benutzeroberfläche *f*
graphic user interface grafische Benutzeroberfläche *f*
gratuity Trinkgeld *n*
gray market Graumarkt *m*
gray-market ticket Graumarktticket *n*
great atmosphere Superstimmung *f*
green belt recreation area Naherholungsgebiet *n*
green car umweltfreundliches Auto *n*
green insurance card grüne Versicherungskarte *f*
green right-turn arrow grüner Pfeil *m (Autoverkehr)*
green tax for tourists Ökosteuer *f* für Touristen
green tourism nachhaltiger Tourismus *m*, umweltorientierter Tourismus *m*
Greenwich Mean Time *(Abk.: GMT)* Weltzeit *f*, Westeuropäische Zeit *f (Abk.: WEZ)*
grey market Graumarkt *m*
grey-market ticket Graumarktticket *n*
gripsack Reisetasche *f*
gross domestic product *(Abk.: GDP)* Bruttoinlandsprodukt *n (Abk.: BIP)*
gross national product *(Abk.: GNP)* Bruttosozialprodukt *n (Abk.: BSP)*
gross negligence grobe Fahrlässigkeit *f*
gross operating profit *(Abk.: GOP) (AE)* Betriebsergebnis *n (brutto)*
gross register ton Bruttoregistertonne *f*
gross sales Bruttoumsatz *m*
gross turnover Bruttoumsatz *m*
ground-based travel erdgebundene Reise *f*
ground crew *(BE)* Bodenpersonal *n*
ground handling Bodenabfertigung *f*
ground handling service Bodenverkehrsdienst *m*
ground operations Bodenabfertigung *f*
ground personnel Bodenpersonal *n*
ground service Bodendienst *m*
ground staff Bodenpersonal *n*
ground support Bodenabfertigung *f*
ground support service Bodenabfertigungsdienstleistung *f*
ground transportation service Bodenverkehrsdienst *m*
groundage Hafengeld *n*
group agency Konzernfiliale *f*
group chain distribution gebundener Vertrieb *m*, Konzernvertrieb *m*
group consolidated balance sheet Konzernbilanz *f*
group controlling Konzerncontrolling *n*
group discount Gruppenermäßigung *f*
group distribution Konzernvertrieb *m*
group distributor gebundener Vertriebspartner *m*
group exemption Gruppenfreistellung *f*

group external turnover Außenumsatz *m*
group fare Gruppenpreis *m*
group insurance Gruppenversicherung *f*
group internal turnover Innenumsatz *m*
group of companies Konzern *m*
Group of Seven G7-Gruppe *f (Abk.: G7)*
Group of Twenty Industrieländer *npl* plus Schwellenländer *npl (Abk.: G20)*
group package tour Gesellschaftsreise *f*, Gruppenpauschalreise *f*
group rate Gruppenpreis *m*
group sales gebundener Vertrieb *m (Konzernvertrieb)*
group sales partner gebundener Vertriebspartner *m*
group tariff Gruppenpreis *m*
group ticket Sammelfahrschein *m*
group tour Gruppenreise *f*
group travel Gruppenreise *f*
group travel service Gruppenreisedienst *m*
group visa Sammelvisum *n*
group voyage Gesellschaftsreise *f*
group works council Konzernbetriebsrat *m*
growth Wachstum *n*
growth deficit Minuswachstum *n*
growth expectation Wachstumserwartung *f*
growth forecast Wachstumsprognose *f*
growth in earnings Ertragszuwachs *m*
growth of passenger figures Passagierwachstum *n*
growth prognosis Wachstumsprognose *f*
growth spurt Wachstumsschub *m*
guarantee Bürgschaft *f*, Gewährleistung *f*
guarantee agreement Garantievertrag *m*
guarantee contract Garantievertrag *m*
guarantee fund Garantiefonds *m*
guarantee of being unforgeable Unverfälschbarkeit *f*
guarantee of quality Qualitätsversprechen *n*
guaranteed commission Delkredere-Provision *f*
guaranteed credit Avalkredit *m*
guaranteed feature Beschaffenheitsvereinbarung *f*, zugesicherte Eigenschaft *f*
guaranteed minimum wage garantierter Mindestlohn *m*
guarantor liability Gewährsträgerhaftung *f*
guarantor's liability Gewährsträgerhaftung *f*
guest arrivals Gästeankünfte *fpl*
guest attendant Gästebetreuer *m*
guest-bed capacity Bettenkapazität *f*
guest center *(AE)* Haus *n* des Gastes
guest centre *(BE)* Haus *n* des Gastes
guest evaluation Gästebewertung *f*
guest house Gasthof *m*
guest-house *(BE)* Gästehaus *n*
guest information Gästeinformation *f*
guest interview Gästebefragung *f*
guest lecture Gastvorlesung *f*
guest lecturer Gastdozent *m*
guest questionnaire Gästefragebogen *m*
guest reception contract Gastaufnahmevertrag *m*
guest-room *(BE)* Gästezimmer *n*
guest survey Gästebefragung *f*
guest-worker charter Gastarbeitercharter *m*
guestbook Gästebuch *n*
guesthouse *(AE)* Gästehaus *n*, Hotelpension *f*
guesthouse in a health resort Kurheim *n*
guesthouse in a spa Kurheim *n*
guestroom *(AE)* Gästezimmer *n*
guests' arrivals Gästeankünfte *fpl*
guide Fremdenführer *m (Buch)*; Fremdenführer *m (Person)*; Wegweiser *m (Buch)*
guidebook Fremdenführer *m*, Reiseführer *m (Buch)*
guided city tour Stadtführung *f (Großstadt)*
guided city walk by mobile phone Stadtführung *f* per Handy
guided sightseeing-tour geführte Stadtrundfahrt *f*
guided tour geführte Tour *f*
guided town tour Stadtführung *f (Kleinstadt)*
guideline Richtlinie *f (Abk.: RL)*; Verordnung *f*
guidelines for tourism touristisches Leitbild *n*
guiding touristic principle touristisches Leitbild *n*
Gulf stream Golfstrom *m*
gust (of wind) Bö *f*
gut feeling Bauchgefühl *n*
gym(nasium) Sporthalle *f*

H

habit Gepflogenheit *f*, Lebensgewohnheit *f*
habitat Biotop *n*, Lebensraum *m*
habitué Stammgast *m*
haff Haff *n*
Hague protocol Haager Protokoll *n*
hair dryer Haartrockner *m*
half board Halbpension *f*, Teilverpflegung *f*
half-fare *(CH)* Halbtax *n*
half pension *(AE)* Halbpension *f*
hall of events Veranstaltungssaal *m*
halt Haltestelle *f*
hammock Hängematte *f*
hand baggage *(AE)* Handgepäck *n*
hand luggage *(BE)* Handgepäck *n*
hand microphone Handmikrofon *n*
hand-out Broschüre *f*, Werbeprospekt *m(n)*
hand-over point Abgabeort *m (Übergabestelle)*
handbooks Fachbücher *npl*
handcar Draisine *f*
handicapped facilities Behinderteneinrichtungen *fpl*
handling Abfertigung *f (im Flugverkehr)*
handling charge Bearbeitungsgebühr *f*
handling fee Bearbeitungsgebühr *f*, Buchungsgebühr *f*
handling time Abfertigungszeit *f*
hands-free equipment Freisprecheinrichtung *f*
handset Mobilfunkgerät *n*
handwritten signature handgeschriebene Unterschrift *f*
hang-gliding Drachenfliegen *n*
hangar Hangar *m*, Werft *f (für Flugzeuge)*
hanger Kleiderbügel *m*
Hansa Hanse *f*
Hansa town Hansestadt *f*
Hanse Hanse *f*
Hanse town Hansestadt *f*
Hanseatic league Hanse *f*
Hanseatic town Hansestadt *f*
happiness of one's life Lebensglück *n*
harbor *(AE)* Hafen *m*
harbor dues *(AE)* Hafengeld *n*
harbor master *(AE)* Hafenkapitän *m*
harbour *(BE)* Hafen *m*
harbour agent Hafenagent *m*
harbour charge Hafengebühr *f*
harbour congestion Stauung *f* von Schiffen im Hafen
harbour dues *(BE)* Hafenabgabe *f*, Hafengeld *n*
harbour master *(BE)* Hafenkapitän *m*
harbour promenade Hafenpromenade *f*
harbour sightseeing tour Hafenrundfahrt *f*
harbour station Hafenbahnhof *m*
harmonization Harmonisierung *f (Steuern)*
harvest festival *(Aut)* Bauernherbst *m (Erntefest)*
have *v* **a break** ausspannen
have *v* **a head for heights** schwindelfrei sein
have *v* **a strong image** sich profilieren
hazard Gefahr *f*; Risiko *n*
hazardous *adj* riskant
hazardous object gefährlicher Gegenstand *m*
hazardous situation Gefahrenlage *f*
head holiday *(BE)* Haupturlaub *m*
head hunter Personalvermittler(in) *m(f) (von Führungskräften)*
head office Zentrale *f*
head porter Concierge *m*
head receptionist *(BE)* Empfangschef *m* im Hotel
head vacation *(AE)* Haupturlaub *m*
head waiter *(BE)* Chefkellner *m*, *(Aut)* Ober *m (Zahlkellner, Oberkellner)*; Oberkellner *m*
head waitress *(BE)* Chefkellnerin *f*, Oberkellnerin *f*
headland Kap *n*
headquarters Zentrale *f*
headwind Gegenwind *m*
headword Stichwort *n*
health and fitness center *(AE)* Gesundheits- und Fitnesszentrum *n*
health and fitness centre *(BE)* Gesundheits- und Fitnesszentrum *n*
health and safety regulation Arbeitsschutzbestimmung *f*
health and safety service of a trade association Arbeitsmedizinischer und Sicherheitstechnischer Dienst *m* der Berufsgenossenschaft *(Abk.: ASD)*
health care in tourism Gesundheitsvorsorge *f* im Tourismus
health clinic Kurklinik *f*
health holiday Gesundheitsurlaub *m*
health insurance abroad Reisekrankenversicherung *f*

health insurance card Auslandskrankenschein *m*
health monitoring Gesundheitskontrolle *f*
health resort Erholungsort *m*, Heilbad *n*, Kurort *m*
health-resort hotel Kurhotel *n*
health resort offering Kneipp treatment Kneippheilbad *n*
health retreat Gesundheitsurlaub *m*
health spa wave Gesundheitswelle *f*
health tourist Gesundheitstourist *m*
health treatment center *(AE)* Kurmittelhaus *n*, zentrales Kurmittelhaus *n*
health treatment centre *(BE)* Kurmittelhaus *n*
health trip Gesundheitsurlaub *m*
healthy-living trend Gesundheitswelle *f*
hearing Verhandlung *f*, Anhörung *f*
heat digestibility Hitzeverträglichkeit *f*
hedge against inflation Inflationsabsicherung *f*
helicopter Hubschrauber *m*
helicopter base Hubschrauberbasis *f*
heliport Heliport *m*, Hubschrauberbasis *f*
hello *(dtCH)* grüezi
help *v* **sb** jdm etwas nützen
helpdesk Auskunft *f*
helpful *adj* nützlich
Helvetic Confederation [Confederacy] Schweizer Eidgenossenschaft *f*
heritage Erbe *n*, Erbschaft *f*
heritage and memorial open day Tag *m* des offenen Denkmals
hermitage Eremitage *f*, Einsiedelei *f*, Klause *f*
hibernate *v* überwintern
hibernation Überwinterung *f*
hidden attractions verborgene Reize *mpl*
hidden economy Schattenwirtschaft *f*
hidden hint Geheimtipp *m*
hidden persuaders geheime Verführer *mpl*
high altitude flight Höhenflug *m*
high altitude health resort Höhenluftkurort *m*
high earner Besserverdienende *m(f)*
high forest Hochwald *m*
high gloss magazin Hochglanzmagazin *n*
high mountain railway Hochgebirgsbahn *f*
high pressure Hochdruck *m*
high-quality product hochwertiges Produkt *n*
high sea hohe See *f*
high season Hauptsaison *f*, Hochsaison *f*
high-speed boat Schnellschiff *n*
high-speed railroad network *(AE)* Schnellbahnnetz *n*
high-speed railway network *(BE)* Schnellbahnnetz *n*
high-speed ship Hochgeschwindigkeitsschiff *n*, Schnellschiff *n*
high-speed traffic Hochgeschwindigkeitsverkehr *m*
high-speed train Hochgeschwindigkeitszug *m*, Schnellzug *m*
high travel season Hauptreisezeit *f*
high-visibility clothing Warnweste *f*
highspeed ferry Schnellfähre *f*
highway Fernstraße *f*, Bundesstraße *f*, Autobahn *f*
highway emergency call *(AE)* Autobahnnotruf *m*
highway restaurant *(AE)* Autobahnraststätte *f*
highway service area *(AE)* Autobahnraststätte *f*
highway toll *(AE)* Autobahngebühr *f*
hijacking Entführung *f*
hike Wanderung *f*
hikers' hotel Wanderhotel *n*
hiking area Wandergebiet *n*
hiking club *(AE)* Wanderverein *m*
hiking hotel Wanderhotel *n*
hiking paradise Wanderparadies *n*
hiking region Wandergebiet *n*
hiking study tour Wanderstudienreise *f*
hiking trail Wanderweg *m*
hiking trip Wanderung *f*
hilly countryside Schweiz *f (z. B. in Deutschland: Fränkische Schweiz)*
hinterland Hinterland *n*, Umland *n*
hire *(BE)* Anmietung *f*, Miete *f*; Verleih *m*
hire car *(BE)* Leihwagen *m*, Mietwagen *m*
hire charge Benutzungsgebühr *f*
hire purchase Mietkauf *m*
hire station Vermietstation *f*
hired bus traffic Mietomnibusverkehr *m*
hired car *(BE)* Mietwagen *m*
hired coach traffic *(BE)* Mietomnibusverkehr *m*
hirer Vermieter(in) *m(f)*
hiring Vermietung *f*
historic building stock historische Bausubstanz *f*
historic section of town Altstadt *f*

historic towns and cities of Germany Historische Städte *fpl* Deutschlands
historical centre Altstadt *f*
history of origins Entstehungsgeschichte *f*
hitch-hiker *(BE)* Anhalter *m*, Tramper *m*
hitchhiker *(AE)* Anhalter *m*, Tramper *m*
hive *v* **off** ausgliedern
ho-hum *adj* routinemäßig
hobby holiday course *(BE)* Hobby-Ferienkurs *m*
hobby vacation course *(AE)* Hobby-Ferienkurs *m*
holdall Reisetasche *f*
holding Dachunternehmen *n*, Muttergesellschaft *f*
holding pattern Warteschleife *f*
holiday *(BE)* Feiertag *m*, Ferien *pl*, Urlaub *m*
holiday air travel Ferienflugtouristik *f*
holiday airline Ferienfluggesellschaft *f*
holiday allowance Urlaubsgeld *n (Arbeit)*
holiday arrangement Feriengestaltung *f*
holiday at home Urlaub *m* auf Balkonien, Urlaub *m* auf Terrassien
holiday bliss Ferienglück *n*
holiday camp Ferienanlage *f*, Ferienlager *n*
holiday camping Feriencamping *n*
holiday car agent Ferienautovermittler *m*
holiday centre Ferienzentrum *n*
holiday classes Ferienkurs *m*, Ferienschule *f*
holiday club Ferienclub *m*
holiday colony Ferienkolonie *f*
holiday compensation *(BE)* Urlaubsentschädigung *f*
holiday dates Ferientermine *mpl*
holiday destination *(BE)* Ferienort *m*, Urlaubsort *m*, Urlaubsziel *n*
holiday destination information data base Länderinformationsdatenbank *f*
holiday destination programme *(BE)* Länderprogramm *n*
holiday destinations Reiseländer *npl*
holiday domicile *(BE)* Urlaubsdomizil *n*, Feriendomizil *n*
holiday entitlement *(BE)* Urlaubsanspruch *m*
holiday feeling Ferienstimmung *f*
holiday flat Ferienwohnung *f (Abk.: Fewo)*
holiday flight Touristikflug *m*
holiday for disabled people Behindertenreise *f*
holiday happiness Ferienglück *n*, Urlaubsfreude *f*
holiday home Ferienheim *n*, Ferienhaus *n*
holiday hotel *(BE)* Urlaubshotel *n*
holiday house Ferienhaus *n*
holiday insurance policies covering obvious baggage problems *(such as a stolen bag, bike, wallet)* Inbegriffsversicherung *f*
holiday job Ferienarbeit *f*, Urlaubsfreude *f*
holiday maker *(BE)* Gast *m*, Urlaubsgast *m*, Feriengast *m*
holiday-makers' parliament Urlauberparlament *n (convention on achieving more ecologically sustainable tourism)*
holiday money Urlaubsgeld *n*
holiday motive Urlaubsmotiv *n*
holiday organization Feriengestaltung *f*
holiday paid for in instalments *(BE)* Urlaubskauf *m* auf Raten
holiday paradise *(BE)* Ferienparadies *n*, Urlaubsparadies *n*
holiday park Ferienpark *m*
holiday pay Urlaubsgeld *n (Arbeit)*
holiday photos *(BE)* Urlaubsbilder *npl*
holiday property Ferienimmobilie *f*
holiday ranch Ferienranch *f*
holiday reading Reiselektüre *f*, Urlaubslektüre *f*
holiday real estate Ferienimmobilie *f*
holiday region Feriengebiet *n*
holiday reservation *(BE)* Urlaubsbuchung *f*
holiday resort *(BE)* Erholungsort *m*, Ferienanlage *f*, Ferienort *m*, Urlaubsort *m*
holiday splitting Urlaubssplitting *n*
holiday theme *(BE)* Urlaubsmotiv *n*
holiday time *(BE)* Ferienzeit *f*, Urlaubszeit *f*
holiday traffic Ausflugsverkehr *m*, Ferienverkehr *m*, Reiseverkehr *m*
holiday train Touristikzug *m*
holiday travel behaviour Urlaubsreiseverhalten *n*
holiday travel intention Urlaubsreiseabsicht *f*
holiday travel market Urlaubsreisemarkt *m*
holiday trip *(BE)* Urlaubsfahrt *f*, Urlaubsreise *f*
holiday village Feriendorf *n*
holiday with emphasis on creative pursuits Kreativurlaub *m*
holiday work *(BE)* Ferienarbeit *f*

holidaymaker *(AE)* Gast *m*, Urlaubsgast *m*, Feriengast *m*
holidays *(BE)* Ferien *pl*
holidays with a difference *(BE)* Ferien *pl* mal anders
home airport Heimatflughafen *m*
home base Heimatbasis *f*
home country Mutterland *n*
home exchange Wohnungstausch *m*
home market Binnenmarkt *m*, Heimatmarkt *m*
home page Startseite *f (Homepage)*
home sale Heimverkauf *m*
homecoming Heimkehr *f*
homesickness Heimweh *n*
homework Heimarbeit *f*
honeymoon Flitterwochen *fpl*
honorary consul Honorarkonsul *m*
honorary post Ehrenamt *n*
horizontal cooperation horizontale Kooperation *f*
horizontal interaction horizontale Kooperation *f*
horticultural show Gartenschau *f*
hospice *(dtCH)* Hospiz *n (Bergunterkunft, die ehemals Händlern als Unterkunft auf ihren Wegen über die Alpen diente)*
hospitality Bewirtung *f*, Gastfreundschaft *f*, Gastlichkeit *f*
hospitality industry Gastgewerbe *n*
host Anbieter *m*, Gästebetreuer *m*, Hauptcomputer *m*, Moderator *m*
host computer Zentralrechner *m*
hosted buyer beherbergter Einkäufer *m*
hostel Herberge *f*
hostess Betreuungsperson *f*, Hostess *f*
hostile takeover feindliche Übernahme *f*
hot-air balloon Montgolfiere *f*
hot-air bath Heißluftbad *n*
hot black coffee served with whipped cream in the classical E. glass *(Aut)* Einspänner *m (Schwarzer Kaffee im Glas mit Schlagobers, Sahnehäubchen)*
hot spot Krisenherd *m*
hot tip Geheimtipp *m*
hotel Hotel *n*
hotel agent Hotelagent *m*
hotel allocation management Hotelkontingentverwaltung *f*
hotel and catering industry Gastgewerbe *n*
hotel car park Hotelparkplatz *m*
hotel category Hotelkategorie *f*
hotel chain Hotelkette
hotel classification Hotelklassifizierung *f*, Hotelzertifizierung *f*
hotel classification criterion Kriterium *n* der Hotelklassifizierung
hotel contracting Einkauf *m*, Hoteleinkauf *m*
hotel cooperation with sb Hotelkooperation *f*
hotel database Hoteldatenbank *f*
hotel director Hoteldirektor *m*
hotel directory Hotelführer *m*
hotel exhibition Hotelausstellung *f*
hotel fitting-out Hoteleinrichtung *f*
hotel for women only Frauenhotel *n*
hotel fraud Zechprellerei *f*
hotel furnishing Hoteleinrichtung *f*
hotel general manager Generaldirektor *m* im Hotelbereich
hotel grading scheme Klassifizierung *f* der Hotels
hotel guest Hotelgast *m*
hotel guide Hotelführer *m*
hotel hall *(BE)* Hotelhalle *f*
hotel lobby *(AE)* Hotelhalle *f*
hotel manager Hoteldirektor *m*, Hotelmanager(in) *m(f)*
hotel on wheels Hotel *n* auf Schienen
hotel opening Hoteleröffnung *f*
hotel operator Hotelbetreiber *m*
hotel-pension Hotelpension *f*
hotel reception Hotelempfang *m*, Hotelrezeption *f*
hotel registration contract Gastaufnahmevertrag *m*
hotel reservation contract Hotelreservierungsvertrag *m*
hotel reservation tool Hotelbuchungstool *n*
hotel review portal Hotelbewertungsportal *n*
hotel review site Hotelbewertungsportal *n*
hotel safe Hotelsafe *m*
hotel school Hotelfachschule *f*
hotel segment Hotelsegment *n*
hotel service Etagenservice *m* im Hotel
hotel trade Beherbergungsgewerbe *n*
hotel trade association Hotellerieverband *m*
hotel train Hotelzug *m*
hotel under contract Vertragshotel *n*
hotel voucher Hotelgutschein *m*
hotelier Hotelier *m*, Hotelbesitzer *m*
hotelism Hotelismus *m*

hotel's own private reservation system hauseigenes Reservierungssystem *n*
hotel's spa area hoteleigener Spabereich *m*
hotline Auskunft *f (Callcenter)*; telefonischer Hilfsdienst *m*
hotspot drahtloser Internetzugangspunkt *m*
house guest Hausgast *m*
house regulations Hausordnung *f*
house rules Hausordnung *f*
house-to-house distribution Direktvertrieb *m*
houseboat Hausboot *n*
housekeeper Hausdame *f*
housing unit Wohneinheit *f*
hovercraft Luftkissenboot *n*, Luftkissenfahrzeug *n*
hub Drehkreuz *n* im Luftverkehr
hub and spokes Drehkreuz *n* Flughafen
hub for foreign [overseas] travel Drehkreuz *n* für Ferntouristik
hull insurance Kaskoversicherung *f*
human gone Hugo *(unerwartet Verstorbener auf Reise)*
human resources and organisation development Personal- und Organisationsentwicklung *f*
human resources planning Personalplanung *f*
hurly-burly Trubel *m*
hurricane Hurrikan *m*, Orkan *m*, Wirbelsturm *m*
hustle and bustle Trubel *m*
hut Hütte *f*
hybrid Mischform *f*
hybrid carrier Personenbeförderungsunternehmen *n* gemischt genutzt *(bedient sowohl Direktbucher als auch Veranstalter-Kunden)*
hydro sports Unterwassersport *m*
hydrofoil Tragflügelboot *n*
hydroplane Wasserflugzeug *n*
hyperlink Hyperlink *m*, Querverweis *m*
hypersonic aircraft Überschallflugzeug *n*

I

IATA certificate IATA-Diplom *n*
IATA conference Verbindungskonferenz *f* IATA
IATA conference area Konferenzgebiet *n* IATA
IATA diploma IATA-Diplom *n*
IATA liability assurance pool with DRV-travel agencies IATA-Haftungsgemeinschaft *f (Abk.: HG)*
IATA professional IATA-Fachkraft *f*
IATA resolution IATA-Resolution *f*
IATA specialist IATA-Fachkraft *f*
IATA terms of carriage IATA-Beförderungsbedingungen *fpl*
IATA traffic area IATA-Verkehrsgebiet *n*
IATA traffic conference IATA-Verbindungskonferenz *f*
iceberg Eisberg *m*
icebreaker Eisbrecher *m*
icon Piktogramm *m*
ideal point of turnaround Goldener Umkehrpunkt *m*
identification statement of a rental car Mietwagennachweis *m*
identity card *(Abk.: I.D.)* Ausweis *m*, Personalausweis *m*
identity check Identitätsprüfung *f*
idleness Faulenzerei *f*, Müßiggang *m*
ignorance Unwissenheit *f*
illegal catering Schwarzgastronomie *f*
illegal foodservice *(AE)* Schwarzgastronomie *f*
illegal tourism Schwarztouristik *f*
illicit foodservice *(AE)* Schwarzgastronomie *f*
illumination Beleuchtung *f*
image Erscheinungsbild *n*
image advertising Imagewerbung *f*
image campaign Imagekampagne *f*
image promotion Imagewerbung *f*
immediate aid Soforthilfe *f*
immediate measure Sofortmaßnahme *f*
immigrant Einwanderer *m*, Immigrant *m*
Immigration Act Zuwanderungsgesetz *n*
immigration authority Einwanderungsbehörde *f*
immigration declaration Einreiseerklärung *f*
immigration department Einwanderungsbehörde *f*
immigration law Zuwanderungsgesetz *n*
immigration office Einwanderungsbehörde *f*
immunization Schutzimpfung *f*
impact Wucht *f (Aufprall)*
impetus Impuls *m*

implant Firmenreisestelle *f*, Implant *n*, Reisestelle *f*
implement *v* umsetzen
implementation guarantee Durchführungsgarantie *f*
impliment *v* einführen *(umsetzen)*
impolite *adj* unhöflich
import Einfuhr *f*, Import *m*
impromptu aus dem Stegreif
improper performance of travel services Reisefehler *m*
improve *v* **sth** etwas verbessern
improvement Verschönerung *f*, Verbesserung *f*
impulse momentum Bewegungsgröße *f*, Impuls *m*, Moment *n*, Schwung *m*
in-company *adj* firmenintern
in-crowd Schickeria *f*
in e-commerce im E-Commerce *n*
in-flight amenities Flugkomfort *m*
in-flight catering Bordverpflegung *f*
in-flight entertainment Bordunterhaltung *f*
in-flight magazine Bordmagazin *n*
in-flight shop Bordshop *m*
in-house *adj* firmenintern
in-house currency Hauswährung *f*
in-house exhibition Hausmesse *f*
in-house travel agency Reisestelle *f*
inability to pay Zahlungsunfähigkeit *f*
inability to travel Reiseunfähigkeit *f*
inauguration Einweihung *f*, Eröffnung *f*
inbound travel *(formerly: incoming travel)* Ausländer-Tourismus *m (alle Reisen, die in ein Land/Zielgebiet gehen)*
incapacity to travel Reiseunfähigkeit *f*
incentive tour Incentive-Reise *f*, prämierte Reise *f*, Bonusreise *f*
incentive travel Incentive-Reise *f*
incentive trip Incentive-Reise *f*
incidentals Nebenkosten *pl*
inclination group *(Aut)* Neigungsgruppe *f*
inclined railway Seilbahn *f*, Standseilbahn *f*
inclusive rate Pauschalpreis *m*
inclusive tariff Pauschaltarif *m*
inclusive-tour air traffic Pauschalflugreiseverkehr *m*
income Einnahmen *fpl*, Einkommen *n*, Einkünfte *pl*
income after taxes Ergebnis *n* nach Steuern, Ertrag *m* nach Steuern
income tax declaration Einkommensteuererklärung *f*
income tax return Einkommensteuererklärung *f*
incoming agency Zielgebietsagentur *f*, Zielortagentur *f*
incoming tourism Ausländertourismus *m*
incoming travel agency Incoming-Agentur *f*, Incoming-Reisebüro *n*
incomparable *adj* unvergleichlich
increase *v* beschleunigen
increase Wachstum *n*
increase in business activity Konjunkturbelebung *f*
increase in earnings Ertragszuwachs *m*
increase in productivity Produktivitätssteigerung *f*
increase in share capital Kapitalerhöhung *f*
increase in value Wertschöpfung *f*
increase of demand Nachfragesteigerung *f*
incur *v* **a risk** ein Risiko übernehmen
indemnity Schadenersatz *m*
independence Eigenständigkeit *f*, Selbstständigkeit *f*, Unabhängigkeit *f*
independent inclusive package tour Einzelpauschalreise *f*
independent marketing Eigenvertrieb *f*
independent tour operating of travel agencies Eigentouristik *f (production of own package tours sold or offered for sale at an inclusive price)*
independent travel Individualreise *f*
independent travel agency freies Reisebüro *n*, Fremdreisebüro *n*, konzernungebundenes Reisebüro *n*
index Verzeichnis *n*
indigenous people indigene Völker *npl*
indirect costs indirekte Reisekosten *pl*
indirect travel costs indirekte Reisekosten *pl*
individual *adj* einzeln
individual Einzelperson *f*
individual booking Einzelplatzbuchung *f* im Charterflugbereich
individual enterprise Einzelunternehmen *n*
individual insurance Einzelversicherung *f*
individual seat sale Flugeinzelplatzverkauf *m*
individual tourism Individualtourismus *m*
individual travel Individualreise *f*
individual travel law Individualreiserecht *n*

individual trip Individualreise *f*
individuality Individualität *f*
indolence Müßiggang *m*
indoor advertising Innenmarketing *n*, Innenwerbung *f*
indoor pool Hallenbad *n*
indoor sports facilities Hallenbetriebe *mpl*
indoor swimming pool Hallenbad *n*
industrial association Fachverband *m*
industrial cooperative for workers in administrative occupations Verwaltungsberufsgenossenschaft *f (Abk.: VBG)*
industrial culture Industriekultur *f*
industrial practical placement Praktikum *n*
industry event Branchenereignis *n*
inefficient *adj* unwirtschaftlich
infant Kleinkind *n*, Säugling *m*
inferior performance Schlechterfüllung *f*
inflation Geldentwertung *f*
inflation rate Inflationsrate *f*
info-trip Informationsreise *f*
inform *v* **at request** reaktiv informieren
inform *v* **reactively** reaktiv informieren
information Auskunft *f*
information board Informationstafel *f*
information counter Informationsschalter *m*
information desk Informationsschalter *m*, Informationsstand *m*, Schalter *m (Hotel, Reisebüro)*
information event Informationsveranstaltung *f*
information on goods or services offered in a brochure Prospektangabe *f*
information policy Informationspflicht *f*
information procurement Informationsbeschaffung *f*
information service Auskunftsdienst *m*
information service provider Informationsdienstleister *m*
information technology Informatik *f*, Informationstechnologie *f*
information trip Orientierungstour *f*, Informationsreise *f*
infrastructure Infrastruktur *f*
infringement Vertragsbruch *m*
inhouse spa area hoteleigener Spabereich *m*
initial public offering *(Abk.: IPO)* Börsengang *m*
initiative Eigeninitiative *f*, Initiative *f*
initiative airfare Anstoßflugpreis *m*
injury to persons Personenschaden *m*
inland navigation Binnenschifffahrt *f*
inland river tourism Binnenschiffstouristik *f*
inland sea *(dtCH)* Binnenmeer *n*, Mittellandsee *m (Binnensee)*
inland traffic Binnenverkehr *m*
inn Gasthof *m*, Wirtshaus *n*
inner city Innenstadt *f*
innkeeper Gastwirt *m*
innkeeper's liability Gastwirtshaftung *f*
innovative product idea innovative Produktidee *f*
inpatient preventive health care measures stationäre Vorsorge *f*
input board Eingabegerät *n*
input device Eingabegerät *n*
input tax Vorsteuer *f*
input VAT *(value added tax)* Vorsteuer *f*
inquiry Anfrage *f*
inquiry desk Informationsschalter *m*
insects Ungeziefer *n*
inside cabin Innenkabine *f*
insider's tip Geheimtipp *m*
insolvency Insolvenz *f*, Konkurs *m*; Zahlungsunfähigkeit *f*
insolvency insurance Insolvenzversicherung *f*
insolvency insurance policy Sicherungsschein *m*
insolvency protection Kundengeldabsicherung *f*
insolvent *adj* zahlungsunfähig, insolvent
installment *(AE)* Abschlagszahlung *f*, Rate *f*, Folge *f*
instalment *(BE)* Abschlagszahlung *f*, Rate *f*, Folge *f*
instalment payment Akontozahlung *f*
instant messengers Multitasker *m (Digital-Medien-Nutzer, die mehreren Aufgaben/Programmen nachkommen)*
instinct Bauchgefühl *n*
institute of further education Fortbildungsstätte *f*
instruction manual Bedienungsanleitung *f*
instructor aptitude regulations Ausbildereignungsverordnung *f*
insurable value Versicherungswert *m*
insurance against cancellation in the event of interruption of a journey Rückreiseversicherung *f*
insurance amount Versicherungssumme *f*

insurance carrier Versicherungsträger *m*
insurance claim Versicherungsfall *m*
insurance company Versicherungsgesellschaft *f*, Versicherungsunternehmen *n*
insurance cover Versicherungsschutz *m*
insurance coverage Versicherungsschutz *m*
insurance for ferry trips Autozug- und Fährversicherung *f*
insurance for the security of advanced payment Kundengeldabsicherung *f*
insurance green card grüne Versicherungskarte *f*
insurance holder Versicherungsnehmer(in) *m(f)*
insurance in tourism Versicherung *f* im Tourismus
insurance note Versicherungsschein *m* vom Block
insurance on hull Kaskoversicherung *f*
insurance package Versicherungspaket *n*
insurance policy Versicherungsschein *m*
insurance protection Versicherungsschutz *m*
insurance tax Versicherungssteuer *f*
insurance value Versicherungswert *m*
insurant Versicherte *m(f)*, Versicherungsnehmer(in) *m(f)*
insured event Versicherungsfall *m*
insured party Versicherte *m(f)*, Versicherungsnehmer(in) *m(f)*
insured person Risikoperson *f*
insurer Versicherer *m*, Versicherungsgesellschaft *f*, Versicherungsträger *m*
intangible assets Immaterielle Vermögenswerte *mpl*
integral *adj* ganzheitlich
integrated group of companies integrierter Konzern *m (horizontal und vertikal)*
integration Integration *f*, Eingliederung *f*
intent Vorsatz *m*
intention Vorsatz *m*
intention to go on holiday *(BE)* Urlaubsreiseabsicht *f*
intention to go on vacation *(AE)* Urlaubsreiseabsicht *f*
inter-airline marketing agreement Marketingvereinbarung *f* zwischen Luftverkehrsgesellschaften
inter-regional traffic Interregionalverkehr *m*
interactive television interaktives Fernsehen *n*
Intercityexpress Intercity-Express *m (Abk.: ICE)*
intercompany comparison Betriebsvergleich *m*
interconnecting rooms verbundene Zimmer *npl*
intercont Interkontinentalflug *m*
intercontinental flight Interkontinentalflug *m*
interests for delay Verzugszinsen *mpl*
interface Schnittstelle *f*
intergeneration pact Generationenvertrag *m*
interim bill Zwischenrechnung *f*
interim loan Überbrückungskredit *m*
interim order einstweilige Verfügung *f*
interim report Zwischenbericht *m*
interlining Interlining *n (Kooperation von Fluggesellschaften zur gegenseitigen Anerkennung von Transportdokumenten u. a.)*
interlocking directorate Überkreuzverflechtung *f*
interlocking shareholding Überkreuzverflechtung *f*
interlocutor Gesprächspartner *m*
interlocutory injunction einstweilige Verfügung *f*
intermediary travel agency Reisemittler *m*
intermediate check Zwischenrechnung *f*
intermediate landing *(dtCH)* Zwischenhalt *m*, Zwischenlandung *f*
intermediate total Zwischensumme *f*
intermediate trade Zwischenhandel *m*
intermodality Intermodalität *f*
intern *adj* intern
intern Praktikant(in) *m(f)*
internal advertising innere Werbung *f*
internal labour agreement Betriebsvereinbarung *f*
internal promotion innere Werbung *f*
internal sea *(dtCH)* Mittellandsee *m*
International Air Transport Association Internationaler Luftverkehrsverband *m (Abk.: IATA)*
International Air Transport Association conference Verbindungskonferenz *f* IATA
international call telefonische Auslandsverbindung *f*

international certificate of vaccination internationaler Impfpass *m*
International Civil Aviation Organisation *(Abk.: ICAO)* Internationale Zivilluftfahrtbehörde *f*
international date line Datumsgrenze *f*
international driving license internationaler Führerschein *m*
international driving permit *(Abk.: IDP)* internationaler Führerschein *m*
international emergency call Auslandsnotruf *m*
international flight Auslandsflug *m*
international health insurance certificate Auslandskrankenschein *m*
international internship Auslandspraktikum *n*
International Monetary Fund Internationaler Währungsfonds *m (Abk.: IWF)*
International Railway Convention Eisenbahnstaatsvertrag *m*
international tourism grenzüberschreitender Tourismus *m*
International Tourism Exchange Internationale Tourismusbörse *f (Abk.: ITB)*
international travel cover Auslandsschutzbrief *m*
international vaccination card internationaler Impfpass *m*
international vehicle insurance certificate grüne Versicherungskarte *f*
internet connection Internetanschluss *m*
internet savvy *adj* internetaffin
internet skilled *adj* internetaffin
internship Berufspraktikum *n*, Praktikum *n*
internship abroad Auslandspraktikum *n*
interpreter Dolmetscher(in) *m(f)*
interrupted journey abgebrochene Reise *f*
interruption of a journey Reiseunterbrechung *f*
intersection Knotenpunkt *m*, Schnittmenge *f*, Überschneidung *f*
intersection station Kreuzungsbahnhof *m*
interstate highway *(AE)* Autobahn *f*
interstate wage combining Kombilohn *m*
interview Vorstellungsgespräch *n*; Unterredung *f*, Gespräch *n*
intra-community airline service innergemeinschaftlicher Flugdienst *m*
intracompany *adj* konzernintern
intragroup *adj* konzernintern
intragroup distribution Konzernvertrieb *m*
intranet Intranet *n*
introductory event Auftaktveranstaltung *f*
invalid *adj* nichtig, ungültig
inventories Vorräte *mpl*
inventory list Vermögensaufstellung *f*
inventory of property Vermögensaufstellung *f*
inversion Inversion *f*
investment Investition *f*, Vermögensanlage *f*
investment credit Investitionskredit *m*
investment goods Investitionsgüter *npl*
investor Kapitalgeber *m*
invoice Rechnung *f*
invoicing Abrechnung *f*, Fakturierung *f*
involuntary bumping unfreiwilliges Umbuchen *n* wegen Überbuchung
ironic comment Glosse *f*
ironing and cleaning service in hotels Bügel- und Reinigungsdienst *m* in Hotels
irresistible *adj* unwiderstehlich
irritate *v* reizen
island *(BE)* Kreisverkehr *m*, Verkehrsinsel *f*
island cruise Inselkreuzfahrt *f*
island hopping Inselhüpfen *n*
island traffic *(BE)* Kreisverkehr *m*, Verkehrsinsel *f*
issue of a document Dokumentenerstellung *f*
issue of airline ticket Flugscheinausstellung *f*
issue of flight ticket Flugscheinausstellung *f*
issues Ausgaben *fpl*, Themen *npl*, Probleme *npl*
isthmus Landenge *f*
ITB Founders Forum Gründerforum *n* ITB
ITB reward ITB-Sonderpreis *m (Auszeichnung)*
ITB Science Centre *(obs)* ITB-Wissenschaftszentrum *n*
ITB special prize ITB-Sonderpreis *m*
item on the agenda Tagesordnungspunkt *m (Abk.: TOP)*
itinerary Fahrtroute *f*, Reiseplan *m*, Reiseroute *f*, Reiseverlauf *m*, Reiseweg *m*

J

jackpot voyage Gewinnreise *f*, Glücksspielreise *f*
jacuzzi Whirlpool *m*
jaunt Vergnügungsfahrt *f*
jet Düsenflugzeug *n*
jet fuel Flugbenzin *n*, Kerosin *n*
jet lag Jetlag *m*
jet plane Düsenflugzeug *n*
jet set Jetset *m*, Schickeria *f*
jet streams Starkwindbänder *npl*
jetski Wassermotorrad *n*
jetty Landungssteg *m*
jetway Fluggastbrücke *f*
job Beruf *m*, Anstellung *f*
job appraisal Arbeitsbewertung *f*
job beginner Berufseinsteiger(in) *m(f)*
job change Arbeitsplatzwechsel *m*
job creation company Beschäftigungsgesellschaft *f*
job description Berufsbild *n*, Stellenbeschreibung *f*
job enrichment Arbeitsbereicherung *f*
job interview Vorstellungsgespräch *n*
job market Stellenmarkt *m*
job order management zentrale Auftragsverwaltung *f*
job outline Berufsbild *n*
job title Berufsbezeichnung *f*
job training levy Ausbildungsplatzabgabe *f*
joint advertising Anschließerwerbung *f*, Gemeinschaftswerbung *f*, Verbundwerbung *f*
joint advertising cooperation Werbegemeinschaft *f*
joint distribution Vertriebsgemeinschaft *f*
joint license Gemeinschaftslizenz *f*
joint marketing arrangement of cities Städtewerbegemeinschaft *f*
joint marketing organization Vertriebsgemeinschaft *f*
joint product Gemeinschaftsprodukt *n*
joint-stock company Aktiengesellschaft *f (Abk.: AG)*; Kapitalgesellschaft *f*
joint tourist information office *(e.g. Freiberg-Information, information on cities and towns)* Städte-Information *f*
joint venture Gemeinschaftsunternehmen *n*
journey Reise *f*
journey of several days' duration Mehrtagesreise *f*
journey subscription Reisevorbestellung *f*
journey time Reisezeit *f*
journey to a destination Anreise *f*
journey to a holiday destination Ferienzielreise *f*
joy of one's life Lebensglück *n*
joyride Vergnügungsfahrt *f*
jumbo ferry Jumbo-Fähre *f*
jumbo jet Großraumflugzeug *n*
junction Knotenpunkt *m*
junior management Führungsnachwuchs *m*
junior suite Junior Suite *f*
jurisdiction Gerichtsstand *m*
juristic person juristische Person *f*
just-in-time production einsatzsynchrone Produktion *f*, Just-in-time-Produktion *f*
justices' license *(BE)* Schankerlaubnis *f*

K

Kempten table of typical liabilities and compensation for travellers Kemptener Reisemängeltabelle *f*
kerosene Kerosin *n*
key account Hauptkunde *m*
key account manager Kundenbetreuer *m*
key account subscription Großkundenabonnement *n*
key indicator Kennzahl *f*, deutlicher Hinweis *m*
key-note Leitbild *n*; Hauptthema *n*; Tenor *m*
key position Schlüsselposition *f*
key subject Schlüsselthema *n*
key topic Schlüsselthema *n*
keyboard Eingabegerät *n*
kibbutz Kibbuz *m*
kick-off (event) Auftaktveranstaltung *f*
kickback Schmiergeld *n*, unrechtmäßige Rückvergütung *f*
kidnapping Entführung *f*
kids' club Kinderclub *m*
Kiel Canal Nord-Ostsee-Kanal *m*
kilometer limit Kilometerbegrenzung *f*
kilometre-based fee Trassenpreis *m*
kilometre price Kilometerpreis *m*

kitchen Küche *f*
kitchen bar Esstheke *f*
kitchen personnel Küchenpersonal *n*
kitchen staff Küchenpersonal *n*
kitchenette Kochnische *f*
knot Knoten *m*
know-all Besserwisser *m*
know-how Fachkenntnis *f*
know-it-all Besserwisser *m*
knowledge level Wissensstand *m*

L

label Vignette *f*, Marke *f*
labour Arbeit *f*, Arbeitskräfte *fpl*
labour contract Arbeitsvertrag *m*
labour market Stellenmarkt *m*
labour permit Arbeitsgenehmigung *f*
labour relations arbitration board Schlichtungsrunde *f* bei Tarifauseinandersetzungen
labour union *(AE)* Gewerkschaft *f*
lack Mangel *m*
lagoon Haff *n*, Lagune *f*
land Land *n*
land excursion Landausflug *m (bei einer Kreuzfahrt)*
land of milk and honey Schlaraffenland *n*
land-sea combination Land-Schiff--Kombination *f*
land side Landseite *f*
land use planning procedure Planfeststellungsverfahren *n*
land use regulation Raumplanung *f*
landing Landung *f*
landing approach Landeanflug *m*
landing boat Ausschiffungsboot *n*
landing card Landungskarte *f*
landing charge Landegebühr *f*
landing fee Landegebühr *f*
landing field Rollfeld *n*
landing place Schiffsanlegestelle *f*, *(dtCH)* Schiffslände *f*
landing stage Anlegeplatz *m*, Landungssteg *m*
landing time Landezeit *f*
landlady Privatvermieterin *f*, Vermieter(in) *m(f)*
landlocked country Binnenstaat *m*
landlord *(BE)* Gastwirt *m*, Privatvermieter *m*, Vermieter(in) *m(f)*
landlord's liability Gastwirtshaftung *f*
landmark Wahrzeichen *n*
landscape conservation area Landschaftsschutzgebiet *n*
language dialogue system Sprachdialogsystem *n*
language guide Sprachführer *m*
language holidays Sprachferien *pl*
language-learning tour Sprachreise *f*
language-learning travel Sprachreise *f*
language of the country Landessprache *f*
language study travel Sprachreise *f*
large-capacity aircraft Großraumflugzeug *n*
laser printer Laserdrucker *m*
last availabilities Restplatzbörse *f*
last-minute booker Spätbucher *m*
last-minute booking kurzentschlossene Buchung *f*
last-minute exchange Restplatzbörse *f*
last-minute flight Kurzfristflug *m*
last-minute listings Restplatzbörse *f*
last-minute traveler *(AE)* Spontanreisende *m(f)*
last-minute traveller *(BE)* Spontanreisende *m(f)*
last-minute vacancies Restplatzbörse *f*
last room availability *(Abk.: LRA)* letzt verfügbares Zimmer *n*
last room type availability *(Abk.: LRTA)* letztes Zimmer *n* der vereinbarten Kategorie
late booker Spätbucher *m*
late delivery Lieferfristenüberschreitung *f*
late entrant Späteinsteiger *m*
late licensing restriction Nachtbetriebsbeschränkung *f*
late night check-in Vorabend-Check-in *n*
late night check-in counter Vorabend--Check-in-Schalter *m*
late season Nachsaison *f*
lateness Verspätung *f*
latest medical spa therapy neueste ärztliche Behandlungsmethode *f*
Latin America Association Arbeitsgemeinschaft *f* Lateinamerika
launch ceremony Stapellauf *m*
launch event Auftaktveranstaltung *f*
launching Stapellauf *m*
lavatory Bedürfnisanstalt *f*
law against unfair competition Gesetz

n gegen unlauteren Wettbewerb *(Abk.: UWG)*
law governing the carriage of passengers by sea Schiffsbeförderungsrecht *m*
law of bus carriage Busbeförderungsrecht *n*
law related to passenger transportation by bus Betriebsordnung *f* Kraftverkehr *(Abk.: BO Kraft)*
lay-by Haltebucht *f*
layover Aufenthalt *m*, Zwischenaufenthalt *m*
laze *v* **about** *(BE)* auf der faulen Haut liegen, sich auf die faule Haut legen
laze *v* **around** auf der faulen Haut liegen, sich auf die faule Haut legen
leadership Marktbeherrschung *f*
leadership development Führungskräfteentwicklung *f*
leading tour operator Leitveranstalter *m*
leaflet Faltblatt *n*, Flugblatt *n*, Reiseprospekt *m(n)*, Werbeprospekt *m(n)*
lean period Durststrecke *f*
learning ability Lernfähigkeit *f*
learning aptitude Lernfähigkeit *f*
lease Miete *f*
lease contract Mietvertrag *m*, Pachtvertrag *m*
lease payment Pachtzahlung *f*
leasing Anmietung *f*, Mietkauf *m*
leasing agreement Leasingvereinbarung *f*
leather shorts for Austrian folk dancing *(Aut)* Krachlederne *f (Lederhose zum Schuhplatteln, Folkore-Tanz)*
leave Urlaub *m*
lecture Vortrag *m*
lecture held by an expert Fachvortrag *m*
lecture tour Vortragsreise *f*
lecturer Dozent *m*, Referent(in) *m(f)*
left-luggage counter *(BE)* Gepäckschalter *m*
left-luggage office *(BE)* Gepäckaufbewahrung *f*
leg Teilstrecke *f*, Etappe *f*, Runde *f*
legal costs Prozesskosten *pl*
legal entitlement Rechtsanspruch *m*
legal entity juristische Person *f*
legal expenses insurance Rechtsschutzversicherung *f*
legal form Rechtsform *f*, Unternehmensform *f*
legal holiday gesetzlicher Feiertag *m*
legal obligation Rechtsverbindlichkeit *f*
legal person juristische Person *f*
legal power Vollmacht *f*
legal protection insurance Rechtsschutzversicherung *f*
legal provision [regulation, requirement] gesetzliche Bestimmung *f*
legal right Rechtsanspruch *m*
legal validity Rechtsverbindlichkeit *f*
legally binding effect Rechtsverbindlichkeit *f*
legitimate claim Rechtsanspruch *m*
legroom Beinfreiheit *f*
leisure Muße *f*, Freizeit *f*, Nichtstun *n*
leisure attendant Freizeitbetreuer *m*
leisure consultant Freizeitberater(in) *m(f)*
leisure facility Erholungseinrichtung *f*, Freizeiteinrichtung *f*
leisure holiday course Hobby-Ferienkurs *m*
leisure industry Freizeitindustrie *f*
leisure orientated tourism *(BE)* freizeitorientierter Tourismus *m*
leisure oriented tourism *(AE)* freizeitorientierter Tourismus *m*
leisure park Freizeitpark *m*
leisure society Spaßgesellschaft *f*
leisure-time management Freizeitpädagogik *f*
leisure tourist Freizeittourist *m*
leisure traveler *(AE)* Freizeittourist *m*
leisure traveller *(BE)* Freizeittourist *m*
leisure vacation course Hobby-Ferienkurs *m*
lemma Stichwort *n*, Begriff *m*
length of stay Aufenthaltsdauer *f*
length of tour Reisedauer *f*
lessor Vermieter(in) *m(f)*
letter of attorney Vollmacht *f*
letter of comfort Patronatserklärung *f*
letter of complaint Mängelanzeige *f*
letter of credit Akkreditiv *n*, Bord-Akkreditiv *n*
letter of intent Vorvertrag *m*
Levant Levante *f*
level Niveau *n*, Höhe *f*, Ausmaß *n*
level of awareness Bekanntheitsgrad *m*
level of education Bildungsgrad *m (Bildungsniveau)*
level of orders Auftragsbestand *m*
level of risk Risikoeinstufung *f*
liabilities Verbindlichkeiten *fpl*
liability Haftung *f*, Obligo *n*, Verantwortung *f*

liability claim Haftungsanspruch *m*
liability exclusion Haftungsausschluss *m*
liability for compensation Schadenshaftung *f*
liability for damages Schadenshaftung *f*
liability for information provided in a brochure Prospekthaftung *f*
liability guarantee Haftungsgarantie *f*
liability insurance Haftpflichtversicherung *f*
liability law Haftungsrecht *n*
liability of service provider Leistungsträgerhaftung *f*
liability policy Haftungserklärung *f*
liability waiver Haftungsfreizeichnung *f*
liable to duty zollpflichtig
liberalisation *(BE)* Liberalisierung *f*, Deregulierung *f*
liberalisation of air traffic Liberalisierung *f* im Luftverkehr
liberalisation of distribution Vertriebsliberalisierung *f*
liberalisation of services Dienstleistungsfreiheit *f*
liberalization *(AE)* Liberalisierung *f*, Deregulierung *f*
library Bibliothek *f*
licence *v* eine Lizenz erteilen
licence Genehmigung *f*, Lizenz *f*
licence plate *(BE)* Nummernschild *n*
license fee Lizenzgebühr *f*
license plate *(AE)* Nummernschild *n*
licensee Vertreter *m*, Vertretung *f*, Lizenznehmer *m*
licensing Lizenzierung *f*
licensing procedure Genehmigungsverfahren *n*
lido *(BE)* Strandbad *n*
lie *v* **at anchor** vor Anker liegen
lie *v* **down in the sun** sich in die Sonne legen
lie *v* **down on one's back** sich auf den Rücken legen
lien Pfandrecht *n*
life boat Rettungsboot *n*
life cycle assessment Ökobilanz *f*, Umweltbilanz *f*
life jacket Schwimmweste *f*
life story Lebenslauf *m*
life-vest *(AE)* Schwimmweste *f*
lifejacket Schwimmweste *f*
lifestyle habit Lebensgewohnheit *f*
lift *(BE)* Aufzug *m*, Auftrieb *m*, Fahrstuhl *m*, Lift *m*
light-hearted *adj* unbeschwert
light railway Schmalspurbahn *f*
lighting Beleuchtung *f*
lightship Feuerschiff *n*
lightvessel Feuerschiff *n*
likelihood Wahrscheinlichkeit *f*
limit Grenzwert *m*
limit of liability Haftungsgrenze *f*
limitation Beschränkung *f*
limitation of damage Schadensbegrenzung *f*
limitation of liability Haftungsbeschränkung *f*
Limited *(Abk.: Ltd)* Limited *(englische Gesellschaftsform mbH)*
limited liability company *(Abk.: Ltd.)* Gesellschaft *f* mit beschränkter Haftung *(Abk.: GmbH)*
limited partner Kommanditist *m*
limited partnership Kommanditgesellschaft *f (Abk.: KG)*
limited-stop bus Schnellbus *m*
limo service Limousinenservice *m*
limousine service Limousinenservice *m*
line *(AE)* Warteschlange *f*
line of business event Branchenereignis *n*
line of longitude Meridian *m*
line of trade Branchenbezeichnung *f*
linen keeper Wäschebeschließerin *f*
linen maid Wäschebeschließerin *f*
liner shipping company Linienreederei *f*
liner trade Linienschifffahrt *f*
linguistic competence Sprachkompetenz *f*
link (between) Zusammenhang *m*
linked transaction Kopplungsgeschäft *n*
linked transport system Verkehrsverbund *m*
liquidation Auflösung *f*, Liquidation *f*
liquidator Insolvenzverwalter *m*
liquidity Liquidität *f*, Zahlungsfähigkeit *f*
liquidity requirement Liquiditätsbedarf *m*
liquor licence *(BE)* Schankerlaubnis *f*
liquor license *(AE)* Schankerlaubnis *f*
Lisbon Treaty Lissabon-Vertrag *m*
list Verzeichnis *n*
list of contents Inhaltsverzeichnis *n*
list of participants Teilnehmerliste *f*
list of ship passengers Passagierliste *f*
list of vacant rooms Vakanzliste *f*
listed for preservation denkmalgeschützt

listed hotel Vertragshotel *n*
literary tour Lesereise *f*
living space Lebensraum *m*
load Auslastung *f*, Arbeitspensum *n*
load factor Auslastung *f (von Flugzeugsitzen)*; Auslastungsgrad *m*
loading port Ladehafen *m*
loan Anleihe *f*, Kredit *m*
loan capital Fremdkapital *n*
loan cooperative Kreditgenossenschaft *f*
loan to own Umwandlung *f* von Schulden in Beteiligungen *(Schuldner werden zu Eigentümern)*
lobby Lobby *f*, Lobbyarbeit *f*
lobbying Lobbyarbeit *f*
local agent Örtlicher Vertreter *m*
local area Wohnungsnahbereich *m*
local border commuting Kleiner Grenzverkehr *m*
local bus Stadtbus *m*
local citizen Einheimische *m(f)*
local color *(AE)* Lokalkolorit *n*
local colour *(BE)* Lokalkolorit *n*
local currency Landeswährung *f*
local guide Fremdenführer *m*, Reiseleiter(in) *m(f)* am Aufenthaltsort
local public transport öffentlicher Personennahverkehr *m (Abk.: ÖPNV)*; Personennahverkehr *m (Schiene)*
local rail transport Personennahverkehr *m*
local recreation Naherholung *f*
local recreation area Naherholungsgebiet *n*
local representative Örtlicher Vertreter *m*
local time Ortszeit *f*
local tour guide Reiseleiter(in) *m(f)* am Aufenthaltsort
local traffic Nachbarschaftsverkehr *m*, Nahverkehr *m*
local train Nahverkehrszug *m*, Regionalbahn *f*
local transportation Nahverkehr *m*
location Lage *f*, Standort *m*
location factor Standortfaktor *m*
location near the beach Strandnähe *f*
location of the beach Strandlage *f*
locational factor Standortfaktor *m*
lock Schleuse *f*
locker Schließfach *n*
locomotive Lokomotive *f*
lodge Hütte *f*, Lodge *f (in einem Resort)*
lodged card Reisestellenkarte *f*
lodging *(AE) (dtCH, Aut)* Beherbergung *f*, Nächtigung *f (Übernachtung)*; Unterbringung *f*, Unterkunft *f*
lodging agreement Gastaufnahmevertrag *m*
lodging establishment Beherbergungsbetrieb *m*
lodging facility *(AE)* Beherbergungsstätte *f*
log book Logbuch *n*, Fahrtenbuch *n*, Schiffstagebuch *n*
logbook Logbuch *n*, Fahrtenbuch *n*, Schiffstagebuch *n*
login Anmeldung *f*, Einloggen *n*
logistics Logistik *f*
logo Firmenzeichen *n*
logout Abmeldung *f*
long-distance air traffic Langstreckenflugverkehr *m*
long-distance bus connection Fernbusverbindung *f*
long-distance bus or train station Fernbahnhof *m*
long-distance connection Fernverkehrsanbindung *f*
long-distance flight Fernflug *m*
long-distance journey Fernreise *f*
long-distance rail passenger transport Personenfernverkehr *m (Schiene)*
long-distance route Fernstrecke *f*, Langstrecke *f*
long-distance tour Fernreise *f*
long-distance tour bus *(AE)* Fernreisebus *m*
long distance tour coach *(dtCH)* Autocar *m (Autobus, Reisebus)*
long-distance touring coach *(BE)* Fernreisebus *m*
long-distance train Fernreisezug *m*, Langstreckenzug *m*
long-distance train connection Fernzugverbindung *f*
long distance walking trail Fernwanderweg *m*
long established *adj* bodenständig
long-haul air traffic Langstreckenflugverkehr *m*
long-haul connection Fernverkehrsanbindung *f*
long-haul flight Fernflug *m*
long-haul hub Drehkreuz *n* für Ferntouristik
long-haul route Fernstrecke *f*, Langstrecke *f*
long-haul tour Fernreise *f*

long-stay guest Langzeitgast *m*
long-term guest Langzeitgast *m*
long-term holiday *(BE)* Langzeiturlaub *m*
long-term vacation *(AE)* Langzeiturlaub *m*
longing Sehnsucht *f*
look *v* **after one's guests** sich um seine Gäste kümmern
look-to-book rate [ratio] Look-to-Book-Quote *f*, Look-to-Book-Rate *f (Verhältniszahl zwischen dem Ansehen einer Internetseite und der Anzahl der erfolgten Buchungen; wichtige Kennzahl im Web-Tourismus)*
loop road *(AE)* Umgehungsstraße *f*
loss Verlust *m*
loss advice Schadensanzeige *f*
loss leader offer Lockvogelangebot *n*
loss limitation Schadensbegrenzung *f*
loss of guests Gästeschwund *m*
loss of quality Qualitätsverlust *m*
lost and found (office) *(AE)* Fundbüro *n*
lost property office Fundbüro *n*
lounge Aufenthaltsraum *m*, Gesellschaftsraum *m*, Lounge *f*
love affair Liebesabenteuer *n*
love of travel Reiselust *f*
lover Liebhaber(in) *m(f)*
low-cost flight Billigflug *m*
low fare flight Billigflug *m*
low hotel category niedrige Hotelkategorie *f*
low noise aircraft Flüsterjet *m*
low pay Niedriglohn *m*
low pollution car umweltfreundliches Auto *n*
low pressure area Tiefdruckgebiet *n*
low season Nebensaison *f*
low volume Zimmerlautstärke *f*
low wages Niedriglohn *m*
loyalty Loyalität *f*
lucidity Transparenz *f*
luggage *(BE)* Gepäck *n*, Reisegepäck *n*
luggage allowance *(BE)* Freigepäck *n*
luggage car *(BE)* Gepäckwagen *m*
luggage cart *(BE)* Gepäckwagen *m*
luggage conveyor belt *(BE)* Gepäckförderband *n*
luggage counter *(BE)* Gepäckabfertigung *f*, Gepäckschalter *m*
luggage-ID *(BE)* Gepäckidentifizierung *f*
luggage-identification Gepäckidentifizierung *f*
luggage insurance *(BE)* Reisegepäckversicherung *f*
luggage label *(BE)* Gepäckaufkleber *m*, Kofferanhänger *m*
luggage locker *(BE)* Gepäckschließfach *n*
luggage rack *(BE)* Gepäcknetz *n*
luggage reclaim *(BE)* Gepäckausgabe *f*
luggage room *(BE)* Gepäckraum *m*
luggage search system *(BE)* Gepäcksuchsystem *n*
luggage storage *(BE)* Gepäckaufbewahrung *f*
luggage tag *(BE)* Gepäckmarke *f*, Gepäckschein *m*, Kofferanhänger *m*, Gepäckanhänger *m*
luggage transportation *(BE)* Gepäckbeförderung *f*
luggage trolley *(BE)* Kofferkuli *m*
lull Flaute *f*
lunch Mittagessen *n*
lunch *(Aut)* Gabelfrühstück *n*
lunch box Lunchpaket *n*
luncheon Mittagessen *n*; *(Aut)* Gabelfrühstück *n*
luxurious *adj* komfortabel, luxuriös, verschwenderisch
luxury bus Luxusbus *m*
luxury class Luxusklasse *f*
luxury coach *(BE)* Luxusbus *m*
luxury hotel Luxusherberge *f*, Luxushotel *n*
luxury room Luxuszimmer *n*
luxury trip Luxusreise *f*

M

M&A-mergers and acquisitions Fusionen *fpl* und Akquisitionen *fpl*, Fusionen *fpl* und Übernahmen *fpl*
Maastricht Criteria Maastricht-Kriterien *npl*
Maastricht Treaty Maastrichter Vertrag *m*
machine Maschine *f*
machine-readable passport maschinenlesbarer Reisepass *m*
machinery Maschine *f*
Maghreb state Maghreb-Staat *m*
magic Zauber *m*
magic quadrilateral Magisches Viereck *n*
magic square Magisches Viereck *n*
maglev Magnetschwebebahn *f*

maglev route Magnetschwebebahn--Trasse *f*
magnetic high-speed train Magnetschnellbahn *f*
magnetic levitation train Magnetschwebebahn *f*
magnetic strip Magnetstreifen *m*
magnetic strip card Magnetstreifenkarte *f*
magnetic strip reader Magnetstreifenleser *m*
magnetic strip ticket Magnetstreifenticket *n*
magnetic stripe card Magnetstreifenkarte *f*
magnetic stripe ticket Magnetstreifenticket *n*
magnifying mirror for shaving Rasiervergrößerungsspiegel *m*
maid Zimmermädchen *n*
maiden cruise Premierenkreuzfahrt *f*
maiden voyage Jungfernfahrt *f*, Premierenkreuzfahrt *f*
mail boat Paketboot *n*, Postschiff *n*
mail delivery order Postversandauftrag *m*
mail luggage Postgepäck *n*
mail order (business) Versandhandel *m*
main debtor Hauptschuldner *m*
main health center *(AE)* zentrales Kurmittelhaus *n*
main health treatment centre *(BE)* zentrales Kurmittelhaus *n*
main holiday *(BE)* Haupturlaubsreise *f*
main memory Arbeitsspeicher *m*
main service Hauptleistung *f*
main spa building Haus *n* des Gastes
main station Hauptbahnhof *m (Abk.: Hbf)*
main storage Arbeitsspeicher *m*
main supplier Hauptlieferant *m*
main tour operator Leitveranstalter *m*
main vacation *(AE)* Haupturlaubsreise *f*
mainframe Zentralrechner *m*
mainframe computer Großrechner *m*
mainland Hauptland *n*
mainland tour Festlandreise *f*
mains voltage Netzspannung *f*
maintenance Wartung *f*
maintenance allowance Verpflegungspauschale *f*
maisonette Maisonette *f*
major air field Großflugplatz *m*
major airline Großfluggesellschaft *f*
major airport Großflugplatz *m*
major customer subscription Großkundenabonnement *n*
major event Großereignis *n*
major tour operator Hauptveranstalter *m*
make *v* **a bargain** Schnäppchen machen
make *v* **a name for oneself** sich profilieren
make *v* **one's mark** sich profilieren
making of contact Kontaktaufnahme *f*
malaria Malaria *f*
mall Einkaufspassage *f*, Einkaufszentrum *n*
malperformance Schlechterfüllung *f*
malpractice insurance Rechtsschutzversicherung *f*
malus Malus *m*, Nachteil *m* bei Nichterreichen einer Vorgabe *(malus = lateinisch schlecht)*
man-made landscape Kulturlandschaft *f*
manageability Handhabbarkeit *f*
management Geschäftsführung *f*, Handhabung *f*
management assistant in office administration Bürokaufmann *m*
management board Bereichsvorstand *m*, Vorstand *m*
management by results ergebnisorientierte Führung *f*
management fee Verwaltungsgebühr *f*
management personality Führungspersönlichkeit *f*
management ratio betriebswirtschaftliche Größe *f*
management style Führungsstil *m*
manager Führungskraft *f*
managing director Geschäftsführer(in) *m(f) (Abk.: GF)*
mandate Vollmacht *f*
mandatory *adj* obligatorisch
mandatory inoculation Pflichtimpfung *f*
mandatory regulations hoheitliche Anordnungen *fpl (Entzug der Landerechte, Grenzschließungen, Naturkatastrophen, Havarien, Zerstörung von Unterkünften; withdrawal of landing rights, closure of borders, natural disasters, averages, destruction of dwellings)*
manifest Passagierliste *f*
manipulation Manipulation *f*
manor house Herrenhaus *n*
manpower planning Personalplanung *f*
manual for passenger air tariffs Passagetarifwerk *n (Flug)*
manual of airlines Handbuch *n* der Luftverkehrsgesellschaften

many-sidedness Vielseitigkeit *f*
margin Marge *f*, Spanne *f*
margin tax Margenbesteuerung *f*
margin taxation Margenbesteuerung *f*
marginal costing Deckungsbeitragrechnung *f*, Grenzkostenrechnung *f*
marginal return Deckungsbeitrag *m*
marina Yachthafen *m*
marine spa Seeheilbad *n*
marine tourism Seetouristik *f*
maritime jurisdiction Seegerichtsbarkeit *f*
maritime law conference Seerechtskonferenz *f*
maritime shipping organization Seeschifffahrtsorganisation *f*
maritime station Hafenbahnhof *m*
market Handel *m*, Markt *m*
market analysis Marktforschung *f*, Marktuntersuchung *f*
market and location analysis Markt- und Standortanalyse *f*
market consolidation Marktkonsolidierung *f*
market control Marktbeherrschung *f*
market economy Marktwirtschaft *f*
market environment Marktumfeld *n*
market gap Marktlücke *f*
market inquiry Marktuntersuchung *f*
market leader Marktführer *m*
market, media, and opinion research institute Markt-, Media- und Meinungsforschungsinstitut *n*
market niche Marktlücke *f*
market niche concept Marktnischenkonzept *n*
market of origin Quellmarkt *m*
market-orientated tourism *(BE)* wirtschaftsorientierter Tourismus *m*
market-oriented tourism *(AE)* wirtschaftsorientierter Tourismus *m*
market outperformer Marktführer *m*
market participant Marktteilnehmer *m*
market potential Marktpotenzial *n*
market rectification Marktbereinigung *f*
market research Marktforschung *f*
market research company Marktforschungsunternehmen *n*
market segment Marktsegment *n*
market sluggishness Konjunkturflaute *f*
market survey Marktuntersuchung *f*
market system Marktwirtschaft *f*
market volume Marktvolumen *n*
marketable *adj* marktgängig
marketing Marketing *n*
marketing campaign Werbefeldzug *m*
marketing communication Kommunikationspolitik *f*
marketing company Vermarktungsunternehmen *n*
marketing cooperation Marketingzusammenarbeit *f*
marketing cooperation for the German coastal regions Küstenland-Werbegemeinschaft *f*
marketing cooperation of cities and towns in Lower Saxony Städte-Forum *n* Niedersachsen
marketing cooperation of historic towns and cities of Germany Historische Städte *fpl* Deutschlands
marketing mix Marketing-Mix *m*
marketing policy Marketingstrategie *f*
marketing strategy Marketingstrategie *f*, Vertriebsstrategie *f*
mass business Volumengeschäft *n*
mass cancellations Stornowelle *f*
mass meeting Massenversammlung *f*
mass of people Menschenmasse *f*
mass tourism Massentourismus *m*
mass tourism to major Mediterranean seaside destinations Warmwassertourismus *m*
mass travel destination Massenreisedestination *f*
massage section Massageabteilung *f*
master Hauptschlüssel *m*, Kapitän *m*
master computer Hauptcomputer *m*
master data Stammdaten *npl*
master data management Stammdatenverwaltung *f*
master key Hauptschlüssel *m*
Master of Business Administration (MBA) Master Tourismus-Betriebswirtschaft, *(obs)* Diplombetriebswirt FH *m* *(Vorgängerabschluss)*
master of ceremonies Conférencier *m*
Master of Hospitality Administration Hotelmeister *m*
Master of Science in Business Administration Master Tourismus, *(obs)* Diplomkaufmann FH *m* *(Vorgängerabschluss)*
master plan Gesamtkonzept *n*
material damage Sachschaden *m*
material premium Sachprämie *f*
mattress Matratze *f*

maximum distance in miles Maximalentfernung *f* in Meilen *(Luftverkehr)*
maximum number of travellers Höchstteilnehmerzahl *f* bei einer Reise
maximum price Maximalpreis *m*
maximum speed Höchstgeschwindigkeit *f*
maximum stay Höchstaufenthalt *m*
maximum sum assured [insured] Höchstversicherungssumme *f*
maximum take-off mass maximales Abfluggewicht *n (Abk.: MTOM)*
Mayday Notruf *m* bei der Schifffahrt *(SOS)*
Me Inc. Ich-AG *f*
Me plc Ich-AG *f*
me-too product Nachahmerprodukt *n*
meal Essen *n*, Mahlzeit *f*
meal allowance Verpflegungspauschale *f*
meal arrangement Verpflegung *f*
means of communication Kommunikationsmittel *n*
means of ground transportation of airline passengers Bodentransportmittel *npl*
means of payment Reisezahlungsmittel *npl*, Zahlungsmittel *npl*
means of transport *(BE)* Beförderungsmittel *npl*, Transportmittel *n*, Verkehrsmittel *npl*
means of transportation *(AE)* Beförderungsmittel *npl*, Transportmittel *n*, Verkehrsmittel *npl*
measure of prophylaxis Prophylaxemaßnahme *f*
measured value of balance Bilanz-Messzahl *f*
media and tourism event Medien- und Tourismusereignis *n*
media budget Werbeetat *m*
media centre Medienzentrum *n*
media concept Werbekonzept *n*
media convergence Medienkonvergenz *f*
media event Medienereignis *n*
media tour Medienreise *f*
media volume Datenträger *m*
mediation Vermittlung *f*
mediation committee Vermittlungsausschuss *m*
medical insurance for travel Reisekrankenversicherung *f*
medication Medikament *n*
medicinal spring Heilquelle *f*
medicinal spring establishment Heilbrunnen-Betrieb *m*
medicine Medikament *n*, Medizin *f*
medicine tourism Medizintourismus *m*
medieval *adj* mittelalterlich
Mediterranean 1. Mittelmeer *n*; 2. Mittelmeerraum *m*
Mediterranean region Mittelmeerraum *m*,
Mediterranean Sea Mittelmeer *n*
medium-haul route Mittelstrecke *f (Flug)*
medium-haul traffic Mittelstreckenverkehr *m*
meeting Begegnung *f*, Besprechung *f*, Sitzung *f*, Tagung *f*, Treffen *n*, Veranstaltung *f*, Versammlung *f*, Zusammenkunft *f*
meeting area Abholbereich *m*
meeting facility Tagungsstätte *f*
meeting place Treffpunkt *m*
meeting point Sammelpunkt *m*, Treffpunkt *m*
meeting room Tagungsraum *m*
meeting venue Tagungsstätte *f*
meetings industry Mice-Branche *f*
mega-carrier Großfluggesellschaft *f*
megalopolis Ballungsraum *m*
melting pot Ballungsraum *m*
membership bonus Beitrittsbonus *m*
memorial Denkmal *n*, Ehrenmal *n*, Erinnerungsstätte *f*
memory card Speicherkarte *f*
mental reservation geheimer Vorbehalt *m*
menu Menü *n*
menu of the day Tageskarte *f (im Restaurant)*
menu of the season Saisonkarte *f*
merchandising Verkaufsförderung *f*
merchandizer Vermarktungsunternehmen *n*
merchandizing Verkauf *m*, Vermarktung *f*
merger Fusion *f*, Zusammenschluss *m*
merger among equals Fusion *f* unter Gleichberechtigten
meridian Längenkreis *m*, Meridian *m*
meritocracy Leistungsgesellschaft *f*
messy *adj* unordentlich
meta-flight-search Meta-Flugsuche *f*
meta-search Meta-Suche *f*
meta-search engine Meta-Suchmaschine *f*
meta-searcher Meta-Suchmaschine *f*
metal detector Metalldetektor *m*
method of calculation Berechnungssystem *n*
method of payment Zahlungsverfahren *n*

methodology Methodik *f*, Methodenlehre *f*
metropolis Metropole *f*
mice industry Mice-Branche *f*
microcensus Mikrozensus *m (repräsentative Stichprobenuntersuchung)*
microeconomics Betriebswirtschaftslehre *f*
microsleep Sekundenschlaf *m*
midday meal Mittagessen *n*
middle class Mittelstand *m*
middle-distance Mittelstrecke *f (Sport)*
Middle East Mittlerer Osten *m*, Vorderer Orient *m*
Mideast Mittlerer Osten *m*
midscale hotel Mittelklassehotel *n*
midsummer Sommersonnenwende *f*
midsummer festival Mittsommerfest *n*
midsummer night Mittsommernacht *f*
midwinter Wintersonnenwende *f*
mighty *adj* mächtig
migration Wanderungsbewegung *f*
migratory movement Wanderungsbewegung *f*
mile Meile *f*
mileage account Meilenkonto *n*
mileage allowance Kilometerpauschale *f*
mileage balance Meilenguthaben *n*
mileage bonus Meilenbonus *m*
mileage credit Meilenguthaben *n*
mileage limit Kilometerbegrenzung *f*, Meilenlimit *n*
mileage system Meilensystem *n*
mineral and moorland spa Mineral- und Moorheilbad *n*
minibar Minibar *f*
minibus Kleinbus *m*
minimum connecting time Mindestübergangszeit *f*, Mindestumsteigezeit *f*
Minimum Industrial Relations Legislation Mindestarbeitsbedingungsgesetz *n*
minimum number of participants Mindestteilnehmerzahl *f*
minimum of participants Mindestteilnehmerzahl *f*
minimum price Mindestpreis *m*
minimum rate Mindestpreis *m*
minimum standard Mindeststandard *m*
minimum stay Mindestaufenthalt *m*
minimum wage Mindestlohn *m*
minor occupation geringfügige Beschäftigung *f*
minus point Malus *m*
minutes to walk Gehminuten *fpl*
miracle of nature Naturwunder *n*
misbehave *v* sich daneben benehmen
missed savings nicht realisierte Einsparungen *fpl*
mission of tourism development touristisches Leitbild *n*
mixed calculation Mischkalkulation *f*
mixed economy gemischte Wirtschaft *f*
mixed trip Mischreise *f (business/private; beruflich/privat)*
mobile Mobiltelefon *n*
mobile breakdown service motorisierte Pannenhilfe *f*
mobile communication system Mobilfunk *m*
mobile communications network Mobilfunknetz *n*
mobile exhibition Wanderausstellung *f*
mobile home Mobilheim *n*, Wohncontainer *m*, Wohnmobil *n*
mobile network Mobilfunknetz *n*
mobile phone Handy *n*, Mobilfunkgerät *n*
mobile phone tracking Handy-Ortung *f*, Handy-Tracking *n*
mobile radio Mobilfunk *m*
mobility balance Mobilitätsbilanz *f*
mobility management Mobilitätsmanagement *n*
mobility offer Mobilitätsangebot *n*
modalities Modalitäten *fpl*
mode of payment Zahlungsverfahren *n*
mode of transport Verkehrsmittel *npl*
model Leitbild *n*, Vorbild *n*
model agreement Mustervertrag *m*
modem connection Modemanschluss *m*
modem port Modemanschluss *m*
moderator Moderator(in) *m(f)*, Vermittler(in) *m(f)*, Diskussionsleiter(in) *m(f)*
modernize *v* modernisieren
modification Differenzierung *f*
modify *v* modifizieren
modular principle Baukastenprinzip *n*
modular system Baukastensystem *n*
momentum Bewegungsgröße *f*, Impuls *m*, Moment *n*, Schwung *m*
monetary policy Geldpolitik *f*
monetary stability Geldwertstabilität *f*
monetary transaction Zahlungsverkehr *m*
monetary unit Einheitswährung *f*
money back guarantee Geldzurückgarantie *f (Abk.: GZG)*
money card Geldkarte *f*

money compensation Abfindung *f*, Barabfindung *f*
money earner Geldverdiener *m*
money exchange Geldwechsel *m*
money market Geldmarkt *m*
money value stability Geldwertstabilität *f*
moneymaker Geldverdiener *m*
monitor Bildschirm *m*
monitoring of cleanliness and standard of hygiene Sauberkeits- und Hygienekontrolle *f*
monitoring of travel costs Reisekostenkontrolle *f*
monitoring of travelling expenses Reisekostenkontrolle *f*
monsoon Monsun *m*
monsoon rain Zenitalregen *m*
monthly German travel agency survey Reisebürospiegel *m*
monument Monument *n*
monument protection Denkmalschutz *m*
mood Laune *f*, Stimmung *f*
mooring Liegeplatz *m*
moorings Anlegeplatz *m*
moorland spa Moorheilbad *n*
moratorium Moratorium *n*, Stundung *f*, Zahlungsaufschub *m*
mosaic Mosaik *n*
mossy *adj* unhöflich
most favourable offer günstigstes Angebot *n*
most important suppliers wichtigste Anbieter *mpl*
motel Motel *n*
motivate *v* steuern
motivation Motivation *f*, Veranlassung *f*, Antrieb *m*
motor caravan *(BE)* Reisemobil *n*, Wohnmobil *n*
motor home Reisemobil *n*, Wohnmobil *n*
motor pool Fahrbereitschaft *f*
motor rally Sternfahrt *f*
motor scooter Motorroller *m*
motor vessel Motorschiff *n*
motor yacht Motoryacht *f*
motorail train Autoreisezug *m (Abk.: ARZ)*
motorail train insurance *(BE)* Autoreisezug-Versicherung *f*
motorboat Motorboot *n*
motorcar-insurance covering several risks Autoreise-Schutzbrief *m*
motorhome *(AE)* Reisemobil *n*, Wohnmobil *n*
motorist *(dtCH)* Autowanderer *m (Selbstfahrer, Autotourist)*
motorship Motorschiff *n*
motorway *(BE)* Autobahn *f*
motorway emergency call *(BE)* Autobahnnotruf *m*
motorway restaurant *(BE)* Autobahnraststätte *f (Lokal)*
motorway service area *(BE)* Autobahnraststätte *f (Anlage)*; Raststätte *f*
motorway services Autobahn-Raststätte *f*
motorway toll *(BE)* Autobahngebühr *f*
mountain chain Bergkette *f*
mountain guide Bergführer *m*
mountain health resort Höhenluftkurort *m*
mountain hiking Bergwandern *n*
mountain hut Berghütte *f*
mountain lodge party Hüttenabend *m*
mountain pasture *(dtCH)* Alp *(Alm)*
mountain railroad *(AE)* Gebirgsbahn *f*
mountain railway *(BE)* Bergbahn *f*, Gebirgsbahn *f*
mountain railway ride Bergfahrt *f*
mountain range Bergkette *f*, Gebirge *n*, Gebirgszug *m*
mountain refuge Berghütte *f*
mountain rescue hut Bergstation *f*
mountain walking Bergwandern *n*
mountaineer Alpinist *m*, Bergsteiger(in) *m(f)*, Hochtourist *m*
mountains Gebirge
mouth of a river Mündungsgebiet *n* von Flüssen
movables *(dtCH)* persönliche Effekten *pl*
move *v* **away** wegsteuern
movie oriented tourism Filmtourismus *m*
mudbath Schlammbad *n*
mudflats hike Wattwanderung *f*
mudflats ramble Wattwanderung *f*
multi-bedded room Mehrbettzimmer *n*
multi-bedroom Mehrbettzimmer *n*
multi-berth cabin Mehrbettkabine *f*
multi-days trip Mehrtagesreise *f*
multi-journey ticket Sammelfahrschein *m*
multi-purpose document printer Multi-Dokumentendrucker *m*
multi-storey car park *(BE)* mehrstöckiges Parkhaus *n*
multi-story parking garage *(AE)* mehrstöckiges Parkhaus *n*

multifrequency code *(Abk.: MFC)* Mehrfrequenzwahlverfahren *n (Abk.: MFV)*
multimedia Multimedia *n (Bezeichnung für die kombinierte Nutzung von und Informationen aus verschiedenen Medien)*
multiple-bedded room Mehrbettzimmer *n*
multiple-unit train Triebwagenzug *m*
multiplicity Vielzahl *f*
multiplier Multiplikator *m*
museum railway Museumsbahn *f*
museum tram Museumsbahn *f*
museum trips Museumsreisen *fpl*
museum visits Museumsreisen *fpl*
music festival Musikfest *n*
mutual *adj* wechselseitig
mutual agreement Abstimmung *f*
mutual trust relationship vertragsähnliches Vertrauensverhältnis *n*
mystery shopper Testkäufer *m*
mystery tour Entdeckungsreise *f*, Fahrt *f* ins Blaue *(Veranstaltung)*
mysticism Mystik *f*

N

name change Reisendenwechsel *m*
name recognition Bekanntheitsgrad *m*
name tag Namensschild *n*
nameplate Namensschild *n*
naming ceremony of a ship Schiffstaufe *f*
narrow-gauge railroad *(AE)* Schmalspurbahn *f*
narrow-gauge railway *(BE)* Schmalspurbahn *f*
national accounting volkswirtschaftliche Gesamtrechnung *f (Abk.: VGR)*
national accounts volkswirtschaftliche Gesamtrechnung *f (Abk.: VGR)*
national airport Heimatflughafen *m*
national border Staatsgrenze *f*
national category Landeskategorie *f*
national characteristic Nationalitätskennzeichen *n*
national currency Landeswährung *f*
national custom Landesüblichkeit *f*
national economy Volkswirtschaft *f*
national flag Netzcarrier *m*
national flag carrier Netzcarrier *m*
National Garden Exhibition Bundesgartenschau *f*
national high quality express train Intercity *m (Abk.: IC)*
national identity plate Nationalitätskennzeichen *n*, Staatszugehörigkeitskennzeichen *n*
national language Landessprache *f*
national natural landscape Nationale Naturlandschaft *f*
national park Nationalpark *m*
national rating Landeskategorie *f*
national sovereign territory staatliches Hoheitsgebiet *n*
national tourist office *(Abk.: NTO)* Tourismusvertretung *f* eines Landes, Verkehrsbüro *n*
national traffic Inlandsverkehr *m*
national transport route planning Bundesverkehrswegeplanung *f*
nationality Nationalität *f*, Staatsangehörigkeit *f*, Staatsbürgerschaft *f*
nationality plate Nationalitätskennzeichen *n*
nationalization Verstaatlichung *f*
native *adj* beheimatet, gebürtig
native citizen Einheimische *m(f)*
native inhabitant Ureinwohner(in) *m(f)*
nativeness Ursprünglichkeit *f*
natural and cultural heritage Natur- und Kulturschätze *mpl*
natural beach Naturstrand *m*
natural healing Naturheilkunde *f*
natural medicine first-aid kit Naturreiseapotheke *f*
natural monument Naturdenkmal *n*
natural person natürliche Person *f*
natural wonder Naturwunder *n*
nature experience Naturerlebnis *n*
nature park Naturpark *m*
Nature Protection Foundation Stiftung *f* Naturschutz
nature reserve Landschaftsschutzgebiet *n*, Naturpark *m*, Naturschutzgebiet *n*
naturopathy Naturheilkunde *f*
nautical mile nautische Meile *f*, Seemeile *f*
navigable waters schiffbare Gewässer *npl*
navigation Schifffahrt *f*
navigation cruise Positionierungsfahrt *f*
navigation of pilotage area Revierfahrt *f*
navigation system Navigationssystem *n*
navigational light Leuchtfeuer *n*

Near East Naher Osten *m*, Nahost
near the centre zentrumsnah
need Nachfrage *f*
need for action Handlungsbedarf *m*
need of a holiday *(BE)* Urlaubsbedürfnis *n*
need of a vacation *(AE)* Urlaubsbedürfnis *n*
need-to-know *adj* wissenswert
negotiation Verhandlung *f*
nehrung Nehrung *f*
nepotism *(Aut)* Freunderl-Wirtschaft *f* *(Günstlings- oder Vetternwirtschaft)*
net capital movement Kapitalbilanz *f*
net carrier Netzcarrier *m*
net cost price Selbstkostenpreis *m*
net fare Nettotarif *m*
net genner Multitasker *m (Digital-Medien--Nutzer, die mehreren Aufgaben/Programmen nachkommen)*
net net flown revenue in relation between airline and travel agency provisionsbereinigter Airline-Nettoumsatz *m*
net output Wertschöpfung *f*
net present value Kapitalwert *m*
net price Nettopreis *m*
net price regulation Nettopreisregelung *f*
net rate Nettotarif *m*
net tariff Nettotarif *m*
net turnover of an airline after adjustments for travel agency commission provisionsbereinigter Airline--Nettoumsatz *m*
net value added Wertschöpfung *f*
network Netzwerk *n*, Vernetzung *f*
network administrator Netzwerkverwalter *m*
networking Kontaktknüpfen *n*, Lobbyarbeit *f*, Vernetzung *f*
new booking Neubuchung *f*
new business Neuzugang *m*
new entry Neuzugang *m*
new media Neue Medien *npl*
new partition of the oceans Neuaufteilung *f* der Meere
New Year Jahreswechsel *m*, Jahreswende *f*
newcomer Einsteiger(in) *m(f)*
newsagent's (shop) *(Aut)* Trafik *m*
newsletter Rundbrief *m*, Rundschreiben *n*
newsletter for travel agents Länderbrief *m*
niche product Nischenprodukt *n*
niche tourism Nischentourismus *m*
night-before check-in Vorabend-Check--in *n*
night-before check-in counter Vorabend-Check-in-Schalter *m*
night bus Nachtbus *m*
night flight Nachtflug *m*
night hike Nachtwanderung *f*
night reveller Nachtschwärmer *m*
night-time traffic Nachtreiseverkehr *m*
night train Nachtreisezug *m*, Nachtzug *m*
night travel Nachtreiseverkehr *m*
nightlife Nachtleben *n*
no comment kein Kommentar *m*
no frills airline [carrier] Billigfluggesellschaft *f*
no frills flight Billigflug *m*
no-name product markenloses Produkt *f*
no-show Nichtantritt *m*, Nichterscheinen *n* *(Passagier)*
no-smoking area Nichtraucherbereich *m*
no start Nichtantritt *m*
nodal point Knotenpunkt *m*
noise Lärm *m*
noise barrier Lärmschutzwand *f*
non-alcoholic beverage alkoholfreies Getränk *n*
non-appearance Nichterscheinen *n*
non-attendance Nichterscheinen *n*
non-aviation revenues Non-Aviation--Einnahmen *fpl*
non-branded item markenloses Produkt *f*
non-branded product markenloses Produkt *f*
non-cash benefit geldwerter Vorteil *m*
non-corporate travel agency konzernungebundenes Reisebüro *n*
non-demanded services nicht in Anspruch genommene Leistungen *fpl*
non-execution Nichtausführung *f*
non-execution of journey Nichtdurchführung *f* der Reise
non-experienced distribution branchenfremder Vertrieb *m*
non-fulfil(l)ment Nichterfüllung *f*
non-official travel agency offering similar services reisebüroähnliche Stelle *f*
non-passenger Nichtreisende *m(f)*
non-paying guest Freigast *m*
non-performance Nichterfüllung *f*
non-performance or improper performance of services Reisemangel *m*

non-scheduled service Bedarfsverkehr *m*
non-smoker *(BE)* Nichtraucher(in) *m(f)*
non-smoker protection Nichtraucherschutz *m*
non-smoking area *(BE)* Nichtraucherbereich *m*
non-smoking compartment *(BE)* Nichtraucherabteil *n*
non-smoking flight Nichtraucherflug *m*
non-stop flight Non-Stop-Flug *m*
non-taxation fact Nichtbesteuerungssachverhalt *m*
non-transferable nicht übertragbar
non-traveler *(AE)* Nichtreisende *m(f)*
non-traveller *(BE)* Nichtreisende *m(f)*
nongovernmental organization *(Abk.: NGO)* Nichtregierungsorganisation *f*
nonsmoker *(AE)* Nichtraucher(in) *m(f)*
nonsmoking area *(AE)* Nichtraucherbereich *m*
nonsmoking compartment *(AE)* Nichtraucherabteil *n*
normal fare Regeltarif *m*
North-East passage Nord-Ost-Passage *f*
North Sea island traffic Nordsee-Inselverkehr *m*
North-West passage Nord-West-Passage *f*
northern lights Nordlicht *n*, Polarlicht *n*
nose Bug *m (Flugzeug)*
nosiness Neugierde *f*
nostalgia tour Nostalgiereise *f*
nostalgic journey Nostalgiereise *f*
not binding unverbindlich
note on security Sicherheitshinweis *m*
notice Aushang *m*
notice of assistance Betreuungshinweis *m*
notice of claim Schadensanzeige *f*
notice of defects Mängelanzeige *f*, Mängelprotokoll *n*
notice of departure Abmeldung *f (polizeilich)*
notice of dismissal pending a change of contract Änderungskündigung *f*
notice of loss Schadensanzeige *f*, Verlustanzeige *f*
notice of termination Kündigung *f* von Mitarbeitern
noticeboard Schwarzes Brett *n*
notification of deficiencies Mängelprotokoll *n*
nowhere nirgendwohin *adv*
nudist beach Nacktbadestrand *m*
nudist hike Nacktwanderung *f*
number of beds Bettenkapazität *f*
number of inclusive tours Pauschalreiseanzahl *f*
number of nights spent Zähleinheit *f* für Übernachtung
number of package tours Pauschalreiseanzahl *f*
number of participants Teilnehmerzahlen *fpl* bei Gruppen
number of passengers Fahrgastzahlen *fpl*
number of seats Platzzahl *f*
number plate Nummernschild *n*
numbers of overnight stays Übernachtungszahlen *fpl*
nurse Betreuungsperson *f (für alte Leute, Kranke)*; Gouvernante *f (Kindermädchen, Zimmermädchen)*
nutritional consulting Ernährungsberatung *f*

O

oasis Oase *f*
obelisk Obelisk *m*
objection Beanstandung *f*, Einwand *m*
obligation Obliegenheit *f*, Obligation *f*
• **without obligation** unverbindlich *(Angebot)*
obligation of secrecy Verschwiegenheitspflicht *f*
obligation to co-operate Mitwirkungspflicht *f*
obligation to inform Unterrichtungspflicht *f*
obligation to make a complaint immediately upon receipt of faulty goods or services Rügeobliegenheit *f*
obligation to notification Mitteilungspflicht *f*
obligation to participate Mitwirkungspflicht *f*
obligation to warn Hinweispflicht *f*
obligations Verbindlichkeiten *fpl*
obligatory *adj* obligatorisch, verbindlich
obligatory visa Visumzwang *m*
obliging *adj* kulant
obliging cancellation and alteration

regulation kulante Stornierungs- und Umbuchungsregelung *f*
obligor Schuldner *m*
observation coach Aussichtswagen *m*
obstacle-free transportation systems barrierefreie Verkehrssysteme *npl*
occasional customers Laufkundschaft *f*
occasional tour operator Gelegenheitsreiseveranstalter *m*
occasional tour organizer Gelegenheitsreiseveranstalter *m*
occasional traffic Gelegenheitsverkehr *m*
occident Okzident *m*
occupancy Auslastung *f*, Belegung *f* *(Auslastung)*
occupancy list Belegungsliste *f*
occupancy rate Auslastung *f*, Auslastungsquote *f*
occupation Beruf *m*, Beschäftigung *f*
occupational cooperative Berufsgenossenschaft *f*
occupational image Berufsbild *n*
occupational mobility berufsbedingte Mobilität *f*
ocean Meer *n*, Ozean *m*
ocean passage Seepassage *f*
oceanic voyage Ozeanreise *f*
odeum Odeon *n*
of this season *(Aut)* Heuriger *m (junger Wein)*
off-peak hours connection Tagesrandverbindung *f*
off-season Nachsaison *f*, Nebensaison *f*
off-the-cuff *adj* aus dem Stegreif, spontan
offer Angebot *n*
offer of meeting and convention facilities at airports Kongress- und Tagungsangebot *n* auf Flughäfen
offer price comparative system Preis- und Angebotsvergleichssystem *n*
office Geschäftsstelle *f*; Büro *n*; Kanzlei *f*
office administrator Bürokaufmann *m*
official car Dienstwagen *m*
official directives hoheitliche Anordnungen *fpl (Entzug der Landerechte, Grenzschließungen, Naturkatastrophen, Havarien, Zerstörung von Unterkünften; withdrawal of landing rights, closure of borders, natural disasters, averages, destruction of dwellings)*
official Federal Foreign Office crisis information Kriseninformation *f* durch das Auswärtige Amt
official Federal Foreign Office travel advice Kriseninformation *f* durch das Auswärtige Amt
official holiday geschützter Feiertag *m*, staatlich geschützter Feiertag *m*
official journey Dienstreise *f*
official orders hoheitliche Anordnungen *fpl (Entzug der Landerechte, Grenzschließungen, Naturkatastrophen, Havarien, Zerstörung von Unterkünften; withdrawal of landing rights, closure of borders, natural disasters, averages, destruction of dwellings)*
offshoot Unterorganisation *f*
old town Altstadt *f*
oligopoly Oligopol *n*
Olympic Games Olympische Spiele *npl*
Olympics Olympische Spiele *npl*
on-board catering Bordverpflegung *f*
on-board entertainment Bordunterhaltung *f*
on-board motorboat bordeigenes Motorboot *n*
on-board party Bordfest *n*
on-board prices Bordpreise *mpl*
on-board restaurant Bordrestaurant *n*
on-board shop Bordshop *m*
on-board tour guide Bordreiseleitung *f*
on-call duty Abrufarbeit *f*
on commission auf Provision
on the dot.com market auf dem Dotcom-Markt *m*
on the go unterwegs
on-the-job training betriebliche Ausbildung *f*
on the way unterwegs
on tour unterwegs
on track auf dem Weg *m*, im Plan
on trust nach Treu und Glauben
one-day ski pass Skitagespass *m*
one-horse carriage *(Aut)* Einspänner *m (Kutsche für Stadtrundfahrt mit einem Pferd als Zugtier)*
one-man business Einzelunternehmen *n*
one-off premium Einmalprämie *f*
one-way occupancy Besetzteinfahrt *f* mit anschließender Leerrückfahrt; Leereinfahrt *f* mit anschließender Besetztausfahrt
one-way return occupancy Leereinfahrt *f* mit anschließender Besetztausfahrt

one-year insurance Jahresversicherung *f*
oneway key Einwegschlüssel *m*
online auction Online-Auktion *f*
online booking Online-Buchung *f*
online log Online-Tagebuch *n*
online reservation online Reisebuchung *f*
online shopping Einkaufen *n* via Online--Dienste
online travel agency Online-Reisebüro *n*
online travel booking online Reisebuchung *f*
onlooker Zaungast *m*
onward flight Anschlussflug *m*
open access Jedermannsrecht *n*
open-air museum Freilichtmuseum *n*
open airline ticket Flugschein *m* ohne Reservierung
open car Großraumwagen *m*
open city offene Stadt *f*
open day at historical sites Tag *m* des offenen Denkmals
open jaw flight Gabelflug *m*
open monument day Tag *m* des offenen Denkmals
open-plan carriage Großraumwagen *m*
open scenic carriage Aussichtswagen *m*
open sea hohe See *f*
open seating freie Sitzplatzwahl *f*
Open Skies Treaty offener Himmel *m*
open sky agreement offener Himmel *m*
opening balance Eröffnungsbilanz *f*
opening celebration Eröffnungsfeier *f*
opening hours Besichtigungszeiten *fpl*
opening party Eröffnungsfeier *f*
opening speech Begrüßungsansprache *f*
openness Übersichtlichkeit *f*
operate *v* **at full speed** auf Hochtouren arbeiten
operating company Betreibergesellschaft *f*
operating costs Betriebsausgaben *fpl*, Betriebskosten *pl*
operating expenses Betriebsausgaben *fpl*, Betriebskosten *pl*
operating instruction Bedienungsanleitung *f*
operating license Betriebsgenehmigung *f*
operating procedure Betriebsablauf *m*
operating process costs Prozesskosten *pl*
operating ratio Kapazitätsauslastung *f*
operating results Betriebsergebnis *n*
operating schedule Betriebsablauf *m*
operating staff Bedienungspersonal *n*
operating system Betriebssystem *n* *(Computer)*
operating unit Betriebsstelle *f*
operation obligation Betriebspflicht *f*
operational *adj* betriebsbedingt
operational stop technische Zwischenlandung *f*
operative planning operative Planung *f*
operator Unternehmer(in) *m(f)*, Veranstalter *m*
operator brand Veranstaltermarke *f*
operator liability Veranstalterhaftung *f*
operator specialized in sports holidays Sport-Spezialreisen-Veranstalter *m*
operators' market Veranstaltermarkt *m*
opinion poll Meinungsumfrage *f*
opinion polling Meinungsforschung *f*
opinion survey Meinungsumfrage *f*
opportunity costs Opportunitätskosten *pl*
optimization potential Optimierungspotential *n*
option Option *f*
option booking Optionsbuchung *f*
option contract Optionsvertrag *m*
optional fakultativ
optional insurance fakultative Versicherung *f*
optional reservation Optionsbuchung *f*
orangerie Orangerie *f*
orangery Orangerie *f*
order Bestellung *f*; Anweisung *f*
order book Auftragsbuch *n*
order of the day Tagesordnung *f*
orders on hand Auftragsbestand *m*
ordinance Verordnung *f*
organic food biologische Ernährung *f*
organigram Organigramm *n*, Organisationsplan *m*
organisation of tourism Tourismusorganisation *f*
organisational size category Betriebsgrößenklasse *f*
organised tour Veranstalterreise *f*
organised trip Veranstalterreise *f*
organiser Veranstalter *m*
organization chart Organigramm *n*
organized trip for TV viewers Zuschauerreise *f*
organizing committee Organisationskomitee *n*
Orient Orient *m*

orientation tour Orientierungstour *f*
original document Originalbeleg *m* Originalbeleg *m*
original slip Originalbeleg *m*
originality Ursprünglichkeit *f*
other booking office sonstige Buchungsstelle *f*
other reservation agency sonstige Buchungsstelle *f*
other travel agency sonstige Buchungsstelle *f*
out of order außer Betrieb *m*
out-side *adj* nebenberuflich
outbound flight Hinflug *m (ins Ausland)*
outbound travel *(formerly: outgoing travel)* Auslandsreisen *fpl (alle Reisen, die ins Ausland gehen)*
outcome-dependent payment ergebnisabhängige Bezahlung *f*
outer cabin Außenkabine *f*
outgoing tourism Auslandstourismus *m*
outing Ausflugsfahrt *f*
outlook Ausblick *m*, Perspektive *f*
outpace *v* ausstechen
outpace *v* **sb** *(AE)* jemanden abhängen, jemanden ausstechen
output device Ausgabegerät *n (Computer)*
outside cabin Außenkabine *f*
outside capital Fremdkapital *n*
outside distribution Fremdvertrieb *m*
outside financing Fremdfinanzierung *f*
outside service Fremdleistung *f*
outskirts Ortsrand *m*
outsource *v* ausgliedern
outstanding *adj* bemerkenswert, hervorragend, unvergleichlich
outstanding payment Restzahlung *f*
outward journey Anreise *f*
overall concept Gesamtkonzept *n*
overbooking Überbuchung *f*
overcapacity Überkapazität *f*
overdue notice Mahnung *f*
overflight time Überflugzeit *f*
overhaul gründliche Überprüfung *f*, Revision *f*, Überholung *f (Überarbeitung, Revision)*
overheads Gemeinkosten *pl*
overland bus Überlandbus *m*
overland coach *(BE)* Überlandbus *m*
overlapping Überschneidung *f*
overnight Übernachtung *f*
overnight bus *(dtCH)* Nachtcar *m*
overnight expenses Übernachtungskosten *pl*
overnight guest Übernachtungsgast *m*
overnight stay *(dtCH, Aut)* Nächtigung *f (Übernachtung)*; Übernachtung *f*
overnight stay en route Zwischenübernachtung *f*
overnight-stay figures Übernachtungszahlen *fpl*
overnight stop-over Zwischenübernachtung *f*
overnight train Nachtzug *m*
overrider Superprovision *f*
overriding commission Steigerungsprovision *f*, Superprovision *f*
overseas representation Auslandsvertretung *f*
overseas travel Fernreise *f*, Überseereise *f*
oversize baggage *(AE)* sperriges Gepäck *n*
oversize luggage *(BE)* sperriges Gepäck *n*
overspill town Trabantenstadt *f*
overstimulated *adj* reizüberflutet
overtaking lane *(BE)* Überholspur *f*
overtime Überstunde *f*
overwater-bungalow Überwasser-Bungalow *m (Indischer Ozean)*
overwinter *v* überwintern
owner change Eigentümerwechsel *m*
owner-managed company inhabergeführtes Unternehmen *n*
ownership economy Eigentumswirtschaft *f*
oxygen mask Sauerstoffmaske *f*

P

pace of expansion Expansionstempo *n*
package *v* **at day-conditions** paketieren zu Tagespreisen
package deal Kopplungsgeschäft *n*, Pauschalangebot *n*
package holiday Veranstalterreisepaket *n*
package holiday guideline Pauschalreiserichtlinie *f*
package holiday tourist Pauschaltourist *m*
package holidays Pauschalreisen *fpl*

package rate Pauschale *f*, Pauschalpreis *m*
package tour Paketreise *f*, Pauschalreise *f*, Veranstalterreise *f*, Veranstalterreisepaket *n*
package-tour air traffic Pauschalflugreiseverkehr *m*
package-tour liability Haftung *f* bei Pauschalreisen
package-tour operator Paketreiseveranstalter *m*
package-tour organizer Paketreiseveranstalter *m*
package travel Pauschalreise *f*, Pauschalreisen *fpl*, Veranstalterreisepaket *n*
package travel regulation Pauschalreiserecht *n*
packed lunch *(BE)* Lunchpaket *n*
packet boat *(AE)* Paketboot *n*
packet-boat *(BE)* Paketboot *n*
packet ship *(AE)* Paketboot *n*
packetize *v* **at current prizes** paketieren zu Tagespreisen
paddle steamer Raddampfer *m*, Schaufelraddampfer *m*
paddle-wheel steamer Schaufelraddampfer *m*
page Page *m*
pandemic Pandemie *f*
panel discussion Podiumsdiskussion *f*
panic-mongering Panikmache *f*
panorama Rundblick *m*, *(dtCH)* Rundschau *f (Rundblick)*
panorama carriage Aussichtswagen *m*
panorama railroad car *(AE)* Aussichtswagen *m*
panoramic tour Panoramatour *f*
panoramic view Rundblick *m*
pantheon Pantheon *n*
Paper Chase *(Authors' Travel Talk, Braunschweig)* Schnitzeljagd *f*
paperless *adj* papierlos
paracommercial tourism Schwarztouristik *f*
parahotel sector Parahotellerie *f*
parasol Sonnenschirm *m*
parent company *(BE)* Muttergesellschaft *f*
parent corporation *(AE)* Muttergesellschaft *f*
Paris Aviation Convention Pariser Luftverkehrsabkommen *n*
park *v* parkieren *(parken)*
parking dial Parkscheibe *f*
parking disc *(AE)* Parkscheibe *f*
parking disk *(BE)* Parkscheibe *f*
parking garage *(AE)* Parkhaus *n*
parking lot *(AE)* Parkplatz *m*
parking meter Parkautomat *m*, Parkuhr *f*
parking space Parkplatz *m*
parliamentary secretary parlamentarischer Staatssekretär *m*
part board Teilverpflegung *f*
part catering Teilverpflegung *f*
part insurance cover Teilkasko *n*
part package tour Teilpauschalreise *f*
part package tour on hotel or transport basis Teilpauschalreise *f*
part payment Abschlagszahlung *f*, Teilzahlung *f*
part-time *adj* nebenberuflich
part-time job Teilzeitbeschäftigung *f*
part-time law Teilzeit- und Befristungsgesetz *n (Abk.: TzBfG)*
partial board Teilverpflegung *f*
partial cancellation Teilstornierung *f*
partial charter Teilcharter *m*
partial coverage insurance Teilkasko *n*
partial payment Teilzahlung *f*
partial retirement Altersteilzeit *f*
participant list Teilnehmerliste *f*
participation Beteiligung *f*, Mitwirkung *f*, Teilnahme *f*
partner Gesellschafter(in) *m(f)*, Teilhaber *m*
partner committee Partnerausschuss *m*
partner fare Begleitertarif *m*, Partnertarif *m*
partners in labour relations Tarifpartner *mpl*
partnership Beteiligung *f*, Personengesellschaft *f*
partnership agreement Gesellschaftsvertrag *m*
partnership approach partnerschaftliche Vorgehensweise *f*
partnership contract Partnerschaftsvertrag *m*
party Reisegruppe *f*; Feier *f*, Party *f*
party tour Gesellschaftsreise *f*, Gruppenreise *f*
party travel Gruppenreise *f*
pass Skipass *m* ski, Streckenfahrschein *m*
passage Überfahrt *f*
passenger Passagier *m*, Reisende *m(f)*
passenger boarding bridge Rampenfinger *m*
passenger boat *(Aut)* Ordinarischiff *n (Personenschiff im Liniendienst)*

passenger check-in Fluggastabfertigung *f*, Passagierabfertigung *f*
passenger comfort Passagierkomfort *m*
passenger deck Passagierdeck *n*
passenger ferry Personenfähre *f*
passenger flight personnel Servicepersonal *n* auf Passagierflugzeugen
passenger growth Passagierwachstum *n*
passenger handling Fluggastabfertigung *f*, Passagierabfertigung *f*
passenger information system *(Abk.: PIS)* Passagierinformationssystem *n*
passenger kilometer *(AE)* Personenkilometer *m (Abk.: Pkm)*
passenger kilometre *(BE)* Personenkilometer *m (Abk.: Pkm)*
passenger liner Passagierschiff *n*
passenger load factor Sitzladefaktor *m*
passenger manifest Passagiermanifest *n*
passenger name record *(Abk.: PNR)* Passagierdatensatz *m*
passenger navigation Personenschifffahrt *f*
passenger processing Fluggastabfertigung *f*
passenger replacement Reisendenwechsel *m*
passenger right Fahrgastrecht *n*
passenger ship Fahrgastschiff *n*, Passagierschiff *n*
passenger shipping Personenschifffahrt *f*
passenger shipping company Kreuzfahrtgesellschaft *f*
passenger stairway Fluggasttreppe *f*
passenger terminal Abfertigungsgebäude *n* für Passagiere
passenger terminal building Abfertigungsgebäude *n* für Passagiere
passenger ticket *(for a ship)* Schiffsfahrschein *m*
passenger train Reisezug *m*
passenger transport Personentransport *m*
passenger transportation Passagierbeförderung *f*, Personentransport *m*
Passenger Transportation Act Personenbeförderungsgesetz *n (Abk.: PBefG)*
passenger transportation law Personenbeförderungsgesetz *n (Abk.: PBefG)*
Passengers Rights Fluggastrecht *n*
passing lane Überholspur *f*
passing trade Laufkundschaft *f*
passive booking passive Buchung *f*
passive segment passives Segment *n*
passkey Hauptschlüssel *m*
passport Reisepass *m*
passport control Ausweiskontrolle *f*, Passkontrolle *f*
passport inspection Passkontrolle *f*
passport number Reisepassnummer *f*
path towards a solution Lösungsweg *m*
patient at a health resort Kurgast *m*
patio Terrasse *f*; Innenhof *m*
patronage Schirmherrschaft *f*
pause Pause *f (Sprechpause)*
pax Passagier *m*
pay *v* **off** auszahlen
pay Bezahlung *f*
pay agreement Tarifvertrag *m*
pay-TV Bezahl-Fernsehen *n*
payback Rückerstattung *f*
payback period Kapitalrückflusszeit *f*
paying guest Zahlgast *m*
paying passenger Zahlpax *m*
paymaster Zahlmeister *m*
payment Bezahlung *f*, Entgelt *n*
payment in instalments Teilzahlung *f*
payment in kind geldwerter Vorteil *m*, Sachbezüge *mpl (Finanzwesen)*
payment methods for travellers Reisezahlungsmittel *npl*
payment of balance Restzahlung *f*
payment on account Abschlagszahlung *f*, Akontozahlung *f*
payment procedure Zahlungsverfahren *n*
payment revenue Zahlungseinnahme *f*
payment transaction Zahlungsverkehr *m*
payments Zahlungsverkehr *m*
payroll Gehaltsabrechnung *f*, Gehaltsliste *f*
peaceful *adj* beschaulich
peak season Hauptsaison *f*, Hochsaison *f*
peak traffic Spitzenverkehr *m*
peak travel season Hauptreisezeit *f*
pedestrian area Fußgängerzone *f*
pedestrian zone Fußgängerzone *f*
penalty Malus *m*, Strafe *f*, Strafmaß *n*
penalty charges for failure to train Ausbildungsplatzabgabe *f*
pendolino Neigezug *m*
pension Pension *f*
pension scheme Alterssicherungssystem *n*, Altersversorgungssystem *n*
pension system Alterssicherungssystem *n*
pensionable age Altersgrenze *f*

pent-up demand Nachholbedarf *m*
per diem rate Verpflegungspauschale *f*
percentage commission prozentuale Provision *f*
percentage of occupancy Auslastungsquote *f*
perception Wahrnehmungsvermögen *n*
perceptive faculty Wahrnehmungsvermögen *n*
perfect *adj* makellos
perfect weather *(like out of a picture book)* Bilderbuchwetter *n*
performance Darbietung *f*, Darstellung *f*
performance-bonus Leistungsprämie *f*
performance of a contract Vertragserfüllung *f*
performance-oriented society Leistungsgesellschaft *f*
performance-related remuneration erfolgsorientierte Vergütung *f*
pergola Laube *f*, Laubengang *m (Arkade, Bogengang)*
perilous *adj* riskant
period Frist *f*
period of carriage Beförderungszeitraum *m*
period of slackness Flaute *f (mangelnde Nachfrage)*
period of training Ausbildungsdauer *f*
perk geldwerter Vorteil *m*
permanent staff Stammbelegschaft *f*
permission Genehmigung *f*
permission to stay Aufenthaltserlaubnis *f*
permission to take off Starterlaubnis *f* eines Flugzeuges
persistence Beständigkeit *f*
persistent demand anhaltende Nachfrage *f*
person engaged in a trade Gewerbetreibende *m(f)*
person in charge Betreuungsperson *f*
person travelling alone Alleinreisende *m(f)*
personal accident insurance *(Abk.: PAI)* Insassenunfallversicherung *f*, Unfallversicherung *f*
personal injury Personenschaden *m*
Personal job cuts Stellenabbau *m*
personal message by radio Reiseruf *m*
personal plan of action persönlicher Einsatzplan *m*
personal property *(dtCH)* persönliche Effekten *pl*
personal responsibility Eigenverantwortung *f*
personal schedule persönlicher Einsatzplan *m*
personnel Personal *n*
personnel and organisation development Personal- und Organisationsentwicklung *f*
personnel cutbacks Stellenabbau *m*
personnel dialogue Mitarbeitergespräch *n*
personnel efficiency Mitarbeitereffizienz *f*
personnel planning Personalplanung *f*
persons with reduced mobility *(Abk.: PRM)* Personen *fpl* mit eingeschränkter Beweglichkeit
perspective Perspektive *f*, Blickwinkel *m*, Einschätzung *f*
pessimism Schwarzmalerei *f*
petrol *(BE)* Benzin *n*, Treibstoff *m*
petrol station *(BE)* Tankstelle *f*
petrol voucher *(BE)* Benzingutschein *m*
photogenic physicalness fotogene Körperlichkeit *f*
photographic documentation Bildreportage *f*
photographic report Bildreportage *f*
phrase book Sprachführer *m*
pick-up area Abholbereich *m*
pick up location Abholungsort *m*
pick-up point Einstiegspunkt *m*
pick-up service Abholservice *m*
pick-up service for returning Rückholservice *m*
pick-up time Abholzeit *f*
picking pockets Beutelschneiderei *f*
picnic site Picknickplatz *m*
picnic spot Picknickplatz *m*
pictogram Piktogramm *m*
picture postcard Ansichtskarte *f*
picturesque *adj* malerisch
pier Landungssteg *m*, *(dtCH)* Schiffslände *f*, Seebrücke *f*
pilgrimage Pilgerfahrt *f*, Wallfahrt *f*
pilgrimage tourism Wallfahrtstourismus *m*
pilgrimage trail Pilgerweg *m*
pilot Lotse *m*, Pilot *m*
pilot boat Lotsenversetzschiff *n*
pilot project Pilotprojekt *n*
pilot vessel Lotsenversetzschiff *n*
pilotage (dues) Lotsengebühr *f*

pilot's licence Flugschein *m*, Pilotenschein *m*
pioneer Vorreiter *m*
piracy Piraterie *f*
piste Piste *f*
place of arrival Ankunftsort *m*
place of destination Bestimmungsort *m*, Zielort *m*
place of excursion Ausflugsziel *n*
place of jurisdiction Gerichtsstand *m*
place of remembrance Erinnerungsstätte *f*
plaintext display Klartextanzeige *f*
plan approval procedure Planfeststellungsverfahren *n*
plan of the seating arrangement Sitzplan *m*
plane crew Flugzeugbesatzung *f*
plane for business travel Geschäftsreiseflugzeug *n*
plane ticket Flugschein *m (Flugkarte)*
planned arrival planmäßige Ankunft *f*
planned economy Planwirtschaft *f*
planned flight Planflug *m (geplanter Flug)*
planning office for air space users Planungsbüro *n* Luftraumnutzer
planning permission hearings Planfeststellungsverfahren *n*
plant management Betriebsleitung *f*
plastic Plastikgeld *n*
plastic money Plastikgeld *n*
platform Bahnsteig *m*, *(dtCH)* Perron *n (Bahnsteig)*
plausibility check Plausibilitätsprüfung *f*
plausibility test Plausibilitätsprüfung *f*
play Theaterstück *n*
playground Spielplatz *m*
pleasure drive Spazierfahrt *f*
pleasure ride Spazierfahrt *f*
pleasure trip Vergnügungsfahrt *f*
pledge of secrecy Verschwiegenheitspflicht *f*
plot Grundstück *n*
plug Stecker *m*
podcast Podcast *m*
point of arrival Ankunftsort *m*
point of departure Abfahrtsort *m*, Ausgangspunkt *m*
point of embarkation Einstiegspunkt *m*
Point of Interest *(Abk.: POI)* Sehenswürdigkeit *f*
point of presence *(Abk.: POP)* Einwahlknoten *m*
point of sale *(Abk.: POS)* Ort *m* des Verkaufs, Verkaufspunkt *m*
point-of-sale *(Abk.: POS)* Ort *m* des Verkaufs, Verkaufspunkt *m*
point-to-point-connection Punkt-zu-Punkt-Verbindung *f*
pointing the way richtungsweisend
polar circle Polarkreis *m*
polar light Polarlicht *n*
policy Richtlinie *f (Abk.: RL)*; Strategie *f*
policy holder Versicherungsnehmer(in) *m(f)*
policy of distribution Distributionspolitik *f*
political economy Volkswirtschaft *f*, Volkswirtschaftslehre *f*
politically motivated tourism Polittourismus *m*
pollution Immission *f*, Verschmutzung *f*, Schadstoffe *mpl*
pollution control Umweltschutz *m*
pollution emissions Schadstoffausstoß *m*
polypolistic competition polypolistische Konkurrenz *f*
pool Pool *m*
pool bar Poolbar *f*
population Bevölkerung *f*
port Anschluss *m (Computer: Schnittstelle)*; Backbord *n*, Hafen *m*
port agent Hafenagent *m*
port captain Hafenkapitän *m*
port charge Hafengebühr *f*
port dues Hafenabgabe *f*
port of departure Abfahrtshafen *m*, Ausgangshafen *m*
port of embarkation Abfahrtshafen *m*, Einschiffungshafen *m*
port of loading Ladehafen *m*
port side Backbord *n*
port station Hafenbahnhof *m*
portable medicine case Reiseapotheke *f*
portal Portal *n*, Zugang *m* zum Internet, Eingangsbereich *m* eines Gebäudes
porter *(BE)* Gepäckträger *m*, Hausdiener *m*, Portier *m*
portfolio Dokumentenmappe *f*, Portfolio *n*; Referat *n*, Ressort *n (Geschäftsbereich)*; Wertpapierbestand *m*
porthole Bullauge *n*
positioning Positionierung *f*
positioning cruise Positionierungsfahrt *f*

positioning expenses Überführungskosten *pl*
positioning flight Positionierungsflug *m*, Überführungsflug *m*
positioning voyage Überführungsfahrt *f* *(Schiff)*
possessions *(dtCH)* persönliche Effekten *pl (Habseligkeiten, Gegenstände des persönlichen Gebrauchs)*
post-calculation Nachkalkulation *f*
post-graduate studies Ergänzungsstudium *n*, Nachdiplomstudium *n (Abk.: NDS)*
post-graduate studies in tourism Aufbaustudium *n* im Tourismus
post luggage Postgepäck *n*
post-season Nachsaison *f*
post ship Postschiff *n*
postcard Ansichtskarte *f*
posting Aushang *m*
potential client potentieller Kunde *m*
potential customer potentieller Kunde *m*
practical training Volontariat *n*
practical training abroad Auslandspraktikum *n*
practice *v* praktizieren
practice Gepflogenheit *f*
pragmatic *adj* pragmatisch
pre and post-conference tour Vor- und Nach-Konferenz-Reise *f*
pre-assigned seating vorherige Sitzplatzreservierung *f*
pre-contract Vorvertrag *m*
pre-existing disease Vorerkrankung *f*
pre-opening management Voreröffnungsmanagement *n*
pre-paid rate vorausbezahlte Rate *f*
pre-season Vorsaison *f*
pre-tax profit Ergebnis *n* vor Steuern
pre-trip information Reisevorbereitung *f*
pre-year figure Vorjahreswert *m*
preboarding bevorzugtes Einsteigen *n*, Einsteigevorbereitung *f*
prebooking Vorausbuchung *f*, Vormerkung *f*
precautionary booking vorsorgliche Buchung *f*
precautionary measure Prophylaxemaßnahme *f*
precursor Wegbereiter *m*
predatory competition Verdrängungswettbewerb *m*
prediction Prognose *f*, Vorhersage *f*
preferential loan Massekredit *m (under bankrupcy proceedings)*
preferential price Vorzugspreis *m*
preferential price charge Vorzugspreisgebühr *f*
preferred service partner bevorzugter Leistungsträger *m*
prefinancing Vorfinanzierung *f*
prejudice Vorurteil *n*
preliminary *adj* vorläufig
preliminary contract Vorvertrag *m*
preliminary financing Vorfinanzierung *f*
premature journey home vorzeitige Rückreise *f*
premature return vorzeitige Rückreise *f*
premature return journey vorzeitige Rückreise *f*
premeditation Vorsatz *m*
première cruise Premierenkreuzfahrt *f*
premises Gelände *n (Grund)*
premium Aufgeld *n*, Prämie *f*
premium loading for abnormal risk Risikoaufschlag *m*
premium mile Statusmeile *f*
premium partner Prämienpartner *m*
premium pay for Sunday and holiday work Sonn- und Feiertagsvergütung *f*
premium ticket Prämienticket *n*
prepaid account Guthabenkarte *f*
prepaid card Guthabenkarte *f*
prepaid ticket advice *(Abk.: PTA)* Rufpassage *f*, Tickethinterlegung *f*
preparation for an examination Prüfungsvorbereitung *f*
prepayment Vorauszahlung *f*
prepayment discount Vorauszahlungsrabatt *m*
preregistration Voranmeldung *f*
prerogative Privileg *n*
prescription Verjährung *f*
presentation Referat *n*, Vortrag *m*, Präsentation *f*
presenter Moderator *m*
preservation of evidence Beweissicherung *f*
press and public relations Presse- und Öffentlichkeitsarbeit *f*
press briefing tour Presseinformationsreise *f*
press conference Pressegespräch *n*
press information tour Presseinformationsreise *f*
press officer Pressereferent(in) *m(f)*
press tour Pressereise *f*

press trip Pressereise *f*
pressing service Bügelservice *m*
pretax Vorsteuer *f*
preventative vaccination Schutzimpfung *f*
prevention of accidents Unfallverhütung *f*
prevention of infection Infektionsvorbeugung *f*
prevention tours [travel] with health insurance subsidy Präventionsreisen *fpl* mit Krankenkassenzuschuss
preventive vaccination Schutzimpfung *f*
previous year level Vorjahresniveau *n*
previous year's result Vorjahresergebnis *n*
price Preis *m*
price and conditions policy Preis- und Konditionenpolitik *f*
price basis Preisbasis *f*
price calculation Preisberechnung *f*
price category Preiskategorie *f*
price comparison homepage Preisvergleichsportal *n*
price comparison portal Preisvergleichsportal *n*
price comparison system Preisvergleichssystem *n*
price concession Preiszugeständnis *n*
price cut Preissenkung *f*
price difference Marge *f*
price discipline Preisdisziplin *f*
price equality Preisgleichheit *f*
price fixing Preisbindung *f*
price in course of the year unterjähriger Preis *m*
price increase in package tours Preiserhöhung *f* bei Pauschalreisen
price list Preisliste *f*
price margin Preisspanne *f*
price notation Preisnotierung *f*
price parity Preisgleichheit *f*
price per night Übernachtungspreis *m*
price-performance database Preisangebots- und Preisdatenbank *f*
price-performance ratio Preis-Leistungs-Verhältnis *n*
price range Preisspanne *f*
price reduction Preisnachlass *m*, Preissenkung *f*
price regulation to protect competition Preisabstandsgebot *n*
price spread Preisspanne *f*
price stability Preisstabilität *f*
price transparency Preisklarheit *f*, Preistransparenz *f*
price valid during the year unterjähriger Preis *m*
price war Preiskampf *m*
prices subject to change Preisänderungsvorbehalt *m*
pricing Kalkulation *f*, Preisgestaltung *f*, Preisfestsetzung *f*
primary-business travel agency Haupterwerbsreisebüro *n*
primary rocks Urgestein *n*
primary sector primärer Sektor *m*
prime contractor Hauptlieferant *m*
prime cost Selbstkostenpreis *m*
principal Handelsherr *m*
principal country Hauptland *n*
principal holiday *(BE)* Haupturlaubsreise *f*
principal service Hauptleistung *f*
principal vacation *(AE)* Haupturlaubsreise *f*
principle customer Hauptkunde *m*
principle of subsidiarity Subsidiaritätsprinzip *n*
prior year result Vorjahresergebnis *n*
priority boarding privilege bevorzugtes Einsteigen *n*
privacy Privatsphäre *f*
private accommodation Privatquartier *n*
private air traffic Privatflugverkehr *m*
private apartment *(AE)* Privatunterkunft *f*
private beach Privatstrand *m*
private equity privates Beteiligungskapital *n*, Unternehmensbeteiligung *f (an nicht börsengehandelten Unternehmen)*
private flights Privatflugverkehr *m*
private hotel Hotelpension *f*
private island Privatinsel *f*
private lessons Nachhilfe *f*
private limited company Gesellschaft *f* mit beschränkter Haftung *(Abk.: GmbH)*
private lodging Privatunterkunft *f*
private room Privatunterkunft *f*, Privatzimmer *n*
private security company [service] privater Sicherheitsdienst *m*
private traffic privater Verkehr *m*
private transport *(BE)* privater Verkehr *m*
private transportation *(AE)* privater Verkehr *m*
private tutoring Nachhilfe *f*
privatisation Privatisierung *f*
privatisation law Treuhandgesetz *n*

privilege Privileg *n*, Vergünstigung *f*
prize Preis *m*, Auszeichnung *f*
pro rata anteilig
pro rata charter Pro Rata Charter *m*
probability Wahrscheinlichkeit *f*
ProBahn Association Fahrgastverband *m* ProBahn
ProBahn railway passenger association Fahrgastverband *m* ProBahn
probationary period Probezeit *f*
proceeds Einnahmen *fpl*, Erlös *m*
process optimisation Prozessoptimierung *f*
process time Prozessdauer *f*
processing Abfertigung *f (Zoll)*
processing fee Bearbeitungsgebühr *f*
processor Prozessor *m (CPU)*
produced traffic produzierter Verkehr *m*
producer's liability Produzentenhaftung *f*
product Produkt *n*
product and sales training Produkt- und Verkaufsschulung *f*
product costing analysis Nachkalkulation *f*
product differentiation Produktdifferenzierung *f*
product diversity Produktvielfalt *f*
product experience programme Produkterfahrungs-Programm *n (Abk.: PEP)*
product profile Anforderungsprofil *n*
product range Sortiment *n*
product realised in cooperation Gemeinschaftsprodukt *n*
product reference Produktempfehlung *f*
product variety Produktvielfalt *f*
productivity Produktivität *f*
productivity increase Produktivitätssteigerung *f*
profession Beruf *m*, Berufsbezeichnung *f*
professional Fachreferent(in) *m(f)*
professional association Berufsgenossenschaft *f*, Fachverband *m*
professional driver Berufskraftfahrer(in) *m(f)*
professional expertise Sachkunde *f*
professional female driver Berufskraftfahrerin *f*
professional in tourism Touristiker *m*
professional staff Expertenstab *m*
professional tourist Berufstourist *m*
professional training berufliche Aus- und Weiterbildung *f*
professional training in the hotel and catering industry Berufsausbildung *f* im Hotel- und Gaststättengewerbe
professional training in transport Berufsausbildung *f* im Verkehrswesen
professional visitor Fachbesucher *m*
professionalism Professionalität *f*
professionals day Fachbesuchertag *m* bei Messen
profile *v* profilieren, bewusst machen
profile Profil *n*
profile of strengths and weaknesses Stärken-Schwächen-Profil *n*
profit Ertrag *m*, Gewinn *m*
profit after taxes Ergebnis *n* nach Steuern
profit and loss account *(BE)* Gewinn- und Verlustrechnung *f (Abk.: GuV)*
profit and loss development Kosten- und Erlösentwicklung *f*
profit and loss forecast Ergebnisplanung *f*
profit and loss statement *(AE)* Gewinn- und Verlustrechnung *f (Abk.: GuV)*
profit and loss transfer agreement Ergebnisabführungsvertrag *m*
profit and performance accounting Erlös- und Leistungsrechnung *f*
profit before tax Ergebnis *n* vor Steuern
profit before taxation Gewinn *m* vor Steuern
profit center *(AE)* Profitcenter *n*
profit centre *(BE)* Profitcenter *n*
profit margin Deckungsbeitrag *m*, Umsatzrendite *f*
profit-oriented *adj* gewinnorientiert
profit participation Überschussbeteiligung *f*
profit planning Ergebnisplanung *f*
profit sharing Gewinnbeteiligung *f*
profit tax Ertragssteuer *f*
profit-turnover-ratio Umsatzrendite *f*
profit warning Gewinnwarnung *f*
profitability Ertragskraft *f*, Rentabilität *f*, Wirtschaftlichkeit *f*
prognosis Prognose *f*
prognosis factor Prognosefaktor *m*
program partner *(AE)* Programmpartner *m*
programme partner *(BE)* Programmpartner *m*
prohibition Verbot *n*
prohibition of discounts for package tour sales Rabattverbot *n* beim Verkauf von Pauschalreisen

project finance Projektfinanzierung *f*
project financing Projektfinanzierung *f*
project report Projektarbeit *f*
project team Projektgruppe *f*
project thesis Projektarbeit *f*
project work Projektarbeit *f*
projection Hochrechnung *f*
projection safety Planungssicherheit *f*
prolongation of deadline Fristverlängerung *f*
promenade Promenade *f*, Spaziergang *m*
prominent position Schlüsselposition *f*
promise *v* versprechen
promise Zusage *f*, Versprechen *n*
promising *adj* vielversprechend • **with a promising future** zukunftsträchtig
promoter Veranstalter *m*
promotion Werbung *f*, Förderung *f*, Beförderung *f*
promotion cooperative Werbegemeinschaft *f*
promotion of economic development Wirtschaftsförderung *f*
promotion of public investments öffentliche Investitionsförderung *f*
promotion of the new generation Nachwuchsförderung *f*
promotion of tourism Tourismusförderung *f*
promotion of trade Wirtschaftsförderung *f*
promotion of young people Nachwuchsförderung *f*
promotional gift Werbegeschenk *n*
promotional material Werbemittel *npl*
promotional tour Werbefahrt *f*
promotional trip Kaffeefahrt *f*, Werbefahrt *f*
proof Nachweis *m*
proof of ability to drive a rental car Mietwagennachweis *m*
proof of foreign medical cover Auslandskrankenschein *m*
propeller aircraft Propellerflugzeug *n*
property Grundstück *n*
property damage Sachschaden *m*
property financing options Objektfinanzierungsform *f*
proportion of all-inclusive tours Pauschalreiseanteil *m*
proportion of package tours Pauschalreiseanteil *m*
proportionate *adj* anteilig
proposal form Antragsformular *n*
proposing company einbringende Gesellschaft *f*
proprietary article Markenartikel *m*
Propylaea Propyläen
prospect Ausblick *m*, Perspektive *f*
prospect for the economy Konjunkturaussicht *f*
prospective *adj* weitsichtig
prospectus Prospekt *m(n)*
prospering destination aufstrebende Destination *f*
prosperity Erfolg *m*, Hochkonjunktur *f*
prosumers *pl* Prosumenten *mpl*
protect *v* schützen
protected insolvency proceedings Vergleichsverfahren *n*
protection of creditors Gläubigerschutz *m*
protection of historical buildings and monuments Denkmalschutz *m*
protection of the environment Umweltschutz *m*
protectionism Protektionismus *m*
protective nature schützenswerte Natur *f*
protective screen Schutzschirm *m*
protective vaccination Schutzimpfung *f*
protractor Winkelmessgerät *m*
provider Anbieter *m*, Dienstleister *m*
provider of a clue Tippgeber *m*
provider of a tip Tippgeber *m*
provider of tourism services Tourismus-Dienstleister *m*
provision Rücklage *f*; Versorgung *f*, Bereitstellung *f*
provision accruals *(AE)* Rückstellungen *fpl*
provision for risks Risikovorsorge *f*
provision of the law gesetzliche Bestimmung *f*
provisional agreement Vorvertrag *m*
pub *(BE)* *(Aut)* Beisel *n*, Gasthaus *n*, Kneipe *f*, Pub *m*, Wirtshaus *n*
public convenience Bedürfnisanstalt *f*
public conveyance öffentliches Verkehrsmittel *n*
public exhibition allgemeine Ausstellung *f*, Publikumsmesse *f*
public fair Publikumsmesse *f*
public festival Volksfest *n*
public good öffentliches Gut *n*
public health regulation Gesundheitsbestimmung *f*
public holiday *(BE)* gesetzlicher Feiertag *m*, Feiertag *m*

public house *(BE)* Gasthaus *n*, Pub *m*, Wirtshaus *n*, Schankwirtschaft *f*
public limited company *(BE)* Aktiengesellschaft *f (Abk.: AG)*; Kapitalgesellschaft *f*
public opinion research Meinungsforschung *f*
public property öffentliches Gut *n*
public relations *(Abk.: PR)* Öffentlichkeitsarbeit *f*
public room Aufenthaltsraum *m*, Gesellschaftsraum *m*
public sector *(Abk.: PS)* öffentlicher Sektor *m (Abk.: ÖS)*
public service öffentlicher Verkehr *m*
public service vehicle Linienbus *m*, öffentliches Verkehrsmittel *n*
public spending ratio (to GDP) Staatsquote *f*
public transport öffentlicher Verkehr *m*, öffentliches Verkehrsmittel *n*
public transport network Verkehrsgemeinschaft *f*, Verkehrsverbund *m*
public transport system Verkehrsverbund *m*
public transportation öffentliches Verkehrsmittel *n*
publication Bekanntgabe *f*, Veröffentlichung *f*
publicity Werbung *f*, Reklame *f*; Aufsehen *n*
publicity campaign Werbefeldzug *m*
publicity drive Werbefeldzug *m*
published bus tourism ausgeschriebener Busreiseverkehr *m*
published fare öffentlicher Listenpreis *m*, öffentlicher Preis *m*, veröffentlichter Tarif *m*
published list price öffentlicher Listenpreis *m*
published rack rate öffentlicher Preis *m*
publishing Veröffentlichung *f*
pullman-bed Oberbett *n*
Pullman Car Schlafwagen *m*
pump-room Trinkhalle *f*
punch list Mängelprotokoll *n*
punctuality-statistics Pünktlichkeits--Statistik *f*
purchase order Bestellung *f*
purchase power Einkaufsmacht *f*
purchase price Kaufpreis *m*
purchasing Einkauf *m*
purchasing group Einkaufsgemeinschaft *f*
purchasing habits Kaufgewohnheiten *fpl*
purchasing pattern Einkaufsverhalten *n*
purchasing power Kaufkraft *f*
purchasing volume Einkaufsvolumen *n*
purpose of journey Reisezweck *m*
purser Chefsteward *m*, Zahlmeister *m*
purserette Chefstewardess *f*
pursuit Aktivität *f*, Beschäftigung *f*, Betätigung *f*, Streben *n*
purview Geltungsbereich *m*
put *v* **aside** sparen

Q

qualification as a vocational trainer Ausbilderbefähigung *f*
qualified conference and event technology specialist Fachkraft *f* für Veranstaltungstechnik
qualified event manager Veranstaltungskaufmann *m*, Veranstaltungskauffrau *f*
qualified female event manager Veranstaltungskauffrau *f*
qualified female maritime traffic management officer Schifffahrtskauffrau *f*
qualified female travel agent Reiseverkehrskauffrau *f*
qualified female travel management officer Reiseverkehrskauffrau *f*
qualified hotel specialist Hotelfachfrau *f*, Hotelfachmann *m*
qualified management assistant for rail and road traffic services Kaufmann *m* im Eisenbahn- und Straßenverkehr, Kauffrau *f* im Eisenbahn- und Straßenverkehr
qualified management assistant for traffic services Kaufmann *m* für den Verkehrsservice, Kauffrau *f* für den Verkehrsservice
qualified management assistant in hotel and hospitality Hotelkaufmann *m*, Hotelkauffrau *f*
qualified management assistant in office communication Kaufmann *m* für Bürokommunikation, Kauffrau *f* für Bürokommunikation
qualified maritime traffic manage-

ment officer Schifffahrtskaufmann *m*, Schifffahrtskauffrau *f*
qualified meetings and conference professional Tagungsfachmann *m*, Tagungsfachfrau *f*
qualified restaurant manager Restaurantfachmann *m*, Restaurantfachfrau *f*
qualified specialist at tourist information Fachkraft *f* im Fremdenverkehrsamt
qualified specialist at tourist office Fachkraft *f* im Fremdenverkehrsamt
qualified specialist in hotel and catering industry Fachkraft *f* im Gastgewerbe
qualified specialist in hotel and restaurant industry Fachkraft *f* im Hotel- und Gaststättengewerbe
qualified tourism and travel management assistant Kaufmann *m* für Reiseverkehr und Touristik, Kauffrau *f* für Reiseverkehr und Touristik
qualified tourism specialist Tourismusfachwirt(in) *m(f)* *(Travel Expert Certificate issued by the Chamber of Industry and Commerce, corresponds with Bachelor of Tourism)*
qualified transport specialist Verkehrsfachwirt(in) *m(f)*
qualified travel agent Reiseverkehrskaufmann *m*, Reiseverkehrskauffrau *f*
qualified travel management assistant Reisebürofachkraft *f*
qualified travel management assistant for tourism and leisure Kaufmann *m* für Tourismus und Freizeit
qualified travel management officer Reiseverkehrskaufmann *m*, Reiseverkehrskauffrau *f*
qualifying period Probezeit *f*
qualitative growth qualitatives Wachstum *n*
quality Qualität *f*
quality assurance Qualitätssicherung *f*
quality management Qualitätsmanagement *n*
Quality Manager in the tourism industry Qualitätsmanager(in) *m(f)* im Tourismus *(a vocational qualification of the German Chamber of Industry and Commerce)*
quality of visitors Besucherqualität *f*
quality policy Qualitätspolitik *f*
quality seal Gütesiegel *n*
quality standard Qualitätsanspruch *m*
quantity discount Mengennachlass *m*, Mengenrabatt *m*
quantum jump Quantensprung *m*
quantum leap Quantensprung *m*
quarantine Quarantäne *f*
quarter Quartier *n*
quasi-contractual mutual trust vertragsähnliches Vertrauensverhältnis *n*
quasi-scheduled service linienähnlicher Verkehr *m*
quay Schiffsanlegestelle *f*
questionnaire Fragebogen *m*
queue Warteschlange *f*, Warteschleife *f*
quick visit Stippvisite *f*
quick-wittedness Schlagfertigkeit *f*
quiet Ruhe *f*
quiet room Ruheraum *m*
quilt Oberbett *n*
quotation Angebot *n*

R

Race for the Blue Riband Blaues Band *n*
race to catch up Aufholjagd *f*
racetrack Rennstrecke *f*
rack railroad *(AE)* Zahnradbahn *f*
rack-railway *(BE)* Zahnradbahn *f*
rack rate Normaltarif *m*
radar control Radarkontrolle *f*
radar installation Radaranlage *f*
radar speed check Radarkontrolle *f*
radar system Radaranlage *f*
radar unit Radaranlage *f*
radio microphone installation Funkmikrofonanlage *f*
radio news Radionachrichten *fpl*
raft Floß *n*
rafting tour [trip] Floßfahrt *f*
rail & fly Zug *m* zum Flug
rail ferry Eisenbahnfähre *f*
rail journey Bahnreise *f*
rail pass Netzkarte *f*
rail tour Bahnreise *f*
rail traffic Schienenverkehr *m*
rail traffic regulations Eisenbahnverkehrsordnung *f (Abk.: EVO)*
rail travel Bahnreise *f*
rail trip Bahnreise *f*
railcard Netzkarte *f*
railhead Kopfbahnhof *m*

railroad guide Kursbuch *n*
railroader *(AE)* Eisenbahner(in) *m(f)*
railway administration Eisenbahnverwaltung *f*
railway association Eisenbahnverband *m*
railway compartment Zugabteil *n*
railway cruise Schienenkreuzfahrt *f*
railway employee *(BE)* Eisenbahner(in) *m(f)*
railway engine Lokomotive *f*
railway hotel Eisenbahnhotel *n*
railway information Zugauskunft *f*
railway mission Bahnhofsmission *f*
railway schedule conference Reisezug-Fahrplankonferenz *f*
railway station Bahnhof *m*
railway timetable Kursbuch *n*
Railway Traffic Act Eisenbahnverkehrsordnung *f (Abk.: EVO)*
railway transportation Schienenverkehr *m*
railway transportation regulation Bahnbeförderungsrecht *n*
railwayman *(BE)* Eisenbahner(in) *m(f)*
rainforest Regenwald *m*
rake Lebemann *m (Windhund)*; Nachtschwärmer *m (liederlicher Mensch)*
rally Massenversammlung *f*, Sternfahrt *f*, Treffen *n*, Versammlung *f*, Zusammenkunft *f*
rallying point Sammelpunkt *m*
ramble *(Aut)* Rutscher *(kurze Fahrt, Abstecher)*; Wanderung *f*
rambling club *(BE)* Wanderverein *m*
random sample Stichprobe *f*
range of tourist services on offer touristisches Angebot *n*
range of variation Schwankungsbreite *f*
ranking Einstufung *f*
ransom insurance Lösegeldversicherung *f*
rapid remedy and fairness [good will] zügige Abhilfe *f* und Kulanz *f (Abk.: ZAK)*
rat race Konkurrenzkampf *m*
rate Kurs *m (Börse)*; Preis *m*, Tarif *m*
rate adjustment Kurskorrektur *f*
rate association Tarifgemeinschaft *f*
rate calculation Preisberechnung *f*
rate category Preiskategorie *f*
rate comparison system Preisvergleichssystem *n*
rate of exchange *(Abk.: ROE)* Umrechnungskurs *m*, Wechselkurs *m*
rate of inflation Inflationsrate *f*
rate of price increases Teuerungsrate *f*
rate per night Übernachtungspreis *m*
rate structure Tarifsystem *n*
rated tourism resort prädikatisierter Tourismusort *m*
rates are subject to alteration Preisänderungsvorbehalt *m*
rates structure Ratenstruktur *f*
rating Einstufung *f*, Einschätzung *f*
ratio of government Staatsquote *f*
ratio of taxes and duties to GDP Staatsquote *f*
rationalisation Rationalisierung *f*
ravine *(dtCH)* Tobel *m*
ray of hope Lichtblick *m*
re-education Umschulung *f*
re-entry Wiedereinstieg *m*
re-entry visa Wiedereinreisevisum *n*
readable *adj* lesenswert
readership Leserschaft *f*
readiness to talk Gesprächsbereitschaft *f*
reading for the journey Reiselektüre *f*
reading matter Lesestoff *m*
reading room Leseraum *m*
reading tour Lesereise *f*, Vortragsreise *f*
ready *adj* **for a holiday** urlaubsreif
ready *adj* **for take-off** abflugbereit
ready *adj* **for the journey** reisebereit
ready *adj* **to go** reisebereit, reisefertig
ready *adj* **to leave** reisefertig
ready wit Schlagfertigkeit *f*
real economy Realwirtschaft *f*
really pretty *adj* bildhübsch, bildschön
really tough negotiation knallharte Verhandlung *f*
reappropriation Umverteilung *f*
rear Heck *n*
reasons in proof Beweissicherungsgründe *mpl*
reassurance Rückversicherung *f*
rebate Bonus *m*, Preisnachlass *m*, Rabatt *m*, Rückvergütung *f*
rebooking Umbuchung *f*
rebooking charge Umbuchungsgebühr *f*
rebooking fee Umbuchungsgebühr *f*
receipt Beleg *m*, Kassenzettel *m*, Originalbeleg *m*, Quittung *f*
receipt print-out Belegausdruck *m*
recension Rezension *f*, Durchsicht *f*, Revision *f*
reception Begegnung *f (Empfang)*; Empfang *m*, Rezeption *f*
reception hall Empfangshalle *f*

reception lobby *(AE)* Empfangshalle *f*
reception manager Empfangschef *m* im Hotel
reception office Empfangsbüro *n*
recess (period) Semesterferien *pl*
recession Abschwung *m*, Rezession *f*
recipe for success Erfolgsrezept *n*
reciprocal *adj* wechselseitig
recliner Ruhesessel *m*
reclining chair Ruhesessel *m*
recognition factor Wiedererkennungsfaktor *m*
recognition of income and expenses Ertrags- und Aufwandsrealisierung *f*
reconciliation *(AE)* Abstimmung *f (Annäherung, Finanzwesen)*; Versöhnung *f*
reconfirmation Rückbestätigung *f*
reconsider *v* nochmals erwägen
reconstruction Sanierung *f*
record Nachweis *m*, Aufzeichnungen *fpl*
record level Rekordniveau *n*
record year Rekordjahr *n*
recoverable *adj* erstattungsfähig
recovery Erholung *f*
recovery service Rückholservice *m*
recreation Erholung *f*
recreation area in the (immediate) vicinity Naherholungsgebiet *n*
recreation facility Erholungseinrichtung *f*
recreation home Erholungsheim *n*
recreation in the vicinity Naherholung *f*
recreation of links Rückkopplung *f*
recreation room Aufenthaltsraum *m*
recreational area (close to a town) Naherholungsgebiet *n*
recreational facility Erholungseinrichtung *f*
recreational tourism Erholungstourismus *m*
recruitment agency Personalvermittlungsagentur *f*
recurer Wiederkehrer *m*
red corner *(recent development in the concentration and reorganisation process in the German and European holiday industry, in which the "red camp" is formed by TUI Group, Hapag Lloyd, First Choice Holidays plc and the "yellow camp" by the former Karstadt-Quelle group, Condor and Thomas Cook)* Rotes Lager *n*
redevelopment Sanierung *f*
redhibitory action Wandlung *f* Versicherungswesen
redistribution Umverteilung *f*
reduction Ermäßigung *f*, Vergünstigung *f*, Minderung *f*, Nachlass *m*; Abbau *m*, Senkung *f*
reduction for children Kinderermäßigung *f*
reduction for place of departure Abreiseabschlag *m*
reduction in frequency and capacity Frequenz- und Kapazitätsabbau *m*
reduction in tariff Tarifsenkung *f*
reduction in working hours Arbeitszeitverkürzung *f*
reduction of competition restrictions Abbau *m* von Wettbewerbsbeschränkungen
reduction of competitive barriers Abbau *m* von Wettbewerbsbeschränkungen
reduction of expenses Kostenreduzierung *f*
redundant *adj* überflüssig
refectory Mensa *f*, Speisesaal *m*
reference book Nachschlagewerk *n*
reference books Fachbücher *npl*
reference number Kennzahl *f*
reference work Nachschlagewerk *n*
reflective jacket Warnweste *f*
reform policy Reformpolitik *f*
refreshment Erfrischung *f*
refreshment kiosk Trinkhalle *f*
refreshment stand Erfrischungskiosk *m*, Trinkhalle *f*
refuge Hütte *f*
refund Erstattung *f*, Fahrpreiserstattung *f*, Rückerstattung *f*, Rückvergütung *f*
refund limit Erstattungsgrenze *f*
refund of travel services Erstattung *f* von Reiseleistungen
refundable *adj* erstattungsfähig
regain *v* **sth** etwas wiederfinden *(erneut erlangen)*
region Region *f*, Umland *n*
regional air traffic Luftverkehr *m* der dritten Ebene, Regionalluftverkehr *m*
regional airline Regionalfluggesellschaft *f*
regional airport Regionalflughafen *m*
regional board Gebietsgemeinschaft *f*
regional coastal fishing boat Zeesenboot *n*
regional cooperation Gebietsgemeinschaft *f*
regional horticultural show Landesgartenschau *f*
regional park Naturpark *m*
regional planning Raumplanung *f*

regional planning procedure Raumordnungsverfahren *n*
regional public transport öffentlicher Personennahverkehr *m (Abk.: ÖPNV)*
regional rail transport Personennahverkehr *m*
regional railway Regionalbahn *f*
regional service Regionaldienst *m*
regional tourism federation Tourismusverband *m*
regional tourist board Fremdenverkehrsverband *m (staatlich)*
regional trade fair for tourism professionals Regionalmesse *f* für Touristiker
regional train Nahverkehrszug *m*
regionalisation of local transport system Regionalisierung *f* des Nahverkehrs
register Verzeichnis *n*
register of companies Handelsregister *n*
register of ships Schiffsregister *n*
registered (as a trademark) gesetzlich geschützt
registered luggage *(BE)* aufgegebenes Gepäck *n*
registered trader Vollkaufmann *m*
registration Anmeldung *f*, Einklarierung *f*, Reiseanmeldung *f*
registration closing Anmeldeschluss *m*
registration confirmation Anmeldebestätigung *f*
registration form Anmeldeformular *n*, Meldezettel *m* Hotel
registration of business or trade Gewerbeanmeldung *f*
registration sheet Meldezettel *m* Hotel
registration time Meldezeit *f*
regular border traffic Kleiner Grenzverkehr *m*
regular bus Linienbus *m*, *(dtCH)* Postauto *n (Linienbus)*
regular clientele Kundenstamm *m*
regular cross-border commuter Grenzgänger *m (in anderem Land arbeitend)*
regular cycle Turnus *m*
regular fare Normalpreis *m*
regular flight Linienflug *m*
regular guest Stammgast *m*
regular informal meeting of travel agents Reisebürostammtisch *m*
regular navigation Linienschifffahrt *f*
regular price Vollpreis *m*
regular service [traffic, transport] Linienverkehr *m*
regulation Bestimmung *f*, Regulierung *f*, Verordnung *f*
Regulation Act for General Contract Terms Law Gesetz *n* zur Regelung des Rechts der Allgemeinen Geschäftsbedingungen *(Abk.: AGBG; §§ 305 ff. BGB)*
regulation of school holidays Schulferienregelung *f*
regulations Ausführungsbestimmungen *fpl*
regulatory framework Ordnungsrahmen *m*
regulatory statutes Ausführungsbestimmungen *fpl*
rehab Rehabilitationskur *f*
rehabilitation (treatment) Rehabilitationskur *f*
reimbursable *adj* erstattungsfähig
reimbursement Erstattung *f*, Fahrpreiserstattung *f*, Minderung *f*, Rückerstattung *f*, Rückvergütung *f*, Vergütung *f*
reimbursement of travel expenses Reisekostenerstattung *f*, Reisekostenvergütung *f*
reimbursement of travel services Erstattung *f* von Reiseleistungen
reinsurance Rückversicherung *f*
reintroduction Wiedereinführung *f*
rejuvenate *v* modernisieren, revitalisieren
relaunch Wiedereinführung *f*, Zweitstart *m*
relax *v* ausspannen
relax-chair Ruhesessel *m*
relaxation Entspannung *f*, Erholung *f (Entspannung)*
relaxation tourism Erholungstourismus *m*
relaxing *adj* erholsam
release from liability Haftungsfreistellung *f*
reliability Verlässlichkeit *f*
relief flight Versorgungsflug *m*
relief train Entlastungszug *m*
religious holiday kirchlicher Feiertag *m*
religious tourism religionsbedingter Tourismus *m*
relocation service Umzugsservice *m*
reluctance to book Buchungszurückhaltung *f*
remaining miles Restmeilen *fpl*
remarkable *adj* bemerkenswert
remedial action Selbstabhilfe *f*
remedial treatment Heilbehandlung *f*

remedy demand Abhilfeverlangen *n*
remedy period Abhilfefrist *f*
reminder Mahnung *f*
remote data transmission Datenfernübertragung *f*
remuneration Bezahlung *f*, Entgelt *n*, Entlohnung *f*
remuneration model Vergütungsmodell *n*
Renaissance Renaissance *f*
renovation Renovierung *f*
renovation of the protected heritage denkmalpflegerische Instandsetzung *f*
rent Miete *f*, Pacht *f*
rent-a-car Fahrzeugverleih *m*
rent payment Pachtzahlung *f*
rental Anmietung *f*, Verleih *m*, Vermietung *f*
rental agreement Mietvertrag *m*
rental bus traffic Mietomnibusverkehr *m*
rental car *(AE)* Leihwagen *m*, Mietwagen *m*
rental catalogue Leihkatalog *m*
rental company Verleih *m*
rental contract Mietvertrag *m*
rental office Vermietstation *f*
rental shop Verleih *m*
rental station Vermietstation *f*
rented car *(AE)* Mietwagen *m*
renter Vermieter(in) *m(f)*
reorganization plan Sanierungskonzept *n*
reorientation Neupositionierung *f*
repartee Schlagfertigkeit *f*
repatriation Rückbeförderung *f*
repatriation costs Rücktransportkosten *pl*, Überführungskosten *pl*
repatriation service Rückholservice *m*
repeat customer Wiederholungskunde *m*
repeater Häufigreisende *m(f)*, Oftreisende *m(f)*, Wiederholungskunde *m*, Wiederkehrer *m*
replacement Ersatzperson *f*
report Referat *n*
reporting Berichtswesen *n*, Reporting *n*
reporting year Berichtsjahr *n*
repositioning Neupositionierung *f*
repositioning course Positionierungsfahrt *f*
representation Vertretung *f*
representation expenses Repräsentationsauslagen *fpl*
representation of travel industry interests, travel industry lobby Interessenvertretung *f* der Reisebranche
representative Vertreter *m*
representative committee Vertreterausschuss *m*
reproducibility Reproduzierbarkeit *f*, Wiederholbarkeit *f*
request Anfrage *f*, Nachfrage *f*
request for proposal Ausschreibung *f*
request form Antragsformular *n*
request stop Bedarfshaltestelle *f*
required notice Hinweispflicht *f*
required travel liability reiserechtliche Haftpflicht *f (liability for failure of organizers and/or retailers to perform or improper performance of their services)*
requirement analysis Bedarfsanalyse *f*
requirements specification Anforderungsprofil *n*
requiring intense consulting beratungsintensiv
rerouting Reisewegänderung *f*, Umschreibung *f*
resale price fixing Preisbindung *f*
rescue *v* retten
rescue costs Bergungskosten *pl*
rescue expenses Bergungskosten *pl*
rescue flight Rettungsflug *m*
rescue plan Rettungsplan *m*
research project Forschungsprojekt *n*
reservation Buchung *f*, Reiseanmeldung *f*, Reservat *n*, Reservierung *f*, Vorbestellung *f*
reservation card Platzkarte *f*
reservation conditions Buchungsbedingungen *fpl*
reservation fee Buchungsgebühr *f*, Reservierungsgebühr *f*
reservation form Buchungsformular *n*
reservation in advance Vorausbuchung *f*
reservation list Belegungsliste *f*
reservation manager Reservierungsleiter(in) *m(f)*
reservation obligation Reservierungspflicht *f*
reservation request Buchungsanfrage *f*
reservation system Reservierungssystem *n*
reservation terminal Reservierungsterminal *n*
reserve Reservat *n*, Rücklage *f*
reserve bank Notenbank *f*
reserve fund Rücklage *f*
reserved seat ticket Platzkarte *f*
residence permit Aufenthaltserlaubnis *f*
residential hotel Hotel *n* für Dauergäste

residential quarter *(Aut)* Grätzel *n (Wohnviertel, Wohnungsviertel, Wohnumfeld)*
residential surroundings Wohnumfeld *n*
residents' bar Hausbar *f*
resilient *adj* elastisch, widerstandsfähig
resistant *adj* widerstandsfähig
resolution Resolution *f*, Beschluss *m*, Entschlossenheit *f*
resort description Ortsbeschreibung *f*
respite (of debts) Stundung *f*
responsibility Verantwortung *f*
responsibility for results Ergebnisverantwortung *f*
responsible *adj* zuständig
rest Pause *f*, Erholung *f*
rest area Ruhezone *f*
rest cure Liegekur *f*
rest home *(BE)* Erholungsheim *n*
rest house *(AE)* Erholungsheim *n*
rest lounge Ruheraum *m*
rest room Ruheraum *m*
restaurant Restaurant *n*
restaurant car Speisewagen *m*
restaurant manager Restaurantdirektor *m*
restaurant personnel Restaurantpersonal *n*
restaurant staff Restaurantpersonal *n*
restaurants in shopping centres *(BE)* Handelsgastronomie *f*
restaurants in shopping malls *(AE)* Handelsgastronomie *f*
restoration Sanierung *f*
restoration concept Sanierungskonzept *n*
restriction Beschränkung *f*
restriction of competition Wettbewerbsbeschränkung *f*
restriction of liability Freizeichnung *f*
result Erfolg *m*
result plan Ergebnisplanung *f*
results analysis Ergebnisermittlung *f*
résumé *(AE)* Lebenslauf *m*
retail price Endpreis *m*, Endverbraucherpreis *m*
retail price maintenance *(BE)* Preisbindung *f*
retail trade Einzelhandel *m*
retail unit Ladeneinheit *f*
retailer status Händlerstatus *m*
retained amount Selbstbehalt *m*
retardation Entschleunigung *f*, Verzögerung *f*
retention Selbstbehalt *m*
retention period Aufbewahrungsfrist *f*
retirement age Altersgrenze *f*
retirement scheme Altersversorgungsregelung *f*
retraining Umschulung *f*
retrofit concept Sanierungskonzept *n*
return Rendite *f*, Rückkehr *f*, Heimkehr *f*
return flight Rückflug *m*
return flight advanced vorgezogener Rückflug *m*
return journey Rückreise *f*
return on capital Kapitalverzinsung *f*
return on equity Eigenkapitalrentabilität *f*, Rendite *f*
return on investment Gesamtkapitalrentabilität *f*, Kapitalrendite *f*
return on sale Umsatzrendite *f*
return ticket *(BE) (dtCH)* Retourbillet *n (Rückfahrkarte)*; Rückfahrkarte *f*
return ticket confirmation Rückflugbestätigung *f*
return to private enterprise Privatisierung *f*
return trip Rückreise *f*
returning Rückkehr *f*
revaluation increase in currency Aufwertung *f (Währung)*
revenue Erlös *m (Kostenrechnung)*; Erträge *mpl*, Einkünfte *pl*, Umsatzerlöse *mpl*
revenue from capital employed Anlageertrag *m*
revenue share Ertragsbeteiligung *f*
revenue structure Erlösstruktur *f*
reversal Umschwung *m*
reversed shuttle service umgekehrter Pendelverkehrsdienst *m*
review Rezension *f*, *(dtCH)* Rundschau *f*
revision Revision *f*, Überarbeitung *f*, Neufassung *f*
revision clause Preisänderungsvorbehalt *m*
revitalize *v* revitalisieren
rewriting Umschreibung *f*
Rhine River joint marketing cooperation Rhein-Werbegemeinschaft *f*
right hand traffic Rechtsverkehr *m*
right of abode and use of domestic and foreign estate Wohn- und Nutzungsrecht *n* an in- und ausländischen Immobilien
right of co-determination Mitbestimmungsrecht *n*

right of domicile Niederlassungsfreiheit *f*
right of establishment Niederlassungsfreiheit *f*
right of lien Pfandrecht *n*
right of public access Jedermannsrecht *n*
right of redress Recht *n* auf Entschädigung
right to free collective bargaining Tarifautonomie *f*
rigid airship Starrluftschiff *n*
rising young journalist Nachwuchsjournalist(in) *m(f)*
risk concentration *(dtCH)* Klumpenrisiko *n*
risk management Risikomanagement *n*
risk of foreign currency investment Währungsrisiko *n*
risk of infection Ansteckungsgefahr *f*
risk of mass management of hotel capacity *(dtCH)* Klumpenrisiko *n (Kontingentverwaltung an Hotelbetten)*
risk of non-carriage Risiko *n* der Nichtbeförderung
risk person Risikoperson *f*
risk premium Risikoaufschlag *m*
risk provisioning Risikovorsorge *f*
risk surcharge Risikoaufschlag *m*
risky *adj* riskant
rivalry Konkurrenzkampf *m (zwischen Menschen)*
river cruise Flusskreuzfahrt *f*
river cruise shipping company Flusskreuzfahrtenreederei *f*
river cruise ships and excursion boats in an area of water or owned by a shipping company Weiße Flotte *f*
river tourism Flusstourismus *m*
rivers and lakes Gewässer *n*
ro-ro ferry Ro-Ro-Fähre *f*
road conditions report Straßenzustandsbericht *m*
road-house *(BE)* Rasthaus *n*
road map Straßenkarte *f*
road-rail link Straße-Schiene-Verbund *m*
road reconnaissance report Straßenzustandsbericht *m*
road report Straßenzustandsbericht *m*
road security Wegsicherung *f*
road security function Wegsicherungsfunktion *f*
road show Wanderausstellung *f*
road toll Mautgebühr *f*, Straßen- und Autobahngebühr *f*, Straßenbenutzungsgebühr *f*
road transport company Straßenverkehrsunternehmen *n*
road transport enterprise Straßenverkehrsunternehmen *n*
roadhouse *(AE)* Rasthaus *n*
roads Reede *f*
roadside restaurant Raststätte *f*
roadstead Reede *f*
roadworthiness Fahrtauglichkeit *f (von Wagen etc.)*
rococo Rokoko *m*
role allocation Rollenverteilung *f*
role assignment Rollenverteilung *f*
role model Vorbild *n*
roll on/roll off ferry Ro-Ro-Fähre *f*
rollaway Zustellbett *n*
rollaway bed Zustellbett *n*
rolling school holiday arrangement system Schulferienregelung *f*
romance at health resort Kurschatten *m*
Romanesque art Romanische Kunst *f*
Romantic Road Romantische Straße *f*
roof garden Dachgarten *m*
roof terrace Dachterrasse *f*
room Zimmer *n*
room agency Zimmernachweis *m*
room amenities Zimmerausstattung *f*
room and board Pension *f*, Vollpension *f*
room booking Zimmerbuchung *f*, Zimmerreservierung *f*
room equipment Zimmerausstattung *f*
room featuring all standard comforts Komfortzimmer *n (Dusche, WC, Safe, Kabelfernsehen etc.)*
room occupancy rate Zimmerauslastungsgrad *m*
room referral service Zimmernachweis *m*
room reservation Zimmerbuchung *f*, Zimmerreservierung *f*
room service Etagenservice *m* im Hotel, Zimmerservice *m*
room temperature Zimmertemperatur *f*
room type Zimmerart *f*
room with a bath Zimmer *n* mit Bad
room with a shower Zimmer *n* mit Dusche
room with a toilet Zimmer *n* mit Toilette
room with cold and hot running water Zimmer *n* mit fließendem Kalt- und Warmwasser
rooming house *(AE)* Fremdenheim *n*

rota Turnus *m*
rota cruise Turnuskreuzfahrt *f*
rotary (traffic) *(AE)* Kreisverkehr *m*
rotation Turnus *m*, Umlauf *m*
rotation principle Rotationsprinzip *n*
rotational non-scheduled traffic turnusmäßiger Nicht-Linienverkehr *m*
round the world cruise Weltreise *f* mit Kreuzfahrtschiffen
round the world tour by air Weltreise *f* mit dem Flugzeug
round the world tour by train Weltreise *f* mit der Bahn
round the world trip by air Weltreise *f* mit dem Flugzeug
round the world trip by train Weltreise *f* mit der Bahn
round trip Rundfahrt *f*, Rundreise *f*
round trip flight Rundflug *m*
round-trip ticket *(AE)* Rückfahrkarte *f*, Rundreisefahrkarte *f*
round trip voucher Rundreisecoupon *m*
roundabout *(BE)* Kreisverkehr *m*
route Leitweg *m*, Reiseweg *m*, Strecke *f*, Wegstrecke *f*
route combination Streckenmix *m*
route network map Streckennetz-Karte *f*
route of magnetic levitation railway Magnetschwebebahn-Trasse *f*
route planner Routenplaner *m*
route section Teilstrecke *f*
routine *adj* routinemäßig
routing Leitweg *m*
rowboat *(AE)* Ruderboot *n*
rowing boat *(BE)* Ruderboot *n*
royalty Lizenzgebühr *f*
rubber boat trip Schlauchbootfahrt *f*
rubber dinghy drive Schlauchbootfahrt *f*
rucksack Rucksack *m*
rude *adj* unhöflich
rule Richtlinie *f (Abk.: RL)*; Spielregel *f*
rule of the thumb Faustregel *f*
rules of procedure Geschäftsordnung *f*
rumor-mongers *(AE)* Gerüchteküche *f*
rumour-mongers Gerüchteküche *f*
run Piste *f (Ski)*
runaround ticket *(BE)* Netzkarte *f*
runner Selbstläufer *m*
running time of bus round trip Busrundfahrzeit *f*
runway Landebahn *f*, Piste *f (Flugplatz)*; Rollbahn *f*, Rollfeld *n*
runway incursions Störungen *fpl* auf Start- oder Landebahn
rural tourism Agrartourismus *m*
rush hour traffic Spitzenverkehr *m*
RV *(Abk. für: recreational vehicle)* Reisemobil *n*, Wohnmobil *n*

S

Sabbath Sabbat *m*
sabbatical (year) Sabbattjahr *n*, Freijahr *n*
safari tent Safari-Schlafzelt *n*
safeguard *v* sichern *(assets)*; schützen *(secret)*
safety belt Anschnallgurt *m*, Sicherheitsgurt *m*
safety check Sicherheitskontrolle *f*
safety exercise Sicherheitsübung *f*
safety loading Sicherheitszuschlag *m*
safety measure Sicherheitsvorkehrung *f*
safety of travel Reisesicherheit *f*
safety precaution Sicherheitsvorkehrung *f*
safety regulation Sicherheitsvorschrift *f*
safety training Sicherheitstraining *n*
safety vest Warnweste *f*
sailboat *(AE)* Segelboot *n*
sailing and motor-yacht holiday *(BE)* Urlaub *m* mit Segel- und Motoryacht
sailing and motor-yacht vacation *(AE)* Urlaub *m* mit Segel- und Motoryacht
sailing boat *(BE)* Segelboot *n*, Segelschiff *n*
sailing ship Segelschiff *n*
sailing time Abfahrtszeit *f (Schiff)*
sailing under a foreign flag Ausflaggen *n*
sailing yacht Segelyacht *f*
sailor's yarn Seemannsgarn *n*
salaries bookkeeping Gehaltsbuchhaltung *f*
salary Bezahlung *f*
salary accounting Gehaltsabrechnung *f*, Gehaltsbuchhaltung *f*
sale of tickets Kartenverkauf *m*
sales Umsatz *m*, Verkauf *m*
sales and information office for national and international railway timetables Kursbuchstelle *f*
sales assistant Verkaufsassistent *m*, Verrichtungsgehilfe *m*

sales channel Vertriebskanal *m*, Vertriebsweg *m*
sales company Vertriebsgesellschaft *f*
sales competition Verkaufswettbewerb *m*
sales contest Buchungswettbewerb *m*, Verkaufswettbewerb *m*
sales contract Kaufvertrag *m*
sales control Verkaufssteuerung *f*
sales conversation Verkaufsgespräch *n*
sales licence Verkaufslizenz *f*
sales management Verkaufssteuerung *f*
sales manual Verkaufshandbuch *n*
sales motivation Verkaufssteuerung *f*
sales of flight tickets Einzelplatzbuchungssystem *n*
sales proceeds Verkaufserlöse *mpl*
sales profitability Umsatzrentabilität *f*
sales promotion Verkaufsförderung *f*
sales promotion tour Werbefahrt *f*
sales representative Vertreter *m*
sales revenues Verkaufserlöse *mpl*
sales slip *(BE)* Kassenzettel *m*
sales strategy Vertriebsstrategie *f*
sales talk Verkaufsgespräch *n*
sales tax Mehrwertsteuer *f*, Umsatzsteuer *f*
sales training Verkaufsschulung *f*
sales volume Absatz *m*
salesmanship Geschäftstüchtigkeit *f*
salon dining coach Salon-Speisewagen *m*
saloon *(AE) (Aut)* Beisel *n (Kneipe, kleines Gasthaus)*; Kajüte *f*, Wirtshaus *n*
saloon-keeper *(AE)* Gastwirt *m*
salvage *v* retten *(etwas bergen)*
salvage costs Bergungskosten *pl*
same-day visitor Tagesbesucher *m*
sample census Mikrozensus *m*
sanatorium Kurklinik *f*, Sanatorium *n*
sand(y) beach Sandstrand *m*
sanitary equipment sanitäre Ausstattung *f*
sanitary facilities sanitäre Ausstattung *f*
satellite conference Satelliten-Konferenz *f*
satellite terminal radiale Einsteigestation *f*
satellite town Trabantenstadt *f*
sauna Sauna *f*
sauna area Sauna-Landschaft *f*
sauna complex Sauna-Landschaft *f*
sauna landscape Sauna-Landschaft *f*
savanna(h) Grassteppe *f*
save *v* retten, sparen
saving course Sparkurs *m*
saving report Kostenersparnis-Übersicht *f*
savings potential Sparpotential *n*
scare tactics Panikmache *f*
scaremongering Panikmache *f*
scene Schauplatz *m*
scenery Szenerie *f*
scenic route Ferienstraße *f*
schedule Fahrplan *m*
schedule change Flugplanänderung *f*
schedule of responsibilities Geschäftsverteilungsplan *m*
scheduled aeroplane *(BE)* Linienmaschine *f*
scheduled air traffic Linienflugverkehr *m*
scheduled airline Linienfluggesellschaft *f*
scheduled airplane *(AE)* Linienmaschine *f*
scheduled arrival planmäßige Ankunft *f*
scheduled bus Linienbus *m*
scheduled bus traffic Omnibuslinienverkehr *m*
scheduled departure planmäßiger Abflug *m*
scheduled flight Linienflug *m*, Planflug *m* *(planmäßiger Flug, Linienflug)*
scheduled flight airline traffic Fluglinienverkehr *m*
scheduled flight traffic Fluglinienverkehr *m*
scheduled holiday flight touristischer Linienflug *m*
scheduled take-off planmäßiger Abflug *m*
scheduled time of departure Abfahrtsplan *m*
scheduled tourist flight touristischer Linienflug *m*
scheduled traffic Linienverkehr *m*
scheduling period Flugplanperiode *f*
Schengen Agreement Schengener Abkommen *n*
school leaving certificate enabling entry to higher education *(dtCH, Aut)* Matur(a) *f (Reifeprüfung, Abitur)*
school of hotel management Hotelfachschule *f*
school qualifications Bildungsabschluss *m*
school trip Klassenfahrt *f*, Schulfahrt *f*
school's out today because of the heat hitzefrei

scooter *(dtCH)* Trottinett *n*, Lappenmoped *n*, Tretroller *m*
scope Geltungsbereich *m (Gesetz)*
scope of duties Aufgabenbereich *m*
score Punktwert *m*, Punktzahl *f*
scrappage premium Abwrackprämie *f*
scrapping premium Abwrackprämie *f*
screen Bildschirm *m*
screen print-out Bildschirmausdruck *m*
screen scraping automatisches Auslesen *n* von Websites
sea Meer *n*
sea crossing Überfahrt *f*
sea front *(BE)* Promenade *f*
sea journey Schiffsreise *f*
sea level Meeresspiegel *m*
sea passage liability Haftung *f* bei Schiffspassagen
sea rescue exercise [training] Seenotrettungsübung *f*
sea-sickness Seekrankheit *f*
sea-sickness bag Spucktüte *f*
sea travel Kreuzfahrt *f*
sea voyage Seereise *f*
seadrome Seeflughafen *m*
seafront *(AE)* Promenade *f*
seal of quality Qualitätssiegel *n*
seaplane Wasserflugzeug *n*
search engine optimization *(Abk.: SEO)* Suchmaschinen-Optimierung *f*
search function Such-Funktion *f*
seaside health resort Seeheilbad *n*
seaside holidays Badeferien *pl*
seaside hotel Strandhotel *n*
seaside resort Bad *n*, Badeort *m (Seebad)*; Seebad *n*
season Jahreszeit *f*, Saison *f*
season extension Saisonverlängerung *f*
season ticket Zeitkarte *f*
seasonal business Saisonbetrieb *m*
seasonal establishment Saisonbetrieb *m*
seasonal fluctuation saisonale Schwankung *f*
seasonal hotel trade Saisonhotellerie *f*
seasonal menu Saisonkarte *f (Speisekarte)*
seasonal operation Saisonbetrieb *m*
seasonal service Saisonbetrieb *m*
seasonal ticket Saisonkarte *f (Fahrkarte, Eintritt)*
seasonal travel time Reisezeit *f*
seasonal variations saisonale Schwankung *f*
seasonal wine room Straußwirtschaft *f (place which sells home-made wine when a broom is displayed outside)*
seasonal worker Saisonarbeitskraft *f*
seat Sitzplatz *m*
seat belt Sicherheitsgurt *m*, Anschnallgurt *m*
seat by the window Fenstersitz *m*
seat comfort Sitzkomfort *m*
seat kilometres Sitzkilometer *m*
seat-load factor Sitzladefaktor *m*
seat mile Sitzmeile *f*
seat number Sitzplatznummer *f*
seat only booking on charter flights Einzelplatzbuchung *f* im Charterflugbereich
seat pitch Sitzabstand *m*
seat reservation Platzkarte *f*, Sitzplatzreservierung *f*, Zugreservierung *f (Sitzplatz)*
seat spacing Sitzabstand *m*
seating arrangement Bestuhlungsvariante *f*
seating capacity Sitzplatzkapazität *f*
seating comfort Sitzkomfort *m*
seating plan Sitzplan *m*
seating plan board Sitzplantafel *f*
seating variation Bestuhlungsvariante *f*
seatmap Sitzplan *m*
seawater swimming pool Strandbad *n*
seaworthiness Fahrtauglichkeit *f (von Schiffen etc.)*
seaworthy *adj* seetüchtig
second amendment of maritime law Zweites Seerechtsänderungsgesetz *n*
second and third holiday tour Zweit- und Dritt-Urlaubsreise *f*
second and third holiday trip Zweit- und Dritt-Urlaubsreise *f*
second breakfast *(Aut)* Gabelfrühstück *n (Zwischenmahlzeit am Vormittag)*
second-chance education Zweiter Bildungsweg *m*
second domicile Zweitwohnsitz *m*
second home Zweitwohnsitz *m*
second home tourism Zweitwohnungstourismus *m*
second residence Nebenwohnsitz *m*
secondary airport Randflughafen *m*, Sekundärflughafen *m*
secondary distribution Fremdvertrieb *m*
secondary register Zweitregister *n*
secondary residence Zweitwohnsitz *m*
secondary sector sekundärer Sektor *m*

secrecy Geheimhaltung *f*
secret commission Schmiergeld *n*
secretariat Geschäftsstelle *f*
section Abteil *n*, Revier *n*, Teilstrecke *f*
sector Branchenbezeichnung *f*
secular architecture Profanarchitektur *f*
secure *v* schützen
security agent Sicherheitsbeamte *m*, Sicherheitsbeamtin *f*
security area Sicherheitsbereich *m*
security charge Sicherheitsgebühr *f*
security check Sicherheitscheck *m*, Sicherheitskontrolle *f*
security control Sicherheitskontrolle *f*
security deposit Kaution *f*
security fee Sicherheitsgebühr *f*
security in planning Planungssicherheit *f*
security information Sicherheitshinweis *m*
security officer Sicherheitsbeamte *m*, Sicherheitsbeamtin *f*
security precaution Sicherheitsvorkehrung *f*
security premium Sicherheitszuschlag *m*
security promise Deckungszusage *f*
security regulation Sicherheitsvorschrift *f*
security surcharge Sicherheitszuschlag *m*
security training Sicherheitstraining *n*
segment Segment *n*, Teil *m*, Gruppe *f*
segway elektrischer Motorroller *m*
selection criterion Auswahlkriterium *n*
self-assessment declaration Selbstdeklarierung *f*
self-awareness Selbstbewusstsein *n (Selbstkenntnis)*
self booking tool *(Abk.: SBT)* Selbstbuchungstool *n*
self-catering Selbstverpflegung *f*
self-catering facility Selbstverpflegungseinrichtung *f*
self-commercialization Eigenvertrieb *f*
self-commitment Selbstverpflichtung *f*
self-confidence Selbstbewusstsein *n (Selbstsicherheit)*
self discovery Selbstfindung *f*
self-drive package tour Auto-Package-Tour *f*
self-employment Ich-AG *f (obs)*; Selbstständigkeit *f (as part of a government-funded scheme to aid people setting up their own businesses)*
self-esteem Selbstwertgefühl *n*
self-fulfilment Selbstverwirklichung *f*
self-marketing Selbstvermarktung *f*
self-promotion Selbstvermarktung *f*
self-realization Selbstverwirklichung *f*
self-respect Selbstwertgefühl *n*
self-responsibility Eigenverantwortung *f*
self-service restaurant Selbstbedienungsrestaurant *n*
self-service terminal Selbstbedienungsterminal *n*
sellers' market Verkäufermarkt *m*
selling concession Verkaufslizenz *f*
selling license Verkaufslizenz *f*
semester break Semesterferien *pl*
semi-package tour Teilpauschalreise *f*
semi-retirement Altersteilzeit *f*
seminar Seminar *n*
seminar paper Referat *n*
seminar trip Seminarreise *f*
senior-citizen target group Seniorenzielgruppe *f*
senior-citizen's rate Seniorentarif *m*
senior-citizen's tariff Seniorentarif *m*
senior-citizen's tour Seniorenreise *f*
senior discount Seniorentarif *m*
senior executives Führungskräfte *fpl*
Senior Expert Service, SES Senior-Experten-Service *m (Abk.: SES; German non-profit organization of specialists who have retired from their active professional career offering vocational training, further education and qualification of specialists and managers in Germany and abroad)*
senior housekeeper Etagenhausdame *f*
senior management Führungskräfte *fpl*
sensational *adj* sensationell
sense of responsibility Verantwortungsbewusstsein *n*
sensitive nature schützenswerte Natur *f*
sentiment Ansicht *f (Meinung)*
serial interface serielle Schnittstelle *f*
serial port serielle Schnittstelle *f*
series of charter flights Flugkette *f*
server *(AE)* Kellner *m*, Kellnerin *f*
servers *(AE)* Bedienungspersonal *n (Kellner etc.)*
service Dienstleistung *f*, Service *m*, Wartung *f*
service à la française Französischer Service *m*
service agreement Dienstleistungsvertrag *m*
service area Raststätte *f*, Tank- und Rastanlage *f*
service centre Dienstleistungszentrum *n*

service charge Bearbeitungsgebühr *f*, Bedienungsgeld *n*, Benutzungsgebühr *f*
service contract Dienstvertrag *m*
service fee Service-Entgelt *n*
service level agreement Leistungsvertrag *m (Abk.: SLA)*
service obligation Betriebspflicht *f*
service-orientated corporation providing modern motorway services Gesellschaft *f* für Nebenbetriebe der Bundesautobahnen *(Autobahn Tank & Rast GmbH & Co. KG)*
service personnel Bedienungspersonal *n*
service provider Dienstleistungsunternehmer(in) *m(f)*, Leistungsträger *m*
service station Tank- und Rastanlage *f*
service supplier Abrechnungsdienstleister *m*, Leistungsträger *m*
service travel Zivildienstreise *f (special rate offered by the Deutsche Bahn to those who do alternative civilian service)*
serviced apartment bewirtschaftete Wohnung *f*
services Tank- und Rastanlage *f*
services entrepreneur Dienstleistungsunternehmer(in) *m(f)*
services subject to change Leistungsänderungsvorbehalt *m*
servicing procedure Abfertigungsverfahren *n*
set *v* **a deadline** Frist setzen
set *v* **sail** auslaufen
set jetting Filmtourismus *m*
set meal [menu] Menü *n*
set of criteria Bewertungsmaßstab *m*
setpoint value Grenzwert *m*
setting of deadline Fristsetzung *f*
setting of the course Weichenstellung *f*
settlement Vergleich *m*, Lösung *f*, Übereinkunft *f*
settlement of accounts Abrechnung *f*
settlement of damages Schadensregulierung *f*
settlement period Abrechnungsperiode *f*
seven-day ticket Wochenkarte *f*
several days ticket Mehrtageskarte *f*
several-days tour Mehrtagesreise *f*
sex tourism Sextourismus *m*
sextant Sextant *m*
shadow economy Schattenwirtschaft *f*
shake-out Gesundschrumpfen *n*, Verdrängungswettbewerb *m*
share Aktie *f*, Beteiligung *f (an einem Unternehmen)*; *(BE)* Wertpapier *n*
share capital Stammkapital *n*
share holders' equity *(BE)* Eigenkapital *n*
share index *(BE)* Aktienindex *m*
shared accommodation Gemeinschaftsunterkunft *f*
shared license Gemeinschaftslizenz *f*
shared lodging Gemeinschaftsunterkunft *f*
shared office Bürogemeinschaft *f*
shared room Mehrbettzimmer *n*
shared taxi Gemeinschaftstaxi *n*
shared taxi service ordered by telephone Anruf-Sammeltaxi *n (Abk.: AST)*
shareholder Anteilseigner *m*, Gesellschafter(in) *m(f)*
shareholders meeting Gesellschafterversammlung *f*
sharing of the proceeds Ertragsbeteiligung *f*
shift changeover Schichtwechsel *m*
shift service [work] Schichtdienst *m*
ship Schiff *n*
ship breaking Abwracken *n*
ship dispatcher's house *(Aut)* Schiffsmeisterhaus *n*
ship financier Schiffsfinanzierer *m*
ship passage Schiffspassage *f*
ship passenger manifest Schiffsmanifest *n*
ship register Schiffsregister *n*
ship voucher Schiffsfahrschein *m*
shipmaster's house *(Aut)* Schiffsmeisterhaus *n*
shipment of relief Hilfsgütersendung *f*
shipowner Reeder *m*
shipping Schifffahrt *f*
shipping business Reederei *f*
shipping clerk *(AE)* Expedient *m (im Transportunternehmen)*
shipping company Reederei *f*, Schifffahrtsgesellschaft *f*
shipping conference Schifffahrt-Konferenz *f*
shipping crew rest *(Aut)* Schiffsmeisterhaus *n*
shipping line Schifffahrtsgesellschaft *f*
shipping pier Schiffsanlegestelle *f*
shipping traffic Schifffahrtsverkehr *m*
ship's crew Besatzung *f* an Bord
ship's deck Schiffsdeck *n*
ship's log Schiffstagebuch *n*
shipyard Werft *f*
shoe cleaning service Schuhputzservice *m*
shoe-shine service Schuhputzservice *m*

shop *(BE)* Laden *m*
shop-in-shop Ladeneinheit *f*
shopping centre Einkaufszentrum *n*
shopping destination Einkaufsziel *n*
shore excursion Landausflug *m*
shore promenade *(dtCH)* Schiffslände *f* *(Schiffsanlegestelle, Uferpromenade)*
short break *(BE)* Kurzurlaub *m*
short breaks near home kurz, nah, weg *(Werbeaussage der DZT für Deutschland--Urlaub)*
short distance Kurzstrecke *f*
short-distance traffic Kurzstreckenverkehr *m*, Nahverkehr *m*
short haul Kurzstrecke *f*
short-haul flight Kurzstrecke *f* im Flugverkehr
short-haul traffic Kurzstreckenverkehr *m*
short holiday *(BE)* Kurzurlaub *m*
short holiday trip *(BE)* Kurzurlaubsreise *f*
short range Kurzstrecke *f*
short-range flight Kurzstrecke *f* im Flugverkehr
short-range traffic Kurzstreckenverkehr *m*
short stay Kurzaufenthalt *m*
short-stay car park *(BE)* Kurzzeitparkplatz *m*
short-stay parking lot *(AE)* Kurzzeitparkplatz *m*
short-term cruise Kurzkreuzfahrt *f*
short-term parking lot Kurzzeitparkplatz *m*
short-term stay Kurzaufenthalt *m*
short-time employment geringfügige Beschäftigung *f*
short-time employment regulation Minijob-Regelung *f*
short-time work Kurzarbeit *f*
short vacation *(AE)* Kurzurlaub *m*
short vacation trip *(AE)* Kurzurlaubsreise *f*
shoulder season Zwischensaison *f*
showdown Kraftprobe *f*
shower Dusche *f*
shower bath Dusche *f*
shower coin Duschmünze *f*
shower token Duschmünze *f*
shrewd *adj* ausgebufft
shuttle bus Pendelbus *m*, Zubringerbus *m*
shuttle only Pendelverkehr *m* ohne Arrangement
shuttle service Abholservice *m*, Pendelverkehrsdienst *m*, Zubringerdienst *m*
shuttle service without further services Pendelverkehr *m* ohne Arrangement
shuttle transport Pendelverkehr *m*
siblings-price Geschwister-Tarif *m*
sick bag Spucktüte *f*
sick bay Revier *n*
sidestep Abstecher *m*
siesta Mittagsruhe *f*
sight Sehenswürdigkeit *f*
sight jogging Stadtbesichtigung *f (Mischung aus Laufen und Stadtrundgang)*
sightseeing Besichtigung *f*
sightseeing flight Rundflug *m*
sightseeing tour Stadtrundfahrt *f*
sightseer Ausflügler *m*
sign Wegweiser *m*, Schild *n*, Zeichen *n*
signal light Leuchtfeuer *n*
signature act Signaturgesetz *n*
signature law Signaturgesetz *n*
signing of contract Vertragsabschluss *m*
signpost Wegweiser *m*
silence Ruhe *f*, Stille *f*, Schweigen *n*
silent partnership Stille Gesellschaft *f*
silver service Englischer Service *m*
simultaneous *adj* gleichzeitig
simultaneous carriage of persons and their motor vehicles Mitläuferverkehr *m*
simultaneous translation Simultanübersetzung *f*
single Alleinreisende *m(f)*
single currency Einheitswährung *f*
single digit einstellig
Single Euro Payments Area *(Abk.: SEPA)* Einheitlicher Euro-Zahlungsverkehrsraum *m*
Single European Sky einheitliche Europäische Flugsicherung *f*
single flight ticket sale Flugeinzelplatzverkauf *m*
single frankfurter *(Aut)* Einspänner *m* *(einzelnes Frankfurter Würstchen aus Österreichischer Sicht)*
single hull Einrumpfschiff *n*
single market Binnenmarkt *m (EU)*
single person Einzelperson *f*
single point of contact *(Abk.: SPOC)* zentrale Anlaufstelle *f*
single premium Einmalprämie *f*
single room Einzelzimmer *n*

single room supplement Einzelzimmerzuschlag *m*
sister city Partnerstadt *f*
sister company Schwestergesellschaft *f*
site Betriebsstelle *f*, Platz *m*, Stelle *f*
site of cultural interest Kulturstätte *f*
sites of the Reformation Stätten *fpl* der Reformation
sitting Sitzung *f (Restaurant)*
sked *(AE)* Linienflug *m*
skeleton agreement Rahmenabkommen *n*
skerry Schäre *f*
ski area Skigebiet *n*
ski circuit Skizirkus *m*
ski circus Skizirkus *m*
ski drag lift *(BE)* Skischlepplift *m*
ski equipment Skiausrüstung *f*
ski holiday *(BE)* Skiurlaub *m*
ski lift *(BE)* Skischlepplift *m*
ski-region Skigebiet *n*
ski tow *(AE)* Schlepplift *m*, Skischlepplift *m*
ski vacation *(AE)* Skiurlaub *m*
skiing Skilauf *m*, Skilaufen *n*
skiing area Skigebiet *n*
skiing holiday *(BE)* Skiurlaub *m*
skilfull *adj* gescheit
skill Fachkenntnis *f*
skipper risk Skipper-Risiko *n*
skylift Luftbrücke *f*
skyscraper Wolkenkratzer *m*
slackness in business Konjunkturflaute *f*
sledge ride *(dtCH)* Schlittelfahrt *f (Schlittenfahrt)*
sledging-course *(dtCH)* Schlittelbahn *f (Schlittenbahn)*
sleeper Schlafwagen *m*
sleeper section Schlafwagenabteil *n*
sleeping car Schlafwagen *m*
sleeping-car attendant Schlafwagenschaffner(in) *m(f)*
sleeping-car compartment Schlafwagenabteil *n*
sleeping-car porter *(AE)* Schlafwagenschaffner(in) *m(f)*
sleeping room Schlafzimmer *n*
sleepy way of life Dornröschenschlaf *m*
slope Piste *f*
slot Flugstreckenrecht *n*, Streckenrecht *n*
slot allocations Slotvergabe *f*
slot trading Slotvergabe *f*
slots Start- und Landezeiten *fpl*, Zeitfenster *n* für Starts und Landungen
slow-down Entschleunigung *f*
slow lane Kriechspur *f*
slowness Langsamkeit *f*
sluggish consumer demand Konsumflaute *f*
Small and Medium Business *(Abk.: SMB)* kleine und mittlere Unternehmen *npl (Abk.: KMU)*
Small and Medium Enterprises *(Abk.: SME)* kleine und mittlere Unternehmen *npl (Abk.: KMU)*
Small and Medium-sized Business *(Abk.: SMB)* kleine und mittlere Unternehmen *npl (Abk.: KMU)*
small and medium-sized company Mittelstand *m*
small group Kleingruppe *f*
smart card Speicherkarte *f*
smart shopper Schnäppchenjäger *m*
smoker Raucher(in) *m(f)*
smoking compartment Raucherabteil *n*
snack bar Imbisshalle *f*, Snackbar *f*, *(Aut)* Jausenstation *f*
snack location Jausenstation *f (Almwirtschaft)*
snapshot Schnappschuss *m*
snow cannon Schneekanone *f*
snow chains Schneeketten *fpl*
snow field Gletscher *m*
snow machine Schneekanone *f*
snow motor scooter Schneescooter *m*
snowmobile Schneescooter *m (Lappenmoped)*
snowshoe area *(dtCH)* Schneeschuhgebiet *n*
snowshoe walking tour *(dtCH)* Schneeschuhwandern *n*
soccer world cup Fußball-Weltmeisterschaft *f*
social competence Sozialkompetenz *f*
social insurance Sozialversicherung *f*
social insurance contribution Sozialversicherungsbeitrag *m*
social insurance premium Sozialversicherungsbeitrag *m*
social market economy soziale Marktwirtschaft *f*
social partners Tarifpartner *mpl*
social program *(AE)* Rahmenprogramm *n*
social programme *(BE)* Rahmenprogramm *n*
social security Sozialversicherung *f*

social security contribution Sozialversicherungsbeitrag *m*
social tourism gesellschaftsorientierter Tourismus *m*, Sozialtourismus *m*
socially orientated tourism gesellschaftsorientierter Tourismus *m*
socially responsible tourism sozialverantwortlicher Tourismus *m*
soft currency ticket Weichwährungsticket *n*
soft opening of a hotel schrittweise inoffizielle Eröffnung *f* eines Hotels
soft skills Sozialkompetenz *f*
soft tourism sanfter Tourismus *m*
solarium Solarium *n*
sole agency Generalvertretung *f*
sole proprietorship Einzelunternehmen *n*
soliciting Akquisitionsgespräch *n*
solicitor Handelsvertreter *m*, Vertretung *f*
solid *adj* substanziell
solidarity Zusammenhalt *m*
solo traveller Alleinreisende *m(f)*
solvency Liquidität *f*
solvent *adj* solvent
somebody's hope Hoffnungsträger *m*
sommelier Sommelier *m*, Weinkellner *m*
sonic barrier Schallmauer *f*
sophisticated *adj* kultiviert, niveauvoll
sophisticated market hochentwickelter Markt *m*
SOS call Notruf *m* bei der Schifffahrt
sound Sund *m*
sound barrier Schallmauer *f*
source market Quellmarkt *m*
Southern Africa Association Arbeitsgemeinschaft *f* Südliches Afrika *(Abk.: ASA)*
souvenir Mitbringsel *n*, Reiseandenken *n*
sovereignty over airspace Lufthoheit *f*
spa Bad *n (Heilbad)*; Badeort *m (Kurort)*; Heilbad *n (Ort)*; Kurort *m*
spa administration Kurverwaltung *f*
spa association Bäderverband *m*
spa building Kurhaus *n*
spa card Kurkarte *f*
spa center *(AE)* Badezentrum *n*
spa centre *(BE)* Badezentrum *n*
spa clinic Kurklinik *f*
spa doctor Badearzt *m*
spa holidays Badeferien *pl*
spa hotel Kurhaus *n*, Kurhotel *n*
spa management Kurverwaltung *f*
spa offering fango treatment Moorheilbad *n*
spa offering Kneipp treatment Kneippkurort *m*
spa offering mineral and fango treatment Mineral- und Moorheilbad *n*
spa rooms Kurhaus *n*
spa sanatorium Kursanatorium *n*
spa statistics Bäderstatistik *f*
spa tax Kurabgabe *f*, Kurtaxe *f*
spa therapy Bädertherapie *f*, Kur *f*
spa visitor Kurgast *m*
space tourism Raumfahrt-Tourismus *m*, Weltraumtourismus *m*
spaceport Raumflughafen *m*
spare time Muße *f*
speaker Referent(in) *m(f)*
special agency for sea travel Spezialbüro *n* für Schiffsreisenverkauf
special air tariff Flugsondertarif *m*
Special Drawing Right *(Abk.: SDR)* Sonderziehungsrecht *n (Abk.: SZR)*
special economic zone Sonderwirtschaftszone *f*
special equipment Zusatzausstattung *f*
special excursion boat in Switzerland Naue *f*
special form of scheduled traffic Sonderform *f* des Linienverkehrs
special interest group *(Aut)* Neigungsgruppe *f (Zielgruppe)*
special interest travel Hobbyreise *f*
special journey Sonderfahrt *f*
special language Fachsprache *f*
special meal Sonderessen *n*
special offer *(dtCH, Aut)* Aktion *f*
special offer for travel agents Expedientenangebot *n*
special price Vorzugspreis *m*
special published package tour for readers of a daily or magazine Leserreise *f*
special range Spezialsortiment *n*
special rate Sondertarif *m*, Vorzugspreis *m*
special rate for an accompanying person Mitfahrersparpreis *m*
special subject Schwerpunktthema *n*
special tariff Sondertarif *m*
special tariff arranged by DB with other carriers Wechseltarif *m*
special tour Sonderfahrt *f*
special train Sonderzug *m*
special trip Sonderfahrt *f*
specialised business management spezielle Betriebswirtschaftslehre *f*

specialist Fachreferent(in) *m(f)*
specialist books Fachbücher *npl*
specialist exhibition Fachausstellung *f*
specialist for event technology Fachkraft *f* für Veranstaltungstechnik
specialist for system catering Fachmann *m* für Systemgastronomie
specialist in the hospitality services industry Fachkraft *f* im Gastgewerbe
specialist lecture Fachvortrag *m*
specialist tour operator Spezialreiseveranstalter *m*, Spezialveranstalter *m*
specialist trade fair Fachausstellung *f*
specialization Spezialisierung *f*
specialized agency for sea voyages Fachagentur *f* für Seereisen
specialized assortment Fachsortiment *n*
specialized press Fachpresse *f*
specialized trade union Spartengewerkschaft *f*
spectacular *adj* großartig, sensationell
speculative application Initiativbewerbung *f*
speech Vortrag *m*
speechpointer (laser) Lichtzeiger *m*
speed Geschwindigkeit *f*
speed control Tempomat *m*
speed limit Geschwindigkeitsbegrenzung *f*, Tempolimit *n*
speed trap Radarkontrolle *f*
speedboat Schnellschiff *n*
speedometer Tachoscheibe *f*
speedway *(AE)* Schnellstraße *f*
spend *v* **one's holidays** *(BE)* den Urlaub verbringen
spend *v* **one's vacation** *(AE)* den Urlaub verbringen
spend *v* **the summer** übersommern
spending habits Kaufgewohnheiten *fpl*
spending the winter Überwinterung *f*
spending willingness Ausgabenbereitschaft *f*
spirit of optimism Aufbruchstimmung *f*
spit (of land) Nehrung *f*
split-charter Teilcharter *m*
sponsor Förderer *m*
sponsorship Bürgschaft *f*, Schirmherrschaft *f*
spontaneous *adj* spontan
spontaneous booking kurzentschlossene Buchung *f*
spontaneous traveler *(AE)* Spontanreisende *m(f)*
spontaneous traveller *(BE)* Spontanreisende *m(f)*
sport activity programme Sportanimationsprogramm *n*
sport while on holiday *(BE)* Sport *m* im Urlaub
sport while on vacation *(AE)* Sport *m* im Urlaub
sporting event Sportveranstaltung *f*
sporting holiday Aktivurlaub *m*, Erlebnisurlaub *m*
sports equipment Sportgepäck *n*, Sportgerät *n*
sports event Sportveranstaltung *f*
sports facility Sporteinrichtung *f*
sports holidays *(BE)* Sport-Urlaubsreise *f*
sports instructor Sportlehrer(in) *m(f)*
sports luggage Sportgepäck *n*
sports tourism Sporttourismus *m*
sports vacations *(AE)* Sport-Urlaubsreise *f*
sports while on holiday *(BE)* Sport *m* im Urlaub
sports while on vacation *(AE)* Sport *m* im Urlaub
spot check Stichprobe *f*
squall Bö *f (stärker, mit Regen)*
stability of a currency Geldwertstabilität *f*
stability of prices Preisstabilität *f*
stabilizer Stabilisator *m*
stable conditions stabile Verhältnisse *npl*
staff Belegschaft *f*, Personal *n*
staff appraisal Mitarbeiterbeurteilung *f*
staff efficiency Mitarbeitereffizienz *f*
staff information [instruction] Mitarbeiterunterrichtung *f*
staff meeting Mitarbeitergespräch *n*
staff reductions Stellenabbau *m*
staff satisfaction Mitarbeiterzufriedenheit *f*
staffer Angestellte *m(f)*
stage Teilstrecke *f*, Etappe *f*, Station *f*, Bühne *f*
stakeholder Teilhaber *m*
stakeholders Interessengruppen *fpl*
stamp *v* entwerten *(Fahrkarte)*
stamp Stempel *m*
stamp of quality Gütesiegel *n*
stand Stehplatz *m*; Einstellung *f*, Ansicht *f*
standard Niveau *n*, Qualitätsstufe *f*; Richtlinie *f*
standard airline ticket Standardpassagierflugschein *m*

standard and margin taxation Regel- und Margenbesteuerung *f*
standard certificate of guarantee einheitlicher Garantieschein *m*
standard contract Mustervertrag *m*
standard insurance certificate Versicherungsschein *m* vom Block
standard of knowledge Wissensstand *m*
standard period of study Regelstudienzeit *f*
standard price Normalpreis *m*
standard rate Regeltarif *m*
standard room Komfortzimmer *n*
standard scheduled bus Standardlinienbus *m (Abk.: Stlb)*
standard scheduled coach *(BE)* Standardlinienbus *m (Abk.: Stlb)*
standard scheduled overland bus Standardüberlandlinienbus *m (Abk.: Stülb)*
standard solution Standardlösung *f*
standard tariff Regeltarif *m*
standard terms and conditions Allgemeine Geschäftsbedingungen *fpl (Abk.: AGB)*
standard traffic document Standardverkehrsdokument *n*
standardization of accounting issues Vereinheitlichung *f* von Abrechnungsfragen
standardization of technical norms Standardisierung *f* von technischen Normen
standing-place Stehplatz *m*
standing room Stehplatz *m*
starboard Steuerbord *n*
starring tour Gastspielreise *f (Tournee)*
start *v* **up a business** ein Unternehmen gründen
start Reisebeginn *m*
start of a journey Reisebeginn *m*
start time Startzeit *f*
start-up Neugründung *f (Unternehmen)*
start-up aid Existenzgründungszuschuss *m*
start-up consulting Existenzaufbauberatung *f*, Existenzgründungsberatung *f*
starting point Ausgangspunkt *m*, Einstiegspunkt *m*
state Land *n*; Zustand *m*, Lage *f*
state frontier Staatsgrenze *f*
state garden exhibition Landesgartenschau *f*
state investment aid öffentliche Investitionsförderung *f*
state liability Staatshaftung *f*
state-owned spa Staatsbad *n*
statement of assets Vermögensaufstellung *f*
statement print-out Belegausdruck *m*
state's share Staatsquote *f*
station Bahnhof *m*, Revier *n*
station concourse Bahnhofshalle *f*
station congestion Stauung *f* von Zügen im Bahnhof
station of destination Bestimmungsbahnhof *m*
station restaurant Bahnhofsrestaurant *n*
stationary *adj* stationär
stationmaster Bahnhofsvorsteher(in) *m(f)*
statistic analysis of cycling travel Radreiseanalyse *f*
statistics on tourist accommodation Beherbergungsstatistik *f*
status customer Statuskunde *m*
status mile Statusmeile *f*
statute mile Landmeile *f*
statute of limitation Verjährung *f*
statutory holiday gesetzlicher Feiertag *m*
stay *v* **in bed** im Bett liegen bleiben
stay Aufenthalt *m*
steadfastness Standhaftigkeit *f*
steam bath Dampfbad *n*
steam-driven Pullman train dampfgetriebener Luxuszug *m*
steam engine Dampflok *f*
steam locomotive Dampflok *f*
steam navigation Dampfschifffahrt *f*
steam room Dampfbad *n*
steam ship Dampfschiff *n*
steamboat Dampfschiff *n*
steamer Dampfschiff *n*
steer *v* steuern
steer *v* **clear** wegsteuern
steerage Zwischendeck *n*
steering committee Lenkungsausschuss *m*
steering group Lenkungsausschuss *m*
stereotype Klischee *n*
stern Heck *n (Schiff)*
steward Flugbegleiter *m*, Kellner *m*, Steward *m*, Zimmerkellner *m* auf Kreuzfahrtschiffen
stewardess Flugbegleiterin *f*, Kellnerin *f*, Stewardess *f*, Zimmerkellnerin *f* auf Kreuzfahrtschiffen
stick-on label *(Aut)* Pickerl *n*, Vignette *f*

(Autobahn-Vignette, Vignette für die Auto-Fahrtüchtigkeit; for motorway toll, proving the roadworthiness of a vehicle)
sticker *(Aut)* Pickerl *n (Autobahn-Vignette, Vignette für die Auto-Fahrtüchtigkeit; for motorway toll, proving the roadworthiness of a vehicle)*; Vignette *f*
stimulate *v* reizen, stimulieren
stimulation of economic activity Konjunkturförderung *f*
stimulation of the economy Konjunkturförderung *f*
stimulus Impuls *m*
stock *(AE)* Aktie *f*, Wertpapier *n*
stock corporation *(AE)* Aktiengesellschaft *f (Abk.: AG)*
stock exchange Börse *f*
stock holders' equity *(AE)* Eigenkapital *n*
stock index *(AE)* Aktienindex *m*
stock market Börse *f*
stock market flotation *(BE)* Börsengang *m*
stockholder Anteilseigner *m*
stone's throw Katzensprung *m*
stop Flugunterbrechung *f*, Haltestelle *f*, *(dtCH)* Zwischenhalt *m*
stop on the way Unterwegsaufenthalt *m*
stopover Aufenthalt *m*, Flugunterbrechung *f (mit Übernachtung)*; Reiseunterbrechung *f*, Unterwegsaufenthalt *m*, Zwischenaufenthalt *m*, Zwischenlandung *f*, *(dtCH)* Zwischenhalt *m (Zwischenlandung, Zwischenstation)*
stopover transfer exterritorialer Zwischenaufenthalt *m*
stopping train Nahverkehrszug *m*
store *(AE)* Laden *m*; Vorrat *m*
store of value Wertaufbewahrung *f*
store unit Ladeneinheit *f*
stores Vorräte *mpl*
stowaway blinder Passagier *m*
straightness Geradlinigkeit *f*
straits Sund *m*
strategic reorganization strategische Neuausrichtung *f*
strategy Strategie *f*
strategy change Strategiewechsel *m*
streamlining Rationalisierung *f*
street map Straßenkarte *f*
streetcar *(AE)* Straßenbahn *f*, Tram *f*
streetcar stop *(AE)* Straßenbahnhaltestelle *f*
stretch of road Wegstrecke *f*
stroll *v* flanieren
stroll *v* **around** umherschlendern
stroll Rundgang *m*, Spaziergang *m*
structural change Strukturwandel *m*
student Student(in) *m(f)*
student discount Studentenermäßigung *f*
student on a placement Praktikant *m*
student restaurant Mensa *f*
studio Studio *n*, Atelier *n*, *(AE)* Apartement *n*
study abroad Auslandsstudium *n*
study group Arbeitsgemeinschaft *f*, Arbeitsgruppe *f*
study leave Bildungsurlaub *m*
study of the tourism market touristische Marktuntersuchung *f*
study on cruises Kreuzfahrtstudie *f*
study tour Fachstudienreise *f*, Studienreise *f*
study tour guide Studienreiseleiter(in) *m(f)*
study tour operator Studienreiseveranstalter *m*
study travel Studienreise *f*
study trip Exkursion *f*
stuff outing Betriebsausflug *m*
stumbling blocks Stolpersteine *mpl*
stupend *adj* erstaunlich
stylish *adj* mondän, stilvoll
sub-charter Subcharter *m*, Teilcharter *m*
sub-organization Unterorganisation *f*
subaqua hotel colony Unterwasser-Hotelsiedlung *f*
subcontract Untervertrag *m*
subcontracted labour Leiharbeit *f*
subject specialist Fachreferent(in) *m(f)*
subject to alterations Änderungsvorbehalt *m*
subject to change Änderungsvorbehalt *m*
subject to confirmation unverbindlich
subject to duty zollpflichtig
subject to goods being unsold Zwischenverkauf *m* vorbehalten
subject to prior sale Zwischenverkauf *m* vorbehalten
submarine world Unterwasserwelt *f*
suboffice Filiale *f*
subsequent negotiation Nachverhandlung *f*
subsidiarity principle Subsidiaritätsprinzip *n*
subsidiary Filialunternehmen *n*, Konzernfiliale *f*, Tochtergesellschaft *f* • **wholly**

owned subsidiary hundertprozentige Tochtergesellschaft
subsidiary company Tochtergesellschaft *f*
subsidiary organisation *(BE)* Unterorganisation *f*
subsidiary organization *(AE)* Unterorganisation *f*
substitute accommodation Ersatzunterkunft *f*
substitute person Ersatzperson *f*
subtotal Zwischensumme *f*
suburb Ortsrand *m*, Vorstadt *f*
suburban railway S-Bahn *f*, Stadt--Schnellbahn *f*
subway *(AE)* U-Bahn *f*, Untergrundbahn *f*
succeed *v* gelingen
success Erfolg *m*
success formula Erfolgsrezept *n*
success story Erfolgsrezept *n*
successor company Nachfolgegesellschaft *f*
sudden weather change and sharp drop in temperature Wetter- und Temperatursturz *m*
suitable *adj* geeignet
suitable *adj* **for families** familiengerecht
suite Suite *f*
sum insured Versicherungssumme *f*
summer holiday *(BE)* Sommerfrische *f*
summer holiday resort *(BE)* Sommerfrische *f*
summer holidays *(BE)* Sommerferien *pl*
summer resort Sommerfrische *f (Ort)*
summer schedule *(AE)* Sommerfahrplan *m*
summer school Ferienschule *f*
summer school classes Ferienkurs *m*
summer season Sommersaison *f*
summer skeleton-slide Sommerrodelbahn *f*
summer solstice Sommersonnenwende *f*
summer timetable Sommerfahrplan *m*
summer toboggan course *(Aut, dtCH)* Sommerrodelbahn *f*
summer vacation *(AE)* Sommerferien *pl*, Sommerfrische *f (Urlaub)*
summer vacation resort *(AE)* Sommerfrische *f*
summertime Sommerzeit *f*
summit Gipfel *m*
sun *v* **oneself** in der Sonne liegen
sun-and-sea destination Sonne- und Meer-Reiseziel *n*
sun protection Sonnenschutz *m*
sun screen Sonnenschutz *m*
sun worshipper Sonnenanbeter *m*
sunbathe *v* in der Sonne liegen *(sonnenbaden)*
sunburn Sonnenbrand *m*
Sunday rule Sonntagsregel *f*
sundeck Sonnendeck *n*
sunglasses Sonnenbrille *f*
sunshade Sonnenschirm *m*
super-speed maglev system Magnetschnellbahn *f*
superb *adj* großartig
supercommission Superprovision *f*
superfluous *adj* überflüssig
supersonic aircraft Überschallflugzeug *n*
supersonic boom Überschallknall *m*
supervisory board Aufsichtsrat *m*
supper Abendessen *n*, *(dtCH)* Nachtessen *n (Abendessen)*
supplementary agreement Zusatzabkommen *n*
supplementary equipment Zusatzausstattung *f*
supplementary fare Zuschlag *m*
supplementary income travel agency Nebenerwerbsreisebüro *n*
supplementary insurance Zusatzversicherung *f*
supplementary liability insurance for hire cars abroad *(BE)* Zusatz-Haftpflichtversicherung *f* für Mietwagen im Ausland
supplementary liability insurance for rental cars abroad *(AE)* Zusatz-Haftpflichtversicherung *f* für Mietwagen im Ausland
supplementary pension scheme Altersversorgungsregelung *f*
supplementary sale Zusatzverkauf *m*
supplementary scheme Altersversorgungssystem *n*
supplementary treaty Zusatzabkommen *n*
supplier Anbieter *m*
supplier credit by bank guarantee Avalkredit *m*
supply Angebot *n*
supply and demand Angebot *n* und Nachfrage *f*
supply data base Angebotsdatenbank *f*
supply facility Versorgungseinrichtung *f*
supply of tourism services touristisches Angebot *n*

supply price comparative system Preis- und Angebotsvergleichssystem *n*
supply surplus Angebotsüberhang *m*
supply voltage Netzspannung *f*
support and assistance Betreuung *f*
support for young people Nachwuchsförderung *f*
supporter journey Fanreise *f*
surcharge Aufschlag *m* Preis [Kosten], Zuschlag *m*
surcharge for single occupancy Einzelzimmerzuschlag *m*
sure-fire success Selbstläufer *m*
surety credit Avalkredit *m*
surf *v* 1. surfen *(in Datennetzen)*; 2. surfen *(Wellensurfen)*
surface car *(Aut, dtCH)* Tram(bahn) *f* *(Straßenbahn)*
surface of the water Wasseroberfläche *f*
surface power supply Bodenstromaggregat *n*
surfing Wellenreiten *n*
surgical mask Mundschutz *m*
surplus capacity Überkapazität *f*
surplus of selling orders Angebotsüberhang *m*
surplus sharing Überschussbeteiligung *f*
surrounding area Umland *n*
surrounding countryside Umland *n*
survey Gutachten *n*; Untersuchung *f*
survey among the guests Gästebefragung *f*
suspended railway Seilschwebebahn *f*
suspension bridge Hängebrücke *f*
sustainability Nachhaltigkeit *f*, Zukunftsfähigkeit *f*
sustainability guideline Nachhaltigkeitsleitfaden *m*
sustainability theme Nachhaltigkeitsstrategie *f*
sustainable catering nachhaltiges Catering *n*
sustainable development strategy Nachhaltigkeitsstrategie *f*
sustainable mobility nachhaltige Mobilität *f*
sustainable regional development nachhaltige Regionalentwicklung *f*
sustainable tourism nachhaltiger Tourismus *m*, sanfter Tourismus *m*
swap Tausch *m*, Tauschgeschäft *n*
sweeping statement Pauschalurteil *n*
swell Seegang *m*
swimming costume Badeanzug *m*
swimming-pool Schwimmbad *n*
swimsuit Badeanzug *m*
swindling Beutelschneiderei *f*
swing Umschwung *m*
Swiss Confederation [Confederacy] Schweizer Eidgenossenschaft *f*
Switzerland Schweiz *f (poetisch: Helvetia)*
symbol Wahrzeichen *n*
symbol of quality Qualitätssymbol *n*
sympathy Verständnis *n*
symposium Symposium *n*
synergy Synergie *f*, Zusammenwirken *n*
system catering expert Fachfrau *f* für Systemgastronomie
system gastronomy expert Fachmann *m* für Systemgastronomie
system gastronomy specialist Fachmann *m* für Systemgastronomie, Fachfrau *f* für Systemgastronomie

T

T-bar lift *(AE)* Schlepplift *m*
table of content Inhaltsverzeichnis *n*
tachograph Fahrtenschreiber *m*, Tachoscheibe *f*
tachometer Fahrtenschreiber *m*
tail Heck *n (Flugzeug)*
tailor-made *adj* kundengerecht, maßgeschneidert
take *v* **away** wegsteuern
take *v* **it easy** auf der faulen Haut liegen, sich auf die faule Haut legen
take *v* **up a position** einen Standpunkt vertreten
take-off Abflug *m*
take-off runway Startbahn *f*
take-off time Startzeit *f*
takeover candidate Übernahmekandidat *m*
tall ship Windjammer
tall ship cruise Windjammerkreuzfahrt *f*
target audience Zielgruppe *f*
target group Zielgruppe *f*
target market Zielmarkt *m*
tariff Tarif *m*
tariff association Tarifgemeinschaft *f*, Tarifverbund *m*
tariff cut Tarifsenkung *f*
tariff for children Kindertarif *m*
tariff identifier Tarifbezeichnung *f*

tariff information Tarifinformation *f*
tariff list Preisliste *f*
tariff manual Tarifhandbuch *n*
tariff name Tarifbezeichnung *f*
tariff network Tarifverbund *m*
tariff obligation Tarifpflicht *f (obligation of buses, taxis, etc. to charge a set fare)*
tariff reduction Tarifsenkung *f*
tariff regulation Zollbestimmung *f*
tariff system Tarifsystem *n*
tariff union Zollunion *f*
task allocation Rollenverteilung *f*
task force Arbeitsgruppe *f*, Projektgruppe *f*
taster cruise Schnupperkreuzfahrt *f*
taster week Schnupperwoche *f*
tavern *(Aut)* Beisel *n*, Wirtshaus *n*
tax Steuer *f*
tax advantage steuerlicher Vorteil *m*
tax advice Steuerberatung *f*
tax allowance Steuerfreibetrag *m*
tax benefit steuerlicher Vorteil *m*
tax consultancy Steuerberatung *f*
tax credit Steuerfreibetrag *m*
tax de séjour Kurabgabe *f*, Kurtaxe *f*
tax-deductible commuting expenses for employees Pendlerpauschale *f*
tax on earnings Ertragssteuer *f*
tax on secondary residence Zweitwohnungssteuer *f*
tax reduction Steuerermäßigung *f*
tax refund Steuerrückerstattung *f*, Steuerrückvergütung *f*, Steuerrückzahlung *f*
tax relief Steuerermäßigung *f*
tax write-off Abschreibung *f*
taxable share of income lohnsteuerpflichtiger Anteil *m*
taxes Abgaben *fpl (Steuern)*
taxi Taxi *n*
taxi driver Taxifahrer(in) *m(f)*
taxi flight Taxiflug *m*
taxi phone Taxirufsäule *f*
taxi-rank Taxistand *m*
taxi stand Taxistand *m*
taxi strip Rollbahn *f*
taxiway Rollbahn *f* zur Startposition
tea-room *(dtCH)* Caffé *n (Café)*
teaching methods Didaktik *f*
teaching mission Bildungsauftrag *m*
team Arbeitsgemeinschaft *f*, Mannschaft *f*
team spirit Teamgeist *m*
technical college of tourism Fachschule *f* für Touristik
Technical Control Board Technischer Überwachungsverein *m (Abk.: TÜV)*
Technical Inspection Association Technischer Überwachungsverein *m (Abk.: TÜV; German autonomous association of technical service providers)*
technical language Fachsprache *f*
technical school of tourism Fachschule *f* für Touristik
telecommuting Telearbeit *f*
teleconference Fernsprechkonferenz *f*, Telekonferenz *f*
television room Fernsehraum *m*
teleworking Telearbeit *f*
temp *(BE)* Aushilfskraft *f*
temporary *adj* vorläufig
temporary employment Aushilfstätigkeit *f*, Leiharbeit *f*, Zeitarbeit *f*
temporary guest Durchreisende *m(f)*
temporary help Aushilfe *f*
temporary hotel guest Durchreisende *m(f)*
temporary injunction einstweilige Verfügung *f*
temporary job Aushilfstätigkeit *f*, Zeitarbeit *f*
temporary stay at school abroad Gastschulaufenthalt *m*
temporary work Aushilfstätigkeit *f*
temporary worker Aushilfe *f*, Aushilfskraft *f*
tendency Trend *m*
tender Ausschiffungsboot *n*
tender boat Tenderboot *n*
tent Zelt *n*
tent hotel Zelthotel *n*
tentative forecast vorläufige Vorhersage *f*
term Frist *f*
term paper *(AE)* Referat *n*
terminal *(AE)* Endstation *f*, Abfertigungshalle *f*, Endgerät *n*, Terminal *n*
terminal building Abfertigungshalle *f*, Flugbahnhof *m*
terminating traffic Zielverkehr *m*
termination Kündigung *f*
termination agreement Aufhebungsvertrag *m*
terminology Fachsprache *f*
terminus Endstation *f*
terminus station Kopfbahnhof *m*
terms Modalitäten *fpl*
terms and conditions Buchungsbedingungen *fpl*

terms of business Allgemeine Geschäftsbedingungen *fpl (Abk.: AGB)*
terms of carriage Beförderungsbedingungen *fpl*
terms of reference Aufgabenbereich *m*
terms of transportation Beförderungsbedingungen *fpl*
terrace Terrasse *f*
terrain Gelände *n (Grund)*
territory Revier *n*, Gebiet *n*, Territorium *n*, Hoheitsgebiet *n*
terror attack Terroranschlag *m*
terrorist attack Terroranschlag *m*
tertiary sector tertiärer Sektor *m*
test Bewährungsprobe *f*, Prüfung *f*
test-bench Prüfstand *m*
test buyer Testkäufer *m*
test cruise Schnupperkreuzfahrt *f*
test preparation Prüfungsvorbereitung *f*
test stand Prüfstand *m*
text in clear code Klartextanzeige *f*
text processing Textverarbeitung *f*
Thanksgiving Day *(Aut)* Bauernherbst *m*
Thanksgiving service *(AE) (Aut)* Bauernherbst *m*
The German Business Travel Association Verband Deutsches Reisemanagement *(Abk.: VDR)*
theater-style seating *(AE)* Vortragsbestuhlung *f*
theatre Schauplatz *m*
theatre meeting Theatertreffen *n*
theatre-style seating *(BE)* Vortragsbestuhlung *f*
theft protection Diebstahlschutz *m*
theft waiver Diebstahlschutz *m*
theme cruise Erlebniskreuzfahrt *f*, Themenkreuzfahrt *f*
theme holiday *(BE)* Erlebnisurlaub *m*
theme night Themenabend *m*
theme-orientated touristic route touristische Route *m*
theme park Freizeitpark *m*, Themenpark *m*, Vergnügungspark *m*
theme restaurants Erlebnisgastronomie *f*
theme route Themenroute *f*, touristische Route *m*
theme vacation *(AE)* Erlebnisurlaub *m*
therapeutic exercise Bewegungstherapie *f*
therapy Heilbehandlung *f*
thermal baths Thermalbad *n*, Therme *f*
thermal spa Thermalbad *n*, Therme *f*
thermal spring Therme *f*
think tank Expertenkommission *f*
third level operations *(air traffic)* Luftverkehr *m* der dritten Ebene
third party liability insurance Haftpflichtversicherung *f*
third party operator Drittveranstalter *m*
third party sales Fremdvertrieb *m*
this season *(Aut)* heuer *(dieses Jahr)*
this year *(Aut)* heuer
this year's wine *(Aut)* Heuriger *m*
thorough *adj* umfassend, gründlich
three-bed room Dreibettzimmer *n*
three-bedded room Dreibettzimmer *n*
three figure *adj* dreistellig
three letter code Drei-Buchstaben-Schlüssel *n (Flughäfen/Städte)*
threshold country Schwellenland *n*
thrifty *adj* sparsam
thriving destination aufstrebende Destination *f*
through carriage *(AE)* Kurswagen *m*
through carriage system Kurswagensystem *n*
through coach *(BE)* Kurswagen *m*
through coach system Kurswagensystem *n*
ticket *(dtCH)* Billett *n (Fahrkarte)*; Eintrittskarte *f*, Fahrkarte *f*, Tagesticket *n* day
ticket agency Vorverkaufsstelle *f*
ticket auditing Ticketprüfung *f*
ticket center *(AE)* Ticketzentrale *f*
ticket centre *(BE)* Ticketzentrale *f*
ticket collector Schaffner(in) *m(f)*
ticket control Fahrkartenkontrolle *f*
ticket counter Fahrkartenschalter *m*
ticket deposit Tickethinterlegung *f*
ticket for a circular tour Rundreisefahrkarte *f*
ticket for interconnecting transport system Verbundfahrausweis *m*
ticket head office Ticketzentrale *f*
ticket inspection Fahrkartenkontrolle *f*
ticket machine Fahrkartenautomat *m*
ticket number Ticketnummer *f*
ticket office Fahrkartenschalter *m*
ticket on departure *(Abk.: TOD)* Flugscheinhinterlegung *f*, Tickethinterlegung *f*
ticket sale Kartenverkauf *m*
ticket service Vermittlung *f* von Eintrittskarten
ticket valid for several days Mehrtagesberechtigungskarte *f*, Mehrtageskarte *f*
ticket value Fahrkartenwert *m*

ticket vendor Fahrkartenautomat *m*
ticket wholesaler Ticketgroßhändler *m*
ticketed point mileage *(Abk.: TPM)* Ein--Kupon-Meilen *fpl*
ticketless flight Fliegen *n* ohne Ticket, ticketloses Fliegen *n*
ticketless invoicing ticketlose Abrechnung *f*
tickets for connecting trips Anschlussfahrschein *m*
tidbit *(AE)* *(Aut)* Schmankerl *(Leckerbissen)*
tide Tide *f*
tide harbour Tidenhafen *m*
tide port Tidenhafen *m*
tie-in sale Kopplungsverkauf *m*
tied distribution agreement Vertriebsbindung *f*
tied sales agreement Vertriebsbindung *f*
tilting train Neigezug *m*
time difference Zeitverschiebung *f*
time lag Zeitverschiebung *f*
time limit Frist *f*
time of arrival Ankunftszeit *f*
time of departure Abfahrtszeit *f*
time of year Saison *f*
time out Auszeit *f*
time-saving *adj* zeitsparend
time-sharing Timesharing *n*, Gemeinschaftsbetrieb *m*
time-sharing regulations Wohn- und Nutzungsrecht *n* an in- und ausländischen Immobilien
time shift Zeitverschiebung *f*
time slots Zeitfenster *n* *(Flug)*
time value Zeitwert *m*
time window Zeitfenster *n*
time zone Zeitzone *f*
timetable Fahrplan *m*, Flugplan *m*
timetabling obligation of transport companies Fahrplanpflicht *f*
tip Trinkgeld *n*
titbit *(BE)* Leckerbissen *m*, *(Aut)* Schmankerl
title Rechtsanspruch *m*
tobacconist's (shop) *(Aut)* Trafik *m* *(kleiner Laden zum Erwerb von u. a. Tabakwaren, Zeitungen, Briefmarken, Fahrkarten, Reisebedarf)*
today's special Tagesgericht *n* *(Restaurant)*
toll Autobahngebühr *f*, Gebühr *f*, Mautgebühr *f*, Straßen- und Autobahngebühr *f*, Straßenbenutzungsgebühr *f*
toll-free call gebührenfreies Telefonieren *n*
toll road *(BE)* gebührenpflichtige Straße *f*
tollage Zollabgabe *f*
top-flight personality hochkarätige Person *f*
top performance Spitzenleistung *f*
top performer Leistungsträger *m*
top suppliers wichtigste Anbieter *mpl*
topography Ortsbeschreibung *f*
tornado Wirbelsturm *m*
total capacity Gesamtkapazität *f*
total care Komplettversorgung *f*
total costs Gesamtausgaben *fpl*
total proceeds Gesamterlös *m*
total revenue Gesamterlös *m*
total reversal Vollstorno *n*
total travel expenses Gesamtreiseausgaben *fpl*
total travel services Gesamtheit *f* von Reiseleistungen
total turnover Gesamtumsatz *m*
touchdown Landung *f*
touchscreen Berührungsbildschirm *m*
tough choices harte Entscheidungen *fpl* *(harte Bandagen)*
tough-minded negotiation knallharte Verhandlung *f*
tour Reise *f*, Rundreise *f*, Tour *f*
tour bus Reisebus *m*
tour bus driver *(AE)* Reisebusfahrer(in) *m(f)*
tour conditions Reisebedingungen *fpl*
tour confirmation Reisebestätigung *f*
tour escort Reisebegleiter(in) *m(f)*
tour group Reisegruppe *f*
tour guide Reiseführer *m* *(Person)*; Reiseleiter(in) *m(f)*, Reiseleitung *f* *(Person)*; Rundreiseleiter(in) *m(f)*
tour guide certificate Reiseleiter-Zertifikat *n*
tour management Reiseleitung *f* *(Aktivität)*; Reisemanagement *n*
tour manager Reiseleiter(in) *m(f)*, Rundreiseleiter(in) *m(f)*
tour manager certificate Reiseleiter--Zertifikat *n*
tour of inspection Inspektionsreise *f*
tour operator Reisebetreiber *m*, Reiseunternehmen *n*, Reiseveranstalter *m*
tour operator risk Reiseveranstalterrisiko *n*
tour operator's liability Produzentenhaftung *f*

tour operators' market Reiseveranstaltermarkt *m*
tour organizer Reiseveranstalter *m*
tour outline Reisesteckbrief *m*
tour price Reisepreis *m*
tour price maintenance Reisepreis-Sicherung *f*
tour to a festival Festspielreise *f*
tour to learn a language Sprachreise *f*
tour with a difference Erlebnisreise *f*
touring bus *(AE) (dtCH)* Autocar *m*, Reisebus *m*
touring camp Ferienlager *n*
touring club Verkehrsclub *m*
touring coach driver *(BE)* Reisebusfahrer(in) *m(f)*
touring exhibition Wanderausstellung *f*
tourism Fremdenverkehr *m*, Tourismus *m*, Touristik *f*
tourism added value chain touristische Wertschöpfungskette *f*
tourism advertising Tourismuswerbung *f*
tourism advisory board Beirat *m* für Tourismusfragen, Tourismusbeirat *m*
tourism and development study group Studienkreis *m* für Tourismus und Entwicklung
tourism area Fremdenverkehrsgebiet *n*
tourism as an economic factor Wirtschaftsfaktor *m* Tourismus
tourism association Fremdenverkehrsverband *m (privat)*; Tourismusverband *m*
tourism authority Tourismusbehörde *f*
tourism awareness Tourismusbewusstsein *n*
tourism barometer *(obs)* Reisebarometer *n (Marktanalyse, die vom Deutschen Wirtschaftswisssenschaftlichen Institut für Fremdenverkehr (DWIF) entwickelt wurde, um die Tourismus-Entwicklungen im früheren Ostdeutschland zu beobachten)*
tourism camping Tourismuscamping *n*
tourism commissioner Tourismusbeauftragte *m(f)*
tourism committee Tourismuspräsidium *n*
tourism company Touristikunternehmen *n*
tourism conception Tourismuskonzeption *f*
tourism consultant Touristikreferent *m*
tourism demand touristische Nachfrage *f*
tourism destinations Touristikziele *npl*
tourism economy Tourismuswirtschaft *f*
tourism enterprise Touristikunternehmen *n*
tourism establishment Tourismusbetrieb *m*
tourism exhibition Tourismusfachmesse *f*, Tourismusmesse *f*, Touristikmesse *f*
tourism expenditures Tourismusausgaben *fpl*
tourism expert Touristiker *m*, Touristikfachkraft *f*
tourism fair Tourismusmesse *f*, Touristikmesse *f*
tourism forum Tourismusforum *n*
tourism guide Tourismusführer *m*
tourism industry Tourismusbranche *f*, Tourismuswirtschaft *f*, Touristikindustrie *f*, Weiße Industrie *f*
tourism industry discussion forum Gesprächskreis *m* Tourismusindustrie
tourism law Recht *n* im Tourismus
tourism market indicator Reiseklima-Indikator *m*
tourism market research touristische Marktuntersuchung *f*
tourism marketing Tourismusmarketing *n*
tourism offer touristisches Angebot *n*
tourism official Touristikreferent *m*
tourism operation Tourismusbetrieb *m*
tourism operator Touristikunternehmen *n*
tourism organisation Tourismusorganisation *f*, Fremdenverkehrsorganisation *f*
tourism-oriented study path tourismusorientierter Studiengang *m*
tourism professional Touristikfachkraft *f*
tourism promotion Tourismusförderung *f*, Tourismuswerbung *f*
tourism real estate Tourismusimmobilie *f*
tourism region Fremdenverkehrsgebiet *n*
tourism-related degree course tourismusorientierter Studiengang *m*
tourism-related study course tourismusorientierter Studiengang *m*
tourism representation of a country Tourismusvertretung *f* eines Landes
tourism route touristische Route *m*
tourism satellite accounts *(Abk.: TSA)* Satellitensystem *n* Tourismus, Satellitenbericht *m* Tourismus
tourism service touristische Leistung *f*
tourism specialist Touristiker *m*, Touristikfachkraft *f*

tourism statistics guideline Tourismusstatistikrichtlinie *f*
tourism studies Tourismusstudium *n*
tourism studies at a university of cooperative education Berufsakademiestudium *n* des Tourismus
tourism studies at a vocational academy Berufsakademiestudium *n* des Tourismus
tourism studies at university of applied sciences Hochschulstudium *n* [Fachhochschulstudium *n*] des Tourismus
tourism summit conference Tourismusgipfel *m*
tourism summit meeting Tourismusgipfel *m*
tourism survey Tourismuserhebung *f*
tourism trade Tourismusbranche *f*
tourism trade fair Tourismusfachmesse *f*, Tourismusmesse *f*, Touristikmesse *f*
tourism value-added chain touristische Wertschöpfungskette *f*
tourism value chain touristische Wertschöpfungskette *f*
Tourism Watch Tourism Watch *("Third World" tourism education and information services; Informationsdienst Dritte Welt-Tourismus)*
tourism workflow administration touristische Vorgangsverwaltung *f*
tourism working group touristische Arbeitsgemeinschaft *f*
tourism year Tourismusjahr *n*, Touristikjahr *n*
tourist Tourist *m*
tourist accommodation sector Beherbergungsgewerbe *n*
tourist accommodations office *(AE)* Zimmervermittlung *f*
tourist area Fremdenverkehrsgebiet *n (klein)*
tourist arrivals Gästeankünfte *fpl*
tourist association Verkehrsverein *m*
tourist attraction Sehenswürdigkeit *f*
tourist board Verkehrsbüro *n*
tourist brochure Reiseprospekt *m(n)*
tourist bureau Verkehrsverein *m*
tourist camping Tourismuscamping *n*
tourist center *(AE)* Haus *n* des Gastes
tourist centre *(BE)* Haus *n* des Gastes
tourist class Touristenklasse *f*
tourist-class syndrome Touristenklasse-Syndrom *n*
tourist demand touristische Nachfrage *f*
tourist destinations Touristikziele *npl*
tourist fee Fremdenverkehrsabgabe *f*
tourist guide Fremdenführer *m*, Gästeführer *m*, Reiseleiter(in) *m(f)*
tourist guide in the former GDR Stadtbilderklärer *m*
tourist home *(AE)* Fremdenheim *n*
tourist information Fremdenverkehrsamt *n*, Tourist-Information *f*
tourist information office Verkehrsamt *n*
tourist information standard touristische Informationsnorm *f (Abk.: TIN)*
tourist office Fremdenverkehrsamt *n*, Fremdenverkehrsstelle *f*, Tourist-Information *f*, Verkehrsamt *n*
tourist opportunities touristisches Angebot *n*
tourist paradise Ferienparadies *n*, Urlauberparadies *n*
tourist railcar track Draisinenfahrstrecke *f*
tourist railway Touristikbahn *f*
tourist region Feriengebiet *n*, Ferienland *n*, Fremdenverkehrsgebiet *n (groß)*
tourist road Ferienstraße *f*
tourist route touristische Route *m*
tourist season Reisezeit *f*
tourist services demand touristische Nachfrage *f*
tourist services supply touristisches Angebot *n*
tourist stronghold Touristenhochburg *f*
tourist survey Tourismuserhebung *f*
tourist tax Fremdenverkehrsabgabe *f*
tourist trade Tourismusbranche *f*
tourist traffic Fremdenverkehr *m (Reiseverkehr)*; Reiseverkehr *m*
tourist traffic balance Reiseverkehrsbilanz *f*
tourist train Sonderzug *m*, Touristikzug *m*
tourist travel agency touristisches Reisebüro *n*
tourist visa Touristenvisum *n*
tourist working pool touristische Arbeitsgemeinschaft *f*
touristic association Fremdenverkehrsverband *m*
touristic establishment Tourismusbetrieb *m*
touristic fair Tourismusmesse *f*
touristic industry Tourismusbranche *f*, Touristikindustrie *f*
touristic information quota touristische Informationsnorm *f (Abk.: TIN)*

touristic information standard touristische Informationsnorm *f (Abk.: TIN)*
touristic offer touristisches Angebot *n*
touristic operation Tourismusbetrieb *m*
touristic operations administration touristische Vorgangsverwaltung *f*
touristic service touristische Leistung *f*
touristic services demand touristische Nachfrage *f*
touristic trade fair Tourismusmesse *f*
touristic travel agency touristisches Reisebüro *n*
touristic year Touristikjahr *n*
tourist's medicine case Reiseapotheke *f*
tow-path *(BE)* Treidelpfad *m*
tow service *(AE)* Abschleppdienst *m*
towboat Schlepper *m*
towel Handtuch *n*
towing path Treidelpfad *m*
town bus Stadtbus *m*
town canal Gracht *f*
town centre *(BE)* Innenstadt *f*, Ortszentrum *n*, Stadtzentrum *n*
town guide Stadtführer *m (Kleinstadt)*
town twinning Städtepartnerschaft *f*
towpath *(AE) (Aut)* Hufschlag *m (Weg neben der Donau und anderen Flüssen, Treppelweg, Leinpfad)*; Leinpfad *m*, Treidelpfad *m*
track Bahnsteig *m*
tracks of professional trainings and educational programs in tourism Ausbildungswege *mpl* im Tourismus [Fremdenverkehr]
trade *v* **as** als Gewerbe betreiben
trade Handel *m*
trade association Branchenverband *m*, Fachverband *m*
trade directory Branchenverzeichnis *n*
trade event Branchenereignis *n*
trade exhibition Fachausstellung *f*
trade fair Ausstellung *f (Messe, Kunstausstellung)*; Fachmesse *f*
trade fair and exhibition association Fachverband *m* Messen und Ausstellungen *(Abk.: Fama)*
trade fair for decision makers in tourism Entscheider-Messe *f* der Reisebranche
trade fair ground Messegelände *n*
trade fair site Messegelände *n*
trade-fair tourism Messetourismus *m*
trade law Gewerbeordnung *f (Abk.: GewO)*
trade license Gewerbeschein *m*
trade mark Markenzeichen *n*, Warenzeichen *n*, Handelsmarke *f*, Marke *f*
trade press Fachpresse *f*
trade reference book Branchenbuch *n*
trade register Handelsregister *n*
trade secret Geschäftsgeheimnis *n*
trade show Fachmesse *f*
trade sign Firmenzeichen *n*
trade supervision Gewerbeaufsicht *f*
trade union *(BE)* Gewerkschaft *f*
trade visitors' day Fachbesuchertag *m* bei Messen
trade wind Passat *m*
trademark Markenzeichen *n*, Warenzeichen *n*, Handelsmarke *f*, Marke *f*
tradesman Gewerbetreibende *m(f)*
trading member Marktteilnehmer *m*
tradition Brauchtum *n*, Überlieferung *f*, Tradition *f*
traditional company Traditionsunternehmen *n*
traditional cruise klassische Kreuzfahrt *f*
traditional regular travel agents' get-together Stammtisch *m* Reisebüro
traditional shipping Traditionsschifffahrt *f*
traffic access Verkehrsanbindung *f*
traffic area Verkehrsgebiet *n*
traffic around a recreational area Naherholungsverkehr *m*
traffic association Verkehrsclub *m*
traffic axis Verkehrsachse *f*
traffic carrier Verkehrsträger *m*
traffic congestion Verkehrsstauung *f*
traffic institution Verkehrsinstitution *f*
traffic jam Stauung *f*, Verkehrsstau *m*, Verkehrsstauung *f*
traffic jam forecast Stauprognose *f*
traffic law Verkehrsrecht *n*
traffic link Verkehrsverbindung *f*
traffic object Verkehrsobjekt *n*
traffic revenues Verkaufserlöse *mpl*, Verkehrserlöse *mpl*
traffic statistics Verkehrsstatistik *f*
traffic trade Verkehrsgewerbe *n*
traffic volume Verkehrsaufkommen *n*
trail Nachlauf *m*, Wanderweg *m*
trailblazer Vorreiter *m*
trailer *(AE)* Anhänger *m*, Caravan *m*, Nachsatz *m (Computer)*; Wohnanhänger *m*, Wohnwagen *m*
trailer park *(AE)* Wohnwagenpark *m*
trailer tent Anhänger-Zelt *n*

trailerite *(AE)* Wohnwagentourist *m*
train Zug *m*
train arrival Zugankunft *f*
train category Zuggattung *f*
train compartment Bahnabteil *n*, Zugabteil *n*
train departure Zugabfahrt *f*
train ferry Eisenbahnfähre *f*, Trajektschiff *n*
train information Zugauskunft *f*
train-path charge Trassenpreis *m*
train reservation Zugreservierung *f*
train ride Bahnreise *f*
train schedule conference Reisezug-Fahrplankonferenz *f*
train station cooperation Bahnhofspartnerschaft *f*
train to plane Zug *m* zum Flug
trained hotel specialist Hotelfachfrau *f*, Hotelfachmann *m*
trained server *(AE)* Restaurantfachmann *m*, Restaurantfachfrau *f*
trained tourism expert Tourismusfachwirt(in) *m(f)*
trained waiter *(BE)* Restaurantfachmann *m*
trained waitress *(BE)* Restaurantfachfrau *f*
trainee Auszubildende *m(f)*, Praktikant *m*, Verrichtungsgehilfe *m*
trainee journalist Nachwuchsjournalist(in) *m(f)*
trainee program Volontariat *n*
traineeship Praktikum *n*, Volontariat *n*
trainer aptitude ordinance Ausbildereignungsverordnung *f*
trainer aptitude regulations Ausbildereignungsverordnung *f*
training Aus- und Fortbildung *f*, Ausbildung *f (Schulung)*; Ausbildungswesen *n*
training course offer Schulungsangebot *n*
training hotel Schulungshotel *m*
training measure Schulungsmaßnahme *f*
training offer Schulungsangebot *n*
training opportunity Schulungsangebot *n*
training opportunity in tourism Fortbildungsangebot *n* im Tourismus
tram *(BE)* Straßenbahn *f*, Tram *f*, *(Aut, dtCH)* Tram(bahn) *f*
tram stop *(BE)* Straßenbahnhaltestelle *f*
tramp and request transport Tramp- und Anforderungsverkehr *m*
tramp shipping Trampschifffahrt *f*
tramway *(Aut, dtCH)* Tram(bahn) *f*
Trans-European Network *(Abk.: TEN)* Transeuropäisches Netz *n*
transaction-based fee model transaktionsbasiertes Vergütungsmodell *n*
transaction fee Transaktionsgebühr *f*
transatlantic flight Transatlantikflug *m*
transatlantic voyage Transatlantikreise *f (Schiff)*
transcontinental train Transkontinentalzug *m*
transfer *v (AE)* umsteigen
transfer *(AE)* Transfer *m*, Überführung *f*
transfer area Transferbereich *m*
transfer bus Transferbus *m*
transfer flight Umsteigeflug *m*
transfer of contract Vertragsübertragung *f*
transfer of operations Betriebsübergang *m*
transfer ticket Umsteigekarte *f*
transfer time Umsteigezeit *f (Flughafen)*
transform *v* umsetzen
transient hotel Passantenhotel *n*
transit Transit *m*
transit agreement Transitvereinbarung *f*
transit area of the airport Transitbereich *m* des Flughafens
transit country Durchgangsland *n*
transit fare Durchgangstarif *m*
transit stopover without deboarding Tangentialreisende *m*
transit time Umsteigezeit *f*
translation Übersetzung *f*
translator Übersetzer(in) *m(f)*
transoceanic flight Ozeanflug *m*
transoceanic voyage Ozeanreise *f*, Transatlantiküberquerung *f*
transparency Transparenz *f*
transparency of prices Preistransparenz *f*
transport Beförderung *f*, Verkehrswirtschaft *f*
transport agreement Transportvereinbarung *f*
transport association Verkehrsgemeinschaft *f*, Verkehrsverbund *m*
transport business administrator Verkehrsfachwirt(in) *m(f)*
transport conference area Verkehrskonferenzgebiet *n*
transport connection Verkehrsanbindung *f*
transport corridor Verkehrskorridor *m*

transport document Transportdokument *n*
transport economics Verkehrswirtschaft *f*
transport from the airport Flughafentransfer *m*
transport industry Verkehrsgewerbe *n*
transport institution Verkehrsinstitution *f*
transport law *(BE)* Verkehrsrecht *n*
transport link Verkehrsanbindung *f*
transport politician Verkehrspolitiker(in) *m(f)*
transport service Beförderungsleistung *f*
transport service on demand Anforderungsverkehr *m*
transport statistics *(BE)* Verkehrsstatistik *f*
transport to the airport Flughafentransfer *m*
transportation Beförderung *f*, Überführung *f*
transportation company Verkehrsunternehmen *n*
transportation law *(AE)* Verkehrsrecht *n*
transportation project Verkehrsprojekt *n*
transportation regulation Beförderungsrecht *n*
transportation statistics *(AE)* Verkehrsstatistik *f*
transversal through the Alps Alpentransversale *f*
transversal valley castle crowned *(dtCH)* burgengeschmückte Kluse *f (Quertal)*
travel *v* verreisen • **He, who travels, has a tale to tell** Wenn einer eine Reise tut, dann kann er was erzählen
travel Reisen *n* • **there's nothing like travel for broadening the mind** Reisen bildet • **travel improves the mind wonderfully, and does away with all one's prejudices** *(Oscar Wilde)* Reisen veredelt wunderbar den Geist und räumt mit all unseren Vorurteilen auf
travel accident insurance Reiseunfallversicherung *f*, Unfallversicherung *f*
travel advance Reisekostenvorschuss *m*
travel adviser Reiseberater(in) *m(f)*
travel agency Reiseagentur *f*, Reisebüro *n*, Reisemittler *m*, Reisevermittlung *f*
travel agency advisory board Reisebürobeirat *m*
travel agency and railway advisory board of German Railway agencies *(obs)* Reisebüro-Bahn-Beirat *m* der DB-Agenturen *(Abk.: RBB)*
travel agency chain Reisebürokette *f*
travel agency directive [ordinance] Reisebüroverordnung *f*
travel agency survey Reisebürostudie *f*
travel agency terminal Reisebüroterminal *n*
travel agent Expedient *m*, Reisemittler *m*, Reisenverkäufer *m*, Reisenverkäuferin *f*, Reiseverkehrskaufmann *m*, Reiseverkehrskauffrau *f*, Reisebüroangestellte *m(f)*, *(dtCH, Aut)* Reisebürokaufmann *m*, *(dtCH, Aut)* Reisebürokauffrau *f*
travel agent ID card Expedientenkarte *f*
travel allowance Reisekostenzuschuss *m*
travel analysis Reiseanalyse *f (Abk.: RA; RA is a representative survey describing the holiday behaviour of Germans, their attitudes to travel, motivations and interests)*
travel and leisure platform Reise- und Freizeitportal *n*
travel and tourism *(terminus technicus, DIN)* Reiseverkehr *m*
travel and tourism balance Reiseverkehrsbilanz *f*
travel arbitration board Reiseschiedsstelle *f*
travel attendant Reisebegleiter(in) *m(f)*
travel avoidance Reisevermeidung *f (unnötiges Reisen)*
travel ban Reiseverbot *n*
travel bank Reisebank *f*
travel behavior *(AE)* Reiseverhalten *n*
travel behaviour *(BE)* Reiseverhalten *n*
travel biography Reisebiografie *f (tourism research project)*
travel book Reisebericht *m*, Reisebuch *n*
travel booking Reisebuchung *f*
travel books Reiseliteratur *f*
travel broadens the mind Reisen bildet
travel brochure Reisekatalog *m*, Reiseprospekt *m(n)*
travel budget Reisebudget *n*, Reiseetat *m*, Reisehaushaltsplan *m*
travel bug Reiselust *f*
travel bureau Reisebüro *n*
travel business Tourismusbranche *f*
travel cancellation insurance Reiserücktrittskostenversicherung *f*
travel carer Reisebegleiter(in) *m(f) (Betreuer)*

travel catalog *(AE)* Reisekatalog *m*
travel catalogue *(BE)* Reisekatalog *m*
travel companion Reiseassistent(in) *m(f)*, Reisebegleiter(in) *m(f)*
travel company *(BE)* Reiseunternehmen *n*
travel conditions Reisebedingungen *fpl*
travel confirmation Reisebestätigung *f*
travel consultant Reiseberater(in) *m(f)*, Reiseverkehrskaufmann *m*
travel contract Reisevertrag *m*
travel contract law Reisevertragsrecht *n*
travel corporation *(AE)* Reiseunternehmen *n*
travel costs Fahrtkosten *pl*, Reisekosten *pl*
travel costs advance Reisekostenvorschuss *m*
travel costs software Reisekostensoftware *f*
travel currencies Reisezahlungsmittel *npl*
travel curtailment insurance Reiseabbruchversicherung *f*
travel decision Reiseentscheidung *f*
travel department (of a company) Reisestelle *f*
travel destination Reiseziel *n*
travel destinations Reiseländer *npl*
travel distribution Reiseabsatz *m*, Reisevertrieb *m*
travel document Reisedokument *n*, Reiseunterlage *f*
travel encyclopedia Reiselexikon *n*
travel enterprise Reiseunternehmen *n*
travel exhibition Reisemesse *f*, Reiseausstellung *f*
travel expenditures Reiseausgaben *fpl*
travel expenses *(AE)* Reisekosten *pl*, Reiseausgaben *fpl*, Reisespesen *pl*
travel expenses accounting Reisekostenabrechnung *f (Abk.: RKA)*
travel expenses compensation Reisekostenvergütung *f*
travel expenses during business trips Geschäftsreisekosten *pl*
travel expenses report Reisekostenabrechnung *f (Abk.: RKA)*
travel fair Reisemesse *f*
travel fee Einreisegebühr *f*
travel frequency Reisehäufigkeit *f*
travel frustration Reisefrust *m*, Reiseenttäuschung *f*
travel funds Reisemittel *n*
travel goods Reiseartikel *mpl*
travel group Reisegruppe *f*
travel guide Reisebuch *n*, Reiseleiter(in) *m(f)*
travel guidebook Reisehandbuch *n*
travel habits Reiseverhalten *n*
travel health insurance Reisekrankenversicherung *f*
travel illness Reisekrankheit *f*
travel industry Reisebranche *f*
travel information system Reiseinformationssystem *n*
travel insurance Reiseversicherung *f*
travel insurance that covers reimbursement of reasonable additional travel and accommodation costs Ersatzreise-Schutz *m*
travel intensity Reiseintensität *f*
travel interruption insurance Reiseabbruchversicherung *f*
travel journalism Reisejournalismus *m*
travel law Reiserecht *n*
travel liability insurance Reisehaftpflichtversicherung *f*, Touristikhaftpflichtversicherung *f*
travel manual Reisehandbuch *n*
travel market Reisemarkt *m*
travel medicine Reisemedizin *f*
travel motive Reiseanlass *m*
travel necessities Reisebedarf *m*
travel nerves Reisefieber *n*
travel offer Reiseangebot *n*
travel office salesman Expedient *m*, Reissenverkäufer *m*
travel ombudsman Reiseschiedsstelle *f*
travel on cargoship Frachtschiffsreise *f*
travel package Reiseangebot *n*
travel pass Verbundfahrausweis *m*
travel planner Reiseplaner *m*
travel planning Reiseplanung *f*
travel policy Reiserichtlinie *f*
travel prefinancing Reisevorfinanzierung *f*
travel preparation Reisevorbereitung *f*
travel price Reisepreis *m*
travel price index Preisindex Reisen *m*
travel propensity Reiseintensität *f*
travel protection Reisesicherheit *f*
travel regulation Reiserichtlinie *f*
travel requirements Reisebedarf *m*
travel route Reiseroute *f*
travel sales Reiseabsatz *m*
travel sales directory Reiseverkaufshandbuch *n*

travel salesman Reisenverkäufer *m*, Reiseverkäufer *m*
travel saleswoman Reisenverkäuferin *f*, Reiseverkäuferin *f*
travel scheduler Reiseplaner *m*
travel season Reisesaisonzeit *f*
travel section in newspapers Reiseteil *m* bei Zeitungen
travel sector Reisebranche *f*
travel service Reisedienst *m*, Reiseleistung *f*
travel services as a whole Gesamtheit *f* von Reiseleistungen
travel sickness Reisekrankheit *f*
travel speed Reisegeschwindigkeit *f*
travel subscription Reiseabonnement *n*, Reisevorbestellung *f*
travel supplement Reisebeilage *f*
travel time Reisedauer *f*
travel trade fair Reisemesse *f*
travel trade-show Reisemesse *f*
travel volume Reiseaufkommen *n*
travel voucher Reisegutschein *m*
travel warning Reisewarnung *f*
travel year Reisejahr *n*
travelblog Reiseblog *n*
traveler *(AE)* Reisende *m(f)*
traveler change *(AE)* Reisendenwechsel *m*
traveler's check *(AE)* Reisescheck *m*
traveling allowance Reisespesen *pl*
traveling bag *(AE)* Reisetasche *f*
traveling companion *(AE)* Mitreisende *m(f)*, Reisebegleiter(in) *m(f) (Mitreisender)*; Reiseassistent(in) *m(f)*
traveling exhibition *(AE)* Wanderausstellung *f*
traveling expenses *(AE)* Reiseausgaben *fpl*, Reisespesen *pl*
traveling expenses insurance *(AE)* Reiseausfallkosten-Versicherung *f*
traveling funds *(AE)* Reisemittel *n*
traveling requisites *(AE)* Reisebedarf *m*
traveller *(BE)* Reisende *m(f)*
traveller change *(BE)* Reisendenwechsel *m*
traveller's accident insurance Reiseunfallversicherung *f*
traveller's cheque *(BE)* Reisescheck *m*
Travellers' Aid Society Bahnhofsmission *f*
travelling unterwegs
travelling acquaintance Reisebekanntschaft *f*
travelling bag *(BE)* Reisetasche *f*
travelling companion *(BE)* Reiseassistent(in) *m(f)*, Reisebegleiter(in) *m(f)*, Mitreisende *m(f)*
travelling expenses *(BE)* Reiseausgaben *fpl*, Reisekosten *pl*, Reisespesen *pl*, Fahrtkosten *pl*, Spesen *pl*
travelling expenses advance Reisekostenvorschuss *m*
travelling expenses insurance *(BE)* Reiseausfallkosten-Versicherung *f*
travelling funds *(BE)* Reisemittel *n*
travelling requisites *(BE)* Reisebedarf *m*
travelling salesman Geschäftsreisende *m*, Reisenverkäufer *m*, Reiseverkäufer *m*
travelling saleswoman Geschäftsreisende *f*, Reisenverkäuferin *f*, Reiseverkäuferin *f*
travelling time Reisezeit *f*
travelog Reisebericht *m*
travelogue Reisebericht *m*
treasurer Schatzmeister(in) *m(f) (Club)*; Finanzleiter(in) *m(f)*, Hauptbuchhalter(in) *m(f)*, *(dtch, Aut)* Kassier *m*
treatment Kur *f*
treaty Abkommen *n*, Vertrag *m*
treaty of Amsterdam Amsterdamer Vertrag *m*
tree-top hotel Baumwipfelhotel *n (in den Tierparks von Kenia)*
trekking Bergwandern *n*
trend Trend *m*, Tendenz *f*, Richtung *f*
trend analysis Trendstudie *f*
trend analyst Trendforscher *m*
trend reversal Trendwende *f*
trend sports travel Trendsportreisen *fpl*
trend survey Trendstudie *f*
trendsetting *adj* richtungsweisend, zukunftsweisend
trendy *adj* trendig
Treuhand Agency Treuhandanstalt *f*
trial of strength Kräftemessen *n*, Kraftprobe *f*
trial period Probezeit *f*
trial week Schnupperwoche *f*
tribal custom Stammesbrauch *m*
trimaran Trimaran *m*
trip Abstecher *m*, Ausflug *m*, *(Aut)* Rutscher *(kurze Fahrt, Abstecher)*; Reise *f*, Streifzug *m*, Tour *f*
trip down memory lane Nostalgiereise *f*
trip for handicapped people Behindertenreise *f*

trip lasting several days Mehrtagesreise *f*
trip length Reisedauer *f*
trip organized for listeners of a radio station Hörerreise *f*
trip price Reisepreis *m*
trip record book Fahrtenbuch *n*
trip route Fahrtroute *f*
trip to nowhere in particular Fahrt *f* ins Blaue
trip to the country Landausflug *m* *(Landpartie)*
triple room Dreibettzimmer *n*
trips per tourist Reisehäufigkeit *f*
triumphal arch Triumphbogen *m*
trolley *(AE)* Gepäckwagen *m*, Draisine *f*
trolley-bus *(BE)* Trolleybus *m*
trolley line *(AE) (Aut, dtCH)* Tram(bahn) *f* *(in New York)*
trolleybus *(AE)* Trolleybus *m*, O-Bus
tropical disease Tropenkrankheit *f*
tropical rain forest tropischer Regenwald *m*
trouser press Hosenbügler *m*
trustee law Treuhandgesetz *n*
trusteeship act Treuhandgesetz *n*
trustworthy *adj* glaubwürdig
truth of brochure content Prospektwahrheit *f*
tube Untergrundbahn *f*
tug Schlepper *m*
tuition fees Studiengebühren *fpl*
tumulus Tumulus *m*, Grabhügel *m*
turmoil Turbulenz *f (Aufruhr)*
turn *v* umsetzen
turn of the year Jahreswechsel *m*, Jahreswende *f*
turnaround Tendenzwende *f*, Umschwung *m*
turnaround time Abfertigungszeit *f*
turning point Zeitenwende *f*
turnover *(BE)* Absatz *m*, Umsatz *m*
turnover break-in Umsatzeinbruch *m*
turnover postponement Umsatzverschiebung *f*
turnover swing Umsatzschaukel *f*
turnover switching Umsatzschaukel *f*
turnover tax Umsatzsteuer *f*
turnpike road *(AE)* gebührenpflichtige Straße *f*
turnpike toll *(AE)* Autobahngebühr *f*
TV lounge Fernsehraum *m*
TV room Fernsehraum *m*
TV travel sales Reiseverkaufsfernsehen *n*
twilight years Lebensabend *m*
twin cabin Zweibettkabine *f (zwei Einzelbetten)*
twin city Partnerstadt *f*
twin-room Zweibettzimmer *n (Zimmer mit zwei Einzelbetten)*
twin town Partnerstadt *f*
twitter *v* twittern, zwitschern
twitter Kurznachrichtenwerk *n* Twitter *(Mikro-Blog und soziales Netzwerk im Internet)*; Mikroblogdienst *m* Twitter
two-berth cabin Zweibettkabine *f (Unterbetten)*
two-digit *adj* zweistellig
two-letter code for airlines Zweibuchstabenkürzel *n* für Fluggesellschaften
two level coach Doppelstockwagen *m*
two-piece bathing suit Bikini *m*
type of air travel Flugreiseart *f*
type of business organization Unternehmensform *f*
type of climate Klimatyp *m*
type of enterprise Unternehmensform *f*
type of flight Flugart *f*, Flugreiseart *f*
type of holiday *(BE)* Urlaubsform *f*
type of room Zimmerart *f*
type of train Zuggattung *f*
type of vacation *(AE)* Urlaubsform *f*
typical working day Arbeitsalltag *m*

U

umbrella association of tourism Dachverband *m* Tourismus
umbrella brand strategy Dachmarkenstrategie *f*
umbrella company Dachunternehmen *n*
umbrella organisation of tourism Dachverband *m* Tourismus
umbrella organization of travel management associations Dachverband *m* der Reisestellenvereinigungen
UN maritime law conference UN-Seerechtskonferenz *f*
unaccompanied minor unbegleiteter Minderjähriger *m*, unbegleitetes Kind *n*
unaccompanied person Einzelperson *f*
unbeatable *adj* unschlagbar
unblemished *adj* makellos

unbundling Entbündelung *f (Airlines--Preismodell für getrennte Leistungen)*
uncoded text display Klartextanzeige *f*
uncomplicated *adj* bodenständig
underground *(BE)* U-Bahn *f*, Untergrundbahn *f*
underinsurance Unterversicherung *f*
understanding Verständnis *n*
underwater sports Unterwassersport *m*
underwater tunnel Unterwassertunnel *m*
underwater world Unterwasserwelt *f*
underwriter Versicherer *m*, Versicherungsträger *m (bei Schiffen)*
underwriting Risikoübernahme *f*
underwriting agent Abschlussagent *m*
undoubtedly zweifellos *adv*
uneconomic *adj* unwirtschaftlich
unequal treatment Ungleichbehandlung *f*
unfair competition Wettbewerbsverzerrung *f*
unforgeability Unverfälschbarkeit *f*
unforgeable ID card fälschungssicherer Ausweis *m*
unforgeable identification card fälschungssicherer Ausweis *m*
unfriendly acquisition feindliche Übernahme *f*
unified trade union Einheitsgewerkschaft *f*
unincorporated firm Personengesellschaft *f*
uninvited spectator Zaungast *m*
union Gewerkschaft *f*, Zusammenschluss *m*
Union of Railways Eisenbahnverband *m*
unions and management Tarifpartner *mpl*
unique *adj* einzigartig
unique characteristics Alleinstellungsmerkmal *n*
unique selling point Alleinstellungsmerkmal *n*
unique selling proposition *(Abk.: USP)* Alleinstellungsmerkmal *n*
United Kingdom (of Great Britain and Northern Ireland) *(Abk.: UK)* Vereinigtes Königreich *n* (von Großbritannien und Nordirland)
United States of America *(Abk.: USA)* Vereinigte Staaten *npl* von Amerika
universal fair Universalmesse *f*
universal time Weltzeit *f*
universal trade fair Universalmesse *f*
university lecturer Dozent *m*
university leisure and tourism studies Universitätsstudium *n* mit Tourismusschwerpunkt
university of applied sciences Fachhochschule *f*
university of cooperative education Berufsakademie *f*, Hochschule *f*
unlimited mileage unbegrenzte Kilometerleistung *f*
unlimited partner Komplementär *m*
unlimited partnership under the German Civil Code Gesellschaft *f* des bürgerlichen Rechts *(Abk.: GbR)*
unmistakeability Unverwechselbarkeit *f*
unofficial gradual opening of a hotel schrittweise inoffizielle Eröffnung *f* eines Hotels
unrestricted season ticket Netzkarte *f*
unscheduled traffic Nicht-Linienverkehr *m*
unsolicited application Initiativbewerbung *f*
unspoilt beach unberührter Strand *m*
unspoilt nature *(BE)* Ursprünglichkeit *f*
untarnished *adj* makellos
untidy *adj* unordentlich *(nicht aufgeräumt)*
untransferable nicht übertragbar
unused services nicht in Anspruch genommene Leistungen *fpl*
unwieldy luggage *(BE)* sperriges Gepäck *n*
up-and-coming destination aufstrebende Destination *f*
up-front incentive Up-front-Förderung *f*
upcoming events Veranstaltungsvorschau *f*
update *v* modernisieren
upgrade *v* **sth** etwas aufrüsten *(Computer)*; etwas aufwerten, etwas erweitern, etwas verbessern
upgrade booking Höherbuchen *n*
upgrading Aufwertung *f*, Höherstufung *f*
upheaval phase Umbruchphase *f*
upper deck Oberdeck *n*
upper (premium) economy class Zwischenklasse *f (Airline)*
upscale hotel gehobenes Hotel *n*
upscale product hochwertiges Produkt *n*
upstream navigation Bergfahrt *f (Schiff)*
upswing Aufschwung *m*, Aufwärtstrend *m*
upturn Aufwärtstrend *m*
upward trend Aufwärtstrend *m*
urban jungle Großstadtdschungel *m*

urban traffic Stadtverkehr *m*
US Department of Transportation *(Abk.: DOT)* US-Verkehrsministerium *n*
usability Brauchbarkeit *f*, Verwendbarkeit *f*
usance Brauchtum *n*
useful *adj* nützlich
useful hints nützliche Hinweise *mpl*
user Anwender(in) *m(f)*
user authentification Nutzer-Authentifizierung *f*
user ID Nutzer-ID *f*
user interface Benutzeroberfläche *f*
user program Anwenderprogramm *n*
utilization Auslastung *f*
utilization of airspace Luftraumnutzung *f*
utilization of public and private transport Reiseverkehrsmittelnutzung *f*
utilization optimisation Auslastungsoptimierung *f*
utilization rate Auslastungsgrad *m*
utilization risk Auslastungsrisiko *n*
utilization risk factor Auslastungsrisiko *n*
Utopia Schlaraffenland *n*

V

vacancy check Vakanzabfrage *f*, Vakanzprüfung *f*
vacancy list Belegungsliste *f*, Vakanzliste *f*
vacancy monitoring Vakanzprüfung *f*
vacant bed fee Leerbettgebühr *f*
vacation *(AE)* Ferien *pl*, Urlaub *m*
vacation allowance Urlaubsgeld *n (Arbeit)*
vacation apartment Ferienwohnung *f (Abk.: Fewo)*
vacation compensation *(AE)* Urlaubsentschädigung *f*
vacation corridor Ferienkorridor *m (holiday season according to the school holiday schedules of the Bundesländer)*
vacation course Ferienkurs *m*
vacation destination *(AE)* Urlaubsziel *n*, Urlaubsort *m*
vacation domicile *(AE)* Urlaubsdomizil *n*
vacation happiness *(AE)* Urlaubsfreude *f*
vacation hotel *(AE)* Urlaubshotel *n*
vacation job Ferienarbeit *f*, Ferienjob *m*
vacation motive Urlaubsmotiv *n*
vacation paid for in instalments *(AE)* Urlaubskauf *m* auf Raten
vacation paradise *(AE)* Urlaubsparadies *n*
vacation photos *(AE)* Urlaubsbilder *npl*
vacation privilege *(AE)* Urlaubsanspruch *m*
vacation reservation *(AE)* Urlaubsbuchung *f*
vacation resort Urlaubsort *m*
vacation spot *(AE)* Urlaubsort *m*
vacation theme *(AE)* Urlaubsmotiv *n*
vacation time *(AE)* Ferienzeit *f*, Urlaubszeit *f*
vacation traffic Reiseverkehr *m*
vacation trip *(AE)* Urlaubsfahrt *f*, Urlaubsreise *f*
vacation work *(AE)* Ferienarbeit *f*
vacationer *(AE)* Urlaubsgast *m*
vacations with a difference *(AE)* Ferien *pl* mal anders
vaccination Schutzimpfung *f*
vaccination reference Impfempfehlung *f*
vaccination regulations Impfbestimmungen *fpl*
vaccination requirements Impfbestimmungen *fpl*
vagary Laune *f*
validity of a flight ticket Gültigkeit *f* eines Flugscheins
valuable *adj* wissenswert
valuation adjustment Wertberichtigung *f*
valuation of income Ergebnisermittlung *f*
valuation rating scale Bewertungsmaßstab *m*
valuation system Bewertungssystem *n*
value added tax *(Abk.: VAT)* Mehrwertsteuer *f*, Umsatzsteuer *f*
value chain Wertschöpfung *f*
value creation Wertschaffung *f*
value for money Preis-Leistungs-Verhältnis *n*
value safekeeping Wertaufbewahrung *f*
valuta Währung *f*
vapor trail Kondensstreifen *m*
variable costs variable Kosten *pl*
variation in temperature Temperaturschwankung *f*
variety Abwechslung *f*, Vielzahl *f*
variety of conferences Tagungsvielfalt *f*
variety of meetings Tagungsvielfalt *f*
variety of patterns Sortiment *n*
variety of regular traffic Sonderform *f* des Linienverkehrs

variety of service Angebotsvielfalt *f*
variety of tourist facilities and services on offer Angebotsvielfalt *f* von touristischen Leistungen
vegetation Vegetation *f*
vehicle Kraftfahrzeug *n*, Verkehrsobjekt *n*
vehicle recovery service Abschleppdienst *m*
vending machine installation Automatenaufstellung *f*
vent Luftloch *n*
ventilating Belüftung *f*
venue Treffpunkt *m*, Veranstaltungsort *m*
venue expenses Tagungsauslagen *fpl*
vermin Ungeziefer *n*
versatility Vielseitigkeit *f*
vertical cooperation vertikale Kooperation *f*
vertical integration vertikale Integration *f*
viability Erfolgsaussicht *f*, Rentabilität *f*
viaduct Viadukt *m*, Brücke *f*
vicinity traffic Nachbarschaftsverkehr *m*
video Video *n*
video conference Videokonferenz *f*
video-conferencing Bildtelefonieren *n*
video installation Videoinstallation *f*
videophone Bildtelefon *n*
view Ausblick *m*
viewing Besichtigung *f*
viewing platform Aussichtsplattform *f*
vignette *(Aut)* Pickerl *n*, Vignette *f (Autobahn-Vignette, Vignette für die Auto-Fahrtüchtigkeit; for motorway toll, proving the roadworthiness of a vehicle)*
village hotel Dorfhotel *n*
vintage festival Winzerfest *n*
VIP hochkarätige Person *f*
virtual meeting virtuelles Meeting *n*, virtuelles Treffen *n*, virtuelle Sitzung *f*
virtual presence Fernanwesenheit *f*
virtual proximity Fernanwesenheit *f*
virtual relationship Fernanwesenheit *f*
visa Sichtvermerk *m*, Visum *n*
visa regulation Visavorschrift *f*
visa requirement Visavorschrift *f*, Visumzwang *m*
visa service Visabesorgung *f*
visa waiver program Programm *n* für visumfreies Reisen
visit Besichtigung *f*; Besuch *m*
visiting frequency Besuchshäufigkeit *f*
visitor Besucher(in) *m(f)*
visitor arrivals Gästeankünfte *fpl*
visitor fee Einreisegebühr *f*
visitor guidance Besucherlenkung *f*
visitor information Gästeinformation *f*
visitor manipulation Besucherlenkung *f*
visitor to a health resort Kurgast *m*
visitor visa Besuchervisum *n*
visitor's parking lot Besucherparkplatz *m*
visitors' book Gästebuch *n*
visitors' tax at a health resort Kurtaxe *f*
viticulture Weinbau *m*
vocational education and training Duales System *n*
vocational preparation Berufsvorbereitung *f*
vocational reintegration Wiedereingliederung *f (Arbeitsmarkt)*
vocational school Berufsschule *f*
vocational title Berufsbezeichnung *f*
vocational training berufliche Aus- und Weiterbildung *f*
vocational training in the hotel and catering industry Berufsausbildung *f* im Hotel- und Gaststättengewerbe
vocational training in transport Berufsausbildung *f* im Verkehrswesen
void nichtig, ungültig
volatility Schwankungsbreite *f*
volume business Volumengeschäft *n*
volume discount Mengenrabatt *m*
volume of traffic Verkehrsaufkommen *n*
volume of travel Reiseaufkommen *n*
voluntary bumping freiwillige Umbuchung *f* wegen Überbuchung
voluntary commitment Selbstverpflichtung *f*
voluntary contribution Spende *f*
voluntary service Volontariat *n*
voluntary stop freiwillige Flugunterbrechung *f*
voluntary stop-over freiwillige Flugunterbrechung *f*
voluntourism freiwilliges Arbeiten *n* im Urlaub
voting Abstimmung *f*
voucher Beleg *m*, Gutschein *m*, Quittung *f*
voucher for use on board a ship Bord-Akkreditiv *n*
voucher system Gutscheinsystem *n*
voyage Kreuzfahrt *f*, Reise *f*, Schiffspassage *f*, Schiffsreise *f*, Schiffsurlaubsreise *f*, Seepassage *f*, Seereise *f*

voyage home Rückreise *f*
voyage policy Reisepolice *f*
voyage tour operator Seereisenveranstalter *m*
voyager Reisende *m(f)*

W

wage-price spiral Lohn-Preis-Spirale *f*
wagon category Wagengattung *f*
waiter *(BE)* Kellner *m*
waiters Bedienungspersonal *n*
waiting hall Wartesaal *m*
waiting list Warteliste *f*
waiting loop Warteschleife *f*
waiting room Warteraum *m*, Wartesaal *m*
waiting staff Bedienungspersonal *n*
waitress *(BE)* Kellnerin *f*
waitresses Bedienungspersonal *n*
waiver of liability Freischreiberklärung *f*
wake-up call Weckruf *m*
wake-up service Weckdienst *m*
walk Rundgang *m*, Spaziergang *m*, Wanderung *f*
walkabout Bad *n* in der Menge; Rundgang *m*
walking distance Gehentfernung *f*
walking stick Wanderstab *m*, Wanderstock *m*
walking tour Rundgang *m*, Wanderung *f*
walking tour with a cultural theme *(Aut)* Kulturthemenwanderweg *m (z. B. Eduard-Mörike-Wanderweg durch den Bregenzer Wald)*
walking trail Wanderweg *m*
walkway Wanderweg *m*
wandering landscape Wanderlandschaft *f*
wanderlust Fernweh *n*, Reisefieber *n*, Reiselust *f*
wanton negligence grobe Fahrlässigkeit *f*
warranty Gewährleistung *f*
Warsaw Convention Warschauer Abkommen *n (Abk.: WA)*
washout Absturz *m*
waste of time Zeitverschwendung *f*
water Gewässer *n*
water cross(ing) Wasserkreuz *n*
water junction Wasserkreuz *n*
water line Wasserlinie *f*
water park Wasserpark *m*
water plane Wasserflugzeug *n*
water sport vehicle Wassersportfahrzeug *n*
water sports Wassersport *m*
water sports craft Wassersportfahrzeug *n*
water surface Wasseroberfläche *f*
water taxi Wassertaxi *n*
waterfall Kaskade *f*, Wasserfall *m*
waterpark Wasserpark *m*
wave of success Erfolgswelle *f*
way Wegstrecke *f*, Weg *m*
way back Rückreise *f*
way bill Passagierliste *f*
way of flying Flugart *f*
weather forecast *(dtCH)* Wetterprognose *f (Wettervorhersage)*
weather radar Wetterradar *n*
weblog Online-Tagebuch *n*
week-long ticket Wochenkarte *f*
weekend camping Wochenendcamping *n*
weekend fare Wochenendtarif *m*
weekend rates Wochenendtarif *m*
weekend restriction Wochenendbindung *f*
weekend rule Wochenendbindung *f*
weekend stayover Wochenendbindung *f*
weekly rotation of charter flights Flugkette *f*
weekly season ticket Wochenkarte *f*
weigh *v* **anchor** auslaufen
welcome Hotelempfang *m*
welcome gift Willkommensgeschenk *n*
welcome reception Begrüßungsempfang *m*
welcome speech Begrüßungsansprache *f*
welfare economics Wohlfahrtsökonomie *f*
well off *adj* betucht
well-to-do *adj* betucht
wellbeing Wohlbefinden *n*
wellbeing factor Wohlfühlfaktor *m*
wellness wave Gesundheitswelle *f*
wet charter Nasscharter *m*
whale-watching Walbeobachtung *f*
wharf Anlegeplatz *m*
Where to eat Gastronomie *f (als Überschrift in Reiseführern)*
whisperjet Flüsterjet *m*
white fleet Weiße Flotte *f*
white industry Weiße Industrie *f*
White Paper of Tourism Weißbuch *n (Tourismus)*

wholesale trade Großhandel *m*
wicker beach chair Strandkorb *m*
wide-bodied aircraft Großraumflugzeug *n*
widely travelled weit gereist
widespread *adj* weitverbreitet
wildlife preserve Wildreservat *n*
wildlife sanctuary Naturschutzgebiet *n*
willingness to negotiate Gesprächsbereitschaft *f*
Willy Scharnow Foundation Willy--Scharnow-Stiftung *f*
wind rose Windrose *f*
windjammer Windjammer
windjammer cruise Windjammerkreuzfahrt *f*
window seat Fenstersitz *m*
window-shopping Schaufensterbummel *m*
windsurf *v* surfen *(Windsurfen)*
wine cellar Weinkeller *m*
wine festival Winzerfest *n*
wine-growing Weinbau *m*
wine tasting Weinverkostung *f*
wine waiter Weinkellner *m*
winegrowers' festival Winzerfest *n*
winery Weingut *n*
wing profile train Flügelzug *m*
winter break Winterurlaub *m*
winter holiday *(BE)* Winterurlaub *m*
winter holiday traffic *(BE)* Winterreiseverkehr *m*
winter holiday village *(BE)* Winterferiendorf *n*
winter schedule Winterfahrplan *m*
winter season Wintersaison *f*
winter solstice Wintersonnenwende *f*
winter sport Wintersport *m*
winter sports Wintersport *m*
winter sports event Wintersportveranstaltung *f*
winter sports holiday centre *(BE)* Sportstation *f* für Winterferien
winter sports vacation center *(AE)* Sportstation *f* für Winterferien
winter time table Winterfahrplan *m*
winter tourism Wintertourismus *m*
winter vacation *(AE)* Winterurlaub *m*
winter vacation traffic *(AE)* Winterreiseverkehr *m*
winter vacation village *(AE)* Winterferiendorf *n*
wireless microphone system Funkmikrofonanlage *f*
wise guy Besserwisser *m*
wise to flight klug zum Flug
wistful days Sehnsuchtstage *mpl*
women's hotel Frauenhotel *n*
women's travel exchange Frauen-Reisebörse *f*
wonder of the world Weltwunder *n*
word processing Textverarbeitung *f*
words of welcome Begrüßungsansprache *f*
work *v* **with a vengeance** wie besessen arbeiten
work Arbeit *f*
work climate Betriebsklima *n*
work experience Berufspraktikum *n*
work newcomer Berufseinsteiger(in) *m(f)*
work outing Betriebsausflug *m*
work permit Arbeitserlaubnis *f*, Arbeitsgenehmigung *f*
work placement Auslandspraktikum *n*, Berufspraktikum *n*
work technique Arbeitstechnik *f*
work visa Arbeitsvisum *n*
workforce Belegschaft *f*
working athmosphere Betriebsklima *n*
Working Committee of European Cooperation Arbeitskreis *m* Europäischer Kooperationen
Working Committee of Independent Travel Agencies Arbeitskreis *m* selbstständiger Reisebüros *(Abk.: ASR)*
Working Committee of the Association of German DER Subsidiaries with a German Railways License *(obs)* Arbeitsausschuss *m* der Gesamtgemeinschaft deutscher DER-Vertretungen mit DB-Lizenz *(Abk.: AAGG/DB)*
Working Committee of Trekking and Expedition Tourism Arbeitskreis *m* Trekking- und Expeditionstourismus *(Abk.: ATE)*
working day Arbeitstag *m*
working from home Telearbeit *f*
working group Arbeitsgemeinschaft *f*, Arbeitsgruppe *f*
working hours Arbeitszeit *f*
working life Berufsleben *n*
working lunch Arbeitsessen *n*
working memory Arbeitsspeicher *m*
working time Arbeitszeit *f*
workload Arbeitsaufwand *m*
workplace Arbeitsplatz *m*
workplace insurance cooperative Berufsgenossenschaft *f*
workplace video terminal Arbeitsplatz--Datensichtgerät *n*

Works Constitution Act Betriebsverfassungsgesetz *n (Abk.: BetrVG)*
works council Betriebsrat *m*
workshop Seminar *n*, Werkstatt *f*
workspace Arbeitsplatz *m*
workstation Arbeitsplatz *m*, Bildschirmarbeitsplatz *m*
workstation monitor Arbeitsplatz-Datensichtgerät *n*
World Bank Weltbank *f*
world cultural heritage Weltkulturerbe *n*
world depression Weltwirtschaftskrise *f*
world economic summit Weltwirtschaftsgipfel *m*
world economy Weltwirtschaft *f*
world exhibition Weltausstellung *f*
world exposition Weltausstellung *f*
world fair Weltausstellung *f*
world heritage Welterbe *n*
World Horticultural Exhibition Weltgartenschau *f*
world natural heritage Weltnaturerbe *n*
World of TUI travel experience center in Berlin Reise-Erlebniscenter *n*
World Summit (G7 + Russia) Weltwirtschaftsgipfel *m*
World Tourism Organization Welttourismusorganisation *f (Abk.: UNWTO)*
world trade fair Weltausstellung *f*
World Trade Organization *(Abk.: WTO)* Welthandelsorganisation *f (Abk.: WHO)*
worldwide *adj* weltumspannend
worldwide economic crisis Weltwirtschaftskrise *f*
worth knowing *adj* wissenswert
worth reading *adj* lesenswert
wrecking Abwracken *n*
write-down Abschreibung *f*
write-up Rezension *f*
written examination Klausur *f*
wrong connection Fehlanschlussverbindung *f*
Wuppertal suspension railway Wuppertaler Schwebebahn *f*

X

x-ray scanner Röntgenscanner *m*
x-sport Extremsport *m*

Y

yacht Yacht *f*
yacht harbor *(AE)* Yachthafen *m*
yacht harbour *(BE)* Yachthafen *m*
yacht port Yachthafen *m*
year-end-procedures Jahresabschlussarbeiten *fpl*
year of travelling Reisejahr *n*
year-round catalogue Ganzjahreskatalog *m*
year-round destination Ganzjahresziel *n*
yearly holiday Jahresurlaub *m*
yearning Sehnsucht *f*
yellow corner *(recent development of the concentration and reorganisation process in the German holiday industry, in which the "red camp" is formed by Hapag Lloyd, First Choice Holidays plc and the TUI Group and the "yellow camp" by the former Karstadt-Quelle group, Condor and Thomas Cook)* Gelbes Lager *n*
yellow fever Gelbfieber *n*
yellow pages Branchenverzeichnis *n*
yield Ertrag *m (Produktionsergebnis)*; Rendite *f*
yield management Buchungssteuerung *f*, Ertragsmanagement *n*
yield on turnover Umsatzrendite *f*
youth fare Jugendtarif *m*
youth hostel Jugendherberge *f*
youth hostel card Jugendherbergsausweis *m*
youth rate Jugendtarif *m*
youth travel Jugendreise *f*, Kinder- und Jugendreisen *fpl*
youth trip Jugendreise *f*

Z

zero commission Nullprovision *f*
zero growth Nullwachstum *n*
zodiac Zodiac *n*, universell einsetzbares Landungsboot *n*

Deutsch – Englisch

A

Abbau *m* **von Wettbewerbsbeschränkungen** reduction of competition restrictions, reduction of competitive barriers, deregulation
ABC-Charter *m (obs)* advance booking charter *(Tarifart Flugverkehr)*
ABC-Gemeinschaft *f* **Flugverkehr** *(obs)* abc group air traffic
ABC-Inseln *fpl* abc islands *(Aruba, Bonaire, Curaçao)*
Abendessen *n* dinner, supper
Abendstudium *n (AE)* evening classes, evening course, evening study
Abenteuerreise *f* adventure trip, adventure tour, adventure journey
Abenteuerspielplatz *m* adventure playground
Abenteuerurlaub *m (AE)* adventure vacation; *(BE)* adventure holiday
Abfahrt *f* exit *(Autobahn)*; downhill *(Ski)*; departure
Abfahrtsfrequenz *f* departure frequency
Abfahrtshafen *m* port of embarkation, port of departure
Abfahrtsort *m* departure point, point of departure
Abfahrtsplan *m* departure schedule, (scheduled) time of departure
Abfahrtstafel *f* departure board
Abfahrtszeit *f* departure time, time of departure, sailing time *(Schiff)*
Abfertigung *f* check-in, handling *(im Flugverkehr)*; clearing, processing *(Zoll)*
Abfertigungsgebäude *n* **für Passagiere** passenger terminal, passenger terminal building
Abfertigungshalle *f* terminal, check-in area, terminal building
Abfertigungshalle *f* **für Geschäftsflieger** General Aviation Terminal *(Abk.: GAT)*
Abfertigungsprozess *m* check-in process
Abfertigungsschalter *m* check-in desk *(am Flughafen)*; check-in counter, customs clearance, dispatch counter *(Zoll)*
Abfertigungsverfahren *n* clearing procedure, servicing procedure
Abfertigungszeit *f* handling time, turnaround time
Abfindung *f* money compensation
Abflug *m* take-off, departure
abflugbereit *adj* ready for take-off
Abflugdatum *n* departure date, date of departure
Abflugebene *f* departure level
Abflughafen *m* departure airport, airport of departure
Abflughalle *f* departure lounge, departure hall
Abflugtermin *m* departure date
Abflugterminal *n* departure terminal
Abflugwoche *f* departure week
Abgaben *fpl* taxes *(Steuern)*; charges, fees *(Gebühren)*
Abgabeort *m* hand-over point *(Übergabestelle)*; drop off location
abgebrochene Reise *f* broken voyage, interrupted journey
abhängen *v*/**jemanden** *(AE)* outpace sb
Abhilfefrist *f* remedy period
Abhilfeverlangen *n* remedy demand
Abholbereich *m* pick-up area, meeting area
Abholservice *m* pick-up service, collection service, shuttle service
Abholungsort *m* pick up location
Abholzeit *f* pick-up time
Abkommen *n* treaty; agreement; convention, deal
Abkommen *n* **über die internationale Zivilluftfahrt** Convention on International Civil Aviation *(Abk.: ICAO)*
Abkommen *n* **über Indossofreiheit** agreement on mutual air ticket acceptance
Abkommen *n* **von Chicago** Chicago Convention
Abkopplung *f* decoupling
Abmeldung *f* notice of departure *(polizeilich)*; cancellation *(Rückgängigmachen einer Anmeldung)*; deregistration *(von Fahrzeugen)*; logout
Abrechnung *f* accounting, billing, settlement of accounts, invoicing
Abrechnung *f* **von Serviceleistungen im Zielgebiet** *(Abk.: ASZ)* accounting of services in destination
Abrechnungsdienstleister *m* accounting service, clearing service provider, service supplier, clearing house
Abrechnungsperiode *f* accounting period, account period, settlement period
abrechnungspflichtige Transaktion *f* accountable transaction, chargeable transaction

Abrechnungsverfahren *n* clearing procedure, billing procedure, clearing system
Abrechnungszentrale *f* **Personenverkehr DB** *(Abk.: AZP)* central accounting department of Deutsche Bahn
Abreise *f* departure, depart
Abreise *f* **ab Buchung** departure from booking-date
Abreiseabschlag *m* reduction for place of departure
Abreisedatum *n* departure date, date of departure
Abreisetag *m* day of departure, departure day
Abrufarbeit *f* on-call duty, employment on call
Abruf-Fax *n* fax on demand
Absatz *m* sales volume, *(BE)* turnover
Abschlagszahlung *f* down payment; *(BE)* instalment, *(AE)* installment, part payment, payment on account
Abschleppdienst *m* breakdown service, vehicle recovery service, *(AE)* tow service
Abschlussagent *m* underwriting agent
Abschlussprüfer(in) *m(f)* auditor, annual auditor, auditor of annual accounts
Abschreibung *f* tax write-off, write-down, *(BE)* capital allowance, depreciation
Abschwung *m* recession, downturn, downswing
Absetzung *f* **für Abnutzung** deduction for depreciation, allowance for depreciation
Absichtserklärung *f* declaration of intent
Abstandsregeltempomat *m* adaptive cruise control, distance control
Abstecher *m* sidestep; trip, excursion *(Ausflug)*; detour *(Umweg)*
Absteige *f* *(BE)* dosshouse, *(AE)* flophouse, cheap hotel
Abstimmung *f* mutual agreement, voting, *(AE)* reconciliation *(Annäherung, Finanzwesen)*
Absturz *m* crash, washout
Abteil *n* compartment *(Zug)*; section, cabin
Abtretung *f* assignment
Abwärtstrend *m* downward trend, downtrend, downswing
Abwechslung *f* change, variety, alternation
Abwertung *f* devaluation, depreciation
Abwracken *n* wrecking, ship breaking
Abwrackprämie *f* scrappage premium, scrapping premium, *(AE)* cash for clunkers
Abzinsungsfaktor *m* discount factor, discount rate
ADAC-Tour-Service-Reisetipp *m* ADAC tour service travel tip
Adapter *m* adapter, adaptor
additiver Vertriebsweg *m* additive distribution channel
Ad-hoc-Verkehr *m* ad hoc traffic
Affinitätsgruppe *f* affinity group
Agenda 21 *f* Agenda 21
Agent *m* agent
Agent-Code *m* agent code
Agentenermäßigung *f* agent's discount
Agentur *f* *(Abk.: AGT)* agency
Agenturbindungsprogramm *n* agency relationship programme, agency commitment programme, agency loyalty programme
Agenturfahrschein *m* agency ticket
Agenturvertrag *m* agency agreement, agency contract
Agglomeration *f* agglomeration, conglomeration
Agora *f* agora *(Marktplatz einer antiken griechischen Stadt)*
Agrartourismus *m* farm tourism, rural tourism
Air Terminal *n* air terminal
Airbus *m* airbus
Airpass *m* airpass
Akademischer Grad *m* degree, academic degree, academic award
Akklimatisation *f* acclimatization, acclimation
Akkreditierung *f* accreditation
Akkreditiv *n* letter of credit
Akkulturation *f* acculturation *(zeitlich verzögerte Übernahme kultureller Elemente aus der Kultur bzw. Ferienkultur der Gäste in die Kultur der Bereisten)*
Akontozahlung *f* payment on account, instalment payment
AKP-Staaten *f* African, Caribbean and Pacific Countries
Akquisition *f* acquisition of a company *(Kauf von Unternehmen bzw. Unternehmensanteilen)*
Akquisitionsgespräch *n* acquisitions negotiation, soliciting
Akte *f* dossier, file
Aktie *f* share, *(AE)* stock
Aktiengesellschaft *f* *(Abk.: AG)* joint-

stock company, *(AE)* stock corporation, *(BE)* public limited company
Aktienindex *m (BE)* share index, *(AE)* stock index
Aktion *f (dtCH, Aut)* special offer, bargain sale *(Sonderangebot)*
Aktion *f* **zur Rettung des Kulturerbes** *(Abk.: ARK)* campaign to preserve cultural heritage
Aktionsplan *m* **der EU zur Förderung des Tourismus** EU action plan to promote tourism
Aktiva *f* assets
Aktivität *f* activity, pursuit
Aktivurlaub *m* sporting holiday, active holiday, activity holiday
Akzeptanzstelle *f* acceptance point
alkoholfreies Getränk *n* non-alcoholic beverage
Alleinreisende *m(f)* solo traveller, single, person travelling alone
Alleinstellungsmerkmal *n* unique selling point, unique selling proposition *(Abk.: USP)*; unique characteristics
Alles-inklusive-Pauschalreise *f* all-inclusive package tour
allgemeine Ausstellung *f* public exhibition, general exhibition
Allgemeine Bedingungen *fpl* **für die Reiserücktrittskosten-Versicherung** *(Abk.: ABRV)* general terms and conditions for insurance against cancellation in the event of non-commencement, rebooking or interruption of a journey
Allgemeine Bedingungen *fpl* **für die Versicherung von Reisegepäck** *(Abk.: AVR) (AE)* general terms and conditions of travel baggage insurance, *(BE)* general terms and conditions of travel luggage insurance
Allgemeine Bedingungen *fpl* **für die Versicherung von touristischen Beistandsleistungen und Rücktransportkosten** *(Abk.: ABtBR)* general terms and conditions of insurance for travel assistance in all emergencies and in case of medical repatriation
Allgemeine Beförderungsbedingungen *fpl (Abk.: ABB)* general terms and conditions of carriage
Allgemeine Deutsche Zimmerreservierung *f (Abk.: ADZ)* general German room reservation
Allgemeine Geschäftsbedingungen *fpl* *(Abk.: AGB)* general terms and conditions, standard terms and conditions, terms of business
Allgemeine Geschäftsbedingungen *fpl* **für den Mietomnibus** general terms and conditions for coach hire
Allgemeine Hochschulreife *f* general higher education entrance qualification, general qualification for university entrance
Allgemeine Luftfahrt *f* general aviation
Allgemeine Reisebedingungen *fpl* *(Abk.: ARB)* general travel conditions
Allgemeiner Deutscher Automobil-Club *m (Abk.: ADAC)* German Automobile Club
Allgemeiner Deutscher Fahrrad-Club *m (Abk.: ADFC)* General German Bike Club, German Bicycle Club, German Cycling Association
Allgemeines Eisenbahngesetz *n (Abk.: AEG)* German Railway Act
Allianz *f* alliance
Allradfahrzeug *n* four-wheel drive vehicle, all-terrain vehicle
All-Suite-Hotel *n* all-suite hotel
alltäglich *adj* daily, everyday
Alltagsflucht *f* escape, getaway
Alp *(dtCH)* mountain pasture *(Alm)*
Alpenbahn *f* alpine railway
Alpenforschungsinstitut *n (Abk.: AFI)* Alpine Research Institute
Alpen-Initiative *f* Alpine Initiative
Alpenkonvention *f* Alpine Convention
Alpenpass *m* alpine pass
Alpenstraße *f* alpine road
Alpenstraßentunnel *m* alpine tunnel
Alpentransversale *f* transversal through the Alps
Alpine Wellness *f (Aut)* alpine health vacation, alpine wellness *(Gesundheitsurlaub im Hochgebirge)*
Alpinist *m* mountaineer, alpinist
Altbuchung *f* booking four months before departure
alternative Kosten *pl* alternative costs
Altersgrenze *f* age limit, retirement age, pensionable age
Alterssicherungssystem *n* pension scheme, pension system
Altersteilzeit *f* partial retirement, semi-retirement
Altersversorgungsregelung *f* retirement scheme, supplementary pension scheme

Altersversorgungssystem *n* pension scheme, supplementary scheme
Altstadt *f* old town, historical centre, historic section of town
Ambiente *n* ambiance, atmosphere
ambitioniert *adj* ambitious
Amerikanisches Frühstück *n* American breakfast, full breakfast
Amsterdamer Vertrag *m* Amsterdam Treaty, treaty of Amsterdam
Amtliches Bayerisches Reisebüro *n (Abk.: ABR) (obs)* Bavarian Travel Agency
Anbieter *m* supplier, provider, host
Änderungskündigung *f* notice of dismissal pending a change of contract, dismissal with the option of altered conditions of employment
Änderungsnote *f* amendment form
Änderungsvorbehalt *m* conditional acceptance, subject to change, subject to alterations
Anerkannte Tourist-Informationsstelle *f (Abk.: Atis)* approved tourist information (office)
anerkannter Kurort *m* accredited spa, certified health resort
Anflug *m* approach
Anforderungsprofil *n* requirements specification, product profile
Anforderungsverkehr *m* transport service on demand
Anfrage *f* inquiry, enquiry, request
Angebot *n* offer, supply, quotation
Angebot *n* **und Nachfrage** *f* supply and demand
Angebotsdatenbank *f* supply data base
Angebotsüberhang *m* surplus of selling orders, supply surplus, excess of supply
Angebotsvielfalt *f* **von touristischen Leistungen** variety of tourist facilities and services on offer, variety of service
angemessene Entschädigung *f* adequate compensation
Angestellte *m(f)* employee, staffer
angewandte Forschung *f* applied research
anhaltende Nachfrage *f* persistent demand
Anhalter *m* autostopper, hitch-hiker
Anhänger *m* trailer
Anhänger-Zelt *n* trailer tent
Animateur(in) *m(f)* entertainer, animateur, entertainment activity organizer
Animateur-Assistent *m* assistant entertainment activity organizer, assistant host
Animateur-Assistentin *f* assistant entertainment activity organizer, assistant hostess
Animation *f* entertainment activities, activity programme
Animationsprogramm *n (BE)* entertainment activity programme, *(AE)* entertainment activity program
Ankunft *f* arrival
Ankunftsbereich *m* arrival area
Ankunftsebene *f* arrivals level, arrival area
Ankunftsflugsteig *m* arrival gate
Ankunftsort *m* place of arrival, point of arrival
Ankunftstafel *f* arrival board
Ankunftstag *m* day of arrival, arrival day
Ankunftszeit *f* arrival time, time of arrival
Ankurbelung *f* boost
Anlageertrag *m* revenue from capital employed
Anlassreise *f* event travel
Anlegeplatz *m* moorings, landing stage, wharf, embarkation point
Anleihe *f* loan, bond, bond issue
Anmeldebestätigung *f* registration confirmation
Anmeldeformular *n* registration form, application form
Anmeldeschluss *m* registration closing; application deadline
Anmeldung *f* registration, login, application
Anmietung *f* hire, rental, leasing
Annullierung *f* annulment, cancellation
Annullierungsgebühr *f* cancellation charge, cancellation fee
Anreise *f* arrival; journey to a destination, outward journey
Anreisetag *m* day of arrival, arrival day
Anruf-Sammeltaxi *n (Abk.: AST)* shared taxi service ordered by telephone
Anschließerwerbung *f* joint advertising
Anschluss *m* connection, port *(Computer: Schnittstelle)*
Anschlussbeförderung *f* connecting transport
Anschlussfahrschein *m* connection ticket, tickets for connecting trips
Anschlussflug *m* connecting flight, onward flight
Anschlussflugschein *m* connecting air

ticket, connecting plane ticket, add-on ticket
Anschlusskabotage *f* cabotage
anschnallen *v* fasten one's seatbelts, belt up, buckle on
Anschnallgurt *m* seat belt, safety belt
Anschrift *f* address
Ansicht *f* sentiment *(Meinung)*
Ansichtskarte *f* postcard, picture postcard
Ansteckungsgefahr *f* danger of infection, risk of infection
Anstellungsvertrag *m* employment contract
Anstoßflugpreis *m* add-on amount, add-on fare, initiative airfare
Antarktis *f* (the) Antarctic, Antarctica
anteilig *adj* pro rata, proportionate
Anteilseigner *m* shareholder, stockholder
Antidiebstahlsystem *n* anti-theft system
Antipoden *fpl* antipodes *(entgegengesetzte Teile der Erde)*
Antiquitäten *fpl* antiques, antiquities
Antragsformular *n* application form, request form, proposal form
Anwender(in) *m(f)* user
Anwenderprogramm *n* user program, application program
Anwesen *n* estate
Anwesenheitspflicht *f* compulsory attendance
Anzahlung *f* deposit, down payment
anziehend *adj* attractive
Aparthotel *n* apartment hotel, aparthotel
Apartment *n* apartment
Aquabus *m* aquabus
Aquädukt *m* aqueduct
Äquator *m* equator
Äquatortaufe *f* crossing-the-line ceremony
Arbeit *f* work, labour
arbeiten *v*/**auf Hochtouren** operate at full speed, be in full swing
arbeiten *v*/**wie besessen** work with a vengeance
Arbeitgeber(in) *m(f)* employer
Arbeitgeberverband *m* employers' federation, employers' association
Arbeitnehmer(in) *m(f)* employee
Arbeitnehmerfreizügigkeit *f* freedom of movement for employees, free movement of workers
Arbeitnehmerverband *m* employee association
Arbeitnehmervertretung *f* employee-elected representation, employee representatives
Arbeitsalltag *m* every-day working life, typical working day
Arbeitsaufwand *m* workload, amount of work
Arbeitsausschuss *m* **der Gesamtgemeinschaft deutscher DER-Vertretungen mit DB-Lizenz** *(Abk.: AAGG/DB) (obs)* Working Committee of the Association of German DER Subsidiaries with a German Railways License
Arbeitsbereicherung *f* job enrichment
Arbeitsbewertung *f* job appraisal
Arbeitserlaubnis *f* work permit, employment permit
Arbeitsessen *n* customer invitation, working lunch, business lunch
Arbeitsgemeinschaft *f* team, working group; consortium, study group
Arbeitsgemeinschaft *f* **der Alpenländer** *(Abk.: Arge ALP)* Association of Alpine Countries
Arbeitsgemeinschaft *f* **der Verbraucher** *(Abk.: AgV)* consumer association
Arbeitsgemeinschaft *f* **Deutscher Luftfahrtunternehmen** *(Abk.: ADL) (obs)* Association of German Airlines, Association of German Airline Companies
Arbeitsgemeinschaft *f* **Deutscher Verkehrsflughäfen** *(Abk.: ADV)* Association of German Commercial Airports
Arbeitsgemeinschaft *f* **Flugeinkauf** flight purchasing consortium
Arbeitsgemeinschaft *f* **für nachhaltige Tourismus-Entwicklung** *(Abk.: DANTE)* Association for Sustainable Tourism Development
Arbeitsgemeinschaft *f* **Karibik** Caribbean Association
Arbeitsgemeinschaft *f* **Lateinamerika** Latin America Association
Arbeitsgemeinschaft *f* **Südliches Afrika** *(Abk.: ASA)* Southern Africa Association
Arbeitsgenehmigung *f* work permit, labour permit
Arbeitsgestaltungsform *f (AE)* form of labor organization, *(BE)* form of labour organisation
Arbeitsgruppe *f* working group, task force, study group

Arbeitskreis *m* **Aktiver Counter** Active Counter Working Group *(travel agents)*
Arbeitskreis *m* **Europäischer Kooperationen** Working Committee of European Cooperation
Arbeitskreis *m* **selbstständiger Reisebüros** *(Abk.: ASR)* Working Committee of Independent Travel Agencies
Arbeitskreis *m* **Trekking- und Expeditionstourismus** *(Abk.: ATE)* Working Committee of Trekking and Expedition Tourism
Arbeitsmedizinischer und Sicherheitstechnischer Dienst *m* **der Berufsgenossenschaft** *(Abk.: ASD)* health and safety service of a trade association
Arbeitsplatz *m* workspace, workplace, workstation
Arbeitsplatz-Datensichtgerät *n* workstation monitor, workplace video terminal
Arbeitsplatzwechsel *m* change of job, change of employment, job change
Arbeitsschutzbestimmung *f* health and safety regulation
Arbeitsspeicher *m* main memory, working memory, main storage
Arbeitsstättenzählung *f* census of working population by place of work
Arbeitstag *m* working day, business day
Arbeitstechnik *f* work technique
Arbeitsvertrag *m* employment contract, labour contract
Arbeitsvisum *n* work visa
Arbeitszeit *f* working hours, working time
Arbeitszeitverkürzung *f* reduction in working hours
Archipel *m* archipelago
archivieren *v* archive
Arena *f* arena
Arkadien Arcadia
arkadische Unbeschwertheit *f* arcadian carefreeness
Arktis *f* (the) Arctic
Ärmelkanal *m* (the) Channel, English Channel
Artenvielfalt *f* abundance of species
Athener Abkommen *n* Athens agreement
Atlantik *m* Atlantic Ocean
Atrium Kabine *f* atrium cabin
Aufbaustudium *n* **im Tourismus** further studies in tourism, post-graduate studies in tourism
Aufbewahrungsfrist *f* retention period
Aufbruch *m* emergence, awakening
Aufbruchstimmung *f* bullish sentiment, boom atmosphere, euphoric mood, spirit of optimism
Aufenthalt *m* stay, stopover, layover
Aufenthaltsdauer *f* length of stay, duration of stay
Aufenthaltserlaubnis *f* residence permit, permission to stay
Aufenthaltsraum *m* public room, lounge, recreation room
Aufforderung *f* **zum Einsteigen** boarding announcement
Aufgabenbereich *m* area of responsibility, scope of duties, terms of reference
aufgegebenes Gepäck *n (BE)* registered luggage, *(BE)* checked-in luggage, *(AE)* checked baggage, *(AE)* checked-in baggage
Aufgeld *n* premium, agio, extra charge
Aufhebungsvertrag *m* cancellation contract, termination agreement
Aufholjagd *f* race to catch up
Auflösung *f* cancellation, liquidation
aufnehmende Gesellschaft *f* absorbing company *(einer Verschmelzung; of a merger)*
aufregend *adj* exciting
aufrüsten *v***/etwas** upgrade sth *(Computer)*
Aufschlag *m* **Preis [Kosten]** extra charge, surcharge
Aufschwung *m* upswing, boom
Aufsichtsrat *m* supervisory board, board of directors
Aufspaltung *f* breakdown
aufstrebende Destination *f* thriving destination, prospering destination, up--and-coming destination
Auftaktveranstaltung *f* launch event, kick-off (event), introductory event
Auftragsbestand *m* orders on hand, level of orders
Auftragsbuch *n* order book
Auftrieb *m* boost, lift
Aufwand *m* expense, cost, expenditure
Aufwärtstrend *m* upward trend, upturn, upswing
aufwerten *v***/etwas** upgrade sth
Aufwertung *f* revaluation increase in currency *(Währung)*; upgrading
Aufzug *m (BE)* lift, *(AE)* elevator
Auktionsplattform *f* auction sale, auction platform

Ausbilderbefähigung *f* qualification as a vocational trainer
Ausbildereignungsverordnung *f* instructor aptitude regulations, trainer aptitude regulations, trainer aptitude ordinance
Ausbildung *f* training *(Schulung)*; education *(akademisch)*
Ausbildungsdauer *f* duration of training, period of training
Ausbildungsplatzabgabe *f* penalty charges for failure to train, job training levy
Ausbildungswege *mpl* **im Tourismus [Fremdenverkehr]** tracks of professional trainings and educational programs in tourism, apprenticeship at study for tourism
Ausbildungswesen *n* training, education
Ausblick *m* outlook, view, prospect
Ausbooten *n* disembarkation
Auschecken *n* check-out
Ausfallrisiko *n* default risk
Ausflaggen *n* flagging out, sailing under a foreign flag
Ausflug *m* excursion, trip
Ausflügler *m* excursionist, *(BE)* day-tripper, *(BE)* day tripper, sightseer
Ausflugsbus *m* excursion bus; *(BE)* excursion coach
Ausflugsfahrt *f* excursion, outing, day trip
Ausflugsprogramm *n* excursion program
Ausflugsschiff *n* excursion ship
Ausflugsverkehr *m* holiday traffic, excursion traffic
Ausflugsziel *n* destination, place of excursion, excursion destination
Ausfuhr *f* export
Ausfuhrbestimmungen *fpl* export regulations
Ausführungsbestimmungen *fpl* regulations, executive regulations, regulatory statutes
Ausfuhrzoll *m* export duty, export tariff
Ausgabegerät *n* output device *(Computer)*
Ausgaben *fpl* expenses, expenditures, issues
Ausgabenbereitschaft *f* spending willingness
Ausgangshafen *m* port of departure
Ausgangspunkt *m* starting point, base; point of departure
ausgebufft *adj* shrewd, clever
ausgeschriebener Busreiseverkehr *m* announced bus tourism, published bus tourism
ausgliedern *v* hive off, outsource
Aushang *m* notice, posting
Aushilfe *f* temporary worker, temporary help
Aushilfskraft *f* temporary worker, *(BE)* temp
Aushilfstätigkeit *f* temporary employment, temporary work, temporary job
Auskunft *f* information, hotline *(Callcenter)*; helpdesk
Auskunftsdienst *m* information service
Ausland *n* foreign countries • **im Ausland** abroad
Ausländertourismus *m* incoming tourism
ausländische Zahlungsmittel *npl* foreign currencies
Auslandsflug *m* international flight
Auslandskrankenschein *m* proof of foreign medical cover, international health insurance certificate, health insurance card
Auslandsmarkt *m* foreign market
Auslandsnotruf *m* international emergency call
Auslandspraktikum *n* work placement, practical training abroad, internship abroad, international internship
Auslandsschutzbrief *m* international travel cover; certificate of entitlement for international travel cover *(Dokument)*
Auslandsstudium *n* study abroad
Auslandstagegeld *n* foreign daily allowance
Auslandstourismus *m* outgoing tourism
Auslandsvertretung *f* overseas representation; embassy *(Botschaft)*; consulate *(Konsulat)*; agency abroad; foreign branch *(von Firmen)*
Auslastung *f* occupancy, occupancy rate, utilization, load; bed utilization *(von Betten)*; load factor *(von Flugzeugsitzen)*
Auslastungsgrad *m* load factor, degree of utilized capacity, degree of occupancy, utilization rate
Auslastungsoptimierung *f* utilization optimisation
Auslastungsquote *f* percentage of occupancy, occupancy rate
Auslastungsrisiko *n* utilization risk factor, utilization risk

auslaufen *v* set sail, weigh anchor
Ausreise *f* exit, departure, departure sailing *(Schiff)*
Ausreiseformular *n* departure record, embarkation card
ausschiffen *v* disembark
Ausschiffungsboot *n* tender, landing boat, disembarkation boat
Ausschließlichkeitsbindung *f* claim to sole rights, exclusivity contract
Ausschlusstermin *m* blackout date
Ausschlusszeit *f* closing date, deadline
Ausschreibung *f* request for proposal, announcement
Ausschuss *m* **für Tourismus** committee for tourism
Außenhandel *m* foreign trade, external trade
Außenkabine *f* outside cabin, outer cabin
Außenmarketing *n* external marketing
Außenumsatz *m* group external turnover, external sales
Aussichtsplattform *f* viewing platform
Aussichtswagen *m* panorama carriage, *(AE)* panorama railroad car, observation coach, open scenic carriage
ausspannen *v* relax, have a break
ausstechen *v* outpace
ausstechen *v*/**jemanden** outpace sb
aussteigen *v* disembark, get off, exit
Aussteller *m* exhibitor
Ausstellung *f* exposition, exhibition, trade fair *(Messe, Kunstausstellung)*
Ausstellungstourismus *m* exhibition tourism
Ausstellungs- und Messe-Ausschuss *m* **der Deutschen Wirtschaft** *(Abk.: Auma)* Association of German Trade Fair Industry
Austauschprogramm *n* exchange programme
Austrian Airlines *(Abk.: OS) Austrian national airline; nationale Österreichische Fluggesellschaft*
Aus- und Fortbildung *f* training, education and further education, braining, education and training
Auswahlkriterium *n* selection criterion
Auswanderer *m* emigrant
Auswanderung *f* emigration
Auswärtiges Amt *n (Abk.: AA)* Federal Foreign Office of Germany
Auswärtstätigkeit *f* external activity
Ausweis *m* identity card *(Abk.: I.D.)*
Ausweiskontrolle *f* passport control
Auswirkung *f* effect, consequence
auszahlen *v* to pay off
Auszeit *f* time out
Auszubildende *m(f)* apprentice, trainee
authentisch *adj* authentic
Authentizität *f* authenticity
Autobahn *f (BE)* motorway, *(AE)* expressway, *(AE)* freeway, *(AE)* interstate highway
Autobahngebühr *f* toll, *(AE)* highway toll, *(AE)* turnpike toll, *(BE)* motorway toll
Autobahnhotel *n* freeway motel
Autobahnnotruf *m (AE)* highway emergency call, freeway emergency call; *(BE)* motorway emergency call
Autobahnraststätte *f (AE)* highway service area, *(BE)* motorway service area *(Anlage)*; *(AE)* highway restaurant, *(BE)* motorway restaurant *(Lokal)*
Autobus *m* bus, *(BE)* coach
Autocar *m (dtCH)* touring bus, long distance tour coach *(Autobus, Reisebus)*
Autodiebstahlversicherung *f* car theft insurance
Autofähre *f* car ferry, auto ferry
autofreier Sonntag *m* car-free Sunday
autofreies Fremdenverkehrsgebiet *n (dtCH)* car-free tourism region *(autofreies Tourismusgebiet)*
Automatenaufstellung *f* vending machine installation
automatische Anrufverteilung *n* automatic call distribution *(Abk.: ACD)*
automatische Fahrzeugidentifikation *f* automatic vehicle identification
automatisches Auslesen *n* **von Websites** screen scraping
automatisches Peoplemover-System *n (Abk.: APM)* automated peoplemover--system
automatisierter Flugschein *m* automatic flight ticket
Automatisierung *f* automation
Automobilclub von Deutschland *m (Abk.: AvD)* Automobile Association of Germany, German automobile club, Automobile Club of Germany
Auto-Package-Tour *f* car package tour, self-drive package tour
Autoput *m the autoput is a motorway linking Austria via Croatia and Macedonia to Greece*
Auto-Reiseruf *m* car radio emergency call

Autoreise-Schutzbrief *m* motorcar-insurance covering several risks
Autoreisezug *m (Abk.: ARZ)* car sleeper train; motorail train
Autoreisezug-Versicherung *f (AE)* autotrain insurance; *(BE)* motorail train insurance
autorisierte Transaktion *f* authorized transaction
autorisierter Betrag *m* authorized amount
Autorisierungsanfrage *f* authorization request
Autorisierungscode *m* authorization code
Autovermietung *f* car hire, car rental service
Autowanderer *m (dtCH)* car driver, *(AE)* autoist, motorist *(Selbstfahrer, Autotourist)*
Autozug- und Fährversicherung *f* insurance for ferry trips
Avalkredit *m* supplier credit by bank guarantee, guaranteed credit, surety credit

B

Babybett *n* baby bed, cot, crib
Babynahrung *f* baby food
Backbord *n* port, port side
Back-End-Förderung *f* back-end incentive, back-end promotion
Backstein *m* brick
Bad *n* bath; spa *(Heilbad)*; seaside resort *(Seebad)*
Bad *n* **in der Menge** walkabout
Badeanzug *m* swimsuit, swimming costume
Badearzt *m* spa doctor
Badeaufenthalt *m* bath-place of residence
Badeferien *pl* bathing holidays, spa holidays, seaside holidays
Badeort *m* seaside resort *(Seebad)*; spa *(Kurort)*
Bäderstatistik *f* spa statistics
Bädertherapie *f* spa therapy, balneotherapy
Bäderverband *m* spa association
Badewanne *f* (bath) tub, bath
Badezentrum *n (AE)* bathing center, *(BE)* bathing centre, baths, *(AE)* spa center, *(BE)* spa centre
Bahnabteil *n* train compartment
Bahnbeförderungsrecht *n* railway transportation regulation
Bahn-Betreiber *m* **der Verbindung unter dem Ärmelkanal (Eurostar)** cross-Channel rail operator (Eurostar)
Bahnbus *m* bus services of railway companies
BahnCard *f* BahnCard, German railcard
Bahnhof *m* railway station, station
Bahnhofshalle *f* concourse, station concourse
Bahnhofsmission *f* Travellers' Aid Society, railway mission
Bahnhofspartnerschaft *f* train station cooperation
Bahnhofsrestaurant *n* station restaurant
Bahnhofsvorsteher(in) *m(f)* stationmaster
Bahnreform *f* German Railway reform
Bahnreise *f* rail tour, rail journey, rail trip, train ride, rail travel
Bahnsteig *m* platform, track
Bai *n* bay, creek
Balkon *m* balcony
Ballontrekking *n* balloon trekking
Ballonwanderung *f* balloon trekking
Ballungsraum *m* conurbation; *(AE)* center of industrial concentration, *(BE)* centre of industrial concentration *(Ballungszentrum)*; melting pot, megalopolis
Balneologie *f* balneology
Bankbürgschaft *f* bank guarantee, banker's guarantee
Bankett *n* banquet *(Festessen)*; feast
Bankgarantie *f* bank guarantee, banker's guarantee
Bankkonto *n* bank account
Bankleitzahl *f (Abk.: BLZ)* bank identification number *(Abk.: BIN)*
Bankomat *m* automated teller machine *(Abk.: ATM)*
Barabfindung *f* money compensation
Barbecue *n* barbecue
barfuß *adj* barefoot
Bargeld *n* cash
Barock *n* baroque
barrierefreie Verkehrssysteme *npl* obstacle-free transportation systems, barrier-free transportation systems
Barzahlung *f* cash payment

Basilika *f* basilica
Basistarif *m* basic fare, base rate, base fare
Basis- und Kompaktschutz *m* basic and fully-comprehensive insurance
Bastei *f* bastion, bulwark *(Bastion)*
Bauchgefühl *n* gut feeling, instinct
Bauernherbst *m (Aut) (AE)* Thanksgiving service, Thanksgiving Day, harvest festival *(Erntefest)*
Bauernhof *m* farm, farmhouse
Baukastenprinzip *n* modular principle
Baukastensystem *n* modular system
Baukunst *f* architecture
Baumwipfelhotel *n* tree-top hotel *(in den Tierparks von Kenia)*
Bausteinreiseprogramm *n* dynamic packaging travel programme
Bausteintouristik *f* dynamic packaging tourism
Bausubstanz *f* fabric
Bauvorhaben *n* construction project
Beanstandung *f* complaint, objection, claim
beantragen *v* apply
Bearbeitungsgebühr *f* handling charge, processing fee, handling fee, service charge
Beauftragte *m(f)* **der Bundesregierung für Tourismus** Federal Government Commissioner for Tourism
Bedarfsanalyse *f* requirement analysis, demand analysis
Bedarfsermittlung *f* ascertainment of demand
Bedarfsfluggesellschaft *f* charter airline
Bedarfshaltestelle *f* request stop
Bedarfsluftverkehr *m* charter air traffic
Bedarfsverkehr *m* non-scheduled service, demand traffic
Bedienungsanleitung *f* operating instruction, instruction manual
Bedienungsgeld *n* service charge
Bedienungspersonal *n* waiting staff; waiters, waitresses, *(AE)* servers *(Kellner etc.)*; operating staff, service personnel
Bedürfnisanstalt *f* lavatory, public convenience, comfort station
Beförderung *f* transport; transportation; carriage
Beförderung *f* **von Haus zu Haus** door to door (transportation)
Beförderungsbedingungen *fpl* terms of transportation, terms of carriage, conditions of carriage
Beförderungsbestimmungen *fpl* **der Verkehrsunternehmen** conditions of carriage of passenger carriers
Beförderungsfunktion *f* carriage function
Beförderungsklasse *f* class of transport, class of carriage
Beförderungsleistung *f* transport service
Beförderungsmittel *npl* means of transport, *(AE)* means of transportation, conveyance
Beförderungspflicht *f* carriage obligation *(obligation of buses, taxis, etc. to accept passengers)*
Beförderungsrecht *n* transportation regulation
Beförderungsunternehmen *n* carrier
Beförderungsvertrag *m* contract of transport, contract of carriage
Beförderungszeitraum *m* period of carriage
Begegnung *f* meeting, reception *(Empfang)*; congress, encounter
Begleitertarif *m* companion fare, partner fare
Begrüßungsansprache *f* welcome speech, opening speech, words of welcome
Begrüßungsempfang *m* welcome reception
Behandlungsmethode *f***/neueste ärztliche** latest medical spa therapy
beheimatet *adj* native
beherbergter Einkäufer *m* hosted buyer
Beherbergung *f* lodging
Beherbergung *f* **von Gästen** accommodation of guests
Beherbergungsbetrieb *m* accommodation establishment, lodging establishment
Beherbergungsgewerbe *n* hotel trade, tourist accommodation sector, accommodation business
Beherbergungspreis *m* accommodation price
Beherbergungsstatistik *f* accommodation statistics, statistics on tourist accommodation
Beherbergungsstätte *f* accommodation facility, *(AE)* lodging facility
Beherbergungsvertrag *m* contract of

accommodation, accommodation contract
Behinderteneinrichtungen *fpl* facilities for the disabled, handicapped facilities
behindertengerechtes Zimmer *n* barrier-free room
Behindertenreise *f* holiday for disabled people, trip for handicapped people
Beiboot *n* dinghy
Beihefter *m* bound-in insert
Beinfreiheit *f* legroom
Beirat *m* **für Tourismusfragen** tourism advisory board
Beisel *n (Aut)* tavern, pub, *(AE)* saloon *(Kneipe, kleines Gasthaus)*
Beitrittsbonus *m* membership bonus
Bekanntgabe *f* announcement, publication
Bekanntheitsgrad *m* degree of fame, name recognition, level of awareness
Beleg *m* receipt, document, voucher
Belegausdruck *m* document print-out, statement print-out, receipt print-out
Belegschaft *f* staff, employees, workforce
Belegschaftsaktie *f* employee share
Belegung *f* occupancy *(Auslastung)*
Belegungsliste *f* reservation list, vacancy list, occupancy list
Belegvorbereitung *f* back-screen procedure
Beleuchtung *f* lighting, illumination
Belt *m* Belt, strait between Germany and Denmark
Belüftung *f* ventilating, airing
bemerkenswert *adj* remarkable, outstanding
Benchmarking *n* benchmarking
benehmen *v*/**sich daneben** misbehave
Benutzeroberfläche *f* user interface
Benutzungsgebühr *f* charge; hire charge, service charge
Benzin *n (AE)* gasoline, *(BE)* petrol
Benzingutschein *m (AE)* gasoline voucher, *(BE)* petrol voucher, gas coupon
beratungsintensiv *adj* requiring intense consulting
Beratungsleistung *f* advisory service, consultancy service, consulting service
Beratungsmissbrauch *m* consultancy abuse
Beratungsqualität *f* consultancy quality
Beratungsunternehmen *n* consulting firm
Berechnungssystem *n* method of calculation, accounting method
Bereichsvorstand *m* management board, divisional board
Bereitschaftsdienst *m* duty
Bereitschaftsdienst haben *v* be on standby
Bergbahn *f* mountain railway; cable car *(Seilbahn)*
Bergfahrt *f* ascent, cable car ride, mountain railway ride, upstream navigation *(Schiff)*
Bergführer *m* mountain guide
Berghütte *f* mountain refuge, mountain hut
Bergkette *f* mountain range, mountain chain
Bergstation *f* mountain rescue hut
Bergsteiger(in) *m(f)* mountaineer
Bergungskosten *pl* rescue expenses, salvage costs, rescue costs
Bergwandern *n* trekking, mountain hiking, mountain walking
Berichtsjahr *n* reporting year
Berichtswesen *n* reporting
Beruf *m* profession, career, job, occupation
berufliche Aus- und Weiterbildung *f* vocational training, professional training
Berufsakademie *f* university of cooperative education, vocational academy
Berufsakademiestudium *n* **des Tourismus** tourism studies at a university of cooperative education, tourism studies at a vocational academy
Berufsausbildung *f* **im Hotel- und Gaststättengewerbe** vocational training in the hotel and catering industry, professional training in the hotel and catering industry
Berufsausbildung *f* **im Verkehrswesen** vocational training in transport, professional training in transport
berufsbedingte Mobilität *f* occupational mobility
berufsbegleitend *adj* extra occupational
Berufsbezeichnung *f* profession, vocational title, job title
Berufsbild *n* job outline, job description, occupational image
Berufseinsteiger(in) *m(f)* work newcomer, job beginner, first-time employee
Berufsgenossenschaft *f* occupational

cooperative, workplace insurance cooperative, professional association
Berufskraftfahrer *m* professional driver, chauffeur
Berufskraftfahrer-Ausbildungsordnung *f* driver-training regulation
Berufskraftfahrerin *f* professional (female) driver
Berufsleben *n* working life
Berufspendler *m* commuter
Berufspraktikum *n* work placement, career-orientated practical, internship, work experience
Berufsschule *f* vocational school
Berufstourist *m* professional tourist
Berufsvorbereitung *f* vocational preparation
Berührungsbildschirm *m* touchscreen
Besatzung *f* **an Bord** crew on-board, ship's crew
Beschaffenheitsvereinbarung *f* confirmed feature, assured specific quality, guaranteed feature
Beschäftigung *f* employment, pursuit, activity
Beschäftigungsfähigkeit *f* employability
Beschäftigungsförderungsgesetz *n* *(Abk.: BeschFG)* Employment Promotion Act
Beschäftigungsgesellschaft *f* job creation company, employment agency
Beschäftigungsnachweis *m* certificate of employment
beschaulich *adj* peaceful, contemplative
Beschränkung *f* restriction, limitation
Beschwerde *f* complaint
Beschwerdemanagement *n* complaints management
Beschwerdetag *m* complaints day
Besenwirtschaft *f a typical Swabian institution; each autumn, as soon as the wine has fermented, the wine growers of the region place a broom - "Besen" - in front of their doors as a sign that their living rooms are now open for visitors. They sell their home-produced wine and other substantial, home-made snacks such as "Schmalzbrot", "Sauerkraut" or "Maultaschen"*
Besetzteinfahrt *f* **mit anschließender Leerrückfahrt** one-way occupancy
Besichtigung *f* sightseeing, viewing, visit
Besichtigungszeiten *fpl* opening hours
Besprechung *f* meeting, conference
Besserverdienende *m(f)* high earner
Besserwisser *m* know-all, know-it-all, wise guy
Beständigkeit *f* persistence, constancy
Bestätigung *f* **einer Gepäckbeschädigung** *(BE)* confirmation of luggage damage, *(AE)* confirmation of baggage damage
Bestellung *f* order, purchase order
Bestimmung *f* regulation
Bestimmungsbahnhof *m* destination station, station of destination
Bestimmungsort *m* destination, place of destination
Best-Preis Garantie *f* best price guarantee *(Abk.: BPG)*
Bestuhlungsvariante *f* seating arrangement, seating variation
bestverfügbarer Preis *m* best available rate *(Abk.: BAR)*
Besucher(in) *m(f)* visitor, audience
Besucherlenkung *f* visitor guidance, visitor manipulation, canalisation
Besucherparkplatz *m* visitor's parking lot
Besucherqualität *f* quality of visitors
Besucherritze *f crack between the two mattresses of twin beds, well-known in former times, where a child or a visitor slept*
Besucherterrasse *f* **Flughafen** airport observation deck
Besuchervisum *n* visitor visa
Besuchshäufigkeit *f* visiting frequency
Betätigung *f* activity, pursuit
Beteiligung *f* partnership, share *(an einem Unternehmen)*; participation
Betreibergesellschaft *f* operating company
Betreuung *f* support and assistance
Betreuungshinweis *m* notice of assistance
Betreuungsperson *f* hostess, person in charge; child minder *(für Kinder)*; nurse *(für alte Leute, Kranke)*
Betrieb *m***/außer** out of order
betriebliche Ausbildung *f* company-based education, company-based training, on-the-job training
betriebliche Sozialverantwortung *f* Corporate Social Responsibility *(Abk.: CSR)*
betriebliches Ausbildungswesen *n* company-based training

Betriebsablauf *m* operating procedure, operating schedule
Betriebsaufspaltung *f* division of enterprise, factory split, business split
Betriebsausflug *m* company excursion, work outing, stuff outing
Betriebsausgaben *fpl* operating expenses, operating costs
betriebsbedingt *adj* operational
Betriebsergebnis *n (AE)* gross operating profit, *(AE)* GOP *(brutto)*; operating results
Betriebsgenehmigung *f* operating license
Betriebsgrößenklasse *f* organisational size category
Betriebsklima *n* working athmosphere, work climate
Betriebskosten *pl* operating costs, operating expenses
Betriebsleitung *f* plant management
Betriebsordnung *f* **Kraftverkehr** *(Abk.: BO Kraft)* law related to passenger transportation by bus
Betriebspflicht *f* service obligation, operation obligation
Betriebsrat *m* works council, employees' committee
Betriebsrentabilität *f* company profitability, company cost-effectiveness
Betriebsstelle *f* branch, division; site, operating unit
Betriebssystem *n* operating system *(Computer)*
Betriebsübergang *m* business transmission, transfer of operations
Betriebsvereinbarung *f* internal labour agreement, employment agreement
Betriebsverfassungsgesetz *n (Abk.: BetrVG)* Works Constitution Act
Betriebsvergleich *m* benchmarking, intercompany comparison
Betriebswirt(in) *m(f)* **Reiseverkehr/ Touristik** *(obs)* Bachelor of Business Administration in Tourism *(certified)*
betriebswirtschaftliche Größe *f* economic factor, management ratio
Betriebswirtschaftslehre *f* business management, business administration, microeconomics
Bettenkapazität *f* guest-bed capacity, bedstock, bed capacity, number of beds
Bettwäsche *f* bed-linen, bedclothes
betucht *adj* well off, well-to-do
Bevölkerung *f* population
bevorzugter Leistungsträger *m* preferred service partner
bevorzugtes Einsteigen *n* preboarding, priority boarding privilege
bewachter Privatwohnbereich *m* gated community *(z. B. Dubai)*
bewaffnete Flugbegleiter *mpl* air marshals
Bewährungsprobe *f* test
Bewegungsgröße *f* momentum, impulse momentum
Bewegungstherapie *f* therapeutic exercise, exercise therapy
Beweissicherung *f* audit, conservation of evidence, preservation of evidence
Beweissicherungsgründe *mpl* reasons in proof
bewerben *v*/**sich** apply
Bewerbung *f* application
Bewertungsmaßstab *m* set of criteria, benchmark, valuation rating scale
Bewertungsportal *n* evaluation portal
Bewertungssystem *n* valuation system
Bewirtung *f* hospitality, entertainment, catering
Bewirtungsauslage *f* entertaining expenses
Bewirtungsgewerbe *n* catering trade
Bewirtungspauschale *f* entertainment allowance
Bewirtungsvertrag *m (BE)* catering contract, *(AE)* foodservice contract
Bezahl-Fernsehen *n* pay-TV
bezahlter Jahresurlaub *m* annual vacation with pay
Bezahlung *f* salary; payment, pay, remuneration
Bibliothek *f* library
Biergarten *m* beer-garden
Bierlieferungsvertrag *m* beer delivery contract *(including investment financing)*
Bikini *m* bikini, two-piece bathing suit
Bilanz *f* balance sheet, financial statement
Bilanz-Messzahl *f* measured value of balance
Bilderbuchwetter *n* perfect weather *(like out of a picture book)*
bildhübsch *adj* really pretty, as pretty as a picture
Bildreportage *f* photographic report, photographic documentation
Bildschirm *m* screen, monitor
Bildschirmarbeitsplatz *m* workstation
Bildschirmausdruck *m* screen print-out

bildschön *adj* really pretty
Bildtelefon *n* videophone
Bildtelefonieren *n* video-conferencing
Bildung *f* education
Bildungsabschluss *m* school qualifications, educational qualifications
Bildungsauftrag *m* teaching mission
Bildungseinrichtung *f* educational establishment, educational institution
Bildungsgrad *m* level of education *(Bildungsniveau)*
Bildungsgutschein *m* education voucher
Bildungspartner *m* education partner
Bildungsreise *f (BE)* educational holiday, *(AE)* educational vacation, cultural trip
bildungssprachlich *adj* erudite
Bildungstourismus *m* educational tourism
Bildungsurlaub *m* educational leave, study leave
Bildungswerk *n* **der Omnibusunternehmer** educational institution of bus operators, *(BE)* educational institution of coach operators
Billett *n (dtCH)* ticket *(Fahrkarte)*
Billigflagge *f* flag of convenience, flag of necessity
Billigflaggen-Land *n* "flag of convenience" country
Billigflug *m* low-cost flight, low fare flight, no frills flight, budget flight, cheap flight
Billigfluggesellschaft *f* no frills carrier, no frills airline, budget airline
Bingo bingo
Binnenkonjunktur *f* domestic economic activity
Binnenmarkt *m* domestic market, home market; single market *(EU)*
Binnenmeer *n* inland sea
Binnenschifffahrt *f* inland navigation, domestic shipping
Binnenschiffstouristik *f* inland river tourism
Binnenstaat *m* landlocked country
Binnenverkehr *m* inland traffic, domestic transportation
Bioklima *n* bioclimate
biologische Ernährung *f* organic food
Biometrische Daten *fpl* biometric statistics, biometric data
Biometrische Kontrolle *f* biometric check, biometric audit, biometric control
Biosphärenreservat *n* biosphere reserve
Biotop *n* biotope, habitat
Bistrobus *m* bus including a small bistro
Bistrowagen *m* buffet car, bistro car
Blaue Europa-Flagge *f* Blue Flag Award
Blaues Band *n* Blue Riband, Race for the Blue Riband
Blickfang *m* eye-catcher
blinder Passagier *m* stowaway, deadhead, bilker
Blindflug *m* blind flight
Blizzard *m* blizzard
Blockcharter *m* block charter
Blockzugbildung *f* formation of a block-train
Blog *n* blog
bloggen *v* blog *(Schreiben von Internet-Tagebüchern)*
Bö *f* gust (of wind); squall *(stärker, mit Regen)*
Bodenabfertigung *f* ground support, ground operations, ground handling
Bodenabfertigungsdienstleistung *f* ground support service
Bodendienst *m* ground service
Bodenpersonal *n* ground personnel, *(BE)* ground crew, ground staff
bodenständig *adj* long established, uncomplicated
Bodenstromaggregat *n* surface power supply
Bodentransportmittel *npl* means of ground transportation of airline passengers
Bodenverkehrsdienst *m* ground transportation service, ground handling service
Bonität *f* creditworthiness, credit rating
Bonus *m* bonus, bonus points, discount, rebate
Bonusmeile *f* bonus mile
Bonusprogramm *m* bonus programme
Bonus- und Malusregel *f* bonus-malus system
Boot *m* boat
Bootsfahrt *f* boat trip, boat ride
Bootshaus *m* boathouse
Bootsmanöver *mpl* boat manoeuvres
Bootsstation *f* boat station
Bootsurlaub *m* boat holiday, boating holiday
Bord-Akkreditiv *n* letter of credit, voucher for use on board a ship
bordeigenes Motorboot *n* (on-board) motorboat
Bordfest *n* on-board party

Bordkarte *f* boarding pass, boarding card
Bordküche *f* galley
Bordmagazin *n* in-flight magazine
Bordpersonal *n* cabin crew, flight crew
Bordpreise *mpl* on-board prices
Bordreiseleitung *f* on-board tour guide, cruise director
Bordrestaurant *n* on-board restaurant
Bordshop *m* in-flight shop, on-board shop
Bordunterhaltung *f* in-flight entertainment, on-board entertainment
Bordverpflegung *f* on-board catering, in-flight catering
Börse *f* stock exchange, stock market
Börsengang *m* initial public offering *(Abk.: IPO)*; going public, *(BE)* stock market flotation
Botschaft *f* embassy
Botschaftsgebäude *n* embassy
Bowlingbahn *f* bowling alley
Branchenbezeichnung *f* branch of business, line of trade, sector
Branchenbuch *n* trade reference book
Branchenereignis *n* line of business event, industry event, trade event
branchenfremder Vertrieb *m* crossover distribution, cross-selling, non-experienced distribution
Branchentreff *m* branch meeting, business sector meeting
Branchentreffen *n* branch meeting, business sector meeting
Branchenverband *m* trade association
Branchenverzeichnis *n* trade directory, yellow pages
Brandungsaerosole *npl* breakers' aerosols
Brauchbarkeit *f* usability
Brauchtum *n* custom, usance, traditions
Broschüre *f* hand-out
Brücke *f* bridge
Brückendeck *n* bridge deck
Brückenoffizier *m* bridge officer
Brunch *n* brunch
Brunchbuffet *n* brunch buffet
Brüsseler Übereinkommen *n* **über den Reisevertrag** Brussels travel contract convention
Bruttoinlandsprodukt *n (Abk.: BIP)* gross domestic product *(Abk.: GDP)*
Bruttoregistertonne *f* gross register ton
Bruttosozialprodukt *n (Abk.: BSP)* gross national product *(Abk.: GNP)*
Bruttoumsatz *m* gross sales, gross turnover
Buchbarkeit *f* bookability
Buchprüfer(in) *m(f)* auditor
Bucht *f* bay
Buchung *f* booking, reservation
Buchung *f* **auf Anfrage** booking on request
Buchung *f* **auf Warteliste** booking on waiting list
Buchung *f* **im Direktvertrieb** direct booking
Buchungsanfrage *f* booking inquiry, reservation request
Buchungsaufkommen *n* booking volume
Buchungsbedingungen *fpl* reservation conditions, terms and conditions
Buchungsbestätigung *f* booking confirmation
Buchungsdaten *npl* booking data
Buchungsentgelt *n* booking charge, booking fee
Buchungsformular *n* reservation form
Buchungsfreigabe *f* booking release
Buchungsgebühr *f* handling fee, booking fee, reservation fee, account management fee
Buchungsklasse *f* booking class
Buchungsklassenharmonisierung *f* booking class harmonization, booking class coordination
Buchungsmaske *f* booking template, booking form, booking mask
Buchungs-, Reservierungs- und Vertriebssystem *n* **für Reise und Touristik** booking, reservation and distribution system for travel and tourism
Buchungsstand *m* booking status
Buchungsstandliste *f* booking status list
Buchungsstelle *f***/sonstige** other travel agency, other booking office, other reservation agency
Buchungssteuerung *f* booking management, yield management
Buchungsstopp *m* booking stop
Buchungs- und Reservierungssystem *n* booking and reservation system
Buchungsvolumen *n* booking volume
Buchungsvorgang *m* booking procedure
Buchungswettbewerb *m* sales contest, booking contest

Buchungszurückhaltung *f* booking restraint, reluctance to book
Budget *n* budget
Budgetplanung *f* budget planning
Büfett-Frühstück *n* buffet breakfast
Bug *m* bow *(Schiff)*; nose *(Flugzeug)*
Bügelservice *m* pressing service
Bügel- und Reinigungsdienst *m* **in Hotels** ironing and cleaning service in hotels
Bugstrahlruder *n* bow thruster
Bullauge *n* porthole
Bund *m* **für Umwelt- und Naturschutz Deutschland** *(Abk.: BUND)* German Environment and Nature Conservation Federation
Bundesanstalt *f* **für Flugsicherung** *(Abk.: BFS)* German Federal Institute for Air Traffic Control
Bundesaufsichtsamt *n* **für das Versicherungswesen** *(Abk.: BAV)* German Federal Supervisory Office for Insurance Companies
Bundeseisenbahnvermögen *n* German Federal Railway Trust Fund
Bundesgartenschau *f* National Garden Exhibition
Bundeskartellamt *n* Federal Cartel Office, German Cartel Authorities
Bundesland *n* federal state
Bundespolizei *f* Federal Police
Bundesstelle *f* **für Flugunfalluntersuchung** *(Abk.: BFU)* German Federal Bureau of Aircraft Accidents Investigation
Bundesverband *m* **der Autovermieter Deutschlands** *(Abk.: BAV)* Federal Association of German Car Rental Agencies
Bundesverband *m* **der Deutschen Fluggesellschaften** *(Abk.: BDF)* German Airline Association
Bundesverband *m* **der Deutschen Tourismuswirtschaft** *(Abk.: BTW)* Federal Association of the German Tourism Industry
Bundesverband *m* **der Gästeführer** German Federation of Tourist Guide Associations
Bundesverband *m* **der Reiseleiter, Animateure und Gästeführer** *(Abk.: BRAG)* German Association for tourist managers, entertainment organisers and tourist guides
Bundesvereinigung *f* **City- und Stadtmarketing Deutschland** *(Abk.: BCSD)* German Association of City and Town Marketing
Bundesverkehrswegeplanung *f* national transport route planning
Bund-Länder-Ausschuss *m* **Tourismus** Bund-Länder Commission for Tourism
Bungalow *m* bungalow
burgengeschmückte Kluse *f (dtCH)* transversal valley castle crowned *(Quertal)*
Bürgerliches Gesetzbuch *n (Abk.: BGB)* German Civil Code, Civil Law
Burghotel *n* castle hotel
Bürgschaft *f* guarantee, sponsorship
Bürogemeinschaft *f* shared office
Bürokauffrau *f* female office administrator, female management assistant in office administration
Bürokaufmann *m* office administrator, management assistant in office administration
Bus *m* bus, *(BE)* coach *(Reisebus)*
Busabfahrtszeit *f* bus departure time
Busanmietung *f* coach hire, bus charter
Busbahnhof *m* bus station, *(BE)* coach station
Busbeförderungsrecht *n* law of bus carriage
Buschenschank *m (Aut) s.* Buschenwirtschaft
Buschenwirtschaft *f a typical Austrian institution, wine growers of the region sell their home-produced wine - "Heurigen" - for a short period, also called "Besenwirtschaft", "Straußwirtschaft" or "Heurigenlokal"*
Business-Klasse *f* business class
Buspendelverkehr *m* bus shuttle service
Busreise *f* bus trip, bus travel, *(BE)* coach trip, coach travel
Busrundfahrzeit *f* running time of bus round trip
Busrundreise *f* bus round trip
Busterminal *n* bus terminal
Bustourismus *m (AE)* bus tourism, *(BE)* coach tourism

C

Café *n* café
Cafeteria *f* cafeteria
Caffé *n (dtCH)* café, coffeehouse, tea-room *(Café)*
Camping *n* camping
Campingbus *m* camper, caravan, camper van
Campingflug *m* charter flight
Camping-Freizeitzentrum *n (BE)* camping leisure centre
Campingführer *m* camping guide
Campingplatz *m* campsite, *(AE)* campground, *(AE)* camping ground, *(BE)* camping site
Campingtourismus *m* camping tourism
Campingurlaub *m* camping holiday, camping vacation
Campingvertrag *m* camping contract
Campus *m* campus *(z. B. Universitätscampus)*
Canyoning *n* canyoning
Caravan *m (AE)* trailer, *(BE)* caravan
Caravan, Boot und Internationaler Reisemarkt *m (Abk.: CBR) (obs)* Caravan, Boat and International Travel Market
Carsharing *n* car-sharing *(auch Stadt- oder Stadtteilauto)*
Catering *n* catering
Chalet *n* chalet
Chancengleichheit *f (BE)* equal opportunity, *(AE)* affirmative action
Chancen- und Gefahrenanalyse *f* chance-risk assessment
Chapter 7 chapter 7 *(Vorschriften zur Abwicklung eines Unternehmens in den USA)*
Charter *m* charter
Charterflug *m* charter flight
Charterfluggesellschaft *f* charter airline
Charterflugverkehr *m* charter air traffic
Chartermaschine *f* charter aircraft, chartered aircraft
chartern *v*/**ein Schiff** charter a ship
Charterverkehr *m* charter traffic, charter transport
chatten *v*/**mit jdm** chat with sb *(mit jemandem im Internet kommunizieren)*
Chauffeur *m* chauffeur, driver
Chefkellner *m (AE)* chief waiter, *(BE)* head waiter
Chefkellnerin *f (AE)* chief waitress, *(BE)* head waitress
Chefredakteur(in) *m(f)* chief editor
Chefsteward *m* chief steward, purser
Chefstewardess *f* chief stewardess, purserette
Chicagoer Abkommen *n* Chicago Convention
Cicerone *m* Cicerone, Cicero
Citymaut *f* congestion charge
Clubschiff *n* club ship
Cluburlaub *m (AE)* club vacation, *(BE)* club holiday
computergestütztes Reservierungssystem *n* computer reservation system *(Abk.: CRS)*; computer-aided reservation system *(Abk.: CRS)*
Computerreservierungssystem *n (Abk.: CRS)* computer reservation system
Concierge *m* concierge, head porter
Conférencier *m* emcee, master of ceremonies, *(BE)* compère
Consolidator *m* consolidator *(Ticketgroßhändler, Sammellader)*
Copilot *m* copilot
Couponheftangebot *n* airpass, coupon offer

D

Dachgarten *m* roof garden
Dachmarkenstrategie *f* umbrella brand strategy
Dachterrasse *f* roof terrace
Dachunternehmen *n* umbrella company, holding
Dachverband *m* **der Reisestellenvereinigungen** umbrella organization of travel management associations
Dachverband *m* **Tourismus** umbrella organisation of tourism, umbrella association of tourism
Dampfbad *n* steam room, steam bath
dampfgetriebener Luxuszug *m* steam-driven Pullman train
Dampflok *f* steam locomotive, steam engine
Dampfschiff *n* steam ship, steamer, steamboat
Dampfschifffahrt *f* steam navigation
Darbietung *f* performance

Darstellung *f* performance
Datenabgleich *m* comparison of data
Datenbank *f* database, data bank
Datenerfassung *f* data capture
Datenfernübertragung *f* data communication, remote data transmission
Datengewinnung *f* data acquisition, data mining
Datenintegrität *f* data integrity
Datenkonsolidierung *f* data consolidation
Datenmanagement *n* data management
Datenschutz *m* data protection, data privacy
Datenschutzbeauftragte *m(f)* data security engineer, data protection registrar
Datensicherheit *f* data security, data safety
Datenträger *m* data carrier, data medium, media volume
Datenverarbeitung *f* data processing, data handling
Datumsgrenze *f* international date line, date line
DB-Agentur *f* German Rail Agency
DB-Autozug *m* German Rail motorail train
DB-Reise & Touristik *f* German Rail travel & tourism
Debitor *m* debtor
Deck *n* deck
Deckpassagier *m* deck passenger, ferry passenger without cabin reservation
Deckstuhl *m* deck chair
Deckungsbeitrag *m* marginal return, profit margin, contribution margin
Deckungsbeitragrechnung *f* marginal costing
Deckungszusage *f* cover note, security promise, conditional receipt
Defizitgrenze *f* deficit criteria, deficit limit
Defizitverfahren *n* **der EU** EU deficit procedure
Deflation *f* deflation
Delkredere-Provision *f* del-credere commission, guaranteed commission
Demografie *f* demography
Denkmal *n* memorial
denkmalgeschützt *adj* listed for preservation
denkmalpflegerische Instandsetzung *f* curatorial repair, curatorial correction maintenance, renovation of the protected heritage
Denkmalschutz *m* monument protection, architectural conservation, protection of historical buildings and monuments
Dependance *f* **Hotel** branch; annexe
Deposit *n* deposit
Depotsystem *n* deposit system
Depression *f* depression
Deregulation *f* deregulation
Destination *f* destination
Destinationsmanagement *n* destination management
Destinationsmarketing *n* destination marketing
Deutsche Bahn *f (Abk.: DB)* German Rail
Deutsche Flugsicherung *f (Abk.: DFS)* German Air Traffic Control
Deutsche Gesellschaft *f* **für Reiserecht** *(Abk.: DGfR)* German Association for Tourism Law
Deutsche Gesellschaft *f* **für Umwelterziehung** *(Abk.: DGU)* German Association of Environmental Education
Deutsche Hanse *f* German Hanse
Deutsche Hotelklassifizierung *f* German hotel classification
Deutsche Lufthansa *f (Abk.: DLH)* German Lufthansa
Deutsche Zentrale *f* **für Tourismus** *(Abk.: DZT)* German National Tourist Board *(Abk.: GNTB)*
Deutscher Alpenverein *m (Abk.: DAV)* German Alpine Association
Deutscher Heilbäderverband *m (Abk.: DHV)* German Spa Association
Deutscher Hotel- und Gaststättenverband *m (Abk.: Dehoga)* German Hotel and Catering Association
Deutscher Industrie- und Handelskammertag *m (Abk.: DIHK)* German Chambers of Industry and Commerce
Deutscher Naturschutzring *m (Abk.: DNR)* German Association for Nature Conservation
Deutscher Reisemonitor *m* German Travel Monitor
Deutscher ReiseVerband *m (Abk.: DRV)* German Travel Association
Deutscher Städtetag *m* German Conference of Cities; Association of German Cities and Towns
Deutscher Tourismusverband *m (Abk.: DTV)* German Tourist Association
Deutsches Reisebüro *n (Abk.: DER)* German Travel Agency
Deutsches Seminar *n* **für Tourismus**

(Abk.: DSFT) German Institute for Professional Training in Tourism

Deutschland Germany, Federal Republic of Germany *(Bundesrepublik Deutschland)*

Devisen *pl* foreign exchange, foreign currency

Deviseneinnahmen *fpl* foreign currency earnings, foreign currency income

Devisenkurs *m* exchange rate

Diagramm *n* diagram

Didaktik *f* teaching methods, didactic

Diebstahlschutz *m* theft waiver, theft protection

Dienstbesprechung *f* crew briefing

diensthabende Angestellte *m(f)* agent in charge *(Abk.: AIC)*

Dienstleistung *f* service, direct service, attendance

Dienstleistungsbilanz *f* balance of services, balance of invisible trade

Dienstleistungsfreiheit *f* freedom to provide services, liberalisation of services, free movement of services

Dienstleistungsunternehmer(in) *m(f)* services entrepreneur, service provider

Dienstleistungsvertrag *m* service agreement

Dienstleistungszentrum *n* service centre

Dienstreise *f* business trip, business travel, official journey

Dienstvertrag *m* service contract, contract for service, contract of employment

Dienstwagen *m* company car, official car

Differenzierung *f* distinction, modification, differentiation

digital *adj* digital

digitale Immigranten *mpl* digital immigrants *(gem. Prof. Urs Gasser, Universität St. Gallen, und seinem Buch "Born Digital"; Bezeichnung für Internetgeneration vor 1980 geboren; auch beschrieben als Tipp-ex-Generation, im übertragenen Sinne "Quereinsteiger")*

digitale Signatur *f* digital signature

digitaler Fingerabdruck *m* digital fingerprint

digitaler Tachograph *m (Abk.: DT)* digital tachograph

digitales Zertifikat *n* digital certificate

Digitalisierung *f (AE)* digitalization, *(BE)* digitalisation

Diplom *n* diploma, degree *(Studienabschluss; professional qualification)*

Diplomarbeit *f* (diploma) thesis, degree dissertation

Diplombetriebswirt BA *m (obs)* Bachelor of Business Administration (BA)

Diplombetriebswirt FH *m (obs)* Master of Business Administration (FH)

Diplomkaufmann FH *m (obs)* Master of Science in Business Administration

Direktbuchung *f* direct booking

direkter Vertrieb *m* direct selling, direct distribution, direct sales, direct marketing

Direktflug *m* direct flight

Direktinkasso *n* direct collection

Direktmarketing *n (Abk.: DIMA)* direct marketing

Direktorat *n* **D für Tourismus der EU** EU Directorate for Tourism

Direktveranstalter *m* direct operator

Direktvermarktung *f* direct marketing

Direktvertrieb *m* house-to-house distribution, direct distribution, direct selling

Direktvertriebsmarke *f* direct marketing brand

Direktwahltelefon *n* direct-dial telephone

Direktwerbung *f* direct mailing, direct mail advertising

Disagio *n* accretion of discount, discount

Dissertation *f (BE)* doctoral thesis, dissertation *(Doktorarbeit)*

Distanzhandelsrichtlinie *f* **der EU** EU Distance Selling Directive

Distributionspolitik *f* policy of distribution, distribution policy

Diversifikation *f* diversification

Dividende *f* dividend

Dock *n* dock

Dokument *n* document

Dokumentendrucker *m* document printer

Dokumentenerstellung *f* issue of a document, document production

Dokumentenmappe *f* document folder, portfolio

Dolmetscher(in) *m(f)* interpreter

Domain-Name *m* domain name

Domizilschutz *m* domicile protection

Doppelarmlehne *f* double armrest

Doppelbesteuerung *f* double taxation

Doppelbesteuerungsabkommen *n* double taxation convention, double tax treaty

Doppelbett *n* double bed

Doppelbettkabine *f* double-berth cabin, double bed cab
Doppelbuchung *f* double booking, double reservation, duplicate booking
Doppeldecker *m* double-decker bus *(Bus)*; biplane *(Flugzeug)*; double-decker train *(Zug)*
Doppelstädtereise *f* city tour including two cities
Doppelstockwagen *m* double-deck railway carriage, biplane, two level coach
Doppelwährung *f* bimetallism, double standard
Doppelzimmer *n* double room (with double bed)
Doppelzimmer *n* **mit zwei getrennten Betten** double room with twin beds
Dorfhotel *n* village hotel
Dornröschenschlaf *m* sleepy way of life
Dotcom-Markt *m*/**auf dem** on the dot.com market
Dotcom-Unternehmen *n* dot.com company
Dozent *m* lecturer, university lecturer, contract-teacher
Drachenfliegen *n* hang-gliding
drahtloser Internetzugangspunkt *m* hotspot
Draisine *f* trolley, handcar
Draisinenfahrstrecke *f* tourist railcar track
draufgängerisch *adj* bullish
Drehkreuz *n* **Flughafen** hub and spokes
Drehkreuz *n* **für Ferntouristik** long-haul hub, hub for overseas travel, hub for foreign travel
Drehkreuz *n* **im Luftverkehr** hub
Dreibettzimmer *n* three-bed room, three--bedded room, triple room
Drei-Buchstaben-Schlüssel *n* three letter code *(Flughäfen/Städte)*
Dreiländereck *n* border triangle
dreistellig *adj* three figure
Drittveranstalter *m* third party operator
Duales System *n* dual system, vocational education and training
Dumpingpreis *m* dumping price, dumping rate, cut price
Duplex *n* duplex *(Maisonette)*
Durchführungsgarantie *f* implementation guarantee
Durchgangsland *n* transit country
Durchgangstarif *m* transit fare
Durchreisende *m(f)* temporary (hotel) guest
Durchsage *f* announcement
durchschnittliche Geschäftsreisekosten *pl* average cost of business travel
Durststrecke *f* lean period
Dusche *f* shower, shower bath
Duschmünze *f* shower coin, shower token
Düsenflugzeug *n* jet, jet plane
dynamische Bausteinreise *f* dynamic package tour
dynamisches Preismodell *n* dynamic pricing

E

EC-Geldautomat *m* automatic teller machine, EC cashpoint *(Bankautomat)*
Echtheit *f* authenticity *(Natürlichkeit)*
EC-Karte *f* EC card, bank debit card *(Bank)*
Eckpreis *m* basic rate, basic price
E-Commerce *n*/**im** in e-commerce
Economyklasse *f* economy class
effektiver Jahreszins *m* annual percentage rate
Effizienz *f* efficiency
Effizienzsteigerung *f* efficiency increase, efficiency advance
Ehrenamt *n* honorary post
Ehrenmal *n* memorial
Eigeninitiative *f* initiative
Eigenkapital *n* equity capital, *(AE)* stock holders' equity, *(BE)* share holders' equity
Eigenkapitalhilfeprogramm *n (Abk.: EKH) (AE)* equity support program, *(BE)* equity support programme
Eigenkapitalkostensatz *m* cost of equity rate
Eigenkapitalregeln *fpl* equity capital regulations *(für Kreditvergabe der Banken an Unternehmen gem. Basel II)*
Eigenkapitalrentabilität *f* return on equity, equity return
Eigenständigkeit *f* independence
Eigentouristik *f* independent tour operating of travel agencies *(production of own package tours sold or offered for sale at an inclusive price)*

Eigentümerwechsel *m* change in ownership, owner change
Eigentumswirtschaft *f* ownership economy
Eigenveranstalter *m tourism service supplier who organizes packages and sells or offers them for sale directly or through a retailer*
Eigenverantwortung *f* direct responsibility, self-responsibility, personal responsibility
Eigenvertrieb *f* direct marketing, self--commercialization, independent marketing, corporate retail
einbringende Gesellschaft *f* proposing company
Einchecken *n* check-in
einfaches Frühstück *n* continental breakfast
Einfuhr *f* import
einführen *v* impliment *(umsetzen)*
Eingabegerät *n* input device, input board, keyboard
Einheimische *m(f)* local citizen, native citizen
einheitliche Europäische Flugsicherung *f* Single European Sky
Einheitlicher Euro-Zahlungsverkehrsraum *m* Single Euro Payments Area *(Abk.: SEPA)*
einheitlicher Garantieschein *m* standard certificate of guarantee
Einheitsgewerkschaft *f* unified trade union
Einheitswährung *f* monetary unit, single currency
Einkauf *m* buying, purchasing
Einkaufen *n* **via Digitalfernsehen** digital TV shopping
Einkaufen *n* **via Online-Dienste** online shopping
Einkaufsgemeinschaft *f* purchasing group, buying combine
Einkaufsmacht *f* purchase power
Einkaufspassage *f* mall
Einkaufsverhalten *n* purchasing pattern
Einkaufsvolumen *n* purchasing volume
Einkaufszentrum *n* shopping centre, mall
Einkaufsziel *n* shopping destination
Einklarierung *f* registration
Einkommensteuererklärung *f* declaration of income, income tax declaration, income tax return
Ein-Kupon-Meilen *fpl* ticketed point mileage *(Abk.: TPM)*
Einloggen *n* login
Einmalprämie *f* single premium, one-off premium
Einnahmen *fpl* income, proceeds, revenues
Einreise *f* entry, entrance
Einreisebestimmungen *fpl* entry requirements, entry regulations
Einreiseerklärung *f* immigration declaration, admission to the territory
Einreiseformalität *f* admittance formality
Einreisegebühr *f* travel fee, visitor fee
Einrumpfschiff *n* single hull
Einsatzbesprechung briefing, debriefing session
einsatzsynchrone Produktion *f* just-in--time production
Einsatzwechseltätigkeit *f* change in employment
Einschiffen *n* embarkation, boarding
Einschiffungshafen *m* port of embarkation
Einspänner *m (Aut)* 1. one-horse carriage *(Kutsche für Stadtrundfahrt mit einem Pferd als Zugtier)*; 2. single frankfurter *(einzelnes Frankfurter Würstchen aus Österreichischer Sicht)*; 3. hot black coffee served with whipped cream in the classical E. glass *(Schwarzer Kaffee im Glas mit Schlagobers, Sahnehäubchen)*
Einsparungen *fpl*/**nicht realisierte** missed savings
Einsteiger(in) *m(f)* newcomer, beginner
Einsteigevorbereitung *f* boarding preparation, preboarding
Einsteigezeit *f* boarding time
einstellig *adj* single digit
Einstiegspunkt *m* pick-up point, starting point, point of embarkation
Einstufung *f* ranking
einstweilige Verfügung *f* temporary injunction, interlocutory injunction, interim order
Eintrittskarte *f* admission ticket, ticket, voucher
Ein- und Ausschiffung *f* embarkation and disembarkation
Einwahlknoten *m* access point, point of presence *(Abk.: POP)*
Einwand *m* objection
Einwanderer *m* immigrant
Einwanderungsbehörde *f* immigration

authority, immigration department, immigration office
Einwegschlüssel *m* oneway key, chip key
Einweihung *f* inauguration
Einzelhandel *m* retail trade
Einzelpauschalreise *f* independent inclusive package tour
Einzelperson *f* single person, individual, unaccompanied person
Einzelplatzbuchung *f* **im Charterflugbereich** individual booking, seat only booking on charter flights
Einzelplatzbuchungssystem *n* flight-only booking system, sales of flight tickets
Einzelplatzgeschäft *n* flight-only business
Einzelplatzverkauf *m* flight-only sale
Einzelunternehmen *n* sole proprietorship, individual enterprise, one-man business
Einzelversicherung *f* individual insurance
Einzelzimmer *n* single room
Einzelzimmerzuschlag *m* surcharge for single occupancy, single room supplement
einzigartig *adj* unique
Einzugsbereich *m* catchment area
Einzugsermächtigung *f* direct debit authorization
Eisberg *m* iceberg
Eisbrecher *m* icebreaker
Eisenbahner(in) *m(f)* *(BE)* railwayman, *(BE)* railway employee, *(AE)* railroader
Eisenbahnfähre *f* rail ferry, train ferry
Eisenbahnhotel *n* railway hotel
Eisenbahnstaatsvertrag *m* International Railway Convention
Eisenbahnverband *m* railway association, Union of Railways
Eisenbahnverkehrsordnung *f (Abk.: EVO)* Railway Traffic Act, rail traffic regulations, German railroad regulations
Eisenbahnverwaltung *f* railway administration
elastisch *adj* resilient
elektronisch *adj* digital
elektronische Ausschreibung *f* electronic request for proposal *(Abk.: eRFP)*
elektronische Datenerfassung *f* electronic draft capture *(Abk.: EDC)*
elektronische Platzbuchungsanlage *f* electronic seat-booking system
elektronische Post *f* electronic mail, e-mail, email
elektronische Signatur *f* electronic signature
elektronische Versteigerung *f* **eines Auftrags** eAuction of an order
elektronischer Autoatlas *m* electronic road atlas
elektronischer Briefkasten *m* electronic mailbox
elektronischer Datenaustausch *m* electronic data exchange technology, electronic data interchange *(Abk.: EDI)*
elektronischer Marktplatz *m* electronic marketplace
elektronischer Vertrieb *m* electronic distribution, electronic sales
Elektronisches Geschäftsverkehrsgesetz *n (Abk.: EGG)* Electronic Business Act
elektronisches Reisebüro *n* electronic travel agency
elektronisches Schlüsselkartensystem *n* electronic code card system, electronic keycard system
elektronisches Ticketing *n* electronic ticketing, e-ticketing
Elementarereignis *n* elementary event
Emissionshandel *m* emissions trading, emission certificate trade
Empfang *m* reception
Empfangsbüro *n* reception office, *(AE)* front office
Empfangschef *m* **im Hotel** *(AE)* chief receptionist, *(BE)* head receptionist, reception manager, *(AE)* front-office manager
Empfangshalle *f* reception hall, *(AE)* reception lobby, *(AE)* front lobby
Endgerät *n* terminal
Endkundenportal *n* consumer portal, business-to-customer portal
Endpreis *m* retail price, final price
Endstation *f* terminus, *(AE)* terminal, end of the line
Endverbraucherpreis *m* retail price
Energieeffizienz *f* energy efficiency
Energiepreis *m* energy price
Englischer Service *m* silver service
Enquetekommission *f* Enquete Commission

Entbündelung *f* unbundling *(Airlines--Preismodell für getrennte Leistungen)*
Entdeckungsreise *f* expedition, discovery tour, mystery tour
Entfernungszone *f* distance zone, drive--time zone
Entführung *f* kidnapping, hijacking
Entgelt *n* compensation, remuneration, payment, fee *(Gebühr)*; charges
Entgleisung *f* derailment *(Zug)*
Enthaftungserklärung *f* declaration of discharge from liability
Entlastungszug *m* relief train
Entlohnung *f* remuneration, compensation
Entschädigungsleistung *f* **bei Nichtbeförderung** denied boarding compensation
entscheiden *v* decide, dispose
Entscheider-Messe *f* **der Reisebranche** trade fair for decision makers in tourism
Entscheidungsträger *m* decision maker
Entschleunigung *f* slow-down, decelerate
Entspannung *f* relaxation
Entstehungsgeschichte *f* genesis, history of origins
entwerten *v* cancel, devalue, depreciate, stamp *(Fahrkarte)*
entwickeln *v* generate
Erbe *n* heritage
Erbschaft *f* heritage
erdgebundene Reise *f* earthbound tour, earthbound travel, ground-based travel
Eremitage *f* hermitage
Erfahrungsaustausch *m* exchange of experiences
Erfolg *m* success, result, prosperity
Erfolgsaussicht *f* viability
erfolgsorientierte Vergütung *f* performance-related remuneration
Erfolgsrezept *n* recipe for success, success story, success formula
Erfolgswelle *f* wave of success
Erfrischung *f* refreshment
Erfrischungskiosk *m* refreshment stand
Erfüllungsgehilfe *m* contractual agent, contractual operator
Ergänzungsfahrschein *m* complementary ticket
Ergänzungsluftverkehr *m* complementary air traffic
Ergänzungsstudium *n* post-graduate studies, complementary studies
Ergebnis *n* **nach Steuern** profit after taxes, income after taxes
Ergebnis *n* **vor Steuern** profit before tax, pre-tax profit
Ergebnisabführungsvertrag *m* profit and loss transfer agreement
ergebnisabhängige Bezahlung *f* outcome-dependent payment
Ergebnisermittlung *f* results analysis, valuation of income
ergebnisorientierte Führung *f* management by results
Ergebnisplanung *f* profit and loss forecast, result plan, profit planning
Ergebnisverantwortung *f* responsibility for results
Erhöhung der Haftpflichtdeckungssumme *f* extended protection *(Abk.: EP; Mietwagen)*
erholsam *adj* relaxing
Erholung *f* recreation, relaxation *(Entspannung)*; convalescence *(Rekonvaleszenz)*; economy rebound, recovery
Erholungseinrichtung *f* recreation facility, recreational facility, leisure facility
Erholungsheim *n* recreation home, *(AE)* rest house, *(BE)* rest home; convalescence home *(für Rekonvaleszenten)*
Erholungsort *m* holiday resort, health resort
Erholungstourismus *m* recreational tourism, relaxation tourism
Erinnerungsstätte *f* memorial, place of remembrance
erleben *v*/**etwas** experience sth
Erlebnis *n* experience, adventure
Erlebnisgastronomie *f* theme restaurants, adventure gastronomy
Erlebniskreuzfahrt *f* theme cruise, adventure cruise
Erlebnisprämie *f* experience premium
Erlebnisreise *f* tour with a difference, experience journey
Erlebnisurlaub *m* *(AE)* theme vacation, *(BE)* theme holiday, *(BE)* adventure holiday, sporting holiday
Erlös *m* revenue *(Kostenrechnung)*; proceeds
Erlösstruktur *f* revenue structure
Erlös- und Leistungsrechnung *f* profit and performance accounting
Ermächtigung *f* authorization

Ermäßigung *f* discount, reduction
ermutigend *adj* encouraging
Ernährungsberatung *f* nutritional consulting
Eröffnung *f* inauguration
Eröffnungsbilanz *f* opening balance
Eröffnungsfeier *f* opening party, opening celebration
Ersatzperson *f* replacement, substitute person, change in person
Ersatzreise-Schutz *m* travel insurance that covers reimbursement of reasonable additional travel and accommodation costs
Ersatzunterkunft *f* alternative accommodation, substitute accommodation
Erscheinungsbild *n* image, appearance, corporate identity
erschlossene Destination *f* developed destination
Erstattung *f* refund, reimbursement
Erstattung *f* **von Reiseleistungen** refund of travel services, reimbursement of travel services
erstattungsfähig *adj* refundable, reimbursable, recoverable
Erstattungsgrenze *f* refund limit
erstaunlich *adj* stupend
Ertrag *m* yield *(Produktionsergebnis)*; revenue; profit; gain
Ertragsbeteiligung *f* sharing of the proceeds, , revenue share
Ertragskraft *f* profitability
Ertragsmanagement *n* yield management
Ertragssteuer *f* profit tax, tax on earnings
Ertrags- und Aufwandsrealisierung *f* recognition of income and expenses
Ertragswertverfahren *n* capitalized value method
Ertragszuwachs *m* increase in earnings, growth in earnings
erwägen *v*/**nochmals** reconsider
Erwartungshaltung *f* expectation, attitude of anticipation
erweitern *v*/**etwas** upgrade sth
erweitertes Frühstück *n* extended breakfast, expanded breakfast
erzielen *v* generate
Essen *n* food, meal
Esstheke *f* breakfast bar, kitchen bar
Etage *f* floor
Etagenhausdame *f* senior housekeeper
Etagenservice *m* **im Hotel** hotel service, room service, floor service
Euregio *f* euregio
EU-Richtlinie *f* **über Pauschalreisen** EU Directive for Package Tours, EU Directive on Package Travel
Euro *m* euro
Eurocity *m (Abk.: EC)* European inter-city train
Euro-Gütesiegel *n* European stamp of quality, European quality seal, European seal of approval
Euromonitor *m* Euromonitor *(Reiseuntersuchung durch Telefonbefragung)*
Europabus *m (Abk.: EB)* express coach network *(consisting of more than 30 partners all over Europe)*
Europa-Flagge *f* European Union flag
Europäische Agentur *f* **für Flugsicherheit** European Aviation Safety Agency, EASA
Europäische Flugsicherungsbehörde *f* European Organisation for the Safety of Air Navigation *(Eurocontrol)*
Europäische Gemeinschaft *f* European Community
Europäische Landschaft *f* **des Jahres** European landscape of the year
Europäische Union *f (Abk.: EU)* European Union
Europäische Zentralbank *f (Abk.: EZB)* European Central Bank *(Abk.: ECB)*
Europäisches Währungssystem *n (Abk.: EWS)* European monetary system
Europastraße *f* European Route
Eurotunnel *m* Channel Tunnel, Eurotunnel
Eurotunnel-Pendeldienst *m* Channel shuttle service
EU-Tourismusförderung *f* EU promotion of tourism
Event-Marketing *n* event marketing
Event-Tourismus *m* event tourism
Existenzaufbauberatung *f* start-up consulting
Existenzgründungsberatung *f* start-up consulting
Existenzgründungszuschuss *m* start-up aid
Exklusivitätsvereinbarung *f* exclusivity agreement
Exklusivpreis *m* exclusive price
exotisch *adj* exotic, bizarre
Expansionstempo *n* pace of expansion
Expedient *m* travel agent, travel office

salesman, counter clerk *(im Reisebüro)*; forwarding clerk, *(AE)* shipping clerk *(im Transportunternehmen)*
Expedientenangebot *n* special offer for travel agents
Expedientenkarte *f* travel agent ID card
Expeditionskreuzfahrt *f* expedition cruise
Expeditionstourismus *m* expedition tourism
Expertenkommission *f* think tank
Expertenstab *m* professional staff
Export *m* export
Expressreservierung *f* express reservation
Expresszug *m* express train
externer Effekt *m* external effect
exterritorialer Zwischenaufenthalt *m* stopover transfer, exterritorial stopover, extraterritorial stopover
Extremsport *m* extreme sport, x-sport
Extremsportart *f* adventure sport
Extremtourismus *m* extreme sports tourism

F

Fachagentur *f* **für Seereisen** specialized agency for sea voyages, *(AE)* cruise-only agency
Fachausstellung *f* specialist trade fair, specialist exhibition, trade exhibition
Fachbereich *m* department, faculty
Fachbesucher *m* professional visitor
Fachbesuchertag *m* **bei Messen** trade visitors' day, professionals day
Fachbücher *npl* reference books, specialist books, handbooks
Fächerkombination *f* combination of subjects
Fachfrau *f* **für Systemgastronomie** system gastronomy specialist, system catering expert, food system specialist
Fachhochschule *f* university of applied sciences
Fachhochschulstudium *n* **des Tourismus** tourism studies at university of applied sciences
Fachkenntnis *f* expertise, know-how, skill, expert knowledge
Fachkraft *f* **für Veranstaltungstechnik** qualified conference and event technology specialist, specialist for event technology
Fachkraft *f* **im Fremdenverkehrsamt** qualified specialist at tourist office, qualified specialist at tourist information
Fachkraft *f* **im Gastgewerbe** qualified specialist in hotel and catering industry, specialist in the hospitality services industry
Fachkraft *f* **im Hotel- und Gaststättengewerbe** qualified specialist in hotel and restaurant industry
Fachkundennachweis *m* certificate of professional competence
Fachmann *m* **für Systemgastronomie** system gastronomy specialist, system gastronomy expert, specialist for system catering
Fachmesse *f* trade fair, trade show
Fachpresse *f* trade press, specialized press
Fachreferent(in) *m(f)* subject specialist, expert, consultant, specialist, professional
Fachschule *f* **für Touristik** technical college of tourism, technical school of tourism
Fachsortiment *n* specialized assortment
Fachsprache *f* technical language, terminology, special language
Fachstudienreise *f* fam(iliarization) trip, educational tour, study tour
Fachverband *m* trade association, industrial association, professional association
Fachverband *m* **deutscher Sprachreise-Veranstalter** *(Abk.: FDSV) (BE)* Association of German language-learning holiday operators, *(AE)* Association of German language-learning vacation operators
Fachverband *m* **Messen und Ausstellungen** *(Abk.: Fama)* trade fair and exhibition association
Fachvortrag *m* specialist lecture, lecture held by an expert
Fachwirt(in) *m(f)* **für die Messe-, Tagungs- und Kongresswirtschaft** expert in the trade fair, conference and congress trade
Faden *m* **Nautik** fathom
Fahrbahntafel *f* bridge deck *(touristischer Landschaftshinweis)*

Fahrbereitschaft *f* motor pool, car pool
Fähre *f* ferry (boat), ferryboat
Fahrer(in) *m(f)* driver, chauffeur
Fahrerinformation *f* driver information
Fahrgastrecht *n* passenger right
Fahrgastschiff *n* passenger ship
Fahrgastverband *m* **ProBahn** ProBahn railway passenger association, ProBahn Association
Fahrgastzahlen *fpl* number of passengers
Fahrgemeinschaft *f* car pool, car sharing
Fährgeschäft *n* ferry business
Fährhafenabfertigungsgebäude *n* ferry terminal
Fahrkarte *f* ticket
Fahrkartenautomat *m* ticket machine, ticket vendor
Fahrkartenkontrolle *f* ticket inspection, ticket control
Fahrkartenschalter *m* ticket office, ticket counter
Fahrkartenwert *m* ticket value
Fahrplan *m* timetable, schedule
Fahrplanpflicht *f* timetabling obligation of transport companies
Fahrplanwechsel *m* change in the timetable
Fahrpreis *m* fare
Fahrpreiserstattung *f* refund, reimbursement
Fahrradstation *f* bicycle station
Fahrradtourismus *m* cycling tourism
Fahrradverleih *m* bike rental company
Fahrradweg *m* bicycle path, cycleway
Fährschiff *n* ferry (boat), ferryboat
Fährschiffspassagenhaftung *f* carrier's liability for ferry crossing
Fahrsicherheitstraining *n* driving safety training
Fahrstuhl *m (BE)* lift, *(AE)* elevator
Fahrt *f* **ins Blaue** trip to nowhere in particular; mystery tour *(Veranstaltung)*
Fahrtauglichkeit *f* fitness to drive *(Fahrer)*; roadworthiness *(von Wagen etc.)*; seaworthiness *(von Schiffen etc.)*
Fahrtenbuch *n* log book, logbook, trip record book
Fahrtenschreiber *m* tachometer, tachograph
Fahrtkosten *pl* travel costs, travelling expenses
Fahrtroute *f* trip route, itinerary
Fährüberfahrt *f* ferry crossing
Fährunternehmen *n* ferry company, ferry carrier, ferry enterprise
Fahrverbot *n* driving ban
Fährversicherung *f* ferry insurance
Fahrzeugverleih *m* rent-a-car, car rental, car hire
Fakturierung *f* invoicing
fakultativ optional, facultative
fakultative Versicherung *f* optional insurance
Fallbeispiel *n* case history
fällig *adj* due and payable
Fallstudie *f* case study
fälschungssicherer Ausweis *m* forgery-safe identification card, forgery-safe ID card, unforgeable identification card, unforgeable ID card
Faltblatt *n* flyer, leaflet
Familienbesitz/im family-owned
Familienbetrieb *m* family business, family-run operation
Familienerholung *f (AE)* family vacation, *(BE)* family holiday
Familienferienort *m (AE)* family vacation resort, *(BE)* family holiday resort
familiengerecht *adj* suitable for families, *(AE)* family-oriented, *(BE)* family-orientated, family friendly
Familienheimfahrten *fpl* **von Bundeswehrangehörigen und Zivildienstleistenden** *journey home for army privates of the Bundeswehr or people carrying out community service in lieu of compulsory military service*
Familienzimmer *n* family room
Fanreise *f* supporter journey
Farmhaus *n* farmhouse
Fassungsvermögen *n* capacity
Fastfood *n* fast food
faszinierend *adj* fascinating, gorgeous
Faulenzerei *f* idleness
Fauna *f* fauna
Faustregel *f* rule of the thumb
Faxumfrage *f* fax polling
Fehlanschlussverbindung *f* wrong connection
Fehlermeldung *f* error message
Feiertag *m* holiday, public holiday
feindliche Übernahme *f* hostile takeover, unfriendly acquisition
Feldforschung *f* field exploration, field research
fensterln *v (Aut) formerly an alpine custom of climbing in through a window to visit*

one's sweetheart; today a popular attraction for tourists

Fenstersitz *m* window seat, seat by the window

Ferien *pl (AE)* vacation, *(BE)* holidays, *(BE)* holiday

Ferien *pl* **auf dem Bauernhof** *(BE)* farmhouse holidays, farm holidays, *(AE)* farm vacations

Ferien *pl* **mal anders** *(BE)* holidays with a difference, *(AE)* vacations with a difference

Ferienanlage *f* holiday camp, holiday resort

Ferienarbeit *f (BE)* holiday work, holiday job, *(AE)* vacation work, vacation job

Ferienautovermittler *m* holiday car agent

Feriencamping *n* holiday camping

Ferienclub *m* holiday club

Feriendorf *n* holiday village

Ferienflug *m* **mit Scheinvoucher** *(obs)* camping flight

Ferienfluggesellschaft *f* charter airline, holiday airline

Ferienflugtouristik *f* holiday air travel

Feriengebiet *n* tourist region, holiday region

Feriengestaltung *f* holiday arrangement, holiday organization

Ferienglück *n* holiday happiness, holiday bliss

Ferienhaus *n* holiday house

Ferienheim *n* holiday home

Ferienimmobilie *f* holiday property, holiday real estate

Ferienjob *m* vacation job

Ferienkolonie *f* holiday colony

Ferien-Kompaktschutz *m* complete cover holiday insurance *(special holiday insurance policies covering the obvious problems, such as a stolen wallet or purse, an accident or an illness; they also provide compensation for delays and cancellation, for damaged or lost luggage, and even a telephone help line for emergencies)*

Ferienkorridor *m* vacation corridor *(holiday season according to the school holiday schedules of the Bundesländer)*

Ferienkurs *m* holiday classes, summer school classes, vacation course

Ferienlager *n* holiday camp, touring camp

Ferienland *n* tourist region

Ferienort *m* holiday resort, holiday destination

Ferienparadies *n* tourist paradise, holiday paradise

Ferienpark *m* holiday park

Ferienranch *f* holiday ranch, dude ranch

Ferienschule *f* holiday classes, summer school

Ferienstimmung *f* holiday feeling

Ferienstraße *f* tourist road, scenic route

Ferientermine *mpl* holiday dates

Ferienverkehr *m* holiday traffic

Ferienwohnung *f (Abk.: Fewo)* holiday flat, apartment, vacation apartment

Ferienzeit *f (BE)* holiday time, *(AE)* vacation time

Ferienzentrum *n* holiday centre

Ferienzielreise *f* bus holiday destination trip, bus holiday destination travel, journey to a holiday destination

Ferienzielverkehr *m* **Bus** bus holiday destination traffic

Fernanwesenheit *f* virtual presence, virtual relationship, virtual proximity, distance learning

Fernbahnhof *m* long-distance bus or train station

Fernbusverbindung *f* long-distance bus connection

Ferner Osten *m* Far East

Fernflug *m* long-distance flight, long-haul flight

Fernlehrangebot *n* **im Tourismus** correspondence course in tourism

Fernreise *f* long-distance tour, long-haul tour, long-distance journey, overseas travel

Fernreisebus *m (AE)* long-distance tour bus, *(BE)* long-distance touring coach

Fernreisezug *m* long-distance train

Fernschulungsprogramm *n (BE)* distance training programme, *(AE)* distance training program

Fernsehraum *m* TV room, television room, TV lounge

Fernsprechkonferenz *f* teleconference, audio conference

Fernstrecke *f* long-distance route, long-haul route

Fernstudium *n* distance studies, correspondence studies, distance learning

Fernverkehrsanbindung *f* long-distance connection, long-haul connection

Fernwanderweg *m* long distance walking trail
Fernweh *n* wanderlust
Fernzugverbindung *f* long-distance train connection
festgelegte Streckenführung *f* fixed route, fixed routing
Festlandreise *f* continental tour, mainland tour
Festmahl *n* feast, banquet
Festoption *f* firm option, fixed option
Festpreis *m* fixed-price
Festpreisangebot *n* fixed-price offer
Festspielgesellschaft *f* festival (performance) society
Festspielort *m* festival location, festival town
Festspielreise *f* festival tour, tour to a festival
Feuerschiff *n* lightship, lightvessel
Fiaker *m (Aut)* 1. driver, coachman as a local guide *(Kutscher, Fremdenführer)*; 2. cab *(Kutsche)*; 3. *strong mocha served with cherry liquor, which takes its name from the famous Viennese horse-drawn carriages; coachmen like to drink this speciality to warm themselves up between two rides*
fiktiver Umkehrpunkt *m* **Flugtarifberechnung** fictitious point of turnaround, fictitious turnaround point
Filiale *f* branch, chain store, suboffice
Filialunternehmen *n* subsidiary, chain store company
Filmmaterial *n* footage
Filmtourismus *m* film orientated tourism, movie oriented tourism, set jetting
Finanzbuchhaltung *f* financial accounting, administrative accounting
Finanzdienstleister *m* financial service provider
finanzielle Garantien *fpl* financial guarantees
finanzielle Verbindlichkeiten *fpl* financial liabilities
finanzielle Vermögenswerte *mpl* financial assets
Finanzinvestor *m* finance investor, financial investor
Finanztransaktion *f* financial transaction
fingierte Rechnung *f* fictitious invoice
Firmenabonnement *n (AE)* corporate subscription, *(BE)* company subscription
Firmenausweis *m* company card, corporate identification card
Firmendaten *npl* company profile, company data
Firmendienst *m (AE)* corporate service, *(BE)* company service, business travel
firmeneigene Vertragsrate *f* company contract rate
Firmenförderprogramm *n* company promotion program, corporate program
firmenintern *adj* in-house, in-company
Firmenkreditkarte *f* corporate card, corporate credit card, company credit card
Firmenkundschaft *f* corporate customers, business customers
Firmen-Nettorate *f* corporate net rate *(Abk.: CNR)*; corporate net fare
Firmenreisestelle *f (AE)* corporate travel agency, *(BE)* company travel agency, company travel department, implant
Firmenwagen *m* company car
Firmenzeichen *n* logo, trade sign
Fitnessraum *m* fitness room, exercise room
fixe Kosten *pl* fixed costs
Fjord *m* fjord
flächendeckend *adj* covering the needs
Flächentarifvertrag *m* general collective labour agreement
Flagge *f* flag
Flaggenwesen *n* **in der Seeschifffahrt** flag-signal system of maritime navigation, ensigns of maritime navigation
Flaggschiff *n* flagship, admiral's ship
flanieren *v* stroll, go window-shopping
Flaute *f* lull, period of slackness *(mangelnde Nachfrage)*
Fleiperverkehr *m form of combined rail and air transport*
Flexibilisierung *f* **des Arbeitsmarktes** deregulation of labour markets, flexibility of labour markets
Fliegen *n* **ohne Ticket** ticketless flight, e-ticket flight
Fliegen *n* **und Fahren** *n* fly and drive
fliegendes Personal *n* crew, cockpit crew
Flitterwochen *fpl* honeymoon
Flora *f* flora
Floß *n* raft
Floßfahrt *f* rafting trip, rafting tour
Flotte *f* fleet
Flottenmarkt *m* fleet market

Flug *m* flight • **klug zum Flug** wise to flight, clever to flight
Flugabfertigungsstelle *f* air terminal
Flugangst *f* fear of flying, aviophobia
Fluganzeigetafel *f* flight information board
Flugart *f* type of flight, way of flying
Flugartengliederung *f* classification of flights
Flugaufruf *m* boarding announcement
Flugaufzeichnungsgerät *n* black box flight-recorder
Flugausfall *m* flight cancellation
Flugauslastung *f* aircraft load factor
Flugbahnhof *m* terminal building
flugbegeistert sein *v* be an enthusiastic flyer
Flugbegleiter *m* cabin attendant, flight attendant, steward
Flugbegleiterin *f* cabin attendant, flight attendant, stewardess, air hostess
Flugbegleitervereinigung *f* flight attendant association
Flugbegleitpersonal *n* cabin crew
Flugbenzin *n* aviation fuel, jet fuel
Flugbesatzung *f* flight crew, cabin crew
Flugbesprechung *f* flight briefing
Flugbetrieb *m* air traffic
Flugbetriebserlaubnis *f* Air Operator Certificate *(Abk.: AOC)*
Flugbewegung *f* air traffic
Flugblatt *n* flyer, leaflet
Flugcoupon *m* air ticket coupon, flight coupon
Flugdaten *npl* flight data
Flugdatenschreiber *m* flight data recorder, black box flight recorder
Flugdauer *f* flight time
Flugdienstberater(in) *m(f)* flight dispatcher
Flugdisposition *f* flight forward planning
Flugeinzelplatzverkauf *m* single flight ticket sale, individual seat sale
Flügelzug *m* wing profile train
Flugerfahrung *f* flying experience
Flugfeld *n* airfield
Fluggast *m* air passenger, airline passenger
Fluggastabfertigung *f* passenger check-in, passenger processing, passenger handling
Fluggastbrücke *f* gangway, air bridge, jetway
Fluggastrecht *n* air passenger regulation, Passengers Rights
Fluggastrisiko *n* air passenger risk
Fluggasttreppe *f* passenger stairway
Fluggebiet *n* flight area
Fluggepäck *n* flight baggage
Fluggesellschaft *f* airline, *(BE)* airline company
Flughafen *m* airport
Flughafenausbau *m* airport development, airport extension
Flughafenbahnhof *m* airport railway station
Flughafenbehörde *f* airport authority
Flughafenbetreiber *m* airport operator
Flughafenbus *m* airport bus
Flughafengebühr *f* airport charge, airport tax
Flughafenpersonal *n* airport personnel, airport staff
Flughafenschlüssel *m* airport coding
Flughafenservicegebühr *f* airport service charge *(Abk.: ASC)*
Flughafensteuer *f* airport tax
Flughafenterminal *n* airport terminal
Flughafentransfer *m* airport transfer, transport to the airport, transport from the airport
Flughafenverband *m* airport association, association of airports
Flughafen-Zubringerservice *m* airport shuttle service
Flughöhe *f* flight altitude
Fluginformation *f* flight information
Flugkalkulationssystem *n* flight pricing system
Flugkarte *f* airline ticket, air ticket
Flugkette *f* weekly rotation of charter flights, series of charter flights
Flugkomfort *m* in-flight amenities
Flugkorridor *m* air lane
Fluglärm *m* aircraft noise
Flugleitstelle *f* flight control station, air traffic control station
Flugleitsystem *n* flight control system
Fluglinie *f* 1. airway, air route; 2. airline
Fluglinienverkehr *m* scheduled flight airline traffic, scheduled flight traffic
Flugloch *n* flight hole
Fluglotse *m* air traffic controller
Flugmeile *f* air mile
Flugnummer *f* flight number
Flugpersonal *n* crew, flight personnel

Flugplan *m* flight schedule, timetable, flight plan
Flugplanänderung *f* change of flight schedule, schedule change
Flugplanperiode *f* flight schedule period, scheduling period
Flugplatzangebot *n* flight seat availability, flight seat offer
Flugplatzverfügbarkeit *f* flight seat availability
Flugpost *f* air mail
Flugpostmarke *f* airmail stamp
Flugpreis *m* air fare
Flugpreisberechnung *f* air fare calculation, air fare computation
Flugreise *f* flight, air travel, air trip
Flugreiseart *f* type of air travel, type of flight
Flugreisetauglichkeit *f* fitness to fly
Flugroute *f* air route, flight path
Flugrundreise *f* cruising flight, air round trip, circle trip
Flugschein *m* airline ticket, air ticket, plane ticket *(Flugkarte)*; pilot's licence • **einen Flugschein hinterlegen** deposit an air ticket
Flugschein *m* **ohne Reservierung** open airline ticket
Flugscheinausstellung *f* issue of airline ticket, issue of flight ticket
Flugscheinhinterlegung *f* ticket on departure *(Abk.: TOD)*
Flugscheinkauf *m* airline ticket purchase
Flugscheinverkauf *m* airline ticket sale, airline ticket sales
Flugschreiber *m* flight recorder, black box
Flugsegment *n* flight segment
Flugsicherheit *f* flight safety, air safety
Flugsicherheitsgebühr *f* air security fee, air travel security charge
Flugsicherung *f* air traffic control
Flugsondertarif *m* special air tariff
Flugsteig *m* gate
Flugsteigausgang *m* departure gate
Flugstrecke *f* flying distance; flight route, air route
Flugstreckenrecht *n* air traffic regulation, slot
Flugstunde *f* flying hour
Flugsyndrom *n* economy-class syndrome *(risk of suffering from deep vein thrombosis with ensuing pulmonary embolism during or after a long-distance aeroplane flight, especially among female passengers)*
Flugtaxi *n* air taxi
Flugüberwachung *f* air traffic control; flight supervision *(an Bord)*
Flugunfall *m* aircraft accident
Flugunterbrechung *f* stop; stopover *(mit Übernachtung)*
Flugunterbrechungsbescheinigung *f* flight interruption manifest
Flugverkehr *m* air traffic
Flugverspätung *f* flight delay
Flugwesen *n* aviation
Flugwetter *n* flying weather
Flugzeit *f* flying time, flight time
Flugzeugbauer *m* aircraft manufacturer
Flugzeugbesatzung *f* air crew, plane crew
Flugzeugdesign *n* design of aircraft
Flugzeugkabine *f* aircraft cabin
Flugzeuglärmbekämpfung *f* aircraft noise abatement
Flugzulassung *f* flight approval
Fluktuation *f* fluctuation
Flusskreuzfahrt *f* river cruise
Flusskreuzfahrtenreederei *f* river cruise shipping company
Flusstourismus *m* river tourism
Flüsterjet *m* low noise aircraft, whisperjet
Föhn *m* foehn wind
Förde *f* fjord
Förderer *m* sponsor
Forschungsprojekt *n* research project
Fortbildung *f* further education
Fortbildungsangebot *n* **im Tourismus** educational course in tourism, training opportunity in tourism
Fortbildungsstätte *f* institute of further education, education institute
Forum *n* forum
fotogene Körperlichkeit *f* photogenic physicalness
Frachtschiffsreise *f* cargo ship voyage, travel on cargoship
Fragebogen *m* questionnaire
Franchise *n* franchise
Franchisegeber *m* franchiser, franchise-giver, franchising company
Franchisenehmer *m* franchisee, franchised company
Franchisevertrag *m* franchise contract, franchise agreement
Frankfurter Tabelle *f* Frankfurt District

Court table of typical liabilities and compensations for travel customers
Fränkische Schweiz *f* natural park in Franconia, scenic hilly area in Franconia
Französischer Reisebüro- und Veranstalterverband *m* French Association of Travel Agencies and Operators
Französischer Service *m* French service, service à la française
Frauenhotel *n* women's hotel, hotel for women only
Frauen-Reisebörse *f* women's travel exchange
freie Mitarbeiterin *f* freelancer
freie Sitzplatzwahl *f* open seating, free seating
freier Mitarbeiter *m* freelancer
freies Reisebüro *n* independent travel agency
Freigast *m* non-paying guest
Freigepäck *n (AE)* baggage allowance, *(AE)* allowed baggage, *(BE)* luggage allowance, *(BE)* allowed luggage, free luggage
Freigepäckgrenze *f (AE)* free baggage allowance, *(BE)* free luggage allowance
Freigrenze *f* exemption limit
Freihafen *m* free port
Freihandelsgemeinschaft *f* free trade community, free trade association
Freihandelszone *f* free trade area, free zone
Freiheiten *fpl* **der Luft** freedoms of the air *(basic air traffic rights)*
Freiheiten *fpl* **der Meere** freedoms of the seas *(basic sea-going rights)*
Freilichtmuseum *n* open-air museum
Freischreiberklärung *f* waiver of liability, flight document replacement form
Freisprecheinrichtung *f* hands-free equipment
Freistellungsverordnung *f* exemption regulation, exemption directive, German federal regulation which allows for certain exemptions from the German public transport law
freiwillige Flugunterbrechung *f* voluntary stop, voluntary stop-over
freiwillige Umbuchung wegen Überbuchung *f* voluntary bumping
freiwilliges Arbeiten *n* **im Urlaub** voluntourism
Freizeichnung *f* restriction of liability
Freizeitberater(in) *m(f)* leisure consultant
Freizeitbetreuer *m* leisure attendant
Freizeiteinrichtung *f* leisure facility
Freizeitindustrie *f* leisure industry
freizeitorientierter Tourismus *m (BE)* leisure orientated tourism, *(AE)* leisure oriented tourism
Freizeitpädagogik *f* leisure-time management
Freizeitpark *m* leisure park, amusement park, theme park
Freizeittourist *m* leisure tourist, *(AE)* leisure traveler, *(BE)* leisure traveller
Fremdenführer *m* tourist guide, local guide, cicerone, guide *(Person)*; guidebook, guide *(Buch)*
Fremdenheim *n (AE)* tourist home, *(AE)* bed-and-board house, *(AE)* rooming house, *(AE)* boardinghouse, *(BE)* boarding-house
Fremdenverkehr *m* tourism; tourist traffic *(Reiseverkehr)*
Fremdenverkehrsabgabe *f* tourist tax, tourist fee
Fremdenverkehrsamt *n* tourist office, tourist information
Fremdenverkehrsgebiet *n* tourism area, tourist area *(klein)*; tourism region, tourist region *(groß)*
Fremdenverkehrsorganisation *f* tourism organization
Fremdenverkehrsstelle *f* tourist office
Fremdenverkehrsverband *m* regional tourist board *(staatlich)*; touristic association, tourism association *(privat)*
Fremdfinanzierung *f* outside financing, financing with outside capital, debt financing
Fremdkapital *n* loan capital, borrowed capital, outside capital
Fremdleistung *f* outside service, external service
Fremdreisebüro *n* external travel agency, independent travel agency
Fremdvertrieb *m* outside distribution, secondary distribution, third party sales
Frequenz *f* frequency
Frequenz- und Kapazitätsabbau *m* reduction in frequency and capacity
Freunderl-Wirtschaft *f (Aut)* nepotism *(Günstlings- oder Vetternwirtschaft)*
Frist *f* period, term, time limit
Fristablauf *m* deadline, expiry date
Fristsetzung *f* setting of deadline

Fristverlängerung *f* extension of deadline, prolongation of deadline
Frühbucher *m* early booker, early bird
Frühbucherrabatt *m* early-booking discount, early bird discount
Frühbuchung *f* early booking
Frühstück *n* breakfast
Frühstücksbuffet *n* breakfast buffet
Frühstücksraum *m* breakfast room
Frühwarnsystem *n* early warning system
frühzeitiges Buchen *n* first-minute booking, early booking
Führerschein *m* driving license, driving permit
Führerscheinentzug *m* confiscation on one's driving license; driving ban
Fuhrpark *m* fleet, car pool, fleet of vehicles
Fuhrparkmanagement *n* fleet management
Führungskraft *f* manager
Führungskräfte *fpl* senior management, senior executives
Führungskräfteentwicklung *f* development of senior management, leadership development
Führungsnachwuchs *m* junior management, future leaders
Führungspersönlichkeit *f* management personality
Führungsstil *m* management style
Fundbüro *n* lost property office, *(AE)* lost and found (office)
Fünfte Jahreszeit *f* carnival season
Funkmikrofonanlage *f* radio microphone installation, wireless microphone system
Fürsorgepflicht *f* duty of care, fiduciary duty
Fusion *f* merger; fusion
Fusion *f* **unter Gleichberechtigten** merger among equals
Fusionen *fpl* **und Akquisitionen** *fpl* **[Übernahmen** *fpl***]** M&A-mergers and acquisitions
Fußball-Weltmeisterschaft *f* soccer world cup
Fußbodenmosaik *n* floor mosaic
Fußgängerzone *f* pedestrian area, pedestrian zone
Fußstütze *f* foot rest

G

G20-Gruppe *f (Abk.: G20)* Group of Twenty *(Industrieländer plus Schwellenländer)*
G7-Gruppe *f* **plus Russland** *(Abk.: G8)* Group of Eight
Gabelflug *m* open jaw flight
Gabelfrühstück *n (Aut)* lunch(eon), second breakfast *(Zwischenmahlzeit am Vormittag)*
Galavorstellung *f* gala performance
Gang *m* corridor, aisle *(Korridor)*; course *(Essen)*
Gangplatz *m* aisle seat
ganzheitlich *adj* integral, all-inclusive
Ganzjahresdestination *f* all-year-round--destination
Ganzjahreskatalog *m* year-round catalogue
Ganzjahresziel *n* year-round destination
Garage *f* garage parking
Garantiefonds *m (BE)* bonding scheme, guarantee fund
garantierter Mindestlohn *m* guaranteed minimum wage
Garantievertrag *m* guarantee contract, guarantee agreement
Gartenschau *f* garden show, horticultural show
Gast *m* customer, holidaymaker, hotel guest
Gastarbeitercharter *m* foreign worker charter, guest-worker charter
Gastarbeiterermäßigung *f* foreign worker discount
Gastaufnahmevertrag *m* guest reception contract, hotel registration contract, lodging agreement
Gastdozent *m* guest lecturer
Gästeankünfte *fpl* guest arrivals, arrivals of guests, guests' arrivals, tourist arrivals, visitor arrivals
Gästebefragung *f* guest survey, survey among the guests, guest interview
Gästebetreuer *m* guest attendant, host
Gästebetreuung *f* customer assistance
Gästebewertung *f* guest evaluation
Gästebuch *n* visitors' book, guestbook
Gästefragebogen *m* guest questionnaire
Gästeführer *m* tourist guide, certified tour guide
Gästehaus *n (AE)* guesthouse, *(BE)* guest--house, dependance

Gästeinformation *f* guest information, visitor information
Gästekreis *m* circle of guests
Gästeschwund *m* loss of guests
Gästezimmer *n (AE)* guestroom, *(BE)* guest-room
Gastfreundschaft *f* hospitality
Gastgewerbe *n* hospitality industry, hotel and catering industry
Gasthaus *n (AE)* bar, *(BE)* public house, *(BE)* pub
Gasthof *m* inn, guest house
Gastlichkeit *f* hospitality
Gastronomie *f* gastronomy, *(AE)* food-service, *(BE)* catering trade; Where to eat *(als Überschrift in Reiseführern)*; catering
Gastronomiegewerbe *n (AE)* foodservice trade, *(BE)* catering trade
gastronomische Einrichtung *f (AE)* foodservice facility, *(BE)* catering facility
Gastschulaufenthalt *m* temporary stay at school abroad
Gastspielreise *f* starring tour *(Tournee)*
Gastvorlesung *f* guest lecture
Gastwirt *m (BE)* landlord, innkeeper, *(AE)* saloon-keeper
Gastwirtshaftung *f* landlord's liability, innkeeper's liability
Gaumenfreude *f* delicacy
geben *v*/**einen Koffer in Verwahrung** deposit a suitcase at the baggage room
Gebietsgemeinschaft *f* regional board, regional cooperation
Gebirge mountains, mountain range
Gebirgsbahn *f (AE)* mountain railroad, *(BE)* mountain railway
Gebirgszug *m* mountain range
Gebühr *f* charge; fee, toll
gebührenfreies Telefonieren *n* toll-free call
gebührenpflichtige Straße *f (AE)* turnpike road, *(BE)* toll road
gebundener Vertrieb *m* group chain distribution, group sales *(Konzernvertrieb)*
gebundener Vertriebspartner *m* group sales partner, group distributor
gebürtig *adj* native
geeignet *adj* suitable
Gefährdungshaftung *f* absolute liability
Gefahrenlage *f* hazardous situation
gefährlicher Gegenstand *m* hazardous object, hazardous item
geführte Stadtrundfahrt *f* guided sightseeing-tour
geführte Tour *f* guided tour
Gegenwert *m* equivalent
Gegenwind *m* headwind
Gehaltsabrechnung *f* salary accounting, payroll
Gehaltsbuchhaltung *f* salary accounting, salaries bookkeeping
geheime Verführer *mpl* hidden persuaders
geheimer Vorbehalt *m* mental reservation
Geheimhaltung *f* secrecy
Geheimtipp *m* hidden hint, hot tip, insider's tip
Gehentfernung *f* walking distance
Gehminuten *fpl* minutes to walk
gehobenes Hotel *n* upscale hotel
Gelände *n (Grund)* premises, area, terrain
Gelassenheit *f* calmness, composure
Gelbes Lager *n* yellow corner *(recent development of the concentration and reorganisation process in the German holiday industry, in which the "red camp" is formed by Hapag Lloyd, First Choice Holidays plc and the TUI Group and the "yellow camp" by the former Karstadt--Quelle group, Condor and Thomas Cook)*
Gelbfieber *n* yellow fever
Geldabwertung *f* currency devaluation
Geldautomat *m* automatic teller machine *(Abk.: ATM)*; cash dispenser, cashpoint
Geldentwertung *f* inflation, currency depreciation
Geldkarte *f* money card
Geldmarkt *m* money market
Geldpolitik *f* monetary policy
Geldverdiener *m* money earner, breadwinner, moneymaker
Geldwechsel *m* exchange, money exchange
geldwerter Vorteil *m* perk, non-cash benefit, payment in kind
Geldwertstabilität *f* monetary stability, stability of a currency, money value stability
Geldzurückgarantie *f (Abk.: GZG)* money back guarantee
Gelegenheitsreiseveranstalter *m* occasional tour organizer, occasional tour operator
Gelegenheitsverkehr *m* occasional traffic
Gelenkbus *m* articulated bus
gelingen *v* succeed

Geltungsbereich *m* area of validity *(Fahrkarte)*; purview, scope *(Gesetz)*
Gemeinde *f* community *(Internet)*
Gemeinkosten *pl* overheads
Gemeinsamer Markt *m* Common Market
Gemeinschaft *f* community *(Internet)*
Gemeinschaft *f* **Autofreier Schweizer Tourismusorte** *(Abk.: GAST)* community of car-free Swiss tourist villages *(u. a. Zermatt und Saas Fee)*
Gemeinschaftsflug *m* code sharing flight, code share flight
Gemeinschaftslizenz *f* joint license, shared license
Gemeinschaftsprodukt *n* product realised in cooperation, joint product
Gemeinschaftstaxi *n* shared taxi
Gemeinschaftsunterkunft *f* shared lodging, shared accommodation, *(BE)* communal lodging, communal accommodation
Gemeinschaftsunternehmen *n* joint venture
Gemeinschaftswerbung *f* joint advertising, association advertising
gemischte Wirtschaft *f* mixed economy
Genehmigung *f* licence, authorization; permission
Genehmigungscode *m* approval code, authorization code
Genehmigungsverfahren *n* approval procedure, authorization process, licensing procedure
Generaldirektor *m* **im Hotelbereich** hotel general manager
Generalist *m* generalist
Generalkonsulat *n* consulate general
Generalvertretung *f* general agency, sole agency, exclusive agency
Generationenvertrag *m* generation compact, contract between generations, intergeneration pact
Generationswechsel *m* generation change
Genossenschaft *f* cooperative, cooperative society
genussvoll *adj* appreciative
Geografie *f* geography
geografische Lage *f* geographical location, geographical position, geographical situation
Gepäck *n (BE)* luggage, *(AE)* baggage
Gepäckabfertigung *f (BE)* luggage counter; *(AE)* baggage handling
Gepäckanhänger *m* luggage tag
Gepäckaufbewahrung *f (BE)* luggage storage; *(BE)* left-luggage office, *(AE)* baggage checkroom
Gepäckaufkleber *m (BE)* luggage label, *(AE)* baggage label
Gepäckausgabe *f (BE)* luggage reclaim, *(AE)* baggage reclaim, baggage claim, baggage claim area
Gepäckbeförderung *f (BE)* luggage transportation, *(AE)* baggage transportation
Gepäckförderband *n (BE)* luggage conveyor belt, *(AE)* baggage conveyor belt, carousel
Gepäckidentifizierung *f (BE)* luggage-ID, luggage-identification, *(AE)* baggage-ID, *(AE)* baggage-identification
Gepäckmarke *f (AE)* baggage tag, *(BE)* luggage tag
Gepäcknetz *n (BE)* luggage rack, *(AE)* baggage rack
Gepäckpool *m (AE)* baggage checking procedure for groups
Gepäckraum *m (BE)* luggage room, *(AE)* baggage compartment
Gepäckschalter *m (AE)* baggage counter, *(AE)* baggage desk, *(BE)* left-luggage counter, *(BE)* luggage counter
Gepäckschein *m (BE)* luggage tag, *(AE)* baggage tag, baggage voucher
Gepäckschließfach *n (AE)* baggage locker, *(BE)* luggage locker
Gepäcksuchsystem *n (BE)* luggage search system, baggage tracing system
Gepäckträger *m (BE)* porter, *(AE)* baggage handler
Gepäckwagen *m (BE)* luggage cart, *(BE)* luggage car, *(AE)* baggage car, *(AE)* trolley
Gepflogenheit *f* habit, custom, practice
Geradlinigkeit *f* straightness
gerechte Verteilung *f* equitable distribution
Gerichtsstand *m* jurisdiction, place of jurisdiction, competency of court
Gerichtsurteil *n* (court) judgement
geringfügige Beschäftigung *f* minor occupation, short-time employment
Gerüchteküche *f* rumour-mongers, *(AE)* rumor-mongers, gossip factory
Gesamtausgaben *fpl* total costs
Gesamterlös *m* total revenue, total proceeds

Gesamtheit *f* **von Reiseleistungen** total travel services, travel services as a whole
Gesamtkapazität *f* total capacity
Gesamtkapitalrentabilität *f* return on investment
Gesamtkonzept *n* overall concept, master plan
Gesamtreiseausgaben *fpl* total travel expenses
Gesamtumsatz *m* total turnover
Geschäftigkeit *f* business operations *pl*
Geschäftsbedingungen *fpl* business terms and conditions
Geschäftsbereich *m* business sector, division
Geschäftsbesorgungsvertrag *m* business management contract, contract for services, agency agreement
Geschäftsessen *n* business lunch
Geschäftsfeld *n* business segment, business field
Geschäftsflieger *m* business jet, business aircraft
Geschäftsführer(in) *m(f) (Abk.: GF)* managing director
Geschäftsführung *f* management, executives
Geschäftsgeheimnis *n* business secret, trade secret
Geschäftsjahr *n* business year, fiscal year, financial year
Geschäftsmodell *n* business model
Geschäftsordnung *f* business procedure, company by-laws, rules of procedure
Geschäftsplattform *f* business platform
Geschäftsreise *f* business trip, business travel(ling)
Geschäftsreiseanalyse *f* business travel report, business travel analysis
Geschäftsreiseanbieter *m* business travel agency
Geschäftsreisebüro *n* business travel agency
Geschäftsreiseflugzeug *n* business aircraft, plane for business travel, business jet
Geschäftsreisekosten *pl* business travel expenses, travel expenses during business trips
Geschäftsreisemanagement *n* business travel management
Geschäftsreisende *f* travelling saleswoman, business traveller
Geschäftsreisende *m* travelling salesman, business traveller
Geschäftsreiseplanung *f* business travel planning
Geschäftsreisepodcast *m* business travel podcast
Geschäftsreiseprozess *m* business travel process, business travel analysis
Geschäftsreiseverband *m* business travel association
Geschäftsstelle *f* office, branch office, agency, secretariat
Geschäftsstrategie *f* business strategy
Geschäftstätigkeit *f* business activities
Geschäftstourismus *m* business tourism
Geschäftstüchtigkeit *f* business acumen, salesmanship
Geschäftsverteilungsplan *m* schedule of responsibilities, distribution-of-business plan
Geschäftsviertel *n* business district
Geschäftsvisum *n* business visa
Geschäftswagen *m* company car
Geschäftswagenordnung *f* company car regulations
Geschäftswelt *f* business community *(die Geschäftsleute)*
Geschäftszentrum *n* business centre
gescheit *adj* clever, skilfull
Geschenkgutschein *m* gift voucher
Geschenk-Gutschein *m* gift voucher *(Reise)*
Geschenkservice *m* gift service
geschützter Feiertag *m* official holiday
Geschwindigkeit *f* speed
Geschwindigkeitsbegrenzung *f* speed limit
Geschwister-Tarif *m* siblings-price
Gesellschaft *f* **des bürgerlichen Rechts** *(Abk.: GbR)* unlimited partnership under the German Civil Code, civil code company
Gesellschaft *f* **für Konsumforschung** *(Abk.: GfK)* Consumer Research Association, Association for market research
Gesellschaft *f* **für Nebenbetriebe der Bundesautobahnen** service-orientated corporation providing modern motorway services *(Autobahn Tank & Rast GmbH & Co. KG)*
Gesellschaft *f* **mit beschränkter Haftung** *(Abk.: GmbH)* limited liability company *(Abk.: Ltd.)*; private limited company

Gesellschafter(in) *m(f)* shareholder, partner
Gesellschafterversammlung *f* shareholders meeting
gesellschaftsorientierter Tourismus *m* socially orientated tourism, social tourism
Gesellschaftsraum *m* lounge, public room, function room
Gesellschaftsreise *f* group package tour, conducted tour, group voyage, party tour
Gesellschaftssteuer *f* company tax
Gesellschaftsvertrag *m* partnership agreement, company charter
Gesetz *n* **gegen unlauteren Wettbewerb** *(Abk.: UWG)* fair trade law, law against unfair competition
Gesetz *n* **gegen Wettbewerbsbeschränkungen** *(Abk.: GWB)* German Cartel Act
Gesetz *n* **zur Regelung des Rechts der Allgemeinen Geschäftsbedingungen** *(Abk.: AGBG)* Regulation Act for General Contract Terms Law *(§§ 305 ff. BGB)*
gesetzlich geschützt registered (as a trademark)
gesetzliche Bestimmung *f* legal regulation, provision of the law, legal requirement, legal provision
gesetzlicher Feiertag *m* legal holiday, *(BE)* public holiday, statutory holiday
Gesichtsbiometrie *f* face biometrics
Gesprächsbereitschaft *f* readiness to talk, willingness to negotiate
Gesprächskreis *m* **Tourismusindustrie** tourism industry discussion forum
Gesprächspartner *m* interlocutor, dialogue partner
Gesundheitsbestimmung *f* public health regulation
Gesundheitskontrolle *f* health monitoring
Gesundheitstourist *m* health tourist
Gesundheits- und Fitnesszentrum *n* *(AE)* health and fitness center, *(BE)* health and fitness centre
Gesundheitsurlaub *m* health holiday, health trip, health retreat
Gesundheitsvorsorge *f* **im Tourismus** health care in tourism
Gesundheitswelle *f* healthy-living trend, wellness wave, health spa wave
Gesundschrumpfen *n* shake-out
Getränke *npl* drinks, beverages
Gewährleistung *f* warranty, guarantee
Gewährsträgerhaftung *f* guarantor liability, guarantor's liability
Gewässer *n* water, body of water, rivers and lakes
Gewerbe betreiben *v/als* trade as
Gewerbeanmeldung *f* registration of business or trade
Gewerbeaufsicht *f* factory inspectorate, trade supervision
Gewerbefreiheit *f* freedom of trade
Gewerbeordnung *f (Abk.: GewO)* Commerce and Industry Regulation Act, trade law
Gewerbeschein *m* trade license, business license
Gewerbetreibende *m(f)* person engaged in a trade, businessman, tradesman
gewerblicher Flug *m* commercial flight
Gewerkschaft *f (AE)* labour union, *(BE)* trade union, union
Gewichtszuschlag *m* fat-tax
Gewinn *m* profit, gain
Gewinn *m* **vor Steuern** profit before taxation
Gewinnbeteiligung *f* profit sharing, bonus; dividends *(Dividende)*
gewinnorientiert *adj* profit-oriented
Gewinnreise *f* gambling voyage, jackpot voyage, free (cut-price) holiday (won in a contest)
Gewinnschwelle *f* break-even point
Gewinn- und Verlustrechnung *f (Abk.: GuV) (AE)* profit and loss statement, *(BE)* profit and loss account
Gewinnwarnung *f* profit warning
Gipfel *m* summit
Glasbodenboot *n* glass bottom boat
Gläubiger *m* creditor
Gläubigerschutz *m* protection of creditors
glaubwürdig *adj* trustworthy
Gleichbehandlung *f* equal treatment
gleichzeitig *adj* simultaneous, concurrent
Gleitflug *m* gliding flight
Gletscher *m* glacier, snow field
Gletscherlandschaft *f* glacier landscape, glacial landscape
Gletscherspalte *f* crevasse
Gletschertour *f* glacier tour
Gletscherwelt *f* glacier world
globale Märkte *mpl* global markets
globale Wirtschaftskrise *f* global economic crisis, economic crisis worldwide
globaler Tourismus *m* global tourism

Globales Luftverkehrsbündnis *n* global airline alliance
Globalisierung *f* globalisation
Globetrotter *m* globetrotter
Glosse *f* ironic comment
Glückskabinen *fpl* cruise cabins by availability
Glücksspielreise *f* gambling trip, jackpot voyage
Goldener Umkehrpunkt *m* ideal point of turnaround
Golfplatz *m* golf course
Golfreise *f* golf tour, golfing tour
Golfschläger *m* club, golf club
Golfspiel *n* golf
Golfstrom *m* Gulf stream
Gondel *f* gondola *(Boot)*; cable car
Gondelbahn *f* cable car
Gotik *f* Gothic; Gothic period
Gouvernante *f (Aut, dtCH)* governess, nurse *(Kindermädchen, Zimmermädchen)*
Grabungsstätte *f* excavation place, excavation ground
Gracht *f* canal, town canal
grafische Benutzeroberfläche *f* graphic user interface, graphic desktop
Grandhotel *n* grand hotel
Grassteppe *f* savanna(h)
gratis Shuttlebus *m* free shuttle bus
Gratisstorno *n* free cancellation
Gratisübernachtung *f* free accommodation, complimentary accommodation, *(AE)* free lodging
Grätzel *n (Aut)* residential quarter *(Wohnviertel, Wohnungsviertel, Wohnumfeld)*
Graumarkt *m* gray market, grey market
Graumarktticket *n* gray-market ticket, grey-market ticket
Grenzgänger *m* regular cross-border commuter *(in anderem Land arbeitend)*
Grenzkostenrechnung *f* marginal costing
Grenzpunkt *m* border-crossing point, border point
Grenzübergang *m* border crossing, frontier crossing
grenzüberschreitender Tourismus *m* cross-border tourism, international tourism
grenzüberschreitender Verkehr *m* cross-border traffic
Grenzwert *m* limit, setpoint value
grobe Fahrlässigkeit *f* gross negligence, wanton negligence
großartig *adj* spectacular, superb
Großereignis *n* major event
Großfluggesellschaft *f* mega-carrier, major airline
Großflugplatz *m* major air field, major airport
Großhandel *m* wholesale trade
Großkundenabonnement *n* key account subscription, major customer subscription
Großraumflugzeug *n* jumbo jet, wide-bodied aircraft, large-capacity aircraft
Großraumwagen *m* open-plan carriage, open car
Großrechner *m* mainframe computer
Großstadtdschungel *m* urban jungle
grüezi *(CH)* hello
Grundauslastung *f* basic occupancy
Grundausstattung *f* basic equipment
gründen *v*/**ein Unternehmen** start up a business
Gründerforum *n* **ITB** ITB Founders Forum
Grundkapital *n* equity capital
Grundlagenforschung *f* basic research
gründliche Überprüfung *f* overhaul
Grundpflichten *fpl* basic responsibilities, fundamental responsibilities
Grundpreis *m* basic price
Grundprovision *f* base commission
Grundstück *n* plot, estate, property
Gründung *f* **eines Unternehmens** business start-up
grüne Versicherungskarte *f* green insurance card, international vehicle insurance certificate, insurance green card
grüner Pfeil *m* green right-turn arrow *(Autoverkehr)*
Gruppenermäßigung *f* group discount
Gruppenfreistellung *f* block exemption, group exemption
Gruppenpauschalreise *f* group package tour
Gruppenpreis *m* group fare, group tariff, group rate
Gruppenreise *f* group tour, group travel, party tour, party travel
Gruppenreisedienst *m* group travel service
Gruppenversicherung *f* group insurance
Guckerschecken *fpl (Aut)* freckles *(Sommersprossen)*
Gültigkeit *f* **eines Flugscheins** validity of a flight ticket

günstigstes Angebot *n* most favourable offer
Gutachten *n* survey, appraisal
Gutachter *m* adjudicator, consultant *(Management)*
Gütegemeinschaft *f* **Buskomfort** *(Abk.: GBK) Association of German bus tour operators for classification of tour buses*
Gütesiegel *n* quality seal, stamp of quality
Guthabenkarte *f* prepaid card, prepaid account
Gutschein *m* voucher, coupon
Gutscheinsystem *n* voucher system
Gutscheinwert *m* coupon value
Gutschrift *f* credit note *(Betrag)*; credit (item)

H

Haager Protokoll *n* Hague protocol
Haartrockner *m* blow dryer, hair dryer
Hafen *m* port, *(BE)* harbour, *(AE)* harbor
Hafenabgabe *f* harbour dues, port dues
Hafenagent *m* harbour agent, port agent
Hafenbahnhof *m* harbour station, port station, maritime station
Hafengebühr *f* harbour charge, port charge
Hafengeld *n* groundage, *(AE)* harbor dues, *(BE)* harbour dues
Hafenkapitän *m (AE)* harbor master, *(BE)* harbour master, port captain
Hafenpromenade *f* harbour promenade
Hafenrundfahrt *f* harbour sightseeing tour
Haff *n* lagoon, haff
Haftpflichtdeckungssumme *f*/**Erhöhung der** extended protection *(Abk.: EP; Mietwagen)*
Haftpflichtversicherung *f* liability insurance, third party liability insurance
Haftpflichtzusatzversicherung *f* **Mietwagen** additional liability insurance *(Abk.: ALI)*
Haftung *f* liability
Haftung *f* **bei Pauschalreisen** package-tour liability, all-inclusive-tour liability
Haftung *f* **bei Schiffspassagen** sea passage liability
Haftungsanspruch *m* liability claim
Haftungsausschluss *m* liability exclusion
Haftungsbefreiung *f* **Mietwagen** collision damage waiver *(Abk.: CDW)*
Haftungsbeschränkung *f* limitation of liability
Haftungserklärung *f* liability policy, declaration of liability
Haftungsfreistellung *f* release from liability
Haftungsfreizeichnung *f* liability waiver
Haftungsgarantie *f* liability guarantee
Haftungsgrenze *f* limit of liability
Haftungsrecht *n* liability law
Haftungsübernahme *f* assumption of liability
Halbpension *f* half board, *(AE)* half pension
Halbtax *n (CH)* half-fare
Hallenbad *n* indoor (swimming) pool
Hallenbetriebe *mpl* covered court facilities, indoor sports facilities
Hallig *f* small island off the west coast of Schleswig-Holstein
Haltebucht *f* lay-by, bus lane
Haltestelle *f* stop, halt
Handbuch *n* **der Luftverkehrsgesellschaften** manual of airlines
Handel *m* trade, commerce, market
Handelsbilanz *f* balance of trade
Handelsgastronomie *f (AE)* restaurants in shopping malls, *(BE)* restaurants in shopping centres
Handelsgesetzbuch *n (Abk.: HGB)* code of commercial law
Handelsherr *m* principal, business magnate
Handelsmakler *m* broker
Handelsmarke *f* trademark, trade mark, brand
Handelsregister *n* trade register, register of companies
Handelsvertreter *m* agent, commercial agent, solicitor
Handelsvertretervertrag *m* commercial agent contract, commercial agency agreement
Handgepäck *n (BE)* hand luggage, *(AE)* hand baggage, carry-on luggage
handgeschriebene Unterschrift *f* handwritten signature
Handhabbarkeit *f* manageability
Handhabung *f* management
Händlerstatus *m* retailer status
Handlungsbedarf *m* need for action
Handlungsspielraum *m* action scope

Handlungsvollmacht *f* authority to act, authority to sign
Handmikrofon *n* hand microphone
Handtuch *n* towel
Handy *n* mobile phone, cell
Handy-Ortung *f* mobile phone tracking
Handy-Tracking *n* mobile phone tracking
Handzettel *m* flyer
Hangar *m* hangar
Hängebrücke *f* suspension bridge
Hängematte *f* hammock
Hanse *f* Hanseatic league, Hansa, Hanse
Hansestadt *f* Hansa town, Hanseatic town, Hanse town
Harmonisierung *f* harmonization *(Steuern)*; coordination
Härtetest *m* endurance test
Häufigreisende *m(f)* frequent traveller, repeater
Hauptbahnhof *m (Abk.: Hbf)* main station, central station
Hauptcomputer *m* host, master computer
Haupterwerbsreisebüro *n* primary-business travel agency
Hauptkunde *m* principle customer, key account
Hauptland *n* mainland, principal country
Hauptleistung *f* main service, principal service
Hauptlieferant *m* prime contractor, main supplier
Hauptreisezeit *f* peak travel season, high travel season
Hauptsaison *f* peak season, high season
Hauptschlüssel *m* passkey, master key, master
Hauptschuldner *m* main debtor
Haupturlaub *m (BE)* head holiday, *(AE)* head vacation
Haupturlaubsreise *f (AE)* main vacation, *(AE)* principal vacation, *(BE)* main holiday, *(BE)* principal holiday
Hauptveranstalter *m* major tour operator
Hauptversammlung *f* general meeting
Haus *n* **des Gastes** main spa building, *(AE)* guest center, *(AE)* tourist center, *(BE)* guest centre, *(BE)* tourist centre
Hausbar *f* residents' bar, bar, cocktail cabinet
Hausboot *n* houseboat
Hausdame *f* housekeeper
Hausdiener *m* porter, footboy
hauseigenes Reservierungssystem *n* hotel's own private reservation system
Hausgast *m* house guest
Haushaltsdefizit *n* budget deficit
Haushaltsfehlbetrag *m* budget deficit, budget shortfall
Haushaltsplan *m* budget, budget estimates
Haushaltspolitik *f* budgetary policy
Haushaltsstabilität *f* balanced budget, budget stability
Hausmesse *f* in-house exhibition
Hausordnung *f* house rules, house regulations
Haus- und Wohnungstausch *m (BE)* exchange of flats and houses, *(AE)* apartment and house exchange, apartment and house swap
Hauswährung *f* in-house currency
Havarie *f* average, damage at sea
Heck *n* rear; tail *(Flugzeug)*; stern *(Schiff)*
Heilbad *n* health resort, spa *(Ort)*; curative bath *(Aktivität)*
Heilbehandlung *f* curative treatment, therapy, remedial treatment
Heilbrunnen-Betrieb *m* medicinal spring establishment
Heilklimatischer Kurort *m* climatic health resort, climatic resort
Heilquelle *f* medicinal spring
Heimarbeit *f* homework
Heimatbasis *f* home base
Heimatflughafen *m* national airport, home airport
Heimatmarkt *m* domestic market, home market
Heimkehr *f* homecoming
Heimverkauf *m* home sale
Heimweh *n* homesickness
Heißluftbad *n* hot-air bath
Heliport *m* heliport
Herabstufung *f* downgrading
Herangehensweise *f* approach
herausfordernd *adj* challenging
Herberge *f* hostel
Herrenhaus *n* manor house
hervorragend *adj* outstanding
Hetz *(Aut)* fun, amusement, entertainment *(Spaß, gute Unterhaltung)*
heuer *(Aut)* this year, this season *(dieses Jahr)*
Heuriger *m (Aut)* this year's wine, current, of this season *(junger Wein)*
Hilfsfunktion *f* auxiliary function

Hilfsgütersendung *f* shipment of relief
Hinflug *m* outbound flight *(ins Ausland)*
Hintergrundinformation *f* background information
Hinterland *n* hinterland, back country
Hinweispflicht *f* obligation to warn, required notice
historische Bausubstanz *f* historic building stock
Historische Städte *fpl* **Deutschlands** 1. historic towns and cities of Germany; 2. marketing cooperation of historic towns and cities of Germany;
hitzefrei *adj* school's out today because of the heat
Hitzeverträglichkeit *f* heat digestibility
Hobby-Ferienkurs *m (AE)* hobby vacation course, leisure vacation course, *(BE)* hobby holiday course, leisure holiday course
Hobbyreise *f* hobby tour, special interest travel
Hochdruck *m* high pressure
hochentwickelter Markt *m* sophisticated market
Hochgebirgsbahn *f* high mountain railway
Hochgeschwindigkeitsschiff *n* high-speed ship
Hochgeschwindigkeitsverkehr *m* high-speed traffic
Hochgeschwindigkeitszug *m* high-speed train, fast train, express train
Hochglanzbroschüre *f* glossy brochure
Hochglanzmagazin *n* glossy magazine, high gloss magazin
hochkarätige Person *f* top-flight personality, VIP; big shot *(umgangssprachlich)*
Hochkonjunktur *f* booming economy, economic boom, prosperity
Hochrechnung *f* forecast, projection
Hochsaison *f* high season, peak season
Hochschulzulassung *f* admission to higher education
Höchstaufenthalt *m* maximum stay
Höchstgeschwindigkeit *f* maximum speed
Höchstteilnehmerzahl *f* **bei einer Reise** maximum number of travellers
Höchstversicherungssumme *f* maximum sum insured, maximum sum assured
Hochtourist *m* mountaineer, alpine climber
Hochwald *m* high forest
hochwertiges Produkt *n* high-quality product, upscale product
Hoffnungsträger *m* somebody's hope
hohe See *f* high sea, open sea
hoheitliche Anordnungen *fpl* mandatory regulations, official orders, official directives *(Entzug der Landerechte, Grenzschließungen, Naturkatastrophen, Havarien, Zerstörung von Unterkünften; withdrawal of landing rights, closure of borders, natural disasters, averages, destruction of dwellings)*
Höhenflug *m* 1. (high) altitude flight; 2. flight of fancy *(phantasy)*
Höhenluftkurort *m* high altitude health resort, mountain health resort
Höhenunterschied *m* difference in altitude
Höherbuchen *n* upgrade booking
höhere Gewalt *f* act of God
Höherstufung *f* upgrading
Holzklasse *f* coach class
Honorarkonsul *m* honorary consul
Hörerreise *f* trip organized for listeners of a radio station
horizontale Kooperation *f* horizontal interaction, horizontal cooperation
Hosenbügler *m* trouser press
Hospiz *n (dtCH)* hospice *(Bergunterkunft, die ehemals Händlern als Unterkunft auf ihren Wegen über die Alpen diente)*
Hostess *f* hostess
Hotel *n* hotel
Hotel *n* **auf Schienen** hotel on wheels
Hotel *n* **für Dauergäste** residential hotel
Hotel *n* **Garni** bed-and-breakfast hotel
Hotelagent *m* hotel agent
Hotelausstellung *f* hotel exhibition
Hotelbetreiber *m* hotel operator
Hotelbewertungsportal *n* hotel review site, hotel review portal
Hotelbuchungstool *n* hotel reservation tool
Hoteldatenbank *f* hotel database
Hoteldirektor *m* hotel manager, hotel director
hoteleigener Spabereich *m* inhouse spa area, hotel's spa area
Hoteleinkauf *m* hotel contracting, bed buying

Hoteleinrichtung *f* hotel furnishing, hotel fitting-out
Hotelempfang *m* hotel reception, welcome
Hoteleröffnung *f* hotel opening
Hotelfachfrau *f* qualified hotel specialist, trained hotel specialist
Hotelfachmann *m* qualified hotel specialist, trained hotel specialist
Hotelfachschule *f* school of hotel management, hotel school
Hotelführer *m* hotel guide, hotel directory
Hotelgutschein *m* hotel voucher
Hotelhalle *f (AE)* hotel lobby, *(BE)* hotel hall
Hotelier *m* hotelier
Hotelismus *m* hotelism, grand hotel-imitation of the ocean liners
Hotelkategorie *f* hotel category
Hotelkauffrau *f* qualified management assistant in hotel and hospitality
Hotelkaufmann *m* qualified management assistant in hotel and hospitality
Hotelkette hotel chain
Hotelklassifizierung *f* hotel classification
Hotelkontingentverwaltung *f* hotel allocation management
Hotelkooperation *f* hotel cooperation with sb
Hotellerieverband *m* hotel trade association
Hotelmanager(in) *m(f)* hotel manager
Hotelmeister *m* Master of Hospitality Administration
Hotelparkplatz *m* hotel car park
Hotelpension *f* private hotel, hotel-pension, guesthouse
Hotelreservierungsvertrag *m* hotel reservation contract
Hotelrezeption *f* hotel reception
Hotelsafe *m* hotel safe
Hotelschiff *m* floating hotel, boatel
Hotelsegment *n* hotel segment
Hotelzertifizierung *f* hotel classification
Hotelzug *m* hotel train
Hubschrauber *m* helicopter
Hubschrauberbasis *f* heliport, helicopter base
Hufschlag *m (Aut)* towpath *(Weg neben der Donau und anderen Flüssen, Treppelweg, Leinpfad)*
Hugo human gone *(unerwartet Verstorbener auf Reise)*
hundertprozentige Tochtergesellschaft *f* wholly owned subsidiary
Hurrikan *m* hurricane
Hütte *f* hut, cabin, refuge, lodge
Hüttenabend *m (dtCH)* cottage party, mountain lodge party
Hyperlink *m* hyperlink

I

IATA-Beförderungsbedingungen *fpl* IATA terms of carriage
IATA-Diplom *n* IATA diploma, IATA certificate
IATA-Fachkraft *f* IATA specialist, IATA professional
IATA-Haftungsgemeinschaft *f (Abk.: HG)* IATA liability assurance pool with DRV-travel agencies
IATA-Resolution *f* IATA resolution
IATA-Verbindungskonferenz *f* IATA traffic conference
IATA-Verkehrsgebiet *n* IATA traffic area
Ich-AG *f* Me Inc., Me plc, self-employment *(as part of a government-funded scheme to aid people setting up their own businesses)*
Identifikationsschlüssel *m* form of identification *(Abk.: FOID)*
Identitätsprüfung *f* identity check
IHK-Prüfung *f* chamber of commerce exam
Imagekampagne *f* image campaign
Imagewerbung *f* image promotion, image advertising
Imbisshalle *f* snack bar, fast food restaurant
immaterielle Vermögenswerte *mpl* intangible assets
Immigrant *m* immigrant
Immission *f* immission, pollution
Impfbestimmungen *fpl* vaccination regulations, vaccination requirements
Impfempfehlung *f* vaccination reference
Implant *n* implant, company travel department
Import *m* import
Impuls *m* stimulus, impetus, momentum, impulse momentum
Inbegriffsversicherung *f holiday insurance policies covering obvious baggage*

problems, such as a stolen bag, bike, wallet

Incentive-Reise *f* incentive travel, incentive tour, incentive trip

Incoming-Agentur *f* incoming travel agency

indigene Völker *npl* indigenous people

indirekte Reisekosten *pl* indirect travel costs, indirect costs

Individualität *f* individuality

Individualreise *f* individual travel, individual trip, independent travel

Individualreiserecht *n* individual travel law

Individualtourismus *m* individual tourism

Industriekultur *f* industrial culture

Industrie- und Handelskammer *f (Abk.: IHK)* chamber of industry and commerce

Infektionsvorbeugung *f* prevention of infection

Inflationsabsicherung *f* hedge against inflation

Inflationsrate *f* inflation rate, rate of inflation

Informatik *f* computer science, information technology

Information *f* **über ein Reiseziel** destination information

Informationsbeschaffung *f* information procurement

Informationsdatenbank *f* database

Informationsdienstleister *m* information service provider

Informationspflicht *f* duty to supply information, information policy, disclosure duty, disclosure requirement

Informationsreise *f* fact-finding journey, info-trip, fam trip, briefing tour

Informationsschalter *m* information desk, information counter, inquiry desk

Informationssegment *n* ghost segment *(Flugbuchung)*

Informationsstand *m* information desk

Informationstafel *f* information board

Informationstechnologie *f* information technology

Informations- und Gedankenaustausch *m* brainstorming, exchange of information and ideas

Informationsveranstaltung *f* information event

informieren *v***/reaktiv** inform reactively, inform on demand

Infrastruktur *f* infrastructure

inhabergeführtes Unternehmen *n* owner-managed company

Inhaber-Teilschuldverschreibung *f* bearer debenture, bearer bond

Inhalt *m* content

Inhaltsverzeichnis *n* list of contents, contents, table of content

Initiativbewerbung *f* speculative application, unsolicited application

Initiative *f* initiative

Inkasso *n* encashment, debt collection

Inkassobüro *n* collection agency

Inkassostelle *f* collection service

Inlandreise *f* domestic travel

Inlandsflug *m* domestic flight

Inlandsverkehr *m* domestic traffic, national traffic

Innenkabine *f* inside cabin

Innenmarketing *n* indoor advertising

Innenstadt *f* inner city, *(BE)* city centre, *(BE)* town centre, *(AE)* downtown

Innenstadtmaut *f* city centre toll

Innenumsatz *m* group internal turnover

innere Werbung *f* internal promotion, internal advertising

innergemeinschaftlicher Flugdienst *m* intra-community airline service

innovative Produktidee *f* innovative product idea

Insassenunfallversicherung *f* personal accident insurance *(Abk.: PAI)*

Inselhüpfen *n* island hopping

Inselkreuzfahrt *f* island cruise

insolvent *adj* insolvent

Insolvenz *f* insolvency

Insolvenzversicherung *f* insolvency insurance

Insolvenzversicherungspflicht *f* compulsory insolvency insurance

Insolvenzverwalter *m* liquidator

Inspektionsreise *f* tour of inspection

Integration *f* integration

integrierter Konzern *m* integrated group of companies *(horizontal und vertikal)*

Intensivkurs *m* crash course

interaktives Fernsehen *n* interactive television

Intercity *m (Abk.: IC)* national high quality express train

Intercity-Express *m (Abk.: ICE)* Intercityexpress, German high speed train

Interessenvertretung *f* **der Reisebranche** representation of travel industry interests, travel industry lobby

Interkontinentalflug *m* intercontinental flight, intercont
Interlining *n* interlining *(Kooperation von Fluggesellschaften zur gegenseitigen Anerkennung von Transportdokumenten u. a.)*
Intermodalität *f* intermodality
Internationale Tourismusbörse *f (Abk.: ITB)* International Tourism Exchange
Internationale Zivilluftfahrtbehörde *f* International Civil Aviation Organisation *(Abk.: ICAO)*
internationaler Führerschein *m* international driving permit *(Abk.: IDP)*; international driving license
internationaler Impfpass *m* international certificate of vaccination, international vaccination card
Internationaler Luftverkehrsverband *m (Abk.: IATA)* International Air Transport Association
Internationaler Währungsfonds *m (Abk.: IWF)* International Monetary Fund
internetaffin *adj* internet savvy, internet skilled
Internetanschluss *m* internet connection
Internetcafé *n* cybercafé
Interregionalverkehr *m* inter-regional traffic
Intranet *n* intranet
Inversion *f* inversion
Investition *f* investment, capital expenditure
Investitionsgüter *npl* capital goods, investment goods
Investitionskredit *m* capital investment loan, investment credit
Investitionsplanung *f* capital expenditure planning
ITB-Sonderpreis *m* ITB special prize, ITB reward *(Auszeichnung)*
ITB-Wissenschaftszentrum *n (obs)* ITB Science Centre

J

Jahresabschluss *m* annual accounts
Jahresabschlussarbeiten *fpl* year-end-procedures
Jahresarbeitszeit *f* annual working time
Jahresbericht *m* annual report
Jahresdurchschnittstemperatur *f* annual average temperature
Jahresergebnis *n* **Bilanz** annual result, annual profit or loss
Jahresfreizeit *f* annual leisure time
Jahreshauptversammlung *f* annual general meeting
Jahresplanung *f* annual budget
Jahres-Reiseschutz *m* **für Freizeit- und Geschäftsreisen** annual travel cover for leisure and business travel
Jahrestagung *f* annual conference
Jahresurlaub *m* annual leave, annual holiday, yearly holiday
Jahresversicherung *f* one-year insurance
Jahreswechsel *m* turn of the year, New Year
Jahreswende *f* turn of the year, New Year
Jahreszeit *f* season
Jause *f (dtCH, Aut)* afternoon snack *(Zwischenmahlzeit nachmittags)*
Jausenstation *f (dtCH, Aut)* alpine pub [café, restaurant], snack location *(Almwirtschaft)*; snack bar
Jedermannsrecht *n* freedom to roam, right of public access, open access
Jetlag *m* jet lag
Jetset *m* jet set
Jubiläumsjahr *n* anniversary year
Jugendherberge *f* youth hostel
Jugendherbergsausweis *m* youth hostel card
Jugendreise *f* youth travel, youth trip
Jugendtarif *m* youth rate, youth fare
Jumbo-Fähre *f* jumbo ferry
Jungfernfahrt *f* maiden voyage
Junior Suite *f* junior suite
juristische Person *f* legal entity, legal person, juristic person
Just-in-time-Produktion *f* just-in-time production

K

Kabine *f* cabin
Kabinengepäck *n (AE)* cabin baggage, *(BE)* cabin luggage
Kabinenkreuzer *m* canal barge, cabin cruiser

Kabinenpersonal *n* cabin attendants, cabin crew
Kabinenseilbahn *f* cabin lift
Kaffeefahrt *f* promotional trip
Kaffeehaus *n (Aut)* café, coffeehouse; *(AE)* cafeteria *(mit Selbstbedienung)*
Kajüte *f* cabin, saloon
Kalkulation *f* calculation, pricing
kalte Betten *npl (dtCH)* cold beds *(i.e. oversupply of ready-built apartments which results in non-occupied beds in holiday regions of Switzerland; wegen Überangebot nicht belegte Betten in Ferienregionen der Schweiz)*
kalte Telefonakquisition *f* cold calls
Kanton *m (dtCH)* Canton *(Schweizer Bundesland)*
Kap *n* cape, headland
Kapazität *f* capacity, allocation
Kapazitätsauslastung *f* capacity utilisation, capacity usage, operating ratio
Kapazitätsberechnung *f* capacity calculation
Kapazitätsengpass *m* **beim Flugverkehr** air traffic bottleneck, capacity bottleneck, capacity restriction *(in der Luft und auf dem Boden)*
Kapazitätserhebung *f* capacity survey
Kaperung *f* capture
Kapital n capital
Kapitalanlage *f* **in Wertpapieren** capital investment in stock
Kapitalbedarf *m* capital demand, capital needs, capital requirement
Kapitalbedarfsermittlung *f* assessment of financial needs
Kapitalbilanz *f* net capital movement, balance of capital transactions
Kapitalbindung *f* capital investment in stock, capital commitment
Kapitalerhöhung *f* capital increase, increase in share capital
Kapitalgeber *m* investor
Kapitalgesellschaft *f* joint-stock company, capital company, public limited company
Kapitalmarkt *m* capital market, capital asset market
Kapitalrendite *f* return on investment
Kapitalrückflusszeit *f* payback period
Kapitalverkehrskontrolle *f* capital transfer control, control of capital movement
Kapitalverzinsung *f* return on capital, capital return
Kapitalwert *m* net present value, capital value
Kapitän *m* captain, master
Kapitänsdinner *n* captain's dinner
Kapitel *n* chapter *(Abschnitt)*
Kaprize *f (dtCH, Aut)* caprice
Karawanserei *f* caravansery, caravanserai
Karibisches Meer *n* the Caribbean, the Caribbean Sea
Karriereschub *m* career push
Karrieresprung *m* career boost, career advancement
Kartellbehörde *f* cartel authority, *(BE)* Competition Commission, *(AE)* antitrust division
Kartenprüfnummer *f* Card Validation Code *(Abk.: CVC)*; card control number
Kartensystem *n* card system
Kartenverkauf *m* ticket sale, sale of tickets
Kaskade *f* cascade, waterfall
Kaskoversicherung *f* hull insurance, insurance on hull
Kassenführung *f* cash-keeping, cash management
Kassenzettel *m (AE)* receipt, *(BE)* sales slip
Katakombe *f* catacomb
Katalog *m (BE)* catalogue, *(AE)* catalog
Katalogdistributionssystem *n* brochure distribution system
Katamaran *m* catamaran
Kategorie *f* category, class
Katzensprung *m* stone's throw
Käufermarkt *m* buyer's market
Kauffrau *f* **für Bürokommunikation** qualified management assistant in office communication
Kauffrau *f* **für den Verkehrsservice** qualified management assistant for traffic services
Kauffrau *f* **für Reiseverkehr und Touristik** qualified tourism and travel management assistant
Kauffrau *f* **im Eisenbahn- und Straßenverkehr** qualified management assistant for rail and road traffic services
Kaufgewohnheiten *fpl* purchasing habits, spending habits, buying habits
Kaufkraft *f* purchasing power, buying power

Kaufmann *m* **für Bürokommunikation** qualified management assistant in office communication
Kaufmann *m* **für den Verkehrsservice** qualified management assistant for traffic services
Kaufmann *m* **für Reiseverkehr und Touristik** qualified tourism and travel management assistant
Kaufmann *m* **für Tourismus und Freizeit** qualified travel management assistant for tourism and leisure
Kaufmann *m* **im Eisenbahn- und Straßenverkehr** qualified management assistant for rail and road traffic services
Kaufpreis *m* acquisition price, purchase price, buying price
Kaufvertrag *m* sales contract, bill of sale
Kaution *f* security deposit, deposit, bond
Kellner *m (BE)* waiter, *(AE)* server, steward
Kellnerin *f (BE)* waitress, *(AE)* server, stewardess
Kemptener Reisemängeltabelle *f* Kempten table of typical liabilities and compensation for travellers
Kennzahl *f* key indicator, code
Kerngeschäft *n* core business
Kernkompetenz *f* core competence
Kerosin *n* kerosene, jet fuel
Kerosinzuschlag *m* fuel surcharge
Kettencharter *m* charter flights operating on a weekly rotation
Kettenflug *m* flight integrated in a rotation system
Ketten- und Systemgastronomie *f* chain and system catering, chain and system gastronomy, foodservice concepts operating under the same name
Kibbuz *m* kibbutz
Kilometerbegrenzung *f* mileage limit, kilometer limit
Kilometerpauschale *f* mileage allowance, *(AE)* allowance for traveling expenses, *(BE)* allowance for travelling expenses
Kilometerpreis *m* kilometre price
Kind *n* **unbegleitetes** unaccompanied minor
Kinder willkommen children welcome
Kinderanimation *f* children's entertainment
Kinderbetreuung *f* child minding, child care
Kinderbett *n* child's bed, children's bed, cot, crib
Kinderclub *m* child's club, children's club, kids' club
Kinderermäßigung *f* child reduction, reduction for children
Kinderfahrkarte *f* child's ticket
Kinderpassagier *m* child passenger
Kindersitz *m* child's seat; child's safety seat
Kindertagesstätte *f* day nursery, day care centre
Kindertarif *m* tariff for children, child's rate, children's rate, child's fare
Kinder- und Jugendreisen *fpl* youth travel
Kinder- und Jugendtourismus *m* child and youth tourism
Kindesmissbrauch *m* child abuse, child molestation
Kinobestuhlung *f* cinema seating
kirchlicher Feiertag *m* religious holiday
Kissenauswahl *f* choice of pillows
Klappbrücke *f* bascule bridge
Klartextanzeige *f* clear text display, uncoded text display, text in clear code, plaintext display
Klassendefinition *f* **der Fluggesellschaften** airline definition of the classes on board
Klassenfahrt *f* school trip; class outing
Klassifizierung *f* **der Campingplätze** classification of camp sites, classification of camping grounds
Klassifizierung *f* **der Hotels** classification of hotels, hotel grading scheme
Klassifizierung *f* **der Kreuzfahrtschiffe** classification of cruiseships
Klassifizierung *f* **der Reisebusse** *(AE)* classification of tour buses, *(BE)* classification of tour coaches
Klassifizierung *f* **für Ferienwohnungen, -häuser und Privatzimmer** classification of holiday flats, holiday homes and private rooms
Klassifizierungssystem *m* classification scheme, classification system, grading scheme
klassische Kreuzfahrt *f* traditional cruise
Klassizismus *m* classicism
Klausur *f* written examination, exam
Kleiderbügel *m* clothes hanger, hanger, coat-hanger

Kleiderordnung *f* dress code, dress regulations
Kleinbus *m* minibus
kleine und mittlere Unternehmen *npl (Abk.: KMU)* small and medium(-sized) enterprises *(Abk.: SME)*; Small and Medium(-sized) Business *(Abk.: SMB)*
Kleiner Grenzverkehr *m* regular border traffic, local border commuting
Kleingruppe *f* small group
Kleinkind *n* infant, baby
Klimaanlage *f* air conditioning
klimafreundliche Geschäftsreise *f* clean business travel *(Germanwatch)*
Klimaneutralität *f* climate neutrality
Klimaschutz *m* climate protection, climate control
Klimatherapie *f* climatic therapy, climatherapy
Klimatyp *m* type of climate
Klimazone *f* climatic zone
Klischee *n* cliché, stereotype
Klumpenrisiko *n (dtCH)* risk concentration, bulk risk, risk of mass management of hotel capacity *(Kontingentverwaltung an Hotelbetten)*
knallharte Verhandlung *f* really tough negotiation, tough-minded negotiation
Kneipe *f (BE)* pub, *(AE)* bar
Kneippheilbad *n* health resort offering Kneipp treatment
Kneippkurort *m* spa offering Kneipp treatment
Knoten *m* knot
Knotenpunkt *m* junction, intersection, nodal point
Koch *m* cook
Köchin *f* (female) cook
Kochnische *f* kitchenette
Kofferanhänger *m (BE)* luggage label, *(BE)* luggage tag, *(AE)* baggage label, *(AE)* baggage tag
Kofferkuli *m (BE)* luggage trolley, *(AE)* baggage cart
Kollektivversicherung *f* blanket cover, collective insurance
Kolloquium *n* discussion; colloquium
Kolonialstil *m* colonial style
Kolonialvergangenheit *f* colonial past
Kombi-Fährschiff *m* combined ferry
Kombilohn *m* combined wages, interstate wage combining, combined income from a low wage plus supplementary state benefit
kombinierter Verkehr *m* combined transport
Kombiticket *n* combined ticket
komfortabel *adj* comfortable, luxurious
Komfortzimmer *n* standard room, room featuring all standard comforts *(Dusche, WC, Safe, Kabelfernsehen etc.)*
Kommanditgesellschaft *f (Abk.: KG)* limited partnership
Kommanditist *m* limited partner
Kommandowirtschaft *f* controlled economy, command economy
Kommentar *m***/kein** no comment
Kommission *f* commission *(Gremium, Untersuchungsausschuss)*; committee
Kommunikationskultur *f* communication culture
Kommunikationsmittel *n* means of communication, communication medium
Kommunikationsplattform *f* communication platform
Kommunikationspolitik *f* marketing communication, communications policy
Kommunikations- und Informationssystem *n* **Luftverkehrssicherheit** *(Abk.: KISLS)* air traffic control communication and information system
Kompatibilität *f* compatibility
Kompensationsertrag *m* **zum Klimaschutz** compensation yield for climate protection
Kompensationszahlung *f* compensation pay, counter payment
kompensieren *v* compensate
Kompetenz *f* competence, authority
Kompetenzzentrum *n (BE)* competence centre, *(AE)* competence center
Komplementär *m* general partner, unlimited partner
Komplettschutz *m* complete cover, full cover, complete protection
Komplettversorgung *f* fully care, total care, all-inclusive supply
komprimieren *v* compress
Kompromiss *m* compromise
Kondensstreifen *m* condensation trail, vapor trail
Konferenz *f* conference
Konferenzabteil *n* conference compartment
Konferenzgebiet *n* **IATA** IATA conference area
Konferenzraum *m* conference room
Kongress *m* convention, congress

Kongressallianz *f* congress alliance
Kongressfachkraft *f* congress specialist
Kongresshostess *f* congress hostess
Kongresshotel *n* convention hotel, congress hotel
Kongresstourismus *m* convention tourism, congress tourism
Kongress- und Tagungsangebot *n* **auf Flughäfen** offer of meeting and convention facilities at airports
Kongress- und Tagungsvereinigung *f* congress and conference association, conference and convention association
Kongresszentrum *n* convention centre, congress centre
Konjunktur *f* economic situation, economic trend, economic cycle
Konjunkturaussicht *f* prospect for the economy, economic outlook
Konjunkturbelebung *f* cyclical upswing, economic recovery, increase in business activity, business revival
Konjunkturflaute *f* market sluggishness, flat economy, economic slowdown, slackness in business
Konjunkturförderung *f* stimulation of economic activity, stimulation of the economy
Konkurrenz *f* competition
Konkurrenzkampf *m* competitive struggle, competition; rivalry *(zwischen Menschen)*; rat race
Konkurrenzklausel *f* competition clause, ancillary covenant
Konkurs *m* bankruptcy, insolvency
Konkursabwendungs-Verfahren *n* chapter 11 *(USA)*
konsolidierter Abschluss *m* consolidated group accounts, consolidated financial statement
Konsolidierung *f* consolidation
Konsul *m* consul
Konsularhilfe *f* consular assistance
Konsulat *n* consulate
Konsumflaute *f* sluggish consumer demand
Konsumgüter *npl* consumer goods, consumer items
Konsumklima *n* consumer climate, buyer confidence, business climate
Konsumklima-Index *m* buyer confidence index, consumer confidence index
Kontaktaufnahme *f* making of contact, approach, contacting
Kontaktknüpfen *n* networking
Kontext *m* context
Kontinentales Frühstück *n* continental breakfast
Kontingent *n* allotment, contingent
Kontingentverwaltung *f* allotment management
Kontoabschluss *m* closure of an account, balancing of an account, account balancing
Kontonummer *f* account number
Kontrastprogramm *n* alternative programme
Kontrollturm *m* control tower
Konventionen *fpl* conventions
Konvergenz *f* convergence
Konvergenzkriterien *f* convergence criteria
Konvertibilität *f* convertibility
Konzern *m* corporation, group of companies, concern
Konzernabschluss *m* consolidated financial statements
Konzernbetriebsrat *m* group works council
Konzernbilanz *f* group consolidated balance sheet
Konzerncontrolling *n* group controlling
Konzernfiliale *f* group agency, subsidiary
Konzerngesellschaft *f* corporate affiliate
konzernintern *adj* intragroup, intracompany
Konzernlenker *m* CEO, chief executive officer, company leader
konzernübergreifende Verantwortung *f* company-wide accountability
konzernungebundenes Reisebüro *n* non-corporate travel agency, independent travel agency
Konzernvertrieb *m* group distribution, intragroup distribution
Konzertveranstalter *m* concert promoter
Kooperation *f* cooperation
Kooperationspartner *m* cooperation partner
kooperative Direktwerbung *f* cooperative direct advertising
Kopfbahnhof *m* railhead, terminus station
Kopplungsgeschäft *n* linked transaction, package deal
Kopplungsverkauf *m* tie-in sale
Korallenriff *n* coral reef
Korkengeld *n* corkage charge, corkage
Körperpflege *f* body care

Körperschaftssteuer *f* corporate tax
Körpersprache *f* body language
Kost *f* **und Logis** *f* board and lodge
Kostenbereich *m* cost area
kostenbewusst *adj* cost-conscious
Kostendruck *m* cost pressure
Kosteneffizienz *f* cost efficiency
Kosteneinsparung *f* cost saving
Kostenersparnis-Übersicht *f* saving report
kostengünstig *adj* cost-effective
Kostenkontrolle *f* cost control
Kosten-Nutzen-Analyse *f* cost-benefit analysis
Kosten-Nutzen-Verhältnis *n* cost-benefit ratio
Kostenoptimierung *f* cost optimization
Kostenrechnung *f* cost accounting, costing
Kostenreduzierung *f* cost-cutting, reduction of expenses
Kostensegment *n* cost segment
Kostensenkung *f* cost-cutting
Kostensenkungsprogramm *n* cost reduction program, cost-cutting drive
Kostenstelle *f* cost centre, cost location
Kosten- und Erlösentwicklung *f* profit and loss development, costs and revenue development
Krachlederne *f (Aut)* leather shorts for Austrian folk dancing *(Lederhose zum Schuhplatteln, Folkore-Tanz)*
Kraftakt *m* act of strength
Kraftanstrengung *f* exertion
Kräftemessen *n* trial of strength
Kraftfahrzeug *n* vehicle, automobile, autocar
Kraftprobe *f* showdown, trial of strength
kreatives Ticketing *n* creative ticketing
kreatives Tun *n* creative action, creative work
Kreativität *f* creativity, creativeness
Kreativurlaub *m* holiday with emphasis on creative pursuits
Kredit *m* credit; loan
Kreditgenossenschaft *f* credit cooperative, loan cooperative
Kreditkarte *f* credit card
Kreditkartenabrechnung *f* credit card invoice
Kreditkartendisagio *n* credit card disagio, credit card discount
Kreditkartengesellschaft *f* credit card company
Kreditkartennotruf *m* credit card emergency call
Kreditklemme *f* credit squeeze
Kreditor *m* creditor, account payable
Kreditrisiko *n* credit risk
Kreditvergaberichtlinie *f* credit policy
Kreditverknappung *f* credit shortage
Kreditwürdigkeit *f* creditworthiness, credit standing
Kreis(lauf) *m* circuit *(Schaltsystem)*
Kreisverkehr *m (BE)* roundabout, *(BE)* island (traffic), *(AE)* rotary (traffic)
Kreuzfahrerclub *m* cruising club
Kreuzfahrt *f* cruise, voyage, sea travel
Kreuzfahrt *f* **mit dem Flugzeug** cruise flight *(Kreuzflug)*
Kreuzfahrtdirektor *m* cruise director
Kreuzfahrtgesellschaft *f* cruise line, passenger shipping company
Kreuzfahrtkonferenz *f* cruise conference
Kreuzfahrtschiff *n* cruise ship, cruise liner
Kreuzfahrtstudie *f* cruise study, study on cruises
Kreuzungsbahnhof *m* intersection station
Kriechspur *f* slow lane, *(BE)* crawler lane, *(AE)* climbing lane
Krise *f* crunch, crisis
Krisenherd *m* hot spot
Kriseninformation *f* **durch das Auswärtige Amt** official Federal Foreign Office crisis information; official Federal Foreign Office travel advice
Krisenmanagement *n* crisis management
Krisenprävention *f* crisis prevention
kristallklares Wasser *n* crystal-clear water
Kriterium *n* **der Hotelklassifizierung** hotel classification criterion
Küche *f* kitchen; cooking, cuisine
Küchenmeister *m* chef de cuisine
Küchenpersonal *n* kitchen personnel, kitchen staff
kulant *adj* obliging, accommodating
kulante Stornierungs- und Umbuchungsregelung *f* obliging cancellation and alteration regulation
Kulanzregelung *f* ex gratia settlement, goodwill settlement, behaviour arrangement
kulinarisch *adj* culinary
kultiviert *adj* sophisticated, cultivated

Kultur *f* **im Urlaub** culture on holiday
kultureller Brückenschlag *m* cultural link
Kulturerbe *n* cultural heritage
Kulturhauptstadt *f* capital city of culture
Kulturhauptstadt *f* **Europas** Cultural Capital of Europe, European Capital of Culture
Kulturlandschaft *f* man-made landscape; cultural landscape
Kulturleben *n* cultural life
Kulturmonat *m* cultural month
kulturorientierter Tourismus *m* culture-orientated tourism
Kulturschock *m* culture shock
Kulturstätte *f* site of cultural interest
Kulturstraße *f* **Europas** European Cultural Route
Kulturszene *f* cultural scene
Kulturthemenwanderweg *m (Aut)* walking tour with a cultural theme *(z. B. Eduard-Mörike-Wanderweg durch den Bregenzer Wald)*
Kulturtourismus *m* cultural tourism
Kümmerer *m* carer *(Berater, Betreuer)*
kümmern *v*/**sich um seine Gäste** look after one's guests
kumulativ *adj* cumulative
Kumulrisiko *n* accumulation risk
Kunde *m* customer, client
Kundenbefragung *f* customer survey
Kundenbeirat *m* customer advisory council
Kundenberatungsschalter *m* customer consultation counter, customer services counter
Kundenbetreuer *m* customer advisor, customer service officer, key account manager
Kundenbetreuung *f* customer service, customer support, customer care
Kundenbewirtung *f* business entertainment, business hospitality
Kundenbeziehungsmanagement *f* customer relationship management *(Abk.: CRM)*
Kundenbindung *f* customer loyalty, customer retention
Kundenbindungsprogramm *n* customer loyalty program, customer retention programme
Kundencharta *f* conditions of carriage
Kundendatenbank *f* customer database
Kundendienst *m* customer service, after-sales service
Kundengeldabsicherung *f* insurance for the security of advanced payment, insolvency protection
kundengerecht *adj* tailor-made
Kundenkarte *f* affinity card
Kundenkarte *f* **in der Reisebranche** customer loyalty card in the tourism sector
kundenorientiert *adj* customer-oriented
Kundenrecht *n* clients right
Kundenstamm *m* established clientele, regular clientele
Kundenwunsch *m* customer preference, customer requirement, customer request
Kundenzufriedenheit *f* customer satisfaction
Kundenzufriedenheitsanalyse *f* customer satisfaction analysis
Kündigung *f* termination, cancellation, dismissal
Kündigung *f* **des Reisevertrags** cancellation of travel contract
Kündigung *f* **von Mitarbeitern** dismissal, notice of termination
Kündigungsschutz *m* cancellation protection, dismissal protection
Kundin *f* (female) customer, (female) client
Kunstschätze *mpl* art treasures
Kunststraße *f (dtCH)* alpine pass, alpine route *(Alpenpass-Straße)*
Kur *f* cure, treatment, spa therapy
Kurabgabe *f* spa tax, tax de séjour
Kurgast *m* spa visitor, visitor to a health resort, patient at a health resort
Kurhaus *n* spa building, spa rooms, spa hotel
Kurheim *n* guesthouse in a spa, guesthouse in a health resort
Kurhotel *n* spa hotel, health-resort hotel
Kurierdienst *m* courier service
Kurierflug *m* courier flight
Kuriergepäck *n (AE)* courier baggage
Kurkarte *f* spa card
Kurklinik *f* spa clinic, health clinic, sanatorium
Kurmittelhaus *n (AE)* health treatment center, *(BE)* health treatment centre
Kurort *m* spa, health resort
Kurs *m* course *(Schiff, Flugzeug)*; course *(Lehrgang)*; rate *(Börse)*
Kursanatorium *n* spa sanatorium

Kursbuch *n* railway timetable, railroad guide
Kursbuchstelle *f* sales and information office for national and international railway timetables
Kurschatten *m* romance at health resort
Kurskorrektur *f* course correction, rate adjustment
Kurswagen *m (AE)* through carriage, *(BE)* through coach
Kurswagensystem *n* through carriage system, through coach system
Kurtaxe *f* spa tax, tax de séjour, visitors' tax at a health resort
Kurverwaltung *f* spa administration, spa management
kurz, nah, weg short breaks near home *(Werbeaussage der DZT für Deutschland-Urlaub)*
Kurzarbeit *f* short-time work
Kurzaufenthalt *m* short stay, short-term stay
kurzentschlossene Buchung *f* last-minute booking, booking at short notice, spontaneous booking
Kurzfristflug *m* last-minute flight
Kurzkreuzfahrt *f* short-term cruise
Kurznachrichtenwerk *n* **Twitter** twitter *(Mikro-Blog und soziales Netzwerk im Internet)*
Kurzstrecke *f* short distance, short range, short haul
Kurzstrecke *f* **im Flugverkehr** short-haul flight, short-range flight
Kurzstreckenverkehr *m* short-haul traffic, short-range traffic, short-distance traffic
Kurzurlaub *m (BE)* short holiday, *(BE)* short break, break, *(AE)* short vacation
Kurzurlaubsreise *f (BE)* short holiday trip, *(AE)* short vacation trip
Kurzzeitparkplatz *m (BE)* short-stay car park, *(AE)* short-stay parking lot, short-term parking lot
Küste *f* coast
Küstenkreuzfahrt *f* coastal cruise
Küstenland-Werbegemeinschaft *f* marketing cooperation for the German coastal regions
Küstenstraße *f* coastal route, coastal road

L

Ladehafen *m* port of loading, loading port
Laden *m (BE)* shop, *(AE)* store
Ladeneinheit *f* store unit, shop-in-shop, retail unit
Lage *f* location
Lagune *f* lagoon
Land *n* country, land, state
Landausflug *m* excursion to the country, trip to the country *(Landpartie)*; shore excursion, land excursion *(bei einer Kreuzfahrt)*
Landeanflug *m* landing approach, approach
Landebahn *f* runway, airstrip
Landegebühr *f* landing fee, landing charge
Landenge *f* isthmus
Länder *npl*/**aus aller Herren** from all corners of the earth
Länderbrief *m* destination manual, newsletter for travel agents
Länderinformationsdatenbank *f* holiday destination information data base
Länderprogramm *n (BE)* holiday destination programme, *(AE)* country program
Landesgartenschau *f* regional horticultural show, state garden exhibition
Landeskategorie *f* national category, national rating
Landessprache *f* national language, language of the country
Landesüblichkeit *f* national custom
Landeswährung *f* national currency, local currency
Landezeit *f* landing time, arrival time
Landgasthof *m* country inn, country pub
Landgut *n* country estate
Landmeile *f* statute mile
Landschaftsschutzgebiet *n* nature reserve, landscape conservation area
Land-Schiff-Kombination *f* land-sea combination
Landseite *f* land side
Landsitz *m* country estate
Landung *f* touchdown, landing, disembarkation
Landungskarte *f* disembarkation card, landing card
Landungssteg *m* landing stage, jetty, pier
Längenkreis *m* meridian
Langeweile *f* boredom, ennui

Langsamkeit *f* slowness
Langstrecke *f* long-haul route, long-distance route
Langstreckenflugverkehr *m* long-haul air traffic, long-distance air traffic
Langstreckenzug *m* long-distance train
Langzeitgast *m* long-stay guest, long-term guest
Langzeiturlaub *m (BE)* long-term holiday, *(BE)* extended holiday, *(AE)* long-term vacation, *(AE)* extended vacation
Lärm *m* noise
Lärmschutzwand *f* noise barrier
Laserdrucker *m* laser printer
Lastschriftverfahren *n* direct debiting system, debit charge procedure
Laube *f*, **Laubengang** *m (dtCH)* arcade, pergola *(Arkade, Bogengang)*
Laufkundschaft *f* footfall, passing trade, occasional customers
Laune *f* vagary, mood
Lauschangriff *m* bugging *(Glosse)*
lawinensicherer Weg *m (dtCH)* avalanche-secure trail, avalanche-safe trail
Leasingvereinbarung *f* leasing agreement
Lebemann *m* rake *(Windhund)*
Lebendigkeit *f*/**stupende** amazing vividness
Lebensabend *m* twilight years
Lebensgewohnheit *f* habit, lifestyle habit
Lebensglück *n* joy of one's life, happiness of one's life
Lebenslauf *m* curriculum vitae *(Abk.: CV)*; *(AE)* résumé, life story
Lebensraum *m* living space, biotope *(Biotop)*; habitat
lebhaft *adj* buoyant
Leckerbissen *m* delicacy, titbit
Leerbettgebühr *f* charge for an unoccupied bed, vacant bed fee, empty bed fee
Leereinfahrt *f* **mit anschließender Besetztausfahrt** one-way (return) occupancy
Leerfahrt *f* empty run, empty trip, deadhead
legen *v*/**sich auf den Rücken** lie down on one's back
legen *v*/**sich auf die faule Haut** laze around, *(BE)* laze about, take it easy
legen *v*/**sich in die Sonne** lie down in the sun
Leiharbeit *f* temporary employment, casual work, subcontracted labour
Leihkatalog *m* rental catalogue
Leihwagen *m (BE)* hire car, *(AE)* rental car
Leinpfad *m* towpath
Leistungen *fpl*/**nicht in Anspruch genommene** unused services, non-demanded services
Leistungsänderungsvorbehalt *m* services subject to change
Leistungsgesellschaft *f* meritocracy, performance-oriented society, achievement-oriented society
Leistungskontrolle *f* assessment, efficiency control
Leistungsprämie *f* performance-bonus
Leistungsstörung *f* default, disruption of service, contractual failure
Leistungsträger *m* service provider, service supplier, top performer
Leistungsträgerabrechnung *f* billing of service provider
Leistungsträgerhaftung *f* liability of service provider
Leistungsvergleichssystem *n* benchmarking, efficiency comparison performance
Leistungsvertrag *m* service level agreement *(Abk.: SLA)*
Leitbild *n* corporate image, model, conception, business mission, key-note
Leitung *f* **eines Zielgebiets** destination manager
Leitveranstalter *m* main tour operator, leading tour operator
Leitweg *m* route, routing
Lenk- und Ruhezeiten *fpl* driving and rest times
Lenkungsausschuss *m* steering committee, steering group
Lernfähigkeit *f* learning ability, learning aptitude
lesenswert *adj* worth reading, readable
Leseraum *m* reading room
Lesereise *f* literary tour, reading tour
Leserreise *f* special published package tour for readers of a daily or magazine
Leserschaft *f* readership
Lesestoff *m* reading matter
letzt verfügbares Zimmer *n* last room availability *(Abk.: LRA)*
letztes Zimmer *n* **der vereinbarten Kategorie** last room type availability *(Abk.: LRTA)*
Leuchtfeuer *n* navigational light, signal light

Levante *f* Levant
Liberalisierung *f (BE)* liberalisation, *(AE)* liberalization, deregulation
Liberalisierung *f* **im Luftverkehr** liberalisation of air traffic
Lichtblick *m* bright spot, ray of hope
Liebesabenteuer *n* amorous adventure, fling, love affair
Liebhaber(in) *m(f)* enthusiast, lover
Lieferfristenüberschreitung *f* delayed delivery, late delivery
Liegekur *f* rest cure
liegen *v*/**auf der faulen Haut** laze around, *(BE)* laze about, take it easy
liegen bleiben *v*/**im Bett** stay in bed
liegen *v*/**in der Sonne** sunbathe *(sonnenbaden)*; sun oneself
liegen *v*/**vor Anker** lie at anchor
Liegen- und Schirmverleih *m (BE)* deck-chair and parasol hire, *(AE)* deck--chair and parasol rental
Liegeplatz *m* berth, mooring
Liegestuhl *m* deck chair
Liegewagen *m* couchette (coach, car)
Lift *m (BE)* lift, *(AE)* elevator
Limited *(Abk.: Ltd)* Limited *(englische Gesellschaftsform mbH)*
Limousine *f* **mit Chauffeur** chauffeur--driven limousine
Limousinenservice *m* limousine service, limo service
linienähnlicher Verkehr *m* quasi-scheduled service
Linienbus *m* scheduled bus, regular bus, public service vehicle
Linienflug *m* scheduled flight, regular flight, *(AE)* sked
Linienfluggesellschaft *f* scheduled airline, commercial airline, flag carrier
Linienflugverkehr *m* scheduled air traffic
Linienmaschine *f (BE)* scheduled aeroplane, *(AE)* scheduled airplane
Linienreederei *f* liner shipping company
Linienschifffahrt *f* regular navigation, liner trade
Linientaufe *f* christening of a new (cruise) line, crossing-the-line ceremony
Linienverkehr *m* scheduled traffic, regular traffic, regular transport, regular service
Linksverkehr *m* drive on the left
Liquidation *f* liquidation
Liquidität *f* liquidity, solvency
Liquiditätsbedarf *m* liquidity requirement
Lissabon-Vertrag *m* Lisbon Treaty
Lizenz *f* licence • **eine Lizenz erteilen** licence, grant a licence
Lizenzgebühr *f* license fee, royalty
Lizenzierung *f* licensing
Lobby *f* lobby
Lobbyarbeit *f* lobby, lobbying, networking
Lockvogelangebot *n* loss leader offer, *(AE)* bait offer
Logbuch *n* log book, logbook
Logistik *f* logistics
Lohnausgleich *m* compensation, compensatory wage increase
Lohnfortzahlung *f* continued payment of wages
Lohnnebenkosten *pl* associated employer outlay, additional wage costs, ancillary wage costs, employee on-costs
Lohn-Preis-Spirale *f* wage-price spiral
lohnsteuerpflichtiger Anteil *m* taxable share of income
Lokalkolorit *n (BE)* local colour, *(AE)* local color
Lokomotive *f* locomotive, railway engine
Look-to-Book-Quote *f*, **Look-to--Book-Rate** *f* look-to-book ratio, look-to--book rate *(Verhältniszahl zwischen dem Ansehen einer Internetseite und der Anzahl der erfolgten Buchungen; wichtige Kennzahl im Web-Tourismus)*
Lösegeldversicherung *f* ransom insurance
Lösungsweg *m* path towards a solution
Lotse *m* pilot
Lotsengebühr *f* pilotage (dues)
Lotsenversetzschiff *n* pilot vessel, pilot boat
Lounge *f* lounge
Loyalität *f* loyalty, allegiance *(Treue)*
Luftaufnahme *f* aerial photograph, aerial view, air photo
Luftbeförderungsrecht *n* air carriage law
Luftbrücke *f* airlift, skylift
Luftdruck *m* **in der Kabine** cabin pressure, air pressure in the cabin
Luftfahrt-Aufsichtsbehörde *f* Federal Aviation Administration *(Abk.: FAA)*
Luftfahrtausstellung *f* air show, aviation exhibition
Luftfahrtbundesamt *n (Abk.: LBA)* Federal Aviation Office, German FAA
Luftfahrtbündnis *n* aviation alliance, airlines alliance

Luftfahrtgeschichte *f* aviation history
Luftfahrtgesellschaft *f* airline, airline company
Luftfahrtstatistik *f* aviation statistics
Luftfahrt-Unfallversicherung *f* aviation accident insurance
Luftfahrtunternehmen *n* airline, airline company
Luftfahrtvereinbarung *f* air transport agreement, aeronautical agreement
Luftfracht *f* air cargo, air freight
Lufthoheit *f* air sovereignty, sovereignty over airspace
Luftkissenboot *n* hovercraft
Luftkissenfahrzeug *n* air cushion vehicle, hovercraft, aeromobile
Luftkorridor *m* air corridor, airway
Luftkrankheit *f* air sickness
Luftkurort *m* climatic health resort, climatic spa
Luftloch *n* air hole, vent
Luftraum *m* airspace
Luftraumgrenze *f* airspace border
Luftraumnutzung *f* utilization of airspace
Luftraumüberlastung *f* air traffic congestion
Luftreiseverkehr *m* air traffic
Luftrettungssystem *n* air rescue system
Luftschiff *n* airship, dirigible
Luftseite *f* airside *(Flughafen)*
Luftsicherheitsgebühr *f* air security fee
Luftsicherheitskosten *pl* air safety costs
Luftsicherheitspauschale *f* air security charge
Luftstraße *f* air route, airway
Luftstraßennetz *n* air route network, air route system
Lufttransport *m* air transportation, airlift, carriage by air
Luftverkehr *m* **der dritten Ebene** third level operations *(air traffic)*; regional air traffic
Luftverkehrsabkommen *n* Civil Aviation Agreement, air service agreement, aeronautical agreement
Luftverkehrsgesellschaft *f* airline, airline corporation, airline operating company
Luftverkehrsgesetz *n* air traffic law, air traffic act
Luftverkehrskauffrau *f* (female) air traffic management assistant, (female) air traffic management officer
Luftverkehrskaufmann *m* air traffic management assistant, air traffic management officer
Luftverkehrsmarkt *m* air traffic market, aviation industry
Luftverkehrsnetz *n* air transportation network, aviation network
Luftverkehrsrecht *n* air traffic right, aviation law
Luftverkehrsstatistik *f* air traffic statistics
Luftverkehrstarifwesen *n* air traffic tariff system
Luftverkehrsüberwachung *f* air traffic control
Luftverkehrsunternehmen *n* airline corporation, airline operating company
Luftverkehrszulassungsbescheinigung *f* certificate of air-worthiness
Luftverkehrszulassungsordnung *f* *(Abk.: LZO)* aviation certification regulation, air traffic licensing regulation
Luftversicherungsvertrag *m* aviation insurance contract
Luftwiderstand *m* air resistance, drag
Luftzone *f* air zone
Lunchpaket *n* lunch box, *(BE)* packed lunch, *(AE)* box lunch
Luxusbus *m* luxury bus, *(BE)* luxury coach, *(AE)* deluxe bus
Luxusherberge *f* luxury hotel
Luxushotel *n* luxury hotel, *(AE)* deluxe hotel
Luxusklasse *f* luxury class, *(AE)* deluxe class
Luxusreise *f* luxury trip, *(AE)* deluxe trip
Luxuszimmer *n* luxury room, *(AE)* deluxe room

M

Maastrichter Vertrag *m* Maastricht Treaty
Maastricht-Kriterien *npl* Maastricht Criteria
Machbarkeitsstudie *f* feasibility study
mächtig *adj* mighty
Maghreb-Staat *m* Maghreb state
Magisches Viereck *n* magic square, magic quadrilateral
Magnetschnellbahn *f* magnetic high-speed train, super-speed maglev system

Magnetschwebebahn *f* magnetic levitation train, maglev
Magnetschwebebahn-Trasse *f* route of magnetic levitation railway, maglev route
Magnetstreifen *m* magnetic strip
Magnetstreifenkarte *f* magnetic stripe card, magnetic strip card
Magnetstreifenleser *m* magnetic strip reader
Magnetstreifenticket *n* magnetic stripe ticket, magnetic strip ticket
Mahlzeit *f* meal
Mahnung *f* reminder, demand for payment, overdue notice
Maisonette *f* duplex, maisonette
makellos *adj* unblemished, untarnished, perfect
Malaria *f* malaria
malerisch *adj* picturesque
Malus *m* penalty, minus point, malus
Mangel *m* fault, defect, lack
Mängelanzeige *f* letter of complaint, notice of defects
Mängelprotokoll *n* notification of deficiencies, notice of defects, punch list
Mangelzeitraum *m* complaint deadline
Manipulation *f* manipulation
Mannschaft *f* team
Märchenfestspiele *npl* fairy story festival
Märchenzug *m* fairy story train
Marge *f* margin, price difference
Margenbesteuerung *f* margin tax, margin taxation
Marke *f* trademark, trade mark, brand
Markenartikel *m* branded item, proprietary article
markenloses Produkt *f* no-name product, non-branded product, non-branded item
Markenpolitik *f* brand policy
Markenpräferenz *f* brand preference
Markenzeichen *n* trademark, trade mark, brand
Marketing *n* marketing
Marketing-Mix *m* marketing mix
Marketingstrategie *f* marketing strategy, marketing policy
Marketingvereinbarung *f* **zwischen Luftverkehrsgesellschaften** inter-airline marketing agreement
Marketingzusammenarbeit *f* marketing cooperation
Markt *m* market
Marktbeherrschung *f* control of the market, domination of the market, market control, leadership
Marktbereinigung *f* market rectification
Marktforschung *f* market research, market analysis
Marktforschungsunternehmen *n* market research company
Marktführer *m* market leader, market outperformer
marktgängig *adj* marketable
Marktkonsolidierung *f* market consolidation
Marktlücke *f* market gap, market niche
Markt-, Media- und Meinungsforschungsinstitut *n* market, media, and opinion research institute
Marktnischenkonzept *n* market niche concept
Marktpotenzial *n* market potential
Marktsegment *n* market segment
Marktteilnehmer *m* market participant, trading member
Marktumfeld *n* market environment
Markt- und Standortanalyse *f* market and location analysis
Marktuntersuchung *f* market survey, market analysis, market inquiry
Marktvolumen *n* market volume
Marktwirtschaft *f* market economy, free economy, market system
Maschine *f* machine; machinery; *(BE)* aeroplane, *(AE)* airplane
maschinenlesbarer Reisepass *m* machine-readable passport
Massageabteilung *f* massage section
Massekredit *m* preferential loan *(under bankrupcy proceedings)*
Massenreisedestination *f* mass travel destination
Massentourismus *m* mass tourism
Massenversammlung *f* rally, mass meeting, gathering
maßgeschneidert *adj* tailor-made
Maßnahmenplanung *f* action planning, campaign planning
Matratze *f* mattress
Matur(a) *f (dtCH, Aut)* school leaving certificate enabling entry to higher education *(Reifeprüfung, Abitur)*
Mautgebühr *f* toll, road toll
Maximalentfernung *f* **in Meilen** maximum distance in miles *(Luftverkehr)*
maximales Abfluggewicht *n* maximum take-off mass *(Abk.: MTOM)*

Maximalpreis *m* maximum price
Medienereignis *n* media event
Medienkonvergenz *f* media convergence
Medienreise *f* media tour
Medien- und Tourismusereignis *n* media and tourism event
Medienzentrum *n* media centre
Medikament *n* medication, medicine
Medizin *f* medicine
Medizintourismus *m* medicine tourism
Meer *n* sea, ocean
Meeresbucht *f* bay
Meeresspiegel *m* sea level
Meerwasserentsalzungsanlage *f* desalination plant
Mehrbettkabine *f* multi-berth cabin
Mehrbettzimmer *n* multi-bedroom, multi-bedded room, multiple-bedded room, *(BE)* dormitory, shared room
Mehrfrequenzwahlverfahren *n (Abk.: MFV)* dual tone multifrequency, multifrequency code *(Abk.: MFC)*
Mehrkosten-Schutz *m* additional expense coverage
Mehrtagesberechtigungskarte *f* ticket valid for several days
Mehrtageskarte *f* several days ticket, ticket valid for several days
Mehrtagesreise *f* several-days tour, journey of several days' duration, trip lasting several days, multi-days trip
Mehrwertsteuer *f* value added tax *(Abk.: VAT)*; sales tax
Meile *f* mile
Meilenbonus *m* mileage bonus
Meilenerwerb *m* acquisition of frequent flyer miles
Meilenguthaben *n* mileage credit, mileage balance
Meilenkonto *n* mileage account
Meilenlimit *n* mileage limit
Meilensystem *n* mileage system
Meinungsforschung *f* public opinion research, opinion polling
Meinungsumfrage *f* opinion poll, opinion survey
Meldeschlusszeit *f* check-in deadline
Meldezeit *f* check-in time, registration time
Meldezettel *m* **Hotel** registration form, registration sheet
Mengennachlass *m* bulk discount, quantity discount
Mengenrabatt *m* quantity discount, volume discount, bulk discount
Mensa *f* refectory, student restaurant, canteen
Menschenmasse *f* crowd, mass of people
Menü *n* menu, set meal, set menu
Meridian *m* meridian, line of longitude
Messegelände *n* trade fair ground, trade fair site, exhibition ground, fairground
Messehostess *f* fair hostess
Messerate *f* fair rate, congress rate
Messestand *m*/**spektakulärer** fair stand spectacular, exhibition stand spectacular
Messetourismus *m* trade-fair tourism
Meta-Flugsuche *f* meta-flight-search
Metalldetektor *m* metal detector
Meta-Suche *f* meta-search
Meta-Suchmaschine *f* meta-search engine
Metropole *f* metropolis
Mice-Branche *f* meetings industry, mice industry
Miete *f* rent, *(BE)* hire, lease
Mietkauf *m* leasing, hire purchase
Mietomnibusverkehr *m* rental bus traffic, hired bus traffic, *(BE)* hired coach traffic
Mietvertrag *m* rental contract, lease (contract), rental agreement
Mietwagen *m (BE)* hire car, *(AE)* rental car, *(BE)* hired car, *(AE)* rented car
Mietwagennachweis *m* proof of ability to drive a rental car, identification statement of a rental car
Mietwagenreservierungsprogramm *n (BE)* car hire reservation programme, *(AE)* car rental reservation program
Mietwagenrückgabe *f* car rental return, car returns
Mietwagenverband *m (BE)* car hire association, *(AE)* car rental association
Mikroblogdienst *m* **Twitter** twitter
Mikrozensus *m* sample census, microcensus *(repräsentative Stichprobenuntersuchung)*
Minderung *f* compensation, reimbursement, reduction, decrease
Minderungsanspruch *m* claim for compensation, claim for reimbursement
Mindestarbeitsbedingungsgesetz *n* Minimum Industrial Relations Legislation
Mindestaufenthalt *m* minimum stay
Mindestlohn *m* minimum wage

Mindestpreis *m* minimum price, minimum rate
Mindeststandard *m* minimum standard
Mindestteilnehmerzahl *f* minimum number of participants, minimum of participants
Mindestübergangszeit *f* minimum connecting time
Mindestumsteigezeit *f* minimum connecting time
Mineral- und Moorheilbad *n* mineral and moorland spa, spa offering mineral and fango treatment
Minibar *f* minibar
Minijob-Regelung *f* short-time employment regulation
Minuswachstum *n* growth deficit
Mischkalkulation *f* mixed calculation, combined costing
Mischreise *f* mixed trip *(beruflich/privat; business/private)*
Mitarbeiter *m* employee; colleague, associate
Mitarbeiterbeurteilung *f* staff appraisal
Mitarbeitereffizienz *f* staff efficiency, personnel efficiency, employee efficiency
Mitarbeitergespräch *n* staff meeting, personnel dialogue
Mitarbeiterin *f* employee; colleague, associate
Mitarbeiterunterrichtung *f* briefing, staff instruction, staff information
Mitarbeiterzufriedenheit *f* staff satisfaction, employee satisfaction
Mitbestimmungsrecht *n* right of co-determination
Mitbringsel *n* souvenir
Mitfahrer(in) *m(f)* car passenger, co-driver
Mitfahrersparpreis *m* special rate for an accompanying person
Mitfahrzentrale *f* car pool service, car sharing agency
Mitflugzentrale *f* aircraft pool service, flight sharing agency
Mitgliederversammlung *f* general meeting
Mitläuferverkehr *m* simultaneous carriage of persons and their motor vehicles
Mitreisende *m(f) (BE)* fellow traveller, travelling companion, *(AE)* fellow traveler, traveling companion, fellow passenger
Mittagessen *n* luncheon, lunch, midday meal, dinner
Mittagsruhe *f* siesta, afternoon nap, after-dinner nap
Mitteilungspflicht *f* obligation to notification
mittelalterlich *adj* medieval
Mitteleuropäische Zeit *f (Abk.: MEZ)* Central European Time *(Abk.: CET)*
Mittelklassehotel *n* midscale hotel
Mittellandsee *m (dtCH)* internal sea, inland sea *(Binnensee)*
Mittelmeer *n* Mediterranean (Sea)
Mittelmeerraum *m* Mediterranean (region)
Mittelplatz *m (BE)* centre seat, *(AE)* center seat
Mittelstand *m* middle class, small and medium-sized company
mittelständische Personenschifffahrt *f* association of German small and medium-sized passenger shipping companies
mittelständische Unternehmen *npl* small and medium-sized enterprises *(Abk.: SME)*
Mittelstrecke *f* medium-haul route *(Flug)*; middle-distance *(Sport)*
Mittelstreckenverkehr *m* medium-haul traffic
Mittlerer Osten *m* Middle East, Mideast
Mittsommerfest *n* midsummer festival
Mittsommernacht *f* midsummer night
Mitwirkung *f* cooperation, participation, assistance
Mitwirkungspflicht *f* obligation to co-operate, obligation to participate, duty to cooperate, duty to participate
Mitwohnzentrale *f* flat-sharing agency
Mobilfunk *m* mobile communication system, mobile radio, *(AE)* cellular phone network, cellular radio
Mobilfunkgerät *n* handset, mobile phone
Mobilfunknetz *n* mobile network, cellular network, mobile communications network
Mobilheim *n* mobile home
Mobilitätsangebot *n* mobility offer
Mobilitätsbarriere *f* barrier to mobility
Mobilitätsbilanz *f* mobility balance
Mobilitätsmanagement *n* mobility management
Mobiltelefon *n* mobile, cell phone
Modalitäten *fpl* terms, modalities
Modemanschluss *m* modem connection, modem port
Moderator *m* moderator, presenter, host

modernisieren *v* rejuvenate, modernize, update
modifizieren *v* modify
Moment *n* momentum, impulse momentum
mondän *adj* chic, stylish, fashionable
Monsun *m* monsoon
Montgolfiere *f* hot-air balloon; ballooning *(Ballonfahrt)*
Monument *n* monument
Moorheilbad *n* moorland spa, spa offering fango treatment
Moratorium *n* moratorium
Morgenessen *n (dtCH)* breakfast *(Frühstück)*
Mosaik *n* mosaic
Motel *n* motel
Motivation *f* motivation
Motorboot *n* motorboat
motorisierte Pannenhilfe *f* mobile breakdown service
Motorroller *m* motor scooter
Motorschiff *n* motorship, motor vessel
Motoryacht *f* motor yacht
Multi-Dokumentendrucker *m* multi-purpose document printer
Multimedia *n* multimedia *(Bezeichnung für die kombinierte Nutzung von und Informationen aus verschiedenen Medien)* • **mit Multimedia aufgewachsene Person** digital natives *(Bezeichnung für Internetgeneration, die nach 1980 geboren wurde; gem. Prof. Urs Gasser, Universität St. Gallen, und seinem Buch "Born Digital"; auch beschrieben als Net-Genner, Instant Messengers oder Generation @)*
Multiplikator *m* multiplier, disseminator
Multitasker *m* digital natives, net genner, instant messengers, generation @ *(Digital-Medien-Nutzer, die mehreren Aufgaben/Programmen nachkommen)*
Mundschutz *m* face mask, surgical mask
Mündungsgebiet *n* **von Flüssen** estuary, mouth of a river
Museumsbahn *f* museum railway, museum tram
Museumsreisen *fpl* museum visits, museum trips
Musikfest *n* music festival
Muße *f* leisure, spare time
Müßiggang *m* idleness, indolence
Mustervertrag *m* model agreement, standard contract
Mutmacher *m* encourager
Muttergesellschaft *f (BE)* parent company, holding, *(AE)* parent corporation
Mutterland *n* home country
Mystik *f* mysticism

N

Nachbarschaftstourismus *m* cross-border tourism
Nachbarschaftsverkehr *m* vicinity traffic, local traffic
Nachbelastung *f* additional charge
Nachbesprechung *f* debriefing
Nachdiplomstudium *n (Abk.: NDS)* post-graduate studies
Nachfolgegesellschaft *f* successor company
Nachfolger(in) *m(f)* follower
Nachfrage *f* demand, request, need
Nachfrager *m* customer, buyer, consumer
Nachfragerückgang *m* decrease in demand, declining demand
Nachfragesteigerung *f* increase of demand
nachhaltige Mobilität *f* sustainable mobility
nachhaltige Regionalentwicklung *f* sustainable regional development
nachhaltiger Tourismus *m* sustainable tourism, ecotourism, green tourism
nachhaltiges Catering *n* sustainable catering
Nachhaltigkeit *f* sustainability
Nachhaltigkeitsleitfaden *m* sustainability guideline
Nachhaltigkeitsstrategie *f* sustainability theme, sustainable development strategy
Nachhilfe *f* coaching, private tutoring, private lessons
Nachholbedarf *m* additional requirements, backlog, pent-up demand, accumulated needs
Nachkalkulation *f* final costing, post-calculation, product costing analysis
Nachlass *m* discount, reduction
Nachlauf *m* trail, follow-up
Nachrichtenverbindungssystem *n* communication system
Nachsaison *f* off-season, after-season, post-season, late season

Nachsatz *m* trailer *(Computer)*
Nachschlagewerk *n* reference book, reference work
Nachtbetriebsbeschränkung *f* late licensing restriction,
Nachtbus *m* night bus
Nachtcar *m (dtCH)* overnight bus
Nachtessen *n (dtCH)* dinner, evening meal, supper *(Abendessen)*
Nachtflug *m* night flight
Nachtflugverbot *n* ban on night-time flying, ban on night flights
Nächtigung *f (dtCH, Aut)* overnight stay, accommodation, lodging *(Übernachtung)*
Nachtleben *n* nightlife
Nachtreiseverkehr *m* night-time traffic, night travel
Nachtreisezug *m* night train
Nachtschwärmer *m* night reveller; rake *(liederlicher Mensch)*
Nachtwanderung *f* night hike
Nachtzug *m* night train, overnight train
Nachverhandlung *f* subsequent negotiation
Nachweis *m* documentation, proof, record, certificate
Nachwuchsförderung *f* promotion of young people, support for young people, promotion of the new generation
Nachwuchsjournalist(in) *m(f)* rising young journalist, trainee journalist
Nacktbadestrand *m* nudist beach
Nacktscanner *m* body scanner
Nacktwanderung *f* nudist hike
Naher Osten *m* Middle East, Near East
Naherholung *f* local recreation, recreation in the vicinity
Naherholungsgebiet *n* local recreation area, recreation area in the (immediate) vicinity, recreational area (close to a town), green belt recreation area
Naherholungsverkehr *m* traffic around a recreational area
Nahost Middle East, Near East
Nahverkehr *m* local transportation, local traffic, short-distance traffic
Nahverkehr *m* **im Grenzgebiet** borderland local traffic
Nahverkehrszug *m* local train, stopping train, commuter train, regional train
Namensschild *n* nameplate, name tag
Nasscharter *m* wet charter, charter including crew and equipment
Nationale Naturlandschaft *f* national natural landscape
Nationalität *f* nationality, citizenship
Nationalitätskennzeichen *n* national identity plate, national characteristic, nationality plate
Nationalpark *m* national park
Naturdenkmal *n* natural monument
Naturerlebnis *n* nature experience
Naturheilkunde *f* natural healing, naturopathy
natürliche Person *f* natural person
Naturpark *m* nature park, regional park, nature reserve
Naturreiseapotheke *f* natural medicine first-aid kit
Naturschutzgebiet *n* nature reserve, wildlife sanctuary, conservation area
Naturstrand *m* natural beach
Natur- und Kulturschätze *mpl* natural and cultural heritage
Naturwunder *n* miracle of nature, natural wonder
Naue *f* special excursion boat in Switzerland
nautische Meile *f* nautical mile
Navigationssystem *n* navigation system
nebenberuflich *adj* as a sideline, out-side, part-time, extra-professional
Nebenerwerbsreisebüro *n* supplementary income travel agency
Nebenkosten *pl* incidentals, extra costs, extra expenses, extras, additional expenses
Nebenleistungen *fpl* additional services, auxiliary services, ancillary services
Nebensaison *f* low season, off-season
Nebenwohnsitz *m* second residence
Nebenzimmer *n* adjoining room
Nehrung *f* nehrung, spit (of land)
Neigezug *m* tilting train, pendolino
Neigungsgruppe *f (Aut)* inclination group, special interest group *(Zielgruppe)*
Nettopreis *m* net price
Nettopreisregelung *f* net price regulation
Nettotarif *m* net rate, net tariff, net fare
Netto-Tarif *m* **Flug** flight net fare
Netzcarrier *m* net carrier, national flag, national flag carrier
Netzkarte *f* unrestricted season ticket, rail pass, railcard, *(BE)* runaround ticket
Netzspannung *f* supply voltage, mains voltage
Netzwerk *n* network

Netzwerkverwalter *m* network administrator
Neuaufteilung *f* **der Meere** new partition of the oceans
Neubuchung *f* new booking, booking less than four months before departure
Neue Medien *npl* new media
neueste ärztliche Behandlungsmethode *f* latest medical spa therapy
Neugierde *f* curiosity, nosiness
Neugründung *f* start-up *(Unternehmen)*
Neupositionierung *f* repositioning, reorientation
Neuzugang *m* new entry, new business
nicht realisierte Einsparungen *fpl* missed savings
Nichtachtung *f* disrespect, disregard
Nichtantritt *m* no-show, no start
Nichtausführung *f* non-execution
Nichtbeförderung *f* denied boarding
Nichtbeförderung *f* **bei Überbuchung** bumping, denied boarding in the event of overbooking
Nichtbesteuerungssachverhalt *m* non--taxation fact
Nichtdurchführung *f* **der Reise** cancellation of trip, non-execution of journey
Nichterfüllung *f* non-fulfil(l)ment, non--performance
Nichterscheinen *n* no-show *(Passagier)*; non-attendance, non-appearance
nichtig *adj* void, invalid
Nicht-Linienverkehr *m* unscheduled traffic
Nichtraucher *m (BE)* non-smoker, *(AE)* nonsmoker
Nichtraucherabteil *n (BE)* non-smoking compartment, *(AE)* nonsmoking compartment
Nichtraucherbereich *m (BE)* non-smoking area, no-smoking area, *(AE)* nonsmoking area
Nichtraucherflug *m* non-smoking flight
Nichtraucherin *f (BE)* non-smoker, *(AE)* nonsmoker
Nichtraucherschutz *m* non-smoker protection
Nichtregierungsorganisation *f* nongovernmental organization *(Abk.: NGO)*
Nichtreisende *m(f)* non-passenger, *(BE)* non-traveller, *(AE)* non-traveler
Niederlassungsfreiheit *f* freedom of establishment, right of domicile, right of establishment
niedrige Hotelkategorie *f* low hotel category
Niedriglohn *m* low pay, low wages
nirgendwohin *adv* nowhere
Nischenprodukt *n* niche product
Nischentourismus *m* niche tourism
Niveau *n* level, standard
niveauvoll *adj* sophisticated
Non-Aviation-Einnahmen *fpl* non-aviation revenues
Non-Stop-Flug *m* non-stop flight
Nordlicht *n* northern lights, aurora borealis
Nord-Ost-Passage *f* North-East passage
Nord-Ostsee-Kanal *m* Kiel Canal
Nordsee-Inselverkehr *m* North Sea island traffic
Nord-West-Passage *f* North-West passage
Normalpreis *m* regular fare, standard price
Normaltarif *m* rack rate
Nostalgiereise *f* nostalgic journey, trip down memory lane, nostalgia tour
Notausgang *m* emergency exit, emergency door, fire exit
Notbremse *f* emergency brake, *(BE)* communication cord
Notenbank *f* central bank, reserve bank, bank of issue
Notfahrplan *m* emergency timetable, emergency schedule
Notfall *m* emergency
Notlandung *f* emergency landing
Notruf *m* **bei der Schifffahrt** SOS call, Mayday *(SOS)*
Notrufsäule *f* emergency telephone
Notrutsche *f* escape chute, escape slide
Notwasserung *f* ditching
Nullprovision *f* commission cut, zero commission
Nullwachstum *n* zero growth
Nummernschild *n (BE)* licence plate, *(AE)* license plate, number plate
Nur-Flug-Geschäft *n* flight-only sector
nützen *v*/**jdm etwas** benefit sb *(von Vorteil sein)*; help sb, be of use to sb
Nutzenschwelle *f* break-even point
Nutzer-Authentifizierung *f* user authentification
Nutzer-ID *f* user ID
Nutzladefaktor *m* cargo load factor
nützlich *adj* useful, advantageous, helpful
nützliche Hinweise *mpl* useful hints

O

Oase *f* oasis
Obelisk *m* obelisk
Ober *m (Aut)* head waiter *(Zahlkellner, Oberkellner)*
Oberbett *n* quilt, pullman-bed
Oberdeck *n* upper deck
Oberkellner *m* head waiter
Oberkellnerin *f* head waitress
Objektfinanzierungsform *f* property financing options, fundraising options for property buyers
Obliegenheit *f* obligation
Obligation *f* obligation, bond, debenture
obligatorisch *adj* obligatory, compulsory, mandatory
Obligo *n* liability, commitment
O-Bus trolleybus
Odeon *n* odeum
offene Handelsgesellschaft *f (Abk.: OHG)* general partnership
offene Stadt *f* open city
offener Himmel *m* open sky agreement, deregulation, Open Skies Treaty
öffentliche Investitionsförderung *f* state investment aid, promotion of public investments
öffentlicher Listenpreis *m* published fare, published list price
öffentlicher Personennahverkehr *m (Abk.: ÖPNV)* regional public transport, local public transport
öffentlicher Preis *m* published fare, published rack rate
öffentlicher Sektor *m (Abk.: ÖS)* public sector *(Abk.: PS)*
öffentlicher Verkehr *m* public transport, public service
öffentliches Gut *n* public good, public property, collective good, (the) commons
öffentliches Verkehrsmittel *n* public transportation, public transport; public service vehicle, public conveyance
Öffentlichkeitsarbeit *f* public relations *(Abk.: PR)*
Oftreisende *m(f) (BE)* frequent traveller, *(AE)* frequent traveler, repeater
Ohrstöpsel *m* earplug
Öko-Audit-Verfahren *n* eco auditing
Ökobank *f* German Cooperative Eco--Bank
Ökobilanz *f* ecobalance, environmental performance evaluation, life cycle assessment
Ökologie *f* ecology
ökonomisches Prinzip *n* economic principle
Ökosteuer *f* **für Touristen** eco-tax on tourists, green tax for tourists
Ökotourismus *m* ecological tourism, ecotourism
Okzident *m* occident
Oligopol *n* oligopoly
Olympische Spiele *npl* Olympic Games, Olympics
Omnibuslinienverkehr *m* scheduled bus traffic
Online-Auktion *f* online auction
Online-Buchung *f* online booking
Online-Tagebuch *n* blog, weblog, online log
operative Planung *f* functional planning, operative planning
Opportunitätskosten *pl* opportunity costs, alternative costs
Optimierungspotential *n* optimization potential
optimistisch *adj* bullish
Option *f* option
Optionsbuchung *f* option booking, optional reservation
Optionsvertrag *m* option contract
Orangerie *f* orangery, orangerie
Ordinarischiff *n (Aut)* passenger boat *(Personenschiff im Liniendienst)*
Ordnungsrahmen *m* regulatory framework
Organigramm *n* organigram, organization chart
Organisationskomitee *n* organizing committee
Organstrafverfügung *f (Aut)* disciplinary traffic penalty, fine *(Anonymverfügung, Verkehrsordnungswidrigkeit, Verwarnungsgeld)*
Orient *m* Orient
Orientierungstour *f* information trip, orientation tour
Originalbeleg *m* original slip, receipt, original document, voucher
Orkan *m* hurricane
Ort *m* **des Verkaufs** point-of-sale *(Abk.: POS)*
Örtlicher Vertreter *m* local representative, local agent

Ortsbeschreibung *f* resort description, topography
Ortsrand *m* outskirts, suburb, edge *(of a city/town)*
Ortszeit *f* local time
Ortszentrum *n (BE)* centre, *(AE)* center, *(AE)* downtown *(town)*; *(BE)* town centre
Österreich Austria *(Republik Österreich)*
Ozean *m* ocean
Ozeanflug *m* transoceanic flight
Ozeanreise *f* transoceanic voyage, oceanic voyage

P

Pachtvertrag *m* lease contract
Pachtzahlung *f* rent payment, lease payment
Page *m* page, buttons, *(AE)* bellboy
Paketboot *n (BE)* packet-boat, mail boat, *(AE)* packet boat, *(AE)* packet ship
paketieren *v* **zu Tagespreisen** packetize at current prizes, package at day-conditions
Paketreise *f* package tour
Paketreiseveranstalter *m* package-tour operator, package-tour organizer
Pandemie *f* pandemic
Panikmache *f* scaremongering, panic-mongering, scare tactics
Pannendienst *m* breakdown service, emergency road service
Pannenservice *m* breakdown service
Panoramatour *f* panoramic tour
Pantheon *n* pantheon
Pantscherl *(Aut)* affair *(Flirt, Liebelei)*
papierlos *adj* paperless
Parahotellerie *f* parahotel sector, alternative accommodation
Pariser Luftverkehrsabkommen *n* Paris Aviation Convention
Parkautomat *m* parking meter
Parkbußen *fpl (dtCH)* disciplinary traffic penalty, fine *(Verkehrsordnungswidrigkeit, Verwarnungsgeld)*
Parkhaus *n (AE)* parking garage, *(AE)* multi-story parking garage, *(BE)* multi-storey car park
parkieren *v* park *(parken)*
Parkplatz *m* parking space; *(BE)* car park, *(AE)* parking lot
Parkscheibe *f (BE)* parking disk, parking dial, *(AE)* parking disc
Parkuhr *f* parking meter
Partnerausschuss *m* partner committee
partnerschaftliche Vorgehensweise *f* partnership approach
Partnerschaftsvertrag *m* partnership contract
Partnerstadt *f* twin town, twin city, sister city
Partnertarif *m* companion fare, partner fare
Passagetarifwerk *n* manual for passenger air tariffs *(Flug)*
Passagevertrag *m* contract of passage
Passagier *m* passenger, pax
Passagierabfertigung *f* passenger check-in, passenger handling
Passagierbeförderung *f* passenger transportation
Passagierdatensatz *m* passenger name record *(Abk.: PNR)*
Passagierdeck *n* passenger deck
Passagierinformationssystem *n* passenger information system *(Abk.: PIS)*
Passagierkomfort *m* passenger comfort
Passagierliste *f* manifest, list of ship passengers, way bill
Passagiermanifest *n* passenger manifest
Passagierschiff *n* passenger ship, passenger liner, cruise ship
Passagierwachstum *n* passenger growth, growth of passenger figures
Passantenhotel *n* transient hotel
Passat *m* trade wind
passive Buchung *f* passive booking
passives Segment *n* passive segment
Passkontrolle *f* passport control, passport inspection
Patronatserklärung *f* comfort letter, letter of comfort
pauschal *adj* all-inclusive, flat-rate
Pauschalangebot *n* all-inclusive offer, package deal
Pauschale *f* all-inclusive, all-in price, package rate, flat rate
Pauschalflugreiseverkehr *m* package-tour air traffic, inclusive-tour air traffic
Pauschalpreis *m* inclusive rate, package rate, flat rate, all-inclusive price
Pauschalreise *f* package tour, package travel
Pauschalreiseanteil *m* proportion of all-

inclusive tours, proportion of package tours
Pauschalreiseanzahl *f* number of inclusive tours, number of package tours
Pauschalreisen *fpl* package holidays, package travel
Pauschalreiserecht *n* package travel regulation
Pauschalreiserichtlinie *f* package holiday guideline
Pauschalsatz *m* flat rate, all-in rate
Pauschaltarif *m* inclusive tariff, flat rate, flat-rate tariff
Pauschaltourist *m* package holiday tourist
Pauschalurteil *n* sweeping statement
Pause *f* break, pause *(Sprechpause)*; rest
Pendelbus *m* shuttle bus
Pendelluftverkehr *m* air-shuttle traffic
Pendelverkehr *m* shuttle transport, commuter traffic
Pendelverkehr *m* **ohne Arrangement** shuttle service without further services, shuttle only
Pendelverkehrsdienst *m* shuttle service
Pendlerpauschale *f* tax-deductible commuting expenses for employees
Pension *f* boarding house, room and board, board and lodging, pension
Perron *n (dtCH)* platform *(Bahnsteig)*
Personal *n* staff, personnel
Personalauswahlverfahren *n* assessment centre
Personalausweis *m* identity card *(Abk.: I.D.)*
Personalplanung *f* manpower planning, human resources planning, personnel planning
Personal- und Organisationsentwicklung *f* human resources and organisation development, personnel and organisation development
Personalvermittler(in) *m(f)* head hunter *(von Führungskräften)*
Personalvermittlungsagentur *f* employment agency, recruitment agency
Personen *fpl* **mit eingeschränkter Beweglichkeit** persons with reduced mobility *(Abk.: PRM)*
Personenbeförderungsgesetz *n (Abk.: PBefG)* passenger transportation law, Passenger Transportation Act
Personenfähre *f* passenger ferry, foot ferry
Personenfernverkehr *m* long-distance rail passenger transport *(Schiene)*
Personengesellschaft *f* unincorporated firm, partnership
Personenkilometer *m (Abk.: Pkm) (BE)* passenger kilometre, *(AE)* passenger kilometer
Personennahverkehr *m* regional rail transport, local rail transport, local public transport *(Schiene)*
Personenschaden *m* personal injury, injury to persons, damage to persons
Personenschifffahrt *f* passenger shipping, passenger navigation
Personentransport *m* passenger transport, passenger transportation, conveyance of passengers
persönliche Effekten *pl (dtCH)* effects, movables, personal property, possessions *(Habseligkeiten, Gegenstände des persönlichen Gebrauchs)*
persönlicher Einsatzplan *m* personal plan of action, personal schedule
Perspektive *f* perspective, outlook, prospect
Pfandbrief *m* bond, debenture bond
Pfandrecht *n* lien, right of lien
Pflichtimpfung *f* compulsory vaccination, compulsory inoculation, mandatory inoculation
Pflichtprogramm *n* compulsory agenda, compulsory timetable
Pflichtverletzung *f* breach of duty
Pickerl *n (Aut)* stick-on label, sticker, vignette *(1. for motorway toll, 2. proving the roadworthiness of a vehicle; Autobahn-Vignette, Vignette für die Auto-Fahrtüchtigkeit)*
Picknickplatz *m* picnic spot, picnic site
Piktogramm *m* pictogram, icon
Pilgerfahrt *f* pilgrimage
Pilgerweg *m* pilgrimage trail
Pilot *m* pilot
Pilotprojekt *n* pilot project
Piraterie *f* piracy
Piste *f* runway *(Flugplatz)*; piste, slope, run *(Ski)*
Plan/im on track
Planfeststellungsverfahren *n* plan approval procedure, planning permission hearings, land use planning procedure
Planflug *m* scheduled flight *(planmäßiger Flug, Linienflug)*; planned flight *(geplanter Flug)*

planmäßige Ankunft *f* scheduled arrival, planned arrival
planmäßiger Abflug *m* scheduled take-off, scheduled departure
Planungsbüro *n* **Luftraumnutzer** planning office for air space users
Planungssicherheit *f* projection safety, security in planning
Planwirtschaft *f* planned economy, centrally managed economy
Plastikgeld *n* plastic money, plastic
Platzkarte *f* reserved seat ticket, seat reservation, reservation card
Platzzahl *f* number of seats
Plausibilitätsprüfung *f* plausibility check, plausibility test
Podcast *m* podcast
Podiumsdiskussion *f* panel discussion, brains trust
Polarkreis *m* arctic circle, polar circle
Polarlicht *n* polar light, aurora borealis, northern lights
Polartaufe *f* arctic circle ceremony
Polittourismus *m* politically motivated tourism
polizeiliche Fahndungsdaten *npl* criminological data in police investigation
polypolistische Konkurrenz *f* polypolistic competition
Pool *m* pool
Poolbar *f* pool bar
Portal *n* portal
Portfolio *n* portfolio
Portier *m* porter, concierge, bellman, doorman
Positionierung *f* positioning
Positionierungsfahrt *f* repositioning course, positioning cruise, navigation cruise
Positionierungsflug *m* positioning flight
Postauto *n (dtCH)* regular bus *(Linienbus)*
Postgepäck *n* mail luggage, post luggage
Postschiff *n* post ship, mail boat
Postversandauftrag *m* mail delivery order
potentieller Kunde *m* potential client, potential customer
prädikatisierter Tourismusort *m* rated tourism resort, certified tourism resort
pragmatisch *adj* pragmatic
Praktikant(in) *m(f)* trainee, intern, student on a placement
Praktikum *n* traineeship, internship, industrial practical placement
Prämie *f* premium, bonus, award
Prämienflug *m* award flight
Prämienmeile *f* award mile
Prämienpartner *m* premium partner
Prämienticket *n* premium ticket
Präventionsreisen *fpl* **mit Krankenkassenzuschuss** prevention tours [travel] with health insurance subsidy
Preis *m* price, rate, charge *(Rechnungspreis)*; prize, award *(Auszeichnung)*
Preisabstandsgebot *n* price regulation to protect competition
Preisänderungsvorbehalt *m* prices subject to change, rates are subject to alteration, revision clause
Preisangebots- und Preisdatenbank *f* price-performance database
Preisbasis *f* fare basis, price basis
Preisberechnung *f* price calculation, rate calculation, fare calculation
preisbereinigt *adj* adjusted for price
Preisbindung *f* price fixing, resale price fixing, *(BE)* retail price maintenance
Preisdisziplin *f* price discipline
Preiserhöhung *f* **bei Pauschalreisen** price increase in package tours
Preisgleichheit *f* price equality, price parity
Preisindex Reisen *m* travel price index
Preiskampf *m* price war, battle
Preiskategorie *f* price category, rate category
Preisklarheit *f* price transparency
Preis-Leistungs-Verhältnis *n* value for money, price-performance ratio, cost effectiveness, cost-effectiveness
Preisliste *f* price list, tariff list
Preisnachlass *m* price reduction; discount, rebate
Preisnotierung *f* direct quotation, price notation
Preissenkung *f* price cut, price reduction
Preisspanne *f* price range, price margin, price spread
Preisstabilität *f* stability of prices, price stability
Preisstaffel *f* graduated price scale
Preistransparenz *f* price transparency, transparency of prices
Preis- und Angebotsvergleichssystem *n* offer price comparative system, supply price comparative system
Preis- und Konditionenpolitik *f* price and conditions policy

Preisvergleichsportal *n* price comparison portal, price comparison homepage
Preisvergleichssystem *n* price comparison system, rate comparison system
Preiszugeständnis *n* price concession
Premierenkreuzfahrt *f* maiden cruise, première cruise, maiden voyage
Pressegespräch *n* press conference, briefing
Presseinformationsreise *f* press briefing tour, press information tour, fam trip
Pressereferent(in) *m(f)* press officer
Pressereise *f* press tour, press trip
Presse- und Öffentlichkeitsarbeit *f* press and public relations
primärer Sektor *m* primary sector
privater Sicherheitsdienst *m* private security company [service]
privater Verkehr *m* private traffic, *(BE)* private transport, *(AE)* private transportation
privates Beteiligungskapital *n* private equity
Privatflugverkehr *m* private air traffic, private flights
Privatinsel *f* private island
Privatisierung *f* privatisation, return to private enterprise
Privatquartier *n* private accommodation
Privatsphäre *f* privacy
Privatstrand *m* private beach
Privatunterkunft *f* private room, *(AE)* private apartment, private lodging
Privatvermieter *m* landlord
Privatvermieterin *f* landlady
Privatzimmer *n* private room
Privileg *n* privilege, prerogative
Pro Rata Charter *m* pro rata charter
Probezeit *f* probationary period, trial period, qualifying period
Produkt *n* product
Produktdifferenzierung *f* product differentiation
Produktempfehlung *f* product reference
Produkterfahrungs-Programm *n* product experience programme *(Abk.: PEP)*
Produktivität *f* productivity, efficiency
Produktivitätssteigerung *f* productivity increase, increase in productivity
Produkt- und Verkaufsschulung *f* product and sales training
Produktvielfalt *f* product variety, product diversity
Produzentenhaftung *f* producer's liability, tour operator's liability
produzierter Verkehr *m* produced traffic, ferry package tour *(Fährschiff)*
Profanarchitektur *f* secular architecture
Professionalität *f* professionalism
profilieren *v* profile, draw profiles
profilieren *v***/sich** make one's mark, make a name for oneself, have a strong image
Profitcenter *n (BE)* profit centre, *(AE)* profit center
profitieren *v***/von etwas** benefit from sth
Prognose *f* prediction, prognosis; forecast
Prognosefaktor *m* prognosis factor
Programm *n* **für visumfreies Reisen** visa waiver program
Programmpartner *m (BE)* programme partner, *(AE)* program partner
Projektarbeit *f* project work, project report, project thesis
Projektfinanzierung *f* project finance, project financing
Projektgruppe *f* task force, project team
Promenade *f* promenade, *(BE)* sea front, *(AE)* seafront
Propellerflugzeug *n* propeller aircraft
Prophylaxemaßnahme *f* precautionary measure, measure of prophylaxis
Propyläen Propylaea
Prospekt *m(n)* brochure, prospectus
Prospektangabe *f* information on goods or services offered in a brochure
Prospekthaftung *f* liability for information provided in a brochure
Prospektwahrheit *f* truth of brochure content, correctness of brochures
Prosumenten *mpl* prosumers *pl*
Protektionismus *m* protectionism
Provision *f* commission • **auf Provision** on commission
Provisionsanspruch *m* commission claim
provisionsbereinigter Airline-Nettoumsatz *m* net net flown revenue in relation between airline and travel agency, net turnover of an airline after adjustments for travel agency commission
Provisionsrückerstattungssystem *n* commission reimbursement system, commission drawback system
Provisionsrückvergütung *f* commission refund
Provisionsvergütung *f* **für Vermitt-**

lungsgeschäfte agent's commission, agency commission
Provisionsvorauszahlung *f* advance commission payment
prozentuale Provision *f* percentage commission
Prozessdauer *f* process time
Prozesskosten *pl* legal costs; operating process costs
Prozessoptimierung *f* process optimisation
Prozessor *m* processor *(CPU)*
Prüfstand *m* test stand, test-bench
Prüfungsbericht *m* audit report
Prüfungsbogen *m* examination sheet, exam sheet
Prüfungsfach *n* examination subject
Prüfungsvorbereitung *f* preparation for an examination, test preparation
Pub *m (BE)* pub, *(BE)* public house
Publikumsmesse *f* public fair, public exhibition
Pünktlichkeits-Statistik *f* punctuality-statistics
Punktwert *m* score
Punktzahl *f* score
Punkt-zu-Punkt-Verbindung *f* point-to-point-connection

Q

Qualität *f* quality
qualitatives Wachstum *n* qualitative growth
Qualitätsanspruch *m* quality standard
Qualitätsmanagement *n* quality management
Qualitätsmanager(in) *m(f)* **im Tourismus** Quality Manager in the tourism industry *(a vocational qualification of the German Chamber of Industry and Commerce)*
Qualitätspolitik *f* quality policy
Qualitätssicherung *f* quality assurance
Qualitätssiegel *n* seal of quality
Qualitätssymbol *n* symbol of quality
Qualitätsverlust *m* deterioration of quality, loss of quality
Qualitätsversprechen *n* guarantee of quality
Quantensprung *m* quantum leap, quantum jump
Quarantäne *f* quarantine
Quartier *n* accommodation; quarter
Quellenland *n* country of origin
Quellmarkt *m* source market, market of origin
Quereinsteiger *m* career-changer *(someone entering a new field of work different from their educational background)*
Querschnittsdarstellung *f* cross-section description, cross-section representation
Querschnittsveröffentlichung *f* cross-section publication
Querverweis *m* hyperlink, cross-reference
Quittung *f* receipt, voucher

R

Rabatt *m* discount, rebate, reduction
Rabattgesetz *n* discount law
Rabattverbot *n* **beim Verkauf von Pauschalreisen** prohibition of discounts for package tour sales
Rabattverein *m* discount association, customer rebate association, customer bonding programme
Radaranlage *f* radar installation, radar unit, radar system
Radarkontrolle *f* radar speed check, radar control, speed trap
Raddampfer *m* paddle steamer
radiale Einsteigestation *f* satellite terminal
Radionachrichten *fpl* radio news
Radreise *f* cycling tour
Radreiseanalyse *f* cycling tour analysis, statistic analysis of cycling travel
Radtour *f* cycling tour, bicycle tour, bike tour
Radurlaub *m (BE)* cycling holiday, *(AE)* cycling vacation
Radwanderer *m* cyclist
Radwanderung *f* cycle tour, cycle touring, bicycle tour
Rahmenabkommen *n* framework agreement, basic agreement, skeleton agreement
Rahmenbedingungen *fpl* basic condi-

tions, general conditions, basic parameters, framework conditions
Rahmendienstleistungsvertrag *m* basic contract for services
Rahmenprogramm *n (BE)* social programme, *(AE)* social program, *(BE)* fringe programme, *(AE)* fringe program
Rampenfinger *m* passenger boarding bridge
Randflughafen *m* secondary airport
Rasiervergrößerungsspiegel *m* magnifying mirror for shaving
Rasthaus *n (BE)* road-house, *(AE)* roadhouse
Raststätte *f (BE)* motorway service area, *(AE)* motorway services, service area, roadside restaurant
Rat *m* **für Denkmalpflege** council for the preservation of monuments and historic buildings, committee for the preservation of monuments and historic buildings
Ratenfreischaltung *f* activation of rates
Ratenstruktur *f* rates structure
Rationalisierung *f* rationalisation, efficiency-enhancing measures, streamlining
Raucher(in) *m(f)* smoker
Raucherabteil *n* smoking compartment
Raumfahrt-Tourismus *m* space tourism
Raumflughafen *m* spaceport
Raumordnungsverfahren *n* regional planning procedure
Raumplanung *f* development planning, regional planning, land use regulation
Realwirtschaft *f* real economy
Rechenzentrum *n* data-processing centre, *(BE)* computer centre, *(AE)* computer center
Rechnung *f* bill, invoice, *(AE)* check *(Restaurant)*
Rechnungswesen *n* accountancy, commercial accounting, controlling
Recht *n* **auf Entschädigung** right of redress
Recht *n* **im Tourismus** tourism law
Rechtsanspruch *m* legal right, legal entitlement, legitimate claim, title
Rechtsform *f* legal form
Rechtsschutzversicherung *f* legal expenses insurance, legal protection insurance, malpractice insurance
Rechtsverbindlichkeit *f* legal obligation, legally binding effect, legal validity
Rechtsverkehr *m* right hand traffic
Redakteur(in) *m(f)* editor
Redaktion *f* editorial staff
Reede *f* roads, roadstead
Reeder *m* shipowner
Reederei *f* shipping company, shipping business
Referat *n* 1. seminar paper, *(AE)* term paper; report; presentation; 2. department *(Behörde)*; 3. portfolio *(Geschäftsbereich)*
Referent(in) *m(f)* speaker, lecturer
Reformpolitik *f* reform policy
Regelstudienzeit *f* standard period of study
Regeltarif *m* standard tariff, standard rate, normal fare
Regel- und Margenbesteuerung *f* standard and margin taxation
Regenwald *m* rainforest
Regiebetrieb *m* agency-administered enterprise
Region *f* area, district, region
Regionalbahn *f* regional railway, local train
Regionaldienst *m* regional service
Regionalfluggesellschaft *f* regional airline
Regionalflughafen *m* regional airport
Regionalisierung *f* **des Nahverkehrs** regionalisation of local transport system
Regionalluftverkehr *m* regional air traffic
Regionalmesse *f* **für Touristiker** regional trade fair for tourism professionals
Regulierung *f* regulation, control
Rehabilitationskur *f* rehabilitation (treatment), rehab
Reinigung *f* cleaning
Reise *f* journey, tour, trip, voyage • **Wenn einer eine Reise tut, dann kann er was erzählen** He, who travels, has a tale to tell
Reiseabbruch *m* breaking off of a journey, breaking off of a trip, breaking off of a tour, cutting short a journey
Reiseabbruchversicherung *f* travel curtailment insurance, travel interruption insurance
Reiseabonnement *n* travel subscription, journey subscription
Reiseabsatz *m* travel distribution, travel sales
Reiseagentur *f* travel agency
Reiseanalyse *f (Abk.: RA)* travel analysis *(RA is a representative survey describing the holiday behaviour of Germans, their*

attitudes to travel, motivations and interests)
Reiseandenken *n* souvenir
Reiseangebot *n* travel offer, travel package
Reiseanmeldung *f* registration, reservation
Reiseapotheke *f* first-aid-kit, tourist's medicine case, portable medicine case, first-aid kit
Reiseassistent(in) *m(f)* travel companion, *(BE)* travelling companion, *(AE)* traveling companion
Reiseaufkommen *n* volume of travel, travel volume
Reiseausfallkosten-Versicherung *f* *(BE)* travelling expenses insurance, *(AE)* traveling expenses insurance
Reiseausgaben *fpl* travel expenses, travel expenditures, *(BE)* travelling expenses, *(AE)* traveling expenses
Reisebank *f* travel bank
Reisebarometer *n (obs)* tourism barometer *(Marktanalyse, die vom Deutschen Wirtschaftswisssenschaftlichen Institut für Fremdenverkehr (DWIF) entwickelt wurde, um die Tourismus-Entwicklungen im früheren Ostdeutschland zu beobachten)*
Reisebedarf *m (BE)* travelling requisites, *(AE)* traveling requisites, travel requirements, travel necessities, travel goods
Reisebedingungen *fpl* travel conditions, tour conditions, conditions of a travel contract, conditions of travel
Reisebeginn *m* start of a journey, beginning of a journey, start, departure
Reisebegleiter(in) *m(f)* tour escort, travel attendant, travel carer *(Betreuer)*; fellow passenger, *(BE)* travelling companion, *(AE)* traveling companion *(Mitreisender)*
Reisebeilage *f* travel supplement
Reisebekanntschaft *f* acquaintance made while travelling, travelling acquaintance
Reiseberater(in) *m(f)* travel consultant, travel adviser
reisebereit ready for the journey, ready to go
Reisebericht *m* travel book, account of a journey, travelogue, travelog
Reisebestätigung *f* tour confirmation, travel confirmation
Reisebetreiber *m* tour operator
Reisebiografie *f* travel biography *(tourism research project)*
Reiseblog *n* travelblog
Reisebranche *f* travel industry, travel sector
Reisebuch *n* travel guide, travel book
Reisebuchung *f* travel booking
Reisebuchung *f* **online** online reservation, online travel booking
Reisebudget *n* travel budget
Reisebüro *n* travel agency
Reisebüro *n***/elektronisches** electronic travel agency
reisebüroähnliche Stelle *f* non-official travel agency offering similar services
Reisebüro-Bahn-Beirat *m* **der DB--Agenturen** *(Abk.: RBB) (obs)* travel agency and railway advisory board of German Railway agencies
Reisebürobeirat *m* travel agency advisory board
Reisebürofachkraft *f* qualified travel management assistant
Reisebürokette *f* travel agency chain, chain of travel agencies
Reisebürokooperation *f* cooperation of travel agencies
Reisebürospiegel *m* monthly German travel agency survey
Reisebürostammtisch *m* regular informal meeting of travel agents
Reisebürostudie *f* travel agency survey
Reisebüroterminal *n* travel agency terminal
Reisebüroverordnung *f* travel agency ordinance, travel agency directive
Reisebus *m (BE)* coach, *(AE)* touring bus, tour bus
Reisebusfahrer(in) *m(f) (AE)* tour bus driver, *(BE)* touring coach driver
Reisedauer *f* duration of journey, duration of tour, travel time, length of tour, trip length
Reisedevisenfonds *m* foreign exchange fund
Reisedienst *m* travel service
Reisedokument *n* travel document
Reiseende *n* end of journey, end of tour, arrival
Reiseentscheidung *f* decision to make a journey, travel decision
Reiseerlebnis *n***/grenzenloses** extreme travel experience

Reise-Erlebniscenter *n "World of TUI" travel experience center in Berlin*
Reiseetat *m* travel budget
Reisefehler *m* improper performance of travel services
reisefertig *adj* ready to go, ready to leave
Reisefieber *n* travel nerves, wanderlust
Reiseflughöhe *f* cruising altitude
Reisefrust *m* travel frustration
Reiseführer *m* (tour) guide *(Person)*; guidebook *(Buch)*
Reisegepäck *n (BE)* luggage, *(AE)* baggage
Reisegepäckversicherung *f (BE)* luggage insurance, *(AE)* baggage insurance
Reise-Geschäftszentrum *n (BE)* business travel centre, *(AE)* business travel center *(Abk.: BTC)*
Reisegeschwindigkeit *f* travel speed, cruise speed
Reisegruppe *f* tour group, travel group, party
Reisegutschein *m* travel voucher
Reisehaftpflichtversicherung *f* travel liability insurance
Reisehandbuch *n* travel guidebook, travel manual
Reisehäufigkeit *f* travel frequency, trips per tourist
Reiseinformationssystem *n* travel information system
Reiseintensität *f* travel intensity, travel propensity
Reisejahr *n* travel year, year of travelling
Reisejournalismus *m* travel journalism
Reisekatalog *m* travel brochure; *(BE)* travel catalogue, *(AE)* travel catalog, travel sales directory
Reiseklima-Indikator *m* tourism market indicator
Reisekosten *pl* travel costs, *(BE)* travelling expenses, *(AE)* travel expenses
Reisekostenabrechnung *f (Abk.: RKA)* travel expenses report, *(BE)* claim for travel expenses, travel expenses accounting
Reisekostenerstattung *f* reimbursement of travel expenses, compensation for travelling costs
Reisekostenkontrolle *f* monitoring of travelling expenses, monitoring of travel costs
Reisekostensoftware *f* travel costs software
Reisekostenvergütung *f* travel expenses compensation, reimbursement of travel expenses
Reisekostenvorschuss *m* travel costs advance, travelling expenses advance, travel advance
Reisekostenzuschuss *m* travelling expenses allowance, travelling allowance
Reisekrankenversicherung *f* travel health insurance, health insurance abroad, medical insurance for travel
Reisekrankheit *f* travel sickness, travel illness
Reiseländer *npl* holiday destinations, travel destinations
Reiseländerinformation *f* general information about holiday destinations
Reiseleistung *f* travel service
Reiseleiter(in) *m(f)* tour guide, tour manager, tourist guide
Reiseleiter(in) *m(f)* **am Aufenthaltsort** local tour guide, local guide
Reiseleiter-Zertifikat *n* tour guide certificate, tour manager certificate
Reiseleitung *f* tour management *(Aktivität)*; tour guide *(Person)*; travel guide
Reiselektüre *f* holiday reading, reading for the journey
Reiselexikon *n* travel encyclopedia
Reiseliteratur *f* travel books
Reiselust *f* fondness of travelling, love of travel, wanderlust; travel bug
Reisemanagement *n* (business) travel management, tour management
Reisemanagementsystem *n* (business) travel management system
Reisemangel *m* failure to provide travel service, non-performance or improper performance of services
Reisemarkt *m* travel market
Reisemedizin *f* travel medicine
Reisemesse *f* travel (trade) fair, travel exhibition, travel trade-show
Reisemittel *n* travel funds, *(BE)* travelling funds, *(AE)* traveling funds
Reisemittler *m* travel agent, travel agency, intermediary travel agency
Reisemobil *n (BE)* (motor) caravan, camper van, motor home, *(AE)* motorhome, RV *(recreational vehicle)*
Reisen *n* travel • **Reisen bildet** there's nothing like travel for broadening the mind, travel broadens the mind • **Reisen veredelt wunderbar den Geist und**

räumt mit all unseren Vorurteilen auf *(Oscar Wilde)* travel improves the mind wonderfully, and does away with all one's prejudices
Reisende *m(f) (BE)* traveller, *(AE)* traveler, voyager, passenger
Reisendenwechsel *m* name change, passenger replacement, *(BE)* traveller change, *(AE)* traveler change
Reisenebenkosten *pl* extra travel costs, additional travel costs
Reisenverkäufer *m* travel salesman, travelling salesman, travel agent
Reisenverkäuferin *f* travel saleswoman, travelling saleswoman, travel agent
Reisepass *m* passport
Reisepassnummer *f* passport number
Reiseplan *m* itinerary
Reiseplaner *m* travel scheduler, travel planner
Reiseplanung *f* travel planning
Reisepolice *f* voyage policy
Reisepreis *m* cost of travel, tour price, travel price, trip price
Reisepreis-Sicherung *f* tour price maintenance
Reiseprospekt *m(n)* travel brochure, tourist brochure, leaflet
Reiserecht *n* travel law
reiserechtliche Haftpflicht *f* required travel liability *(liability for failure of organizers and/or retailers to perform or improper performance of their services)*
Reiserichtlinie *f* travel regulation, (company) travel guideline, travel policy
Reiseroute *f* travel route, itinerary
Reiserücktrittskostenversicherung *f* travel cancellation insurance
Reiseruf *m* personal message by radio
Reisesaisonzeit *f* travel season
Reisescheck *m (BE)* traveller's cheque, *(AE)* traveler's check
Reiseschiedsstelle *f* travel arbitration board, travel ombudsman
Reisesicherheit *f* safety of travel, travel protection
Reisespesen *pl* travel expenses, *(BE)* travelling expenses, *(AE)* traveling expenses, traveling allowance
Reisesteckbrief *m* tour outline
Reisestelle *f* travel department (of a company), implant, in-house travel agency
Reisestellenkarte *f* company account, lodged card, company travel card
Reisetasche *f (BE)* travelling bag, holdall, *(AE)* traveling bag, gripsack
Reiseteil *m* **bei Zeitungen** travel section in newspapers
Reise- und Freizeitportal *n* travel and leisure platform
Reiseunfähigkeit *f* inability to travel, incapacity to travel
Reiseunfallversicherung *f* travel accident insurance, traveller's accident insurance
Reiseunterbrechung *f* interruption of a journey, stopover
Reiseunterlage *f* travel document
Reiseunternehmen *n* travel enterprise, tour operator, *(BE)* travel company, *(AE)* travel corporation
Reiseveranstalter *m* tour operator, tour organizer
Reiseveranstaltermarkt *m* tour operators market
Reiseveranstalterrisiko *n* tour operator risk
Reiseverbot *n* ban on travel, travel ban
Reiseverhalten *n* travel habits, *(BE)* travel behaviour, *(AE)* travel behavior
Reiseverkäufer *m* travel salesman, travelling salesman, travel agent
Reiseverkäuferin *f* travel saleswoman, travelling saleswoman, travel agent
Reiseverkaufsfernsehen *n* TV travel sales
Reiseverkehr *m* travel and tourism *(terminus technicus, DIN)*; holiday traffic, vacation traffic, tourist traffic
Reiseverkehrsbilanz *f* tourist traffic balance, travel and tourism balance
Reiseverkehrskauffrau *f* qualified (female) travel agent, qualified (female) travel management officer, (female) travel consultant
Reiseverkehrskaufmann *m* qualified travel agent, qualified travel management officer, travel consultant
Reiseverkehrsmittelnutzung *f* utilization of public and private transport
Reiseverlauf *m* itinerary
Reisevermeidung *f* travel avoidance *(unnötiges Reisen)*
Reisevermittlung *f* travel agency
Reiseversicherung *f* travel insurance
Reisevertrag *m* travel contract

Reisevertragsrecht *n* travel contract law
Reisevorbereitung *f* pre-trip information, travel preparation
Reisevorfinanzierung *f* advance financing of travel, travel prefinancing
Reisewarnung *f* travel warning
Reiseweg *m* itinerary, route
Reisewegänderung *f* rerouting, change of route, change of itinerary, detour
Reisezahlungsmittel *npl* travel currencies, means of payment, payment methods for travellers
Reisezeit *f* tourist season, seasonal travel time, journey time, travelling time
Reiseziel *n* (travel) destination
Reisezug *m* passenger train
Reisezug-Fahrplankonferenz *f* railway schedule conference, train schedule conference
Reisezweck *m* purpose of journey
reizen *v* appeal, stimulate, irritate
Reizklima *n* bracing climate
reizüberflutet *adj* overstimulated
Reklamation *f* complaint, claim
Rekordjahr *n* bumper year, record year
Rekordniveau *n* record level
religionsbedingter Tourismus *m* religious tourism
Renaissance *f* Renaissance
Rendite *f* yield, return, return on equity
Rennstrecke *f* course, racetrack
Renovierung *f* refurbishment, renovation
Rentabilität *f* profitability, viability, earning power
Reporting *n* reporting
Repräsentationsauslagen *fpl* representation expenses
Reservat *n* reserve; reservation
Reservierung *f* reservation, booking, arrangement
Reservierungsbestätigung *f* confirmation of reservation, booking confirmation
Reservierungsgebühr *f* reservation charge, reservation fee, booking fee
Reservierungsleiter(in) *m(f)* reservation manager
Reservierungspflicht *f* reservation obligation
Reservierungssystem *n* reservation system
Reservierungsterminal *n* reservation terminal
Resolution *f* resolution
Ressort *n* department, field of responsibility; portfolio *(Geschäftsbereich)*
Ressourcenplanung *f* **in Unternehmen** enterprise resource planning *(Abk.: ERP)*
Restaurant *n* restaurant
Restaurantdirektor *m* restaurant manager
Restaurantfachfrau *f (BE)* trained waitress, *(AE)* trained server, qualified restaurant manager
Restaurantfachmann *m (BE)* trained waiter, *(AE)* trained server, qualified restaurant manager
Restaurantpersonal *n* restaurant personnel, restaurant staff
Restmeilen *fpl* remaining miles
Restplatzbörse *f* last-minute listings, last-minute exchange, last-minute vacancies, last availabilities
Restzahlung *f* balance payment, final payment, payment of balance, outstanding payment
Retourbillet *n (dtCH)* return ticket *(Rückfahrkarte)*
retten *v* salvage *(etwas bergen)*; save, rescue
Rettungsboot *n* life boat
Rettungsflug *m* rescue flight, ambulance flight
Rettungsplan *m* bail-out, rescue plan
Revier *n* section, district, area, station, sick bay, territory
Revierfahrt *f* navigation of pilotage area
Revision *f* overhaul, revision
revitalisieren *v* rejuvenate, revitalize
Rezension *f* review, recension, write-up
Rezeption *f* reception, *(AE)* front desk
Rezession *f* recession
Rhein-Werbegemeinschaft *f* Rhine River joint marketing cooperation
Richtlinie *f (Abk.: RL)* directive *(EU)*; guideline, policy, rule
Richtungscode *m* direction code, direction indicator
richtungsweisend *adj* trendsetting, pointing the way
Riesenrad *n* ferris wheel, big wheel
Risiko *n* **der Nichtbeförderung** risk of non-carriage
Risiko übernehmen *v/ein* incur a risk, assume a risk
Risikoaufschlag *m* premium loading for abnormal risk, risk premium, risk surcharge

Risikoeinstufung *f* classification of risk, level of risk
Risikomanagement *n* risk management
Risikoperson *f* insured person, risk person
Risikoübernahme *f* underwriting, acceptance of a risk, assumption of risk
Risikovorsorge *f* risk provisioning, provision for risks
riskant *adj* perilous, risky, hazardous
Rokoko *m* rococo
Rollbahn *f* runway, taxi strip
Rollbahn *f* **zur Startposition** taxiway
Rollenverteilung *f* role allocation, role assignment, task allocation; casting
Rollfeld *n* runway, airfield, landing field
Romanische Kunst *f* Romanesque art
Romantische Straße *f* Romantic Road
Röntgenscanner *m* x-ray scanner
Ro-Ro-Fähre *f* ro-ro ferry, roll on/roll off ferry
Rotationsprinzip *n* rotation principle
Rotes Lager *n* red corner *(recent development in the concentration and reorganisation process in the German and European holiday industry, in which the "red camp" is formed by TUI Group, Hapag Lloyd, First Choice Holidays plc and the "yellow camp" by the former Karstadt--Quelle group, Condor and Thomas Cook)*
Routenplaner *m* route planner
routinemäßig *adj* routine, ho-hum
Rückantwortkarte *f* business reply card, answer card
Rückbeförderung *f* repatriation
Rückbestätigung *f* reconfirmation
Rückerstattung *f* refund, reimbursement, payback
Rückfahrkarte *f (BE)* return ticket, *(AE)* round-trip ticket
Rückflug *m* return flight
Rückflugbestätigung *f* confirmation of return flight, return ticket confirmation
Rückführungsgebühr *f* drop-off charge
Rückgang *m* **des Schadstoffausstoßes** decrease in pollution, decrease in exhaust emissions
Rückholservice *m* repatriation service, recovery service, pick-up service for returning
Rückinformation *f* feedback
Rückkehr *f* returning, come-back
Rückkopplung *f* feedback, recreation of links, backcoupling
Rücklage *f* reserve, reserve fund, provision
Rückreise *f* return journey, return trip, way back, voyage home
Rückreiseversicherung *f* insurance against cancellation in the event of interruption of a journey
Rucksack *m* backpack, rucksack
Rucksackreise *f* backpacking tour, backpacking trip
Rucksack-Reisende *mpl(fpl)* backpackers
Rucksacktourismus *m* backpacking tourism
Rückstellungen *fpl* accrued liabilities, accruals, *(AE)* provision accruals, provisions
Rücktransportkosten *pl* repatriation costs
Rücktritt *m* **von Reisebuchung** cancellation of a booking
Rücktrittskosten *pl* cancellation charges, cancellation fees
Rückvergütung *f* reimbursement, refund, rebate
Rückversicherung *f* reinsurance, reassurance, comfort
Ruderboot *n (BE)* rowing boat, *(AE)* rowboat
Rufpassage *f* prepaid ticket advice *(Abk.: PTA)*
Rügeobliegenheit *f* obligation to make a complaint immediately upon receipt of faulty goods or services
Ruhe *f* quiet, silence
Ruheraum *m* chill-out room, rest room, rest lounge, quiet room
Ruhesessel *m* recliner, reclining chair, relax-chair
Ruhezone *f* rest area, calm zone
Rundblick *m* panoramic view, panorama
Rundbrief *m* newsletter, circular
Rundfahrt *f* circular tour, circular trip, round trip
Rundfahrt *f* **mit geschlossenen Türen** closed-door circular tour
Rundflug *m* sightseeing flight, excursion flight, round trip flight, circular flight
Rundgang *m* walk, stroll, walking tour, gallery, circuit
Rundreise *f* round trip, circular tour, tour
Rundreisecoupon *m* round trip voucher
Rundreisefahrkarte *f* ticket for a circular tour, round-trip ticket

Rundreiseleiter(in) *m(f)* tour manager, tour guide, courier
Rundschau *f (dtCH)* panorama *(Rundblick)*; review
Rundschreiben *n* newsletter, circular
Rutscher *(Aut)* excursion, ramble, trip *(kurze Fahrt, Abstecher)*

S

Sabbat *m* Sabbath
Sabbattjahr *n* sabbatical (year)
Sachbezüge *mpl* payment in kind *(Finanzwesen)*
Sachkunde *f* competence, professional expertise
Sachprämie *f* material premium, bonus, award
Sachschaden *m* property damage, material damage
Sachverständigenbeirat *m* expert advisory board, expert committee, adjuster committee, forum of experts
Safari-Schlafzelt *n* safari tent
Saison *f* season, time of year
saisonale Schwankung *f* seasonal fluctuation, seasonal variations
Saisonarbeitskraft *f* seasonal worker
Saisonbetrieb *m* seasonal operation, seasonal business, seasonal establishment, seasonal service
Saisonhotellerie *f* seasonal hotel trade
Saisonkarte *f* seasonal ticket *(Fahrkarte, Eintritt)*; menu of the season, seasonal menu *(Speisekarte)*
Saisonverlängerung *f* season extension
Salon-Speisewagen *m* salon dining coach
Sammelfahrschein *m* group ticket, multi-journey ticket, collective ticket
sammeln *v* gather, collect, accumulate
Sammelpunkt *m* assembly point, rallying point, meeting point
Sammelvisum *n* group visa, collective visa
Sanatorium *n* sanatorium
Sandstrand *m* sand beach, sandy beach
sanfter Tourismus *m* soft tourism, sustainable tourism, ecotourism
Sanierung *f* reconstruction, redevelopment, refurbishment, restoration
Sanierungskonzept *n* restoration concept, reorganization plan, retrofit concept
sanitäre Ausstattung *f* sanitary facilities, sanitary equipment
Satelliten-Konferenz *f* satellite conference
Satellitensystem *n* **Tourismus** tourism satellite accounts *(Abk.: TSA)*
Sauberkeits- und Hygienekontrolle *f* monitoring of cleanliness and standard of hygiene
Sauerstoffmaske *f* oxygen mask
Säugling *m* infant, baby
Sauna *f* sauna
Sauna-Landschaft *f* sauna complex, sauna area, sauna landscape
saurer Regen *m* acid rain
S-Bahn *f* suburban railway
Schadenersatz *m* compensation (for damages), indemnity, damages
Schadenersatzanspruch *m* compensation claim
Schadenersatzklage *f* claim for damages, action for damages
Schadensanzeige *f* notice of claim, notice of loss, loss advice
Schadensbegrenzung *f* loss limitation, limitation of damage
Schadenshaftung *f* liability for damages, liability for compensation
Schadensquote *f* damage proportion, damage quota
Schadensregulierung *f* claim settlement, adjustment of claims, settlement of damages
Schadstoffausstoß *m* (pollution) emissions
schaffen *v* generate *(erzeugen)*
Schaffner(in) *m(f)* conductor, ticket collector
Schallmauer *f* sound barrier, sonic barrier
Schalter *m* counter, information desk *(Hotel, Reisebüro)*
Schanigarten *m (Aut)* garden restaurant, garden inn *(kleiner Gastgarten)*
Schankerlaubnis *f* liquor license, liquor licence, *(BE)* justices' license
Schankwirtschaft *f* public house
Schäre *f* skerry
Schattenwirtschaft *f* shadow economy, hidden economy, black economy
Schaufelraddampfer *m* paddle steamer, paddle-wheel steamer

Schaufensterbummel *m* window-shopping
Schauplatz *m* scene; theatre
Scheckkartengarantie *f* check card guarantee
Scheinbuchung *f* fake booking, fictitious booking
Scheinvoucher *m* fictitious voucher, fake voucher
Schengener Abkommen *n* Schengen Agreement
Schichtdienst *m* shift service, shift work
Schichtwechsel *m* change of shift, shift changeover
Schickeria *f* jet set, in-crowd
Schiedsgericht *n* arbitration court, court of arbitration
Schiedsgerichtsverfahren *n* arbitration proceedings, arbitration process
Schienenkreuzfahrt *f* railway cruise
Schienenverkehr *m* rail traffic, railway transportation
Schiff *n* ship, boat
schiffbare Gewässer *npl* navigable waters
Schifffahrt *f* shipping, navigation
Schifffahrt-Konferenz *f* shipping conference, cruise conference
Schifffahrtsgesellschaft *f* shipping company, shipping line
Schifffahrtskauffrau *f* qualified (female) maritime traffic management officer
Schifffahrtskaufmann *m* qualified maritime traffic management officer
Schifffahrtsverkehr *m* shipping traffic
Schiffsanlegestelle *f* shipping pier, landing place, quay
Schiffsbeförderungsrecht *m* law governing the carriage of passengers by sea
Schiffsbesetzungs- und Ausbildungsordnung *f (Abk.: SBAO)* German shipping regulations governing the amount of crew and the level of training required
Schiffsdeck *n* ship's deck, deck
Schiffsfahrschein *m* passenger ticket *(for a ship)*; ferry ticket *(DER Traffic)*; ship voucher
Schiffsfinanzierer *m* ship financier
Schiffslände *f (dtCH)* pier, landing place, shore promenade *(Schiffsanlegestelle, Uferpromenade)*
Schiffsmanifest *n* ship passenger manifest
Schiffsmeisterhaus *n (Aut)* ship dispatcher's house, shipping crew rest, shipmaster's house
Schiffspassage *f* ship passage, voyage
Schiffsregister *n* register of ships, ship register
Schiffsreise *f* voyage, sea journey, cruise
Schiffstagebuch *n* ship's log, log book, logbook
Schiffstaufe *f* christening of a ship, naming ceremony of a ship
Schiffsurlaubsreise *f* cruise, voyage
Schirmherrschaft *f* sponsorship, patronage
Schlafbaracke *f* bunkhouse
Schlafsaal *m* dormitory, dorm
Schlafwagen *m* sleeping car, Pullman Car, sleeper
Schlafwagenabteil *n* sleeping-car compartment, sleeper section
Schlafwagenschaffner(in) *m(f)* sleeping--car attendant, *(AE)* sleeping-car porter
Schlafzimmer *n* bedroom, sleeping room
Schlagfertigkeit *f* quick-wittedness, cleverness, ready wit, repartee
Schlammbad *n* mudbath
Schlaraffenland *n* Utopia, land of milk and honey
Schlauchbootfahrt *f* rubber boat trip, rubber dinghy drive
Schlechterfüllung *f* malperformance, inferior [defective] performance, default
Schlepper *m* tug, towboat
Schlepplift *m* drag lift, *(AE)* T-bar lift, ski tow
Schleudersitz *m* ejection seat
Schleuse *f* floodgate, lock, airflow corridor *(Luft)*
Schlichtungsrunde *f* **bei Tarifauseinandersetzungen** labour relations arbitration board
Schlichtungsstelle *f* **Mobilität** Conciliation Body for Long-Distance Travel
Schlichtungsverfahren *n* conciliation procedure, arbitration process
Schließfach *n* locker
Schlittelbahn *f (dtCH)* sledging-course *(Schlittenbahn)*
Schlittelfahrt *f (dtCH)* sledge ride *(Schlittenfahrt)*
Schlosshotel *n* castle hotel
Schlüsselposition *f* key position, prominent position
Schlüsselthema *n* key subject, key topic

Schlusstermin *m* **für Anmeldungen** deadline for registrations, closing date
Schmalspurbahn *f (BE)* narrow-gauge railway, *(AE)* narrow-gauge railroad, light railway
Schmankerl *(Aut)* delicacy, *(BE)* titbit, *(AE)* tidbit *(Leckerbissen)*
Schmerzensgeld *n* compensation
Schmiergeld *n* bribe, bribe-money, kick-back, secret commission
Schnäppchen machen *v* make a bargain
Schnäppchenjagd *f* bargain hunting
Schnäppchenjäger *m* bargain hunter, smart shopper
Schnappschuss *m* snapshot
Schneekanone *f* snow machine, snow cannon
Schneeketten *fpl* snow chains
Schneeschuhgebiet *n (dtCH)* snowshoe area
Schneeschuhwandern *n (dtCH)* snow-shoe walking tour
Schneescooter *m* snow motor scooter, snowmobile *(Lappenmoped)*
Schnellbahnnetz *n (BE)* high-speed railway network; *(AE)* high-speed railroad network
Schnellbus *m* express bus, *(BE)* express coach, *(AE)* flyer, limited-stop bus
Schnellfähre *f* express ferry, fast ferry, highspeed ferry
Schnellrestaurant *n* fast food restaurant
Schnellschiff *n* high-speed boat, high--speed ship, speedboat
Schnellstraße *f (BE)* motorway, *(AE)* speedway, *(AE)* expressway, highway
Schnellzug *m* fast train, express train, express, high-speed train
Schnittmenge *f* intersection
Schnittstelle *f* interface
Schnitzeljagd *f* Paper Chase *(Authors' Travel Talk, Braunschweig)*
Schnupperkreuzfahrt *f* test cruise, taster cruise
Schnupperwoche *f* trial week, taster week
Schönheitsfarm *f* beauty farm
schrittweise inoffizielle Eröffnung *f* **eines Hotels** soft opening of a hotel, unofficial gradual opening of a hotel
Schrumpfkur *f* course of treatment
Schuhputzservice *m* shoe cleaning service, shoe-shine service
Schulden *fpl* debt
schuldenfrei *adj* debt-free
Schuldenlast *f* debt-burden
Schuldenreduzierung *f* debt reduction
Schuldentilgung *f* amortization
Schuldner *m* debtor, obligor
Schulfahrt *f* school trip
Schulferienregelung *f* regulation of school holidays, rolling school holiday arrangement system
Schulungsangebot *n* training offer, training course offer, training opportunity
Schulungshotel *m* training hotel
Schulungsmaßnahme *f* training measure
schützen *v* safeguard *(Geheimnis)*; protect, secure
schützenswerte Natur *f* protective nature, sensitive nature
Schutzgemeinschaft *f* **für allgemeine Kreditsicherung** *(Abk.: Schufa)* credit investigation company
Schutzimpfung *f* vaccination, preventive vaccination, preventative vaccination, protective vaccination, immunization
Schutzschirm *m* protective screen
Schwankungsbreite *f* volatility, fluctuation margin, range of variation
Schwarze Liste *f* blacklist
Schwarzes Brett *n* noticeboard, billboard
Schwarzgastronomie *f* illegal catering, *(AE)* illegal foodservice, *(AE)* illicit food-service
Schwarzmalerei *f* pessimism, doom--mongering
Schwarztouristik *f* illegal tourism, para-commercial tourism
Schweiz *f* 1. Switzerland *(poetisch: Helvetia)*; 2. hilly countryside *(z. B. in Deutschland: Fränkische Schweiz)*
Schweizer Eidgenossenschaft *f* Swiss Confederation [Confederacy], Helvetic Confederation [Confederacy]
Schwellenland *n* emerging nation, threshold country
Schwerpunktthema *n* focal subject, special subject
Schwestergesellschaft *f* sister company, associated company, allied company, affiliate
Schwimmbad *n (BE)* swimming-pool, *(AE)* swimming pool
schwimmende Ferienhäuser *npl* floating houses *(auf Usedom)*
schwimmendes Hotel *n* floating hotel, floatel, boatel

Schwimmweste *f* life jacket, lifejacket, *(AE)* life-vest
schwindelfrei sein *v* have a head for heights
Schwung *m* momentum, impulse momentum
Seebad *n* seaside resort, coastal resort
Seebrücke *f* pier
Seeflughafen *m* seadrome
Seegang *m* swell
Seegerichtsbarkeit *f* maritime jurisdiction
Seeheilbad *n* seaside health resort, marine spa
Seekrankheit *f* sea-sickness
Seemannsgarn *n* sailor's yarn, cock-and--bull story, *(AE)* fish story
Seemeile *f* nautical mile
Seenotrettungsübung *f* sea rescue exercise, sea rescue training
Seepassage *f* ocean passage, voyage
Seerechtskonferenz *f* maritime law conference, conference on maritime law
Seereise *f* sea voyage, voyage, cruise
Seereisenveranstalter *m* voyage tour operator, cruise tour operator
Seeschifffahrtsorganisation *f* maritime shipping organization
Seetouristik *f* cruise tourism, marine tourism
seetüchtig *adj* seaworthy
Segelboot *n (BE)* sailing boat, *(AE)* sailboat
Segelschiff *n* sailing ship, sailing boat
Segelyacht *f* sailing yacht
Segment *n* segment
Sehenswürdigkeit *f* sight, tourist attraction, Point of Interest *(Abk.: POI)*
Sehnsucht *f* longing, yearning
Sehnsuchtstage *mpl* wistful days
Seilbahn *f* cable car, aerial tramway *(Luftseilbahn)*; inclined railway, cable railway, funicular *(Standseilbahn)*
Seilschwebebahn *f* aerial cableway, aerial ropeway, suspended railway, cable pulley
sekundärer Sektor *m* secondary sector
Sekundärflughafen *m* secondary airport
Sekundenschlaf *m* microsleep
Selbstabhilfe *f* remedial action
Selbstbedienungsrestaurant *n* self--service restaurant, cafeteria
Selbstbedienungsterminal *n* self-service terminal
Selbstbehalt *m (BE)* excess, *(AE)* deductible (average), retention, retained amount, cost sharing
Selbstbewusstsein *n* self-confidence *(Selbstsicherheit)*; self-awareness *(Selbstkenntnis)*
Selbstbuchungstool *n* self booking tool *(Abk.: SBT)*
Selbstdeklarierung *f* self-assessment declaration
Selbstfahrer *m (BE)* driver of a hired car, *(AE)* driver of a rental car
Selbstfindung *f* self discovery
Selbstkostenpreis *m* cost price, net cost price, prime cost
Selbstläufer *m* runner, sure-fire success
Selbstständigkeit *f* independence, self--employment
Selbstvermarktung *f* self-promotion, direct promotion, self-marketing
Selbstverpflegung *f* self-catering
Selbstverpflegungseinrichtung *f* self--catering facility
Selbstverpflichtung *f* voluntary commitment, self-commitment
Selbstverwirklichung *f* self-fulfilment, self-realization
Selbstwertgefühl *n* self-esteem, self-respect
Semesterferien *pl* between-term vacations, recess (period), semester break
Seminar *n* seminar, workshop
Seminarreise *f* seminar trip
Seniorenreise *f* senior-citizen's tour
Seniorentarif *m* senior-citizen's tariff, senior-citizen's rate, senior discount
Seniorenzielgruppe *f* senior-citizen target group
Senior-Experten-Service *m (Abk.: SES)* Senior Expert Service, SES *(German non--profit organization of specialists who have retired from their active professional career offering vocational training, further education and qualification of specialists and managers in Germany and abroad)*
Sennhütte *f (dtCH)* chalet *(Landhaus im Schweizer Stil)*; Alpine dairy
sensationell *adj* spectacular, sensational
serielle Schnittstelle *f* serial interface, serial port
Service *m* service
Service-Entgelt *n* service fee
Servicepersonal *n* **auf Passagierflug-**

zeugen passenger flight personnel, cabin crew
Sessellift *m* chair lift
setzen *v* **Frist** set a deadline, fix a time limit
Sextant *m* sextant
Sextourismus *m* sex tourism
Shuttlebus *m*/**gratis** free shuttle bus
Sicherheitsbeamte *m* security officer, security agent
Sicherheitsbereich *m* security area
Sicherheitscheck *m* security check
Sicherheitsdienst *m*/**privater** private security company
Sicherheitsgebühr *f* security charge, security fee
Sicherheitsgurt *m* safety belt, seat belt
Sicherheitshinweis *m* security information, note on security
Sicherheitskontrolle *f* safety check, security check, security control
Sicherheitsstandards *mpl* **in der Luftfahrt** aviation safety standards
Sicherheitstraining *n* safety training, security training
Sicherheitsübung *f* safety exercise
Sicherheitsvorkehrung *f* safety precaution, security precaution, safety measure
Sicherheitsvorschrift *f* safety regulation, security regulation
Sicherheitszuschlag *m* security surcharge, security premium; safety loading
sichern *v* safeguard *(assets)*
Sicherungsschein *m* insolvency insurance policy
Sichtvermerk *m* endorsement; visa
Signaturgesetz *n* signature law, signature act
Simultanübersetzung *f* simultaneous translation
Sitzabstand *m* seat pitch, distance between seats, seat spacing
Sitzkilometer *m* seat kilometres
Sitzkomfort *m* seat(ing) comfort
Sitzladefaktor *m* seat-load factor, passenger load factor
Sitzmeile *f* seat mile
Sitzplan *m* seating plan, plan of the seating arrangement, seatmap
Sitzplantafel *f* seating plan board
Sitzplatz *m* seat
Sitzplatzkapazität *f* seating capacity
Sitzplatznummer *f* seat number
Sitzplatzreservierung *f* seat reservation
Sitzung *f* meeting, conference *(Besprechung)*; sitting *(Restaurant)*
Skigebiet *n* skiing area, ski area, ski-region
Skilauf *m* skiing
Skilaufen *n* skiing
Skipass *m* ski pass
Skipper-Risiko *n* skipper risk
Skischlepplift *m (BE)* ski (drag) lift, *(AE)* ski tow
Skitagespass *m* one-day ski pass
Skiurlaub *m (BE)* ski(ing) holiday, *(AE)* ski(ing) vacation
Skizirkus *m* ski circus, ski circuit
Skonto *n* cash discount
Slotvergabe *f* slot allocations, slot trading
Snackbar *f* snack bar
Soforthilfe *f* emerging relief, emergency aid, immediate aid
Soforthilfe-Versicherung *f* **mit 24h-Notruf-Service** emergency aid insurance featuring 24-hour emergency call service
Sofortmaßnahme *f* immediate measure, urgent measure, emergency procedure
Solarium *n* solarium
Solidarhilfeabkommen *n* emergency assistance agreement
solvent *adj* solvent
Sommelier *m* sommelier
Sommerfahrplan *m* summer timetable, *(AE)* summer schedule
Sommerferien *pl (BE)* summer holidays, *(AE)* summer vacation
Sommerfrische *f (BE)* summer holiday resort, *(AE)* summer vacation resort, summer resort *(Ort)*; *(BE)* summer holiday, *(AE)* summer vacation *(Urlaub)*
Sommerrodelbahn *f (Aut, dtCH)* summer toboggan course, summer skeleton-slide
Sommersaison *f* summer season
Sommersonnenwende *f* summer solstice, midsummer
Sommerzeit *f* summertime, daylight saving time
Sonderessen *n* special meal
Sonderfahrt *f* special tour, special journey, special trip, extra tour
Sonderform *f* **des Linienverkehrs** variety of regular traffic, special form of scheduled traffic
Sondertarif *m* special tariff, special rate
Sonderwirtschaftszone *f* special economic zone

Sonderziehungsrecht *n (Abk.: SZR)* Special Drawing Right *(Abk.: SDR)*
Sonderzug *m* special train, excursion train, tourist train, chartered train
Sonnenanbeter *m* sun worshipper
Sonnenbrand *m* sunburn
Sonnenbrille *f* sunglasses
Sonnendeck *n* sundeck
Sonnenschirm *m* parasol, sunshade
Sonnenschutz *m* sun protection, sun screen
Sonnentage *mpl* days of sunshine
Sonne- und Meer-Reiseziel *n* sun-and--sea destination
Sonntagsregel *f* Sunday rule
Sonn- und Feiertagsvergütung *f* premium pay for Sunday and holiday work
sonstige Buchungsstelle *f* other travel agency, other booking office, other reservation agency
Sorgfaltspflicht *f* due diligence, due care
Sorten *fpl* foreign currencies
Sortiment *n* product range, variety of patterns, assortment
Sortimentsgestaltung *f* composition of a product range
Sozialkompetenz *f* soft skills, social competence
Sozialtourismus *m* social tourism
sozialverantwortlicher Tourismus *m* socially responsible tourism
Sozialversicherung *f* social security, social insurance
Sozialversicherungsbeitrag *m* social security contribution, social insurance contribution, social insurance premium
Sozialvorschrift *f* **im Straßenverkehr** council regulation to improve the flow and safety of traffic
soziodemografisches Zielgruppenmerkmal *n* characteristic of a sociodemographic target group
Spanne *f* margin
spannend *adj* exciting
sparen *v* save, economize, put aside
Sparkurs *m* saving course, austerity course
Sparmaßnahme *f* cost-cutting measure, austerity measure, austerity plan
Sparpotential *n* savings potential
Sparpreis *m* budget price, budget rate, economy price
Sparprogramm *n* cost-cutting programme, austerity programme
sparsam *adj* economical, thrifty
Spartengewerkschaft *f* specialized trade union
Spaßbad *n* fun (swimming) pool
Spaßgesellschaft *f* fun-oriented society, leisure society, fun society
Spätbucher *m* late booker, last-minute booker
Späteinsteiger *m* late entrant
Spazierfahrt *f* pleasure ride; pleasure drive
Spaziergang *m* walk, stroll, promenade
Speicherkarte *f* memory card, smart card
Speisesaal *m* dining room, dining hall
Speisewagen *m* dining car, restaurant car
spektakulärer Messestand *m* fair stand spectacular, exhibition stand spectacular
Spende *f* donation, voluntary contribution
sperriges Gepäck *n (BE)* bulky luggage, *(BE)* unwieldy luggage, *(AE)* bulky baggage, *(BE)* oversize luggage, *(AE)* oversize baggage
Sperrminorität *f* blocking minority
Sperrnotruf *m* card lost reporting hotline *(Kreditkarte)*; emergency call number for blocking electronic authorizations
Sperrstunde *f* closing time
Spesen *pl* (travelling) expenses
Spezialbüro *n* **für Schiffsreisenverkauf** special agency for sea travel, *(AE)* cruise--only agency
Spezialisierung *f* specialization
Spezialreiseveranstalter *m* specialist tour operator
Spezialsortiment *n* special range
Spezialveranstalter *m* specialist tour operator
spezielle Betriebswirtschaftslehre *f* specialised business management
Spielezimmer *n* games room
Spielplatz *m* playground
Spielregel *f* rule
Spitzenleistung *f* top performance
Spitzenverkehr *m* rush hour traffic, peak traffic
spontan *adj* off-the-cuff, spontaneous
Spontanreisende *m(f) (BE)* spontaneous traveller, *(BE)* last-minute traveller, *(AE)* spontaneous traveler, *(AE)* last-minute traveler
Sport *m* **im Urlaub** *(BE)* sport(s) while on holiday, *(AE)* sport(s) while on vacation
Sportanimationsprogramm *n* sport activity programme

Sporteinrichtung *f* sports facility
Sportgepäck *n* sports equipment, sports luggage
Sportgerät *n* sports equipment
Sporthalle *f* gym(nasium)
Sportlehrer(in) *m(f)* sports instructor
Sport-Spezialreisen-Veranstalter *m* operator specialized in sports holidays
Sportstation *f* **für Winterferien** *(BE)* winter sports holiday centre, *(AE)* winter sports vacation center
Sporttourismus *m* sports tourism
Sport-Urlaubsreise *f (AE)* sports vacations, *(BE)* sports holidays
Sportveranstaltung *f* sports event, sporting event
Sprachdialogsystem *n* language dialogue system
Sprachferien *pl* language holidays
Sprachführer *m* phrasebook, language guide
Sprachkompetenz *f* linguistic competence
Sprachreise *f* language-learning tour, language-learning travel, tour to learn a language, language study travel
Spucktüte *f* air-sickness bag, sea-sickness bag, sick bag
staatlich geschützter Feiertag *m* official holiday
staatliches Hoheitsgebiet *n* (national) sovereign territory
Staatsangehörigkeit *f* citizenship, nationality
Staatsbad *n* state-owned spa
Staatsbürgerschaft *f* citizenship, nationality
Staatsgrenze *f* national border, state frontier
Staatshaftung *f* government liability, state liability
Staatsquote *f* state's share, ratio of taxes and duties to GDP, public spending ratio (to GDP), ratio of government, expenditures to gross national product
Staatszugehörigkeitskennzeichen *n* national identity plate
stabile Verhältnisse *npl* stable conditions
Stabilisator *m* stabilizer
Stadtbesichtigung *f* sight jogging *(Mischung aus Laufen und Stadtrundgang)*
Stadtbilderklärer *m* tourist guide in the former GDR, city guide
Stadtbus *m* city bus, town bus, local bus
Städte *fpl* **für Mobilität** cities for mobility
Städte-Forum *n* **Niedersachsen** marketing cooperation of cities and towns in Lower Saxony
Städte-Information *f* city-information *(e.g. Freiberg-Information, information on cities and towns)*; joint tourist information office
Städtekooperation *f* cooperation of cities/towns
Städtepartnerschaft *f* town twinning, city/town partnership
Städtereise *f* city tour, city trip, city break
Stadterkundung *f* city scouting, city reconnaissance
Stadterlebnis *n* city experience
Städtewerbegemeinschaft *f* joint marketing arrangement of cities
Stadtführer *m* city guide *(Großstadt)*; town guide *(Kleinstadt)*
Stadtführung *f* guided city tour *(Großstadt)*; guided town tour *(Kleinstadt)*
Stadtführung *f* **per Handy** guided city walk by mobile phone
Stadtmarketing *n* city marketing
Stadtrundfahrt *f* sightseeing tour, city tour
Stadt-Schnellbahn *f* suburban railway
Stadtverkehr *m* city traffic, urban traffic
Stadtzentrum *n (BE)* city centre, *(AE)* city center, *(AE)* downtown, town centre
Stammbelegschaft *f* permanent staff, core workforce
Stammdaten *npl* master data
Stammdatenverwaltung *f* administration of master data, master data management
Stammesbrauch *m* tribal custom
Stammgast *m* regular guest, habitué
Stammkapital *n* share capital
Stammtisch *m* **Reisebüro** traditional regular travel agents' get-together
Standardisierung *f* **von technischen Normen** standardization of technical norms
Standardlinienbus *m (Abk.: Stlb)* standard scheduled bus, *(BE)* standard scheduled coach
Standardlösung *f* standard solution
Standardpassagierflugschein *m* standard airline ticket
Standardüberlandlinienbus *m (Abk.: Stülb)* standard scheduled overland bus

Standardverkehrsdokument *n* standard traffic document
Standhaftigkeit *f* steadfastness
Standort *m* location
Standortfaktor *m* locational factor, location factor
Standpunkt vertreten *v*/**einen** take up a position
Standseilbahn *f* cable railway, inclined railway, funicular (railway)
Stapellauf *m* launching, launch ceremony
Stärken-Schwächen-Profil *n* profile of strengths and weaknesses
Starkwindbänder *npl* jet streams
Starrluftschiff *n* rigid airship
Startbahn *f* take-off runway
Starterlaubnis *f* **eines Flugzeuges** clearance for take off, permission to take off
Startseite *f* home page *(Homepage)*
Start- und Landezeiten *fpl* slots
Startzeit *f* take-off time, start time
stationär *adj* stationary
stationäre Vorsorge *f* inpatient preventive health care measures
Stätten *fpl* **der Reformation** sites of the Reformation
Statuskunde *m* status customer
Statusmeile *f* status mile, premium mile
Stauprognose *f* traffic jam forecast
Stauung *f* traffic jam; congestion
Stauung *f* **von Schiffen im Hafen** harbour congestion
Stauung *f* **von Zügen im Bahnhof** station congestion
Stecker *m* plug
Stegreif/aus dem off-the-cuff, impromptu
Stehplatz *m* stand, standing-place, standing room
Steigerungsprovision *f* extra commission following an increase in sales, overriding commission
Stellenabbau *m* **Personal** job cuts, staff reductions, personnel cutbacks
Stellenbeschreibung *f* job description
Stellenmarkt *m* job market, employment market, labour market
Sternfahrt *f* motor rally, rally, car rally
Steuer *f* tax
Steuerberatung *f* tax advice, tax consultancy
Steuerbord *n* starboard
Steuerermäßigung *f* tax relief, tax reduction
Steuerfreibetrag *m* tax allowance, tax credit
steuerlicher Vorteil *m* tax advantage, tax benefit
steuern *v* steer, motivate, drive *(Auto)*
Steuerrückerstattung *f* tax refund
Steuerrückvergütung *f* tax refund
Steuerrückzahlung *f* tax refund
Steward *m* steward
Stewardess *f* stewardess
Stichprobe *f* spot check, random sample
Stichwort *n* headword, lemma
Stierkampfarena *f* bull-fighting arena, bull-ring
Stiftung *f* **Naturschutz** Nature Protection Foundation
Stille Gesellschaft *f* silent partnership
stilvoll *adj* stylish, classy
Stimmung *f* mood, atmosphere
stimulieren *v* encourage, stimulate
Stippvisite *f* quick visit, flying visit
Stolpersteine *mpl* stumbling blocks
stören *v*/**bitte nicht** do not disturb
Stornierung *f* cancellation
Storno *n* cancellation, *(AE)* cancelation
Stornobedingung *f* cancellation condition, condition of cancellation
Stornogebühr *f* cancellation fee, cancellation charge
Stornokosten *pl* cancellation fees, cancellation charges
Stornokosten-Schutz *m* cancellation cover *(insurance against cancellation in the event of non-commencement, rebooking or interruption of a journey)*
Stornokostenstaffel *f* cancellation charge scale
Stornopauschale *f* fixed cancellation fee
Stornowelle *f* mass cancellations
Störungen *fpl* **auf Start- oder Landebahn** runway incursions
Strand *m* beach
Strandbad *n* beach with bathing facilities, seawater swimming pool, bathing beach, *(BE)* lido
Strandbenutzungsgebühr *f* charge for the use of the beach, fee for using the beach
Strandentfernung *f* distance from beach
Strandhotel *n* seaside hotel, beach hotel, beachside hotel

Strandkorb *m* beach chair, wicker beach chair
Strandlage *f* location of the beach, beach location
Strandnähe *f* close proximity to the beach, location near the beach
Straßenbahn *f (BE)* tram, *(AE)* streetcar
Straßenbahnhaltestelle *f (BE)* tram stop, *(AE)* streetcar stop
Straßenbenutzungsgebühr *f* road toll, toll
Straßenhilfsdienst *m* breakdown service
Straßenkarte *f* road map, street map
Straßenkreuzung *f* crossroads
Straßen- und Autobahngebühr *f* road toll, toll
Straßenverkehrsunternehmen *n* road transport enterprise, road transport company
Straßenzustandsbericht *m* road report, road conditions report, road reconnaissance report
Straße-Schiene-Verbund *m* road-rail link
Strategie *f* strategy
Strategiewechsel *m* strategy change
strategische Neuausrichtung *f* strategic reorganization
Straußwirtschaft *f* seasonal wine room *(place which sells home-made wine when a broom is displayed outside)*
Strecke *f* route
Streckenfahrschein *m* fixed-route ticket, fixed-zone ticket, pass
Streckenflug *m* en route flight
Streckenmix *m* route combination
Streckennetz-Karte *f* route network map
Streckenrecht *n* air traffic right, slot
Streifzug *m* expedition, trip
Stromruckfähre *f* current-driven ferry
Strukturwandel *m* structural change
Student(in) *m(f)* student, (female) student
Studentenermäßigung *f* student discount
Studienfach *n* (degree) subject, field of study
Studiengebühren *fpl* tuition fees
Studienkreis *m* **für Tourismus und Entwicklung** tourism and development study group
Studienreise *f* study tour, educational journey, educational trip, study travel
Studienreiseleiter(in) *m(f)* study tour guide
Studienreiseveranstalter *m* educational tour operator, study tour operator
Studio *n* studio
Stundung *f* extending a term of payment, moratorium, respite (of debts)
stupende Lebendigkeit *f* amazing vividness
Subcharter *m* sub-charter
Subsidiaritätsprinzip *n* subsidiarity principle, principle of subsidiarity
substanziell *adj* essential, solid
Such-Funktion *f* search function
Suite *f* suite
Sund *m* sound, straits
Superprovision *f* overriding commission, overrider, supercommission, *(AE)* contingent commissions
Superstimmung *f* great atmosphere
surfen *v* 1. windsurf *(Windsurfen)*; 2. surf *(Wellensurfen)*; 3. surf *(in Datennetzen)*; 4. surf, browse *(im Internet)*
Süßwasserpool *m* freshwater pool
Swiss International Air Lines *(Abk.: LX) nationale Schweizer Fluggesellschaft; Tochtergesellschaft der Deutschen Lufthansa*
Symposium *n* symposium
Synergie *f* synergy
Szenerie *f* scenery

T

Tachoscheibe *f* speedometer, tachograph
Tag *m* **des offenen Denkmals** heritage and memorial open day, open day at historical sites, open monument day
Tagesausflug *m* day trip, day excursion
Tagesausflugsverkehr *m* day-trip traffic, excursion traffic
Tagesausgaben *fpl* daily expenditures
Tagesbesucher *m* same-day visitor, *(BE)* day tripper, *(BE)* day-tripper
Tageserholungsstätte *f* daytime recreation centre
Tagesgericht *n* dish of the day, today's special *(Restaurant)*
Tagesgeschäft *n* daily business, daily tasks, day-to-day business
Tageskarte *f* day ticket, menu of the day *(im Restaurant)*

Tageskreuzer *m* day cruiser, excursion boat
Tageslicht *n* daylight
Tagesordnung *f* agenda, order of the day
Tagesordnungspunkt *m (Abk.: TOP)* item on the agenda
Tagesrandverbindung *f* connection at the beginning or the end of the day, off-peak hours connection
Tagesrate *f* daily rate
Tagesrückfahrkarte *f* day-return ticket
Tagesschiff *n* day cruiser, excursion ship
Tagesticket *n* day ticket
Tagesverbindung *f* daytime connection
Tageszimmer *n* day room, day-let
Tagfahrlicht *n* daytime running light, daytime headlights
Tagung *f* meeting, conference, congress, convention
Tagungsauslagen *fpl* conference expenses, venue expenses
Tagungsfachfrau *f* qualified meetings and conference professional
Tagungsfachmann *m* qualified meetings and conference professional, conference professional
Tagungsgast *m* conference guest, conference participant
Tagungsraum *m* meeting room, conference room
Tagungsservice *m* conference service, congress service
Tagungsstätte *f* meeting facility; meeting venue, conference venue
Tagungstourismus *m* congress tourism, conference tourism
Tagungs- und Kongresstourismus *m* conference tourism, congress tourism
Tagungsvielfalt *f* variety of meetings, variety of conferences
Talfahrt *f* decline *(Wirtschaft)*; downhill run *(Ski)*; downstream navigation, descent
Tangentialreisende *m* transit stopover without deboarding
Tankstelle *f (BE)* petrol station, *(AE)* gas station
Tank- und Rastanlage *f* service area, service station, services
Tapetenwechsel *m* change of scenery
Tarif *m* tariff, rate
Tarifautonomie *f* (right to) free collective bargaining
Tarifbezeichnung *f* tariff identifier, tariff name
Tarifdatenbank *f* fare database
Tariffamilien *fpl* fare families *(Airline)*
Tarifgemeinschaft *f* tariff association, rate association
Tarifhandbuch *n* tariff manual
Tarifinformation *f* tariff information
Tarifpartner *mpl* social partners, unions and management, partners in labour relations
Tarifpflicht *f* tariff obligation *(obligation of buses, taxis, etc. to charge a set fare)*
Tarifsenkung *f* tariff reduction, tariff cut, reduction in tariff
Tarifsystem *n* tariff system, rate structure
Tarifverbund *m* tariff association, tariff network
Tarifvertrag *m* collective agreement, collective wage agreement, pay agreement
Tauchrevier *n* diving area
Tauchsafari *f* diving safari
Tausch *m* swap, exchange
Tauschgeschäft *n* swap, barter, exchange deal
Taxi *n* taxi, *(AE)* cab
Taxifahrer(in) *m(f)* taxi driver, *(AE)* cab driver
Taxiflug *m* taxi flight
Taxirufsäule *f* taxi phone
Taxistand *m* taxi stand, *(BE)* cab rank, taxi-rank, *(AE)* cabstand
Teamgeist *m* team spirit
technische Zwischenlandung *f* operational stop
Technischer Überwachungsverein *m (Abk.: TÜV)* Technical Inspection Association *(German autonomous association of technical service providers)*; Technical Control Board
Teilcharter *m* partial charter, sub-charter, split-charter
Teilhaber *m* stakeholder, partner, associate
Teilkasko *n* part insurance cover, partial coverage insurance
Teilnahme *f* participation
Teilnehmerliste *f* participant list, list of participants
Teilnehmerzahlen *fpl* **bei Gruppen** number of participants
Teilpauschalreise *f* part package tour, part package tour on hotel or transport basis, semi-package tour
Teilstornierung *f* partial cancellation

Teilstrecke *f* stage, route section, leg, section
Teilverpflegung *f* part board, partial board, half board, part catering
Teilzahlung *f* payment in instalments, part(ial) payment
Teilzeitbeschäftigung *f* part-time employment, part-time job
Teilzeit- und Befristungsgesetz *n (Abk.: TzBfG)* part-time law
Telearbeit *f* telecommuting, teleworking, working from home
Telefonakquisition f/kalte cold calls
telefonische Auslandsverbindung *f* international call
telefonischer Hilfsdienst *m* hotline, call center
telefonischer Service *m* call center
Telekonferenz *f* teleconference
Temperaturschwankung *f* variation in temperature, fluctuation of temperature
Tempolimit *n* speed limit
Tempomat *m* cruise control, speed control, cruiser gear
Tendenzwende *f* turnaround, change in trend
Tenderboot *n* tender boat
Terminal *n* terminal
Terrasse *f* terrace, patio
Terroranschlag *m* terrorist attack, terror attack
tertiärer Sektor *m* tertiary sector
Testkäufer *m* mystery shopper, test buyer
Teuerungsrate *f* rate of price increases
Textverarbeitung *f* text processing, word processing
Theaterstück *n* play
Theatertreffen *n* theatre meeting
Themenabend *m* theme night
Themenkreuzfahrt *f* theme cruise
Themenpark *m* theme park, amusement park
Themenroute *f* theme route
Thermalbad *n* thermal spa, thermal baths
Therme *f* thermal spa, thermal spring, thermal baths
Ticketgroßhändler *m* ticket wholesaler, consolidator
Tickethinterlegung *f* ticket on departure *(Abk.: TOD)*; prepaid ticket advice *(Abk.: PTA)*; ticket deposit, deposit of a ticket
ticketlose Abrechnung *f* ticketless invoicing, e-ticketing
ticketloses Fliegen *n* electronic ticketing flight, ticketless flight, flight with electronic ticketing, e-ticket flight
Ticketnummer *f* ticket number
Ticketprüfung *f* ticket auditing
Ticketzentrale *f (BE)* ticket centre, *(AE)* ticket center, ticket head office
Tide *f* tide
Tidenhafen *m* tide port, tide harbour
Tiefdruckgebiet *n* low pressure area
Timesharing *n* time-sharing
Tippgeber *m* provider of a clue, provider of a tip
Tobel *m (dtCH)* ravine, *(AE)* canon, canyon, gorge *(Schlucht, Hohlweg)*
Tochtergesellschaft *f* subsidiary company, subsidiary, affiliate
Tor *n* **zur Welt** gateway to the world
Tour *f* tour, excursion, trip, voyage
Tourism Watch Tourism Watch *(Informationsdienst Dritte Welt-Tourismus; "Third World" tourism education and information services)*
Tourismus *m* tourism
Tourismusausgaben *fpl* tourism expenditures
Tourismusbeauftragte *m(f)* tourism commissioner
Tourismusbehörde *f* tourism authority
Tourismusbeirat *m* tourism advisory board
Tourismusbetrieb *m* tourism establishment, touristic establishment, tourism operation, touristic operation, company operating in the tourism sector
Tourismusbewusstsein *n* tourism awareness
Tourismusbranche *f* travel business, tourism industry, touristic industry, tourism trade, tourist trade
Tourismuscamping *n* tourism camping, tourist camping
Tourismus-Dienstleister *m* provider of tourism services
Tourismuserhebung *f* tourism survey, tourist survey
Tourismusfachmesse *f* tourism trade fair, tourism exhibition
Tourismusfachwirt(in) *m(f)* trained tourism expert, qualified tourism specialist *(Travel Expert Certificate issued by the Chamber of Industry and Commerce, corresponds with Bachelor of Tourism)*
Tourismusförderung *f* tourism promotion, promotion of tourism

Tourismusforum *n* tourism forum
Tourismusführer *m* tourism guide, tourist guide
Tourismusgipfel *m* tourism summit meeting, tourism summit conference
Tourismusimmobilie *f* tourism real estate
Tourismusjahr *n* tourism year
Tourismuskonzeption *f* tourism conception
Tourismusmarketing *n* tourism marketing
Tourismusmesse *f* tourism (trade) fair, touristic (trade) fair, tourism exhibition
Tourismusökonomie *f* economics of tourism
Tourismusorganisation *f* tourism organisation, organisation of tourism
tourismusorientierter Studiengang *m* tourism-related study course, tourism-related degree course, tourism-oriented study path
Tourismuspräsidium *n* tourism committee
Tourismusstatistikrichtlinie *f* tourism statistics guideline
Tourismusstudium *n* tourism studies, degree in tourism
Tourismusverband *m* tourism association, regional tourism federation
Tourismusvertretung *f* **eines Landes** tourism representation of a country, national tourist office *(Abk.: NTO)*
Tourismuswerbung *f* tourism promotion, tourism advertising
Tourismuswirtschaft *f* tourism industry, tourism economy, economics of tourism
Tourismuszentrale *f* central tourism office, central tourist office
Tourist *m* tourist
Touristenhochburg *f* tourist stronghold
Touristenklasse *f* tourist class, economy class, coach class
Touristenklasse-Syndrom *n* tourist-class syndrome
Touristenvisum *n* tourist visa
Touristik *f* tourism
Touristikbahn *f* tourist railway
Touristiker *m* professional in tourism, tourism specialist, tourism expert
Touristikfachkraft *f* tourism expert, tourism professional, tourism specialist
Touristikflug *m* holiday flight, charter flight
Touristikhaftpflichtversicherung *f* travel liability insurance
Touristikindustrie *f* tourism industry, touristic industry
Touristikjahr *n* tourism year, touristic year
Touristikmesse *f* tourism (trade) fair, tourism exhibition
Touristikreferent *m* tourism official; tourism consultant
Touristikunternehmen *n* tourism enterprise, tourism company, tourism operator
Touristikziele *npl* tourist destinations, tourism destinations
Touristikzug *m* holiday train, tourist train
Tourist-Information *f* tourist information, tourist office
touristische Arbeitsgemeinschaft *f* tourism working group, tourist working pool
touristische Informationsnorm *f (Abk.: TIN)* tourist information standard, touristic information standard, touristic information quota
touristische Leistung *f* tourism service, touristic service
touristische Marktuntersuchung *f* tourism market research, study of the tourism market
touristische Nachfrage *f* touristic services demand, tourism demand, tourist (services) demand
touristische Route *m* tourism route, theme-orientated touristic route, tourist route, theme route
touristische Vorgangsverwaltung *f* tourism workflow administration, touristic operations administration
touristische Wertschöpfungskette *f* tourism value chain, tourism value-added chain, tourism added value chain
touristischer Linienflug *m* charter flight, scheduled tourist flight, scheduled holiday flight
touristischer Vertriebsklima-Index *m* business climate index for German tourism
touristisches Angebot *n* range of tourist services on offer, tourist opportunities, tourist services supply, touristic offer, supply of tourism services, tourism offer
touristisches Leitbild *n* mission of tourism development, guiding touristic principle, guidelines for tourism, corporate touristic image

touristisches Reisebüro *n* tourist(ic) travel agency
Trabantenstadt *f* satellite town, overspill town
Traditionsschifffahrt *f* traditional shipping
Traditionsunternehmen *n* traditional company, company of tradition
Trafik *m (Aut)* newsagent's (shop), tobacconist's (shop) *(kleiner Laden zum Erwerb von u. a. Tabakwaren, Zeitungen, Briefmarken, Fahrkarten, Reisebedarf)*
Tragflügelboot *n* hydrofoil, aerofoil
Training *n* coaching
Trajektschiff *n* train ferry
Tram(bahn) *f (Aut, dtCH) (BE)* tram, tramway, *(AE)* streetcar; *(AE)* trolley line *(in New York)*; surface car *(Straßenbahn)*
Tramper *m (BE)* hitch-hiker, *(AE)* hitchhiker
Trampschifffahrt *f* tramp shipping
Tramp- und Anforderungsverkehr *m* tramp and request transport
transaktionsbasiertes Vergütungsmodell *n* transaction-based fee model
Transaktionsgebühr *f* transaction fee
Transatlantikflug *m* transatlantic flight
Transatlantikreise *f* transatlantic voyage *(Schiff)*
Transeuropäisches Netz *n* Trans-European Network *(Abk.: TEN)*
Transfer *m* transfer
Transferbereich *m* transfer area
Transferbus *m* transfer bus
Transit *m* transit
Transitbereich *m* **des Flughafens** transit area of the airport
Transitvereinbarung *f* transit agreement
Transkontinentalzug *m* transcontinental train
Transparenz *f* transparency, lucidity
Transportdokument *n* transport document
Transportmittel *n (BE)* means of transport, *(AE)* means of transportation
Transportvereinbarung *f* transport agreement
Trassenpreis *m* kilometre-based fee, access charge *(rail)*; train-path charge
Traumstrand *m* dream beach
Traumurlaub *m (BE)* dream holiday, *(AE)* dream vacation
Treffen *n* rally, meeting
Treffpunkt *m* meeting place; meeting point; venue
Treibstoff *m* fuel, *(BE)* petrol, *(AE)* gasoline,
Treibstoffzuschlag *m* fuel surcharge
Treidelpfad *m* towing path, *(AE)* towpath, *(BE)* tow-path
Trend *m* trend, tendency • **gegen den laufenden Trend** buck the trend
Trendforscher *m* trend analyst
trendig *adj* trendy
Trendsportreisen *fpl* trend sports travel
Trendstudie *f* trend analysis, trend survey
Trendwende *f* trend reversal
Treu und Glauben/nach bonafide, on trust
Treuhandanstalt *f* Treuhand Agency, Federal Trust Agency (for industry privatization)
Treuhandgesetz *n* trustee law, trusteeship act, privatisation law
Triebwagenzug *m* multiple-unit train
Trimaran *m* trimaran
Trinkgeld *n* tip, gratuity
Trinkhalle *f* refreshment kiosk, refreshment stand, pump-room
Trinkwasservorrat *m* drinking-water stocks, drinking water reservoir
Trittbrettfahrer *m* fare-dodger, freerider, freeloader, copycat *(Nebenerwerbstouristiker)*
Triumphbogen *m* triumphal arch, Arc de Triomphe *(Paris)*
Trockencharter *m* charter rate excluding crew
Trolleybus *m (BE)* trolley-bus, *(AE)* trolleybus
Tropenkrankheit *f* tropical disease
tropischer Regenwald *m* tropical rain forest
Trottinett *n (dtCH)* scooter
Trubel *m* hurly-burly, hustle and bustle
Tschocherl *(Aut)* cosy café *(gemütliches Café)*
Tumulus *m* tumulus
Turbulenz *f* turmoil *(Aufruhr)*; air turbulence *(während des Fluges)*
Turnus *m* rotation, rota, regular cycle
Turnuskreuzfahrt *f* rota cruise
turnusmäßiger Nicht-Linienverkehr *m* rotational non-scheduled traffic
twittern *v* twitter

U

U-Bahn *f (BE)* underground, *(AE)* subway
Überbrückungskredit *m* bridging loan, interim loan
Überbuchung *f* overbooking
Übereinstimmung *f* agreement, compliance
Überfahrt *f* (sea) crossing, crossing passage, passage
Überflugzeit *f* overflight time
überflüssig *adj* redundant, expendable, superfluous
Überführung *f* transportation, transfer
Überführungsfahrt *f* positioning voyage *(Schiff)*
Überführungsflug *m* positioning flight, ferry flight
Überführungskosten *pl* repatriation costs, positioning expenses
Übergepäck *n (AE)* excess baggage, *(BE)* excess luggage
Überholspur *f* fast lane, *(BE)* overtaking lane, passing lane
Überholung *f* overhaul *(Überarbeitung, Revision)*
Überkapazität *f* overcapacity, surplus capacity, excess capacity
Überkreuzflugticket *n* cross ticket
Überkreuzverflechtung *f* interlocking directorate, interlocking shareholding
Überlandbus *m* overland bus, *(BE)* overland coach
Übernachtung *f* overnight stay, accommodation, overnight
Übernachtung *f* **mit Frühstück** bed and breakfast *(Abk.: Bbernachtungsgast m* overnight guest
Übernachtungskosten *pl* accommodation expenses, overnight expenses
Übernachtungspreis *m* accommodation rate, rate per night, price per night
Übernachtungsvertrag *m* accommodation contract
Übernachtungszahlen *fpl* overnight-stay figures, numbers of overnight stays
Übernahmekandidat *m* takeover candidate
Überschallflugzeug *n* supersonic aircraft, hypersonic aircraft
Überschallknall *m* supersonic boom
Überschneidung *f* overlapping, intersection
Überschussbeteiligung *f* profit participation, surplus sharing
Überseereise *f* overseas travel
Übersetzer(in) *m(f)* translator
Übersetzung *f* translation
Übersichtlichkeit *f* clarity, openness
übersommern *v* spend the summer
Überstunde *f* overtime
übertragbar/nicht non-transferable, untransferable
Überwasser-Bungalow *m* overwater--bungalow *(Indischer Ozean)*
überwintern *v* overwinter, hibernate
Überwinterung *f* spending the winter, hibernation
Umbruchphase *f* upheaval phase
Umbuchung *f* changed booking *(umgebuchter Termin)*; changed reservation, alteration to a booking [reservation]; rebooking, change of booking [reservation]
Umbuchungsgebühr *f* rebooking fee, rebooking charge
umfassend *adj* all-inclusive, thorough, extensive
Umgehungsstraße *f (BE)* bypass, *(AE)* loop road
umgekehrter Pendelverkehrsdienst *m* reversed shuttle service
umherschlendern *v* stroll around
Umkehrpunkt *m* **Flugtarifberechnung/ fiktiver** fictitious point of turnaround
Umland *n* surrounding area, surrounding countryside, region, environs, hinterland
Umlauf *m* rotation, circulation
Umleitung *f* detour, *(BE)* diversion
Umrechnungskurs *m* exchange rate, rate of exchange *(Abk.: ROE)*; conversion rate
Umrechnungssatz *m* conversion rate
Umsatz *m* sales, turnover
Umsatzeinbruch *m* turnover break-in, decline in turnover
Umsatzrendite *f* profit-turnover-ratio, profit margin, return on sale, yield on turnover
Umsatzrentabilität *f* sales profitability
Umsatzschaukel *f* turnover swing, turnover switching
Umsatzsteuer *f* sales tax, turnover tax, value added tax *(Abk.: VAT)*
Umsatzverschiebung *f* turnover postponement
Umschreibung *f* rerouting, rewriting
Umschulung *f* retraining, re-education

Umschwung *m* turnaround, reversal, swing
umsetzen *v* implement, transform, turn
Umsteigeflug *m* transfer flight, connection flight
Umsteigekarte *f* transfer ticket, connection flight ticket *(Flug)*; correspondence ticket
umsteigen *v* change, *(AE)* transfer
Umsteigezeit *f* transfer time *(Flughafen)*; transit time
Umtauschdokument *n* exchange document
Umverteilung *f* redistribution, reappropriation
Umwandlung *f* **von Schulden in Beteiligungen** debt equity conversion, debt for equity swap, loan to own *(Schuldner werden zu Eigentümern)*
Umwelt *f* environment
Umweltauflagen *fpl* environmental regulations, environmental requirements
Umweltbeauftragte *m(f)* environmental representative, environmental commissioner, environment issues manager
Umweltbelastung *f* environmental impact, environmental pollution, ecological damage
Umweltbewusstsein *n* environmental consciousness, environmental awareness, ecological awareness
Umweltbilanz *f* life cycle assessment, ecological assessment
Umweltdachmarke *f* **im Deutschland-Tourismus** environmental label in German tourism *(Viabono)*
umweltfreundliche Klimatisierung *f* environmentally friendly air conditioning, eco-friendly air conditioning
umweltfreundliches Auto *n* clean car, low pollution car, green car
Umweltgroschen *m (obs)* environmental penny *(programme and award of the European Travel Insurance Co. to an environmental protection project in the tourism sector)*
Umweltinitiative *f* environmental initiative
Umweltmanagementbeauftragte *m(f)* environmental management compliance officer
Umweltökonom(in) *m(f)* environmental economist
umweltorientierter Tourismus *m* environmentally aware tourism, ecologically aware tourism, ecotourism, green tourism
Umweltpreis *m* ecotourism award, environmental award
Umweltschutz *m* protection of the environment, environmental protection, environmental conservation, pollution control
umweltverträgliche Geschäftsreise *f* clean business travel *(Germanwatch)*
umweltverträglicher Tourismus *m* ecologically sustainable tourism, environmentally friendly tourism
Umweltverträglichkeit *f* environmental compatibility, environmental sustainability, environmental impact
Umweltverträglichkeitsprüfung *f (Abk.: UVP)* environmental impact assessment, environmental impact analysis
Umweltvorsorge *f* environmental provision
Umweltzeichen *n* ecolabel, environmental label
Umweltzone *f* environmental zone
Umzugsservice *m* relocation service
unabhängige Reisebürokooperation *f* cooperation of independent travel agencies, cooperation of unaffiliated travel agencies
unbegleiteter Minderjähriger *m* unaccompanied minor
unbegrenzte Kilometerleistung *f* unlimited mileage
unberührter Strand *m* unspoilt beach
unbeschwert *adj* carefree, light-hearted
Unfallschwerpunkt *m* accident black spot
Unfallverhütung *f* accident prevention, prevention of accidents
Unfallversicherung *f* accident insurance, travel accident insurance, personal accident insurance, casuality insurance
unfreiwilliges Umbuchen *n* **wegen Überbuchung** involuntary bumping
Ungeziefer *n* insects, *(AE)* bugs, vermin
Ungleichbehandlung *f* discrimination, unequal treatment
ungültig *adj* void, invalid
unhöflich *adj* impolite, mossy, rude
Universalmesse *f* universal (trade) fair, general fair
Universitätsstudium *n* **mit Tourismusschwerpunkt** university leisure and tourism studies, degree course specialising in tourism

unordentlich *adj* untidy *(nicht aufgeräumt)*; messy, disorderly
unschlagbar *adj* unbeatable
UN-Seerechtskonferenz *f* UN maritime law conference
Unterbetten *npl* berths *(auf einem Schiff)*
Unterbringung *f* accommodation, *(AE)* lodging
Unterbringungsklasse *f* accommodation category, category of accommodation
Untergrundbahn *f (BE)* underground, *(AE)* subway, tube
Unterhaltung *f* entertainment, amusement, animation
Unterhaltungskünstler *m* entertainer
Unterhaltungsprogramm *n (AE)* entertainment program, *(BE)* entertainment programme
unterjähriger Preis *m* price valid during the year, price in course of the year
Unterkunft *f* accommodation, *(AE)* lodging
Unterkunftseinstufung *f* accommodation rating, accommodation category
Unternehmensbeteiligung *f* private equity *(an nicht börsengehandelten Unternehmen)*
Unternehmensentwicklung *f* company's performance, corporate development
Unternehmensertrag *m* corporate earnings
Unternehmensform *f* form of enterprise, type of enterprise, type of business organization, legal form
Unternehmensführung *f* corporate governance, (business) management
Unternehmensführung *f* **und Aufsicht** *f* corporate governance
Unternehmensfusion *f* company merger, *(AE)* corporate merger, company amalgamation
Unternehmensidentität *f* corporate identity
Unternehmenskonzept *n* corporate concept, business plan, concept of the company
Unternehmenskultur *f* corporate culture, corporate governance, business culture
Unternehmensleitbild *n* business principles, corporate mission, corporate identity, company profile
Unternehmensprofil *n* company profile
Unternehmensrentabilität *f* company profitability, business profitability
Unternehmensübernahme *f* company acquisition, buyout, company take-over
Unternehmensversicherung *f* business insurance
Unternehmensziel *n* corporate goal, business objective
Unternehmer(in) *m(f)* business employer; entrepreneur, operator, businessman
unternehmerische Herausforderung *f* entrepreneurial challenge
Unternehmerlohn *m* employer's remuneration, employer's salary
Unterorganisation *f (BE)* subsidiary organisation, *(AE)* subsidiary organization, offshoot, sub-organization
Unterrichtungspflicht *f* obligation to inform
Unterversicherung *f* underinsurance
Untervertrag *m* subcontract
Unterwasser-Hotelsiedlung *f* subaqua hotel colony
Unterwassersport *m* underwater sports, hydro sports
Unterwassertunnel *m* underwater tunnel
Unterwasserwelt *f* underwater world, submarine world
unterwegs on the way; on the go, travelling, on tour
Unterwegsaufenthalt *m* stop on the way, stopover
unverbindlich *adj* not binding, subject to confirmation, without obligation *(Angebot)*
Unverfälschbarkeit *f* unforgeability, guarantee of being unforgeable
unvergleichlich *adj* outstanding, incomparable
Unverwechselbarkeit *f* unmistakeability, distinctiveness
unwiderstehlich *adj* irresistible
unwirtschaftlich *adj* inefficient, uneconomic
Unwissenheit *f* ignorance
Up-front-Förderung *f* up-front incentive
Ureinwohner(in) *m(f)* native inhabitant, aborigine *(australischer)*
Urgestein *n* primary rocks
Urheberrecht *n* copyright
Urlaub *m (BE)* holiday, *(AE)* vacation, leave • **den Urlaub verbringen** *(BE)* spend one's holidays, *(AE)* spend one's vacation
Urlaub *m* **auf Balkonien** holiday at home

Urlaub *m* **auf dem Bauernhof** *(BE)* farmhouse holiday, *(AE)* farmhouse vacation
Urlaub *m* **auf Terrassien** holiday at home
Urlaub *m* **mit Segel- und Motoryacht** *(BE)* sailing and motor-yacht holiday, *(AE)* sailing and motor-yacht vacation
Urlauberparadies *n* tourist paradise
Urlauberparlament *n* holiday-makers' parliament *(convention on achieving more ecologically sustainable tourism)*
Urlaubsanspruch *m* entitlement to leave, *(BE)* holiday entitlement, *(AE)* vacation privilege
Urlaubsbedürfnis *n (BE)* need of a holiday, *(AE)* need of a vacation
Urlaubsberechtigung *f (BE)* entitlement to holidays, *(AE)* entitlement to vacations
Urlaubsbilder *npl (BE)* holiday photos, *(AE)* vacation photos
Urlaubsbuchung *f (BE)* holiday reservation, *(AE)* vacation reservation
Urlaubsdomizil *n (BE)* holiday domicile, *(AE)* vacation domicile
Urlaubsentschädigung *f (BE)* holiday compensation, *(AE)* vacation compensation
Urlaubsfahrt *f (BE)* holiday trip, *(AE)* vacation trip
Urlaubsform *f (BE)* type of holiday, *(AE)* type of vacation
Urlaubsfreude *f (BE)* holiday joy, holiday happiness, *(AE)* vacation happiness
Urlaubsgast *m (BE)* holiday maker, *(AE)* holidaymaker, *(AE)* vacationer
Urlaubsgeld *n (Arbeit)* holiday allowance, vacation allowance, holiday pay, holiday money
Urlaubshotel *n (BE)* holiday hotel, *(AE)* vacation hotel
Urlaubskauf *m* **auf Raten** *(BE)* holiday paid for in instalments, *(AE)* vacation paid for in instalments
Urlaubslektüre *f* holiday reading
Urlaubsmotiv *n (BE)* holiday theme; holiday motive, *(AE)* vacation theme; vacation motive
Urlaubsort *m (BE)* holiday resort, holiday destination, *(AE)* vacation spot, vacation resort, vacation destination
Urlaubsparadies *n (BE)* holiday paradise, *(AE)* vacation paradise
Urlaubsreise *f (BE)* holiday trip, *(AE)* vacation trip, voyage
Urlaubsreiseabsicht *f (BE)* intention to go on holiday; holiday travel intention, *(AE)* intention to go on vacation
Urlaubsreisemarkt *m* holiday travel market
Urlaubsreiseverhalten *n* holiday travel behaviour
Urlaubssplitting *n* holiday splitting
Urlaubszeit *f (BE)* holiday time, *(AE)* vacation time
Urlaubsziel *n (BE)* holiday destination, *(AE)* vacation destination
Ursprünglichkeit *f* originality, *(BE)* unspoilt nature, nativeness
Ursprungszeugnis *n* certificate of origin
US-Verkehrsministerium *n* US Department of Transportation *(Abk.: DOT)*

V

Vakanzabfrage *f* vacancy check
Vakanzliste *f* vacancy list, list of vacant rooms
Vakanzprüfung *f* vacancy check; vacancy monitoring
variable Kosten *pl* variable costs
Vegetation *f* vegetation
Velo *n (dtCH)* bicycle, cycle, bike *(Fahrrad)*
Veränderungsmanagement *n* change management
Veranstalter *m* operator, organiser; promoter
Veranstalterhaftung *f* operator liability
Veranstaltermarke *f* operator brand
Veranstaltermarkt *m* operators' market
Veranstalterreise *f* package tour, organised tour, organised trip
Veranstalterreisepaket *n* package travel, package holiday, package tour
Veranstaltung *f* event, convention, meeting
Veranstaltungsausgaben *fpl* event expenditures
Veranstaltungsausrüstung *f* event equipment
Veranstaltungsbedarf *m* demand for events, event requirements
Veranstaltungskauffrau *f* qualified (female) event manager
Veranstaltungskaufmann *m* qualified event manager

Veranstaltungsort *m* venue
Veranstaltungsrichtlinie *f* event policy
Veranstaltungssaal *m* function room, hall of events, convention hall
Veranstaltungsticket *n* event ticket
Veranstaltungsvorschau *f* event forecast, event projection, upcoming events, eventpreview
Verantwortung *f* responsibility, accountability, liability
Verantwortungsbewusstsein *n* sense of responsibility
verantwortungsvolles unternehmerisches Handeln *n* corporate social responsibility *(Abk.: CSR; Sammelbegriff)*
Verband *m* association, confederation
Verband *m* **der Fährschifffahrt & Fährtouristik** *(Abk.: VFF)* Association of Ferry Travel and Ferry Tourism
Verband *m* **Deutsches Reisemanagement** *(Abk.: VDR)* The German Business Travel Association
Verbandsklage *f* association lawsuit, collective claim
verbessern *v*/**etwas** upgrade sth, improve sth
verbindlich *adj* binding, obligatory
Verbindlichkeiten *fpl* liabilities, obligations, debt
Verbindungsflugschein *m* connection flight ticket, conjunction ticket
Verbindungskonferenz *f* **IATA** International Air Transport Association conference, IATA conference
verborgene Reize *mpl* hidden attractions
Verbot *n* ban, prohibition
Verbraucher *m* consumer
Verbraucherberatung *f* consumer advice
Verbraucherpreisindex *m* consumer price index
Verbraucherschutz *m* consumer protection
Verbraucherschutzgruppe *f* consumer protection group
Verbrauchsgewohnheiten *fpl* consumption habits, consumption pattern
verbundene Zimmer *npl* connected rooms, interconnecting rooms
Verbundfahrausweis *m* ticket for interconnecting transport system, travel pass
Verbundwerbung *f* associated advertising, joint advertising
Verdrängungswettbewerb *m* cutthroat competition, displacement competition, shake-out, predatory competition
Vereinbarung *f* arrangement, agreement
Vereinheitlichung *f* **von Abrechnungsfragen** standardization of accounting issues
Vereinigte Staaten *npl* **von Amerika** *(Abk.: USA)* (the) United States of America
Vereinigtes Königreich *n* **(von Großbritannien und Nordirland)** (the) United Kingdom (of Great Britain and Northern Ireland) *(Abk.: UK)*
Vereinigung *f* **Cockpit** German Pilots Association
Verfallsoption *f* expiry option
Verfügbarkeit *f* availability
Verfügbarkeitsanzeige *f* availability display
Vergabeverfahren *n* awarding procedure, allocation procedure
Vergleich *m* arrangement, compromise, check, settlement
vergleichende Werbung *f* comparative advertising
Vergleichsverfahren *n* protected insolvency proceedings, composition proceeding; comparative method
Vergnügungsfahrt *f* pleasure trip, jaunt, fun trip, joyride
Vergnügungspark *m* amusement park, fun park, theme park
Vergünstigung *f* reduction; advantage, privilege
Vergütung *f* bonus, advantage, reimbursement, compensation, benefit
Vergütungsmodell *n* remuneration model, compensation model, commission model
Verhaltenscodex *m* code of conduct
Verhaltensmerkmal *n (BE)* behavioural trait, behavioural feature, *(AE)* behavioral trait, behavioral feature
Verhandlung *f* negotiation, conference, hearing
Verjährung *f* prescription, statute of limitation
Verkauf *m* sales, merchandizing
Verkäufermarkt *m* sellers' market, captive market
Verkaufsassistent *m* sales assistant
Verkaufserlöse *mpl* sales revenues, sales proceeds, traffic revenues

Verkaufsförderung *f* sales promotion, merchandising
Verkaufsgespräch *n* sales talk, sales conversation
Verkaufshandbuch *n* sales manual
Verkaufslizenz *f* sales licence, selling concession, selling license
Verkaufspunkt *m* point-of-sale *(Abk.: POS)*
Verkaufsschulung *f* sales training
Verkaufssteuerung *f* sales motivation, sales control, sales management
Verkaufswettbewerb *m* sales contest, sales competition
Verkehrsachse *f* traffic axis
Verkehrsamt *n* tourist (information) office
Verkehrsanbindung *f* transport link, transport connection, traffic access
Verkehrsaufkommen *n* traffic volume, volume of traffic
Verkehrsbüro *n* tourist board, national tourist office *(Abk.: NTO)*
Verkehrsclub *m* touring club, traffic association
Verkehrsfachwirt(in) *m(f)* qualified transport specialist, transport business administrator
Verkehrsflugzeugführer(in) *m(f)* commercial airline pilot
Verkehrsgastronomie *f* general gastronomy
Verkehrsgebiet *n* traffic area
Verkehrsgemeinschaft *f* public transport network, transport association
Verkehrsgewerbe *n* traffic trade, transport industry
Verkehrsinstitution *f* transport institution, traffic institution
Verkehrskonferenzgebiet *n* transport conference area
Verkehrskorridor *m* (transport) corridor
Verkehrsmittel *npl (BE)* means of transport, mode of transport, *(AE)* means of transportation
Verkehrsobjekt *n* traffic object, vehicle
Verkehrspolitiker(in) *m(f)* transport politician
Verkehrsprojekt *n* transportation project
Verkehrsrecht *n* traffic law, *(BE)* transport law, *(AE)* transportation law
Verkehrsstatistik *f* traffic statistics, *(BE)* transport statistics, *(AE)* transportation statistics
Verkehrsstau *m* traffic jam
Verkehrsstauung *f* (traffic) congestion, traffic jam
Verkehrsträger *m* carrier, traffic carrier
Verkehrsträgerlizenz *f* carrier licence
Verkehrsunternehmen *n* transportation company
Verkehrsverbindung *f* traffic link; connection
Verkehrsverbund *m* public transport network, public transport system, linked transport system, transport association
Verkehrsverein *m* tourist bureau, tourist association
Verkehrswirtschaft *f* transport economics, transport
Verknüpfung *f* **von Datenquellen** data linkage, data enrichment
Verlängerungsnacht *f* extra night, additional night, extension night
Verlängerungswoche *f* extra week, additional week
Verlässlichkeit *f* reliability
Verleih *m* rental, hire, rental company, rental shop
Verlust *m* loss
Verlustanzeige *f* notice of loss, advice of loss
Vermarktungsunternehmen *n* marketing company, merchandizer
Vermieter(in) *m(f)* renter, hirer, lessor; landlord, landlady
Vermietstation *f* hire station, rental station, rental office
Vermietung *f* charter business, rental, hiring
Vermittler-Code *m* agent code
Vermittlung *f* agency; arrangement, mediation
Vermittlung *f* **von Eintrittskarten** ticket service
Vermittlungsausschuss *m* mediation committee, conciliation committee, arbitration committee
Vermittlungsgebühr *f* agency fee, commission, commission fee, commission charge
Vermittlungsleistung *f* agency service
Vermittlungsvertrag *m* agency contract, agency agreement, brokerage contract
Vermögensaufstellung *f* inventory of property, statement of assets, inventory list, financial statement
Vermögensverwalter *m* asset manager, fund manager

Vernehmlassung *f (dtCH)* consultation, audit *(Anhörung, Beratschlagung)*
Vernehmlassungsentwurf *m* **Schweizer "Koordination Landeswerbung"** consultation plan *(Swiss marketing cooperation)*
Vernetzung *f* networking, network
veröffentlichter Tarif *m* published fare
Veröffentlichung *f* publication, publishing
Verordnung *f* ordinance, guideline, directive, regulation
Verpflegung *f* catering, board, meal arrangement
Verpflegungsmehraufwand *m* additional meal allowance
Verpflegungspauschale *f* per diem rate, maintenance allowance, meal allowance
Verrechnungsstelle *f* clearing house
verreisen *v* go away on a trip, go on a journey, travel
Verrichtungsgehilfe *m* expedient, (sales) assistant, trainee
Versammlung *f* meeting; assembly, convention; rally, gathering
Versandhandel *m* mail order (business)
Verschlechterung *f* deterioration, degradation
Verschlüsselung *f* encryption, encoding
Verschlüsselungstechnik *f* encryption technique, encryption technology, encoding technique
Verschönerung *f* refurbishment, improvement
Verschwiegenheitspflicht *f* obligation of secrecy, pledge of secrecy, confidentiality obligation, duty to keep confidential
Versicherer *m* assurer, insurer; underwriter *(bei Schiffen)*
Versicherte *m(f)* assured party, insured party, insurant
Versicherung *f* **im Tourismus** insurance in tourism
Versicherungsbündel *n* comprehensive insurance package
Versicherungsfall *m* insured event, event of loss, event of damage, insurance claim
Versicherungsgesellschaft *f* insurance company, insurer
Versicherungsnehmer(in) *m(f)* insurance holder, policy holder, insurant, insured party
Versicherungspaket *n* insurance package
Versicherungsschein *m* insurance policy, assurance policy, certificate of insurance
Versicherungsschein *m* **vom Block** standard insurance certificate, insurance note
Versicherungsschutz *m* insurance coverage, insurance cover, insurance protection
Versicherungssteuer *f* insurance tax
Versicherungssumme *f* sum insured, amount covered, insurance amount
Versicherungsträger *m* insurer; underwriter *(bei Schiffen)*; insurance carrier
Versicherungsunternehmen *n* insurance company, assurance company
Versicherungswert *m* insurable value, insurance value
Versorgungseinrichtung *f* catering facility, supply facility
Versorgungsflug *m* relief flight
Verspätung *f* delay, lateness
Verstaatlichung *f* nationalization
Verständnis *n* understanding, sympathy, comprehension
verstrichene Flugzeit *f* elapsed flying time
vertikale Integration *f* vertical integration
vertikale Kooperation *f* vertical cooperation
Vertrag *m* contract; agreement, treaty
vertragliche Haftung *f* contractual liability
Vertragsabschluss *m* conclusion of a contract, contract signature, signing of contract
vertragsähnliches Vertrauensverhältnis *n* mutual trust relationship, quasi-contractual mutual trust
Vertragsbruch *m* breach of contract, infringement
Vertragserfüllung *f* contract realization, fulfilment of contract, performance of a contract
Vertragshotel *n* contract hotel, hotel under contract, listed hotel
Vertragspartei *f* contracting party
Vertragspartner *m* contract partner, contracting party
Vertragsrate *f* contract rate
Vertragsübertragung *f* transfer of contract, assignment
Vertrauensschadenversicherung *f* blanket crime policy, fidelity insurance

Vertreter *m* representative; agent; sales representative, licensee
Vertreterausschuss *m* representative committee
Vertretervertrag *m* contract of representation, agency agreement
Vertretung *f* representation, agency, solicitor, distributor, licensee
Vertriebsbindung *f* tied distribution agreement, tied sales agreement
Vertriebsgemeinschaft *f* joint marketing organization, joint distribution
Vertriebsgesellschaft *f* sales company, distributor
Vertriebskanal *m* sales channel, distribution channel
Vertriebsliberalisierung *f* liberalisation of distribution
Vertriebsstrategie *f* marketing strategy, distribution strategy, sales strategy
Vertriebsweg *m* distribution channel, sales channel
Verwaltungsberufsgenossenschaft *f* *(Abk.: VBG)* industrial cooperative for workers in administrative occupations
Verwaltungsgebühr *f* management fee, administration fee, administration charge
Verwendbarkeit *f* usability, availability
Verwirkung *f* forfeit, forfeiture
Verzeichnis *n* directory, list, register, index
Verzollung *f* customs clearance
Verzug *m* default, delay
Verzugszinsen *mpl* default interests, interests for delay
Viadukt *m* viaduct
Video *n* video
Videoinstallation *f* video installation
Videokonferenz *f* video conference
Vielflieger *m* frequent flyer, *(BE)* frequent air traveller, *(AE)* frequent air traveler
Vielfliegermeilen *fpl* frequent flyer (bonus) miles
Vielfliegerprogramm *n* frequent flyer programme, *(BE)* frequent traveller programme, *(AE)* frequent traveler program
Vielseitigkeit *f* versatility, many-sidedness
vielversprechend *adj* promising
Vielzahl *f* multiplicity, variety
Viermonatsfrist *f* four-month period before booking of a package tour or a flight
Vier-Säulen-Modell *n* four-pillar model of the DRV *(extended with associated members as a 5th pillar)*
Vignette *f* vignette, sticker, label
virtuelles Meeting *n* virtual meeting
Visabesorgung *f* visa service
Visavorschrift *f* visa regulation, visa requirement
Visum *n* visa
Visumzwang *m* obligatory visa, visa requirement
Vogelfluglinie *f* bird-fly-line *(route between Hamburg and Copenhagen, ferry connection between Puttgarden and Rødby)*
Vogelperspektive *f* bird's-eye view, aerial perspective
Vogelschlag *m* bird strike
Volksfest *n* public festival, festival, *(AE)* barbecue
Volkswirtschaft *f* national economy; economics, political economy
volkswirtschaftliche Gesamtrechnung *f (Abk.: VGR)* national accounting, national accounts
Volkswirtschaftslehre *f* economics, political economy
Vollausschuss *m* full parliamentary committee
Vollbeschäftigung *f* full-time job; full employment *(Gesamt)*
vollbesetzt *adj* full, fully occupied
Vollcharter *m* charter, full charter
Vollhaftung *f* full liability, absolute liability
Vollinkasso *n* full encashment, absolute collection
Vollkaskoversicherung *f* collision damage waiver *(Abk.: CDW)*; comprehensive insurance (plus collision), fully comprehensive insurance
Vollkaufmann *m* general merchant, registered trader
Vollkostenrechnung *f* full costing, absorption costing, full-cost accounting
Vollmacht *f* letter of attorney, authorisation, mandate, legal power
Vollpauschalreise *f* all-inclusive package tour, fully inclusive package tour
Vollpension *f* board and lodging, room and board, full board, *(AE)* full pension
Vollpreis *m* full price, full rate, regular price
Vollreisebüro *n* full-service travel agency
Vollsortiment *n* full (product) range, complete range
Vollstorno *n* full reversal, total reversal
vollzahlender Fluggast *m* full-paying air passenger

Volontariat *n* voluntary service, practical training, trainee program, traineeship
Volumengeschäft *n* bulk business, mass business, volume business
Vorabend-Check-in *n* late night check--in, night-before check-in
Vorabend-Check-in-Schalter *m* night--before check-in counter, late night check-in counter
Vorabkatalog *m* first minute booking brochure, early booking brochure *(Frühbucherkatalog)*
Voranmeldung *f* advance registration, preregistration, advance reservation
vorausbezahlte Rate *f* pre-paid rate
Vorausbuchung *f* advance booking, reservation in advance, booking ahead, prebooking
Vorausbuchungsfrist *f* deadline for advance booking, booking deadline
Vorausmeldung *f* advance information
vorausschauendes Handeln *n* acting with foresight
voraussichtliche Abflugzeit *f* expected time of departure, estimated time of departure *(Abk.: etd)*
voraussichtliche Ankunftszeit *f* expected time of arrival, estimated time of arrival *(Abk.: eta)*
voraussichtlicher Endpreis *m* estimated total
Vorauszahlung *f* prepayment, advance payment, deposit, down payment
Vorauszahlungsrabatt *m* anticipation rebate, prepayment discount, discount for prepayment
Vorbestellung *f* reservation, advance order, advance booking, booking ahead
Vorbild *n* example, model, role model
Vorbildfunktion *f* exemplary function
Vorderer Orient *m* Near East, Middle East
Vorerkrankung *f* pre-existing disease
Voreröffnungsmanagement *n* pre--opening management
Vorfeldkontrolle *f* **auf Flughäfen** airfield movement control
Vorfinanzierung *f* prefinancing, preliminary financing, advance financing
vorgezogener Rückflug *m* return flight advanced
vorherige Sitzplatzreservierung *f* advance seat reservation, pre-assigned seating
Vorjahresergebnis *n* prior year result, previous year's result
Vorjahresniveau *n* previous year level
Vorjahreswert *m* pre-year figure
Vorkoster *m* food taster
vorläufig *adj* preliminary, temporary
vorläufige Vorhersage *f* tentative forecast
Vormerkung *f* prebooking, booking in advance, booking ahead, advance reservation
Vorräte *mpl* inventories, stores
Vorreiter *m* pioneer, trailblazer, forerunner
Vorsaison *f* pre-season, early season
Vorsatz *m* intention, intent, premeditation
Vorschusspflicht *f* compulsory advance
vorsorgliche Buchung *f* precautionary booking
Vorstand *m* executive board, management board
Vorstellungsgespräch *n* interview, job interview
Vorsteuer *f* input tax, input VAT *(value added tax)*; pretax
Vortrag *m* lecture, speech
Vortragsbestuhlung *f (BE)* theatre-style seating, *(AE)* theater-style seating
Vortragsreise *f* lecture tour, reading tour
Vor- und Nach-Konferenz-Reise *f* pre and post-conference tour, pre and post--convention tour
Vorurteil *n* prejudice
Vorverkauf *m* advance sale, advance ticket sales, advance booking
Vorverkaufsstelle *f* ticket agency, advance booking office, booking office
Vorvertrag *m* pre-contract, provisional agreement, letter of intent, preliminary contract
vorzeitige Rückreise *f* premature return, premature journey home, premature return journey, early return
Vorzugspreis *m* special price, special rate, preferential price, bargain price
Vorzugspreisgebühr *f* preferential price charge

W

Wachstum *n* growth, increase
Wachstumserwartung *f* growth expectation
Wachstumsprognose *f* growth forecast, growth prognosis
Wachstumsschub *m* growth spurt
Wachwechsel *m* changing of the guard
Wagengattung *f* carriage category, wagon category
Wagenstandsanzeiger *m* carriage indication diagram
Wahrnehmungsvermögen *n* perceptive faculty, faculties of perception, perception
Wahrscheinlichkeit *f* probability, likelihood
Währung *f* currency, valuta
Währungsabwertung *f* currency devaluation
Währungsangabe *f* currency denomination, currency indication
Währungsrisiko *n* currency risk, risk of foreign currency investment, exchange rate risk, exchange risk
Wahrzeichen *n* landmark, emblem, symbol
Walbeobachtung *f* whale-watching
Wallfahrt *f* pilgrimage
Wallfahrtstourismus *m* pilgrimage tourism
Wandelschuldverschreibung *f* convertible bond
Wanderausstellung *f* road show, touring exhibition, *(AE)* traveling exhibition, mobile exhibition
Wandergebiet *n* hiking region, hiking area
Wanderhotel *n* hikers' hotel, hiking hotel
Wanderlandschaft *f* wandering landscape
Wanderparadies *n* hiking paradise
Wanderstab, Wanderstock *m* walking stick
Wanderstudienreise *f* hiking study tour, educational trekking tour
Wanderung *f* walking tour, hiking trip, walk, hike, ramble
Wanderungsbewegung *f* migration, migratory movement
Wanderverein *m (BE)* rambling club, *(AE)* hiking club
Wanderweg *m (BE)* footpath, walking trail, walkway, hiking trail, trail
Wandlung *f* **Versicherungswesen** redhibitory action, annulment, conversion
Warenzeichen *n* trademark, trade mark
Warmwassertourismus *m* mass tourism to major Mediterranean seaside destinations
Warnweste *f* reflective jacket, safety vest, high-visibility clothing
Warschauer Abkommen *n (Abk.: WA)* Warsaw Convention
Warteliste *f* waiting list
Warteraum *m* waiting room
Wartesaal *m* waiting room, waiting hall
Warteschlange *f* queue, *(AE)* line
Warteschleife *f* waiting loop, holding pattern, queue
Wartung *f* maintenance, service
Wäschebeschließerin *f* linen maid, linen keeper
Wasserfall *m* waterfall, cascade
Wasserflugzeug *n* water plane, hydroplane, floatplane, seaplane
Wasserkreuz *n* water junction, water cross(ing)
Wasserlinie *f* water line
Wassermotorrad *n* jetski
Wasseroberfläche *f* surface of the water, water surface
Wasserpark *m* waterpark, water park
Wassersport *m* water sports, aquatics
Wassersportfahrzeug *n* water sports craft, water sport vehicle
Wassertaxi *n* floating taxi *(cab)*; water taxi
Wattwanderung *f* mudflats hike, mudflats ramble
Wechselkurs *m* rate of exchange *(Abk.: ROE)*; exchange rate
Wechselkursschwankung *f* currency fluctuation, exchange rate fluctuation
wechselseitig *adj* mutual, reciprocal
Wechselstube *f* currency exchange office, exchange office
Wechseltarif *m* exchange charge, special tariff arranged by DB with other carriers
Wechselverkehr *m* cooperation between DB and other carriers
Weckdienst *m* wake-up service
Weckruf *m* wake-up call
Weg *m*/**auf dem** on track
Wegbereiter *m* forerunner, precursor
Wegsicherung *f* road security

Wegsicherungsfunktion *f* road security function
wegsteuern *v* move away, steer clear, take away
Wegstrecke *f* route, distance, stretch of road, way
Wegweiser *m* sign, signpost, guide *(Buch)*
Weichenstellung *f* setting of the course
Weichwährungsticket *n* soft currency ticket
Weinbau *m* wine-growing, viticulture
Weingut *n* winery
Weinkeller *m* wine cellar, cellar
Weinkellner *m* sommelier, wine waiter
Weinverkostung *f* wine tasting
Weißbuch *n (Tourismus)* White Paper of Tourism
Weiße Flotte *f* river cruise ships and excursion boats in an area of water or owned by a shipping company, white fleet
Weiße Industrie *f* white industry, tourism industry
Weiterbildungslehrgang *m* advanced education course, course in further education
Weiterbildungsprüfung *f* further education examination
Weiterbildungsveranstaltung *f* further education event
Weiterflug *m* connection flight, continuation of a flight
weitreichende Auswirkungen *fpl* far-reaching repercussions *(Konsequenzen)*
Weitsicht *f* foresight
weitsichtig *adj* far-seeing, far-sighted, prospective
weitverbreitet *adj* widespread
Wellenreiten *n* surfing
Weltausstellung *f* world (trade) fair, world exhibition, world exposition
Weltbank *f* World Bank
Weltenbummler *m* globetrotter
Welterbe *n* world heritage
Weltgartenschau *f* World Horticultural Exhibition
Welthandelsorganisation *f (Abk.: WHO)* World Trade Organization *(Abk.: WTO)*
Weltkulturerbe *n* world cultural heritage
Weltluftverkehr *m* global aviation
Weltnaturerbe *n* world natural heritage
Weltneugierde *f* curiosity about the world
Weltraumtourismus *m* space tourism
Weltreise *f* **mit dem Flugzeug** round the world tour by air, round the world trip by air
Weltreise *f* **mit der Bahn** round the world tour by train, round the world trip by train
Weltreise *f* **mit Kreuzfahrtschiffen** round the world cruise, cruise around the world
Welttourismusorganisation *f (Abk.: UNWTO)* World Tourism Organization
weltumspannend *adj* global, worldwide
Weltwirtschaft *f* global economy, world economy
Weltwirtschaftsgipfel *m* World Summit (G7 + Russia), world economic summit
Weltwirtschaftskrise *f* global economy crisis, worldwide economic crisis, world depression
Weltwunder *n* wonder of the world
Weltzeit *f* universal time, Greenwich Mean Time *(Abk.: GMT)*
Werbeetat *m* media budget, advertising budget
Werbefahrt *f* promotional tour, promotional trip, sales promotion tour
Werbefeldzug *m* publicity campaign, publicity drive, advertising campaign, marketing campaign
Werbegemeinschaft *f* joint advertising cooperation, promotion cooperative
Werbegeschenk *n* promotional gift, give-aways
Werbekonzept *n* media concept, advertising concept
Werbemittel *npl* advertising material, advertising media, promotional material, give-aways
Werbemittelvertrieb *m* distribution of advertising material
Werbeprospekt *m(n)* hand-out, leaflet
Werbeträger *m* advertising medium
Werbung *f* advertising; publicity, promotion
Werdegang *m* career
Werft *f* dockyard, shipyard; hangar *(für Flugzeuge)*
Werkvertrag *m* contract for work and services
Wertaufbewahrung *f* value safekeeping, store of value
Wertberichtigung *f* valuation adjustment
Wertewandel *m* change in values, change in social values
Wertpapier *n* bond, credit document, *(BE)* share, *(AE)* stock

Wertpapierbestand *m* portfolio
Wertschaffung *f* value creation
Wertschöpfung *f* net value added, net output, increase in value, value chain
Westeuropäische Zeit *f (Abk.: WEZ)* Greenwich Mean Time *(Abk.: GMT)*
Wettbewerb *m* contest, competition, competitive process
Wettbewerbsbeschränkung *f* restriction of competition, competition distortion
Wettbewerbsfähigkeit *f* competitiveness, competitive ability
Wettbewerbsprodukt *n* competitive product
Wettbewerbsrecht *n* competition law, cartel law
Wettbewerbsvergleich *m* competitive comparison
Wettbewerbsverzerrung *f* distortion of competition, unfair competition
Wettbewerbsvorteil *m* competitive advantage, competitive edge
Wetterprognose *f (dtCH)* weather forecast *(Wettervorhersage)*
Wetterradar *n* weather radar
Wetter- und Temperatursturz *m* sudden weather change and sharp drop in temperature
Whirlpool *m* jacuzzi
wichtigste Anbieter *mpl* top suppliers, most important suppliers
widerstandsfähig *adj* resilient, resistant
Wiedereinführung *f* relaunch, reintroduction
Wiedereingliederung *f* (vocational) reintegration *(Arbeitsmarkt)*
Wiedereinreisevisum *n* re-entry visa
Wiedereinstieg *m* re-entry
wiederfinden *v*/**etwas** regain sth *(erneut erlangen)*
Wiederholungskunde *m* repeat customer, repeater
Wiederkehrer *m* repeater, recurer
Wildreservat *n* game reserve, wildlife preserve
Willkommensgeschenk *n* welcome gift
Willy-Scharnow-Institut *n* **für Tourismus, Freie Universität Berlin, ehemaliger Masterstudiengang Tourismusmanagement und Regionale Tourismusplanung** *former degree course offered by the Willy Scharnow Institute for Tourism: post graduate master in tourism management and regional planning*
Willy-Scharnow-Stiftung *f* Willy Scharnow Foundation
Windjammer windjammer, tall ship
Windjammerkreuzfahrt *f* windjammer cruise, tall ship cruise
Windrose *f* wind rose, compass card
Winkelmessgerät *m* protractor
Winterfahrplan *m* winter schedule, winter time table
Winterferiendorf *n (BE)* winter holiday village, *(AE)* winter vacation village
Winterreiseverkehr *m (BE)* winter holiday traffic, *(AE)* winter vacation traffic
Wintersaison *f* winter season
Wintersonnenwende *f* winter solstice, midwinter
Wintersport *m* winter sports, winter sport
Wintersportveranstaltung *f* winter sports event
Wintertourismus *m* winter tourism
Winterurlaub *m (BE)* winter holiday, winter break, *(AE)* winter vacation,
Winzerfest *n* wine festival, vintage festival, winegrowers' festival
Wirbelsturm *m* hurricane, tornado, cyclone
wirtschaftliche Notwendigkeit *f* economic necessity
Wirtschaftlichkeit *f* cost effectiveness, cost-effectiveness, profitability
Wirtschaftsabschnitt *m* business sector, economic sector
Wirtschaftsdirektor(in) *m(f)* food and beverage manager, F&B manager
Wirtschaftsfaktor *m* **Tourismus** tourism as an economic factor
Wirtschaftsförderung *f* promotion of economic development, business development, promotion of trade
Wirtschaftsgipfel *m* economic summit
Wirtschaftskrise *f*/**globale** global economic crisis, economic crisis worldwide
wirtschaftsorientierter Tourismus *m* business travel, economically orientated tourism, *(BE)* market-orientated tourism, *(AE)* market-oriented tourism
Wirtschaftsstandort *m* economic location, business location, economic domain
Wirtschafts- und Währungsunion *f (Abk.: WWU)* Economic and Monetary Union *(Abk.: EMU)*
Wirtschaftsunion *f* economic union

Wirtschaftswachstum *n* economic growth
Wirtshaus *n (BE)* public house, pub, inn, tavern, *(AE)* bar, saloon
wissen/gut zu good to know
Wissensstand *m* knowledge level, standard of knowledge
wissenswert *adj* worth knowing, valuable, need-to-know
Wochenendbindung *f* weekend rule, weekend restriction, weekend stayover
Wochenendcamping *n* weekend camping
Wochenendtarif *m* weekend rates, weekend fare
Wochenkarte *f* weekly season ticket, seven-day ticket, week-long ticket
Wohlbefinden *n* good health, wellbeing
Wohlfahrtsökonomie *f* welfare economics
Wohlfühlfaktor *m* wellbeing factor
Wohltätigkeitsveranstaltung *f* benefit event, charity performance
Wohnanhänger *m (BE)* caravan, *(AE)* trailer
Wohncontainer *m* container dwelling, mobile home
Wohneinheit *f* accommodation unit, housing unit
Wohnmobil *n* mobile home, camper, *(BE)* motor home, motor caravan, *(AE)* motorhome, RV *(recreational vehicle)*
Wohnumfeld *n* residential surroundings
Wohn- und Nutzungsrecht *n* **an in- und ausländischen Immobilien** right of abode and use of domestic and foreign estate; time-sharing regulations
Wohnung *f* **bewirtschaftete** serviced apartment
Wohnungsnahbereich *m* local area
Wohnungstausch *m (BE)* flat-swap(ping), *(AE)* apartment-swap(ping), home exchange
Wohnwagen *m (BE)* caravan, *(AE)* trailer
Wohnwagenpark *m (BE)* caravan park, *(AE)* trailer park
Wohnwagentourist *m (BE)* caravaner, *(AE)* trailerite
Wolkenkratzer *m* skyscraper
Wörterbuch *n* dictionary
Wucht *f* impact *(Aufprall)*
Wuppertaler Schwebebahn *f* Wuppertal suspension railway

Y

Yacht *f* yacht
Yachthafen *m* marina, *(BE)* yacht harbour, *(AE)* yacht harbor, yacht port

Z

Zähleinheit *f* **für Übernachtung** number of nights spent
Zahlgast *m* paying guest
Zahlmeister *m* purser, paymaster
Zahlpax *m* paying passenger
Zahlungsaufschub *m* extension of credit; moratorium, delay of payment, deferred payment
Zahlungsbilanz *f* balance of payments
Zahlungseinnahme *f* payment revenue
Zahlungsmittel *npl* means of payment
zahlungsunfähig *adj* insolvent
Zahlungsunfähigkeit *f* insolvency, inability to pay
Zahlungsverfahren *n* payment procedure, mode of payment, method of payment
Zahlungsverkehr *m* payment transaction, payments, monetary transaction
Zahlungsverzug *m* default in payment, delay in payment, default of payment
Zahnradbahn *f (BE)* rack-railway, *(AE)* rack railroad, *(AE)* cog-railway
Zauber *m* magic
Zaungast *m* uninvited spectator, onlooker
zechen *v* booze
Zechprellerei *f* hotel fraud, bilking, evading payment, *(AE)* dine-and-dash
Zeesenboot *n* regional coastal fishing boat
Zeitarbeit temporary employment, temporary job
Zeitenwende *f* turning point
Zeitfenster *n* time window, time slots *(Flug)*
Zeitfenster *n* **für Starts und Landungen** slots
Zeitgeschehen *n* events of the day, current events, current affairs
Zeitkarte *f* season ticket, *(AE)* commutation ticket, flashpass
zeitsparend *adj* time-saving

Zeitverschiebung *f* time lag, time difference, time shift
Zeitverschwendung *f* waste of time, *(AE)* boondoggle
Zeitwert *m* current value, time value
Zeitzone *f* time zone
Zelt *n* tent
Zelthotel *n* tent hotel
Zenitalregen *m* monsoon rain
Zentrale *f* head office, headquarters
zentrale Anlaufstelle *f* single point of contact *(Abk.: SPOC)*
zentrale Auftragsverwaltung *f* central order administration, job order management
zentrale Planwirtschaft *f* centrally planned economy
zentrale Verkehrssteuerung *f* area traffic control
Zentraleinheit *f* central processing unit *(Abk.: CPU)*
zentraler Omnibusbahnhof *m (Abk.: ZOB)* central bus station
zentrales Kurmittelhaus *n (AE)* health treatment center, *(AE)* main health center, *(BE)* central [main] health treatment centre, *(BE)* main health centre
Zentralrechner *m* host computer, mainframe, central computer
Zentrum *m (BE)* centre, *(AE)* center
zentrumsnah *adj* close to downtown, near the centre
Zertifizierung *f* certification
Zertifizierungssystem *n* certification system
Zielgebiet *n* destination region *(großes Gebiet)*; destination area *(kleines Gebiet)*
Zielgebietsagentur *f* destination area agency, incoming agency
Zielgebietsarbeitsgemeinschaft *f* destination area working committee, destination area study group
Zielgebietsbus *m* destination bus
Zielgebietsinformation *f* destination information
Zielgebietsmanagement *n* destination management
Zielgruppe *f* target group, target audience
Zielmarkt *m* target market, destination
Zielort *m* destination, final destination, place of destination
Zielortagentur *f* destination agency, incoming agency
Zielverkehr *m* destination traffic, terminating traffic
Zigarrenliebhaber *m* cigar lover
Zimmer *n* room
Zimmer *n* **der vereinbarten Kategorie/ letztes** last room type availability *(Abk.: LRTA)*
Zimmer *n* **mit Bad** room with a bath
Zimmer *n* **mit Dusche** room with a shower
Zimmer *n* **mit fließendem Kalt- und Warmwasser** room with cold and hot running water
Zimmer *n* **mit Toilette** room with a toilet
Zimmerart *f* type of room, room type
Zimmerauslastungsgrad *m* room occupancy rate, bed occupancy rate
Zimmerausstattung *f* room equipment, equipment in a room, room amenities
Zimmerbuchung *f* room reservation, room booking
Zimmereinrichtung *f* furniture, furnishings
Zimmerkellner *m* **auf Kreuzfahrtschiffen** steward
Zimmerkellnerin *f* **auf Kreuzfahrtschiffen** stewardess
Zimmerlautstärke *f* low volume
Zimmermädchen *n* maid, chambermaid
Zimmernachweis *m* accommodation agency, room agency, room referral service, accommodation service
Zimmerreservierung *f* room reservation, accommodation agency, room booking
Zimmerservice *m* room service
Zimmertemperatur *f* room temperature
Zimmervermittlung *f* accommodation agency, *(AE)* (tourist) accommodations office, room referral service
Zitadelle *f* citadel
Zivildienstreise *f* service travel *(special rate offered by the Deutsche Bahn to those who do alternative civilian service)*
Zivilluftfahrtbehörde *f* Civil Aviation Authority *(Abk.: CAA)*; Civil Aeronautics Board
Zivilluftfahrtkonferenz *f* Civil Aviation Conference
Zodiac *n* zodiac
Zoll *m* customs, customs duty
Zollabfertigung *f* customs clearance, customs processing
Zollabgabe *f* customs duty, duty, tollage

Zollausschlussgebiet *n* duty-free area, freeport *(Freihafen)*
Zollbehörde *f* Board of Customs and Excise, customs authorities, customs service
Zollbestimmung *f* customs regulation, tariff regulation
zollfreier Einkauf *m* duty-free shopping
zollfreier Laden *m* duty-free shop
Zollgrenzbezirk *m* customs and border district
Zollkontrolle *f* customs control, customs check, customs inspection
Zollkreuzer *m* customs boat
Zollpassierschein *m* customs pass
Zollpassierscheinheft *n* carnet
zollpflichtig subject to duty, declarable, dutiable, liable to duty
Zollunion *f* customs union, tariff union
Zubringerbus *m* shuttle bus, feeder bus, *(BE)* feeder coach
Zubringerdienst *m* shuttle service, feeder service
Zubringerflug *m* feeder flight
Zubuchung *f* additional booking, additional reservation
Zug *m* train
Zug *m* **zum Flug** train to plane, rail & fly
Zugabfahrt *f* train departure
Zugabteil *n* train compartment, railway compartment
Zugankunft *f* train arrival
Zugauskunft *f* railway information, train information
Zugbegleiter(in) *m(f)* conductor
zugesicherte Eigenschaft *f* confirmed feature, assured specified feature, guaranteed feature
Zugeständnis *n* concession, allowance, admission
Zuggattung *f* train category, type of train
zügige Abhilfe *f* **und Kulanz** *f (Abk.: ZAK)* rapid remedy and fairness, rapid remedy and good will
Zugkraft *f* attraction, appeal
Zugreservierung *f* seat reservation *(Sitzplatz)*; train reservation
Zukunftsfähigkeit *f* sustainability, fit(-ness) for the future
Zukunftsforscher *m* futurologist
zukunftsträchtig *adj* with a promising future
zukunftsweisend *adj* trendsetting, forward-looking
Zusage *f* confirmation, acceptance; promise
Zusammenhang *m* connection, link (between)
zusammenhängender Jahresurlaub *m (BE)* continuous annual holiday, *(AE)* continuous annual vacation
zusammenklappbarer Caravan *m* folding caravan
Zusammenkunft *f* meeting, gathering, get-together, rally, conference
Zusammenschluss *m* merger, amalgamation, cooperation, association, union, fusion
zusammentragen *v* gather
Zusatzabkommen *n* supplementary agreement, supplementary treaty
Zusatzausstattung *f* special equipment, supplementary equipment
Zusatzdaten *f* additional data
Zusatzfahrer *m (Abk.: ZF)* additional driver *(Mietwagen)*
Zusatzgeschäft *n* add-on business, additional business
Zusatz-Haftpflichtversicherung *f* **für Mietwagen im Ausland** *(BE)* supplementary liability insurance for hire cars abroad, *(AE)* supplementary liability insurance for rental cars abroad
Zusatzleistung *f* **gegen Aufpreis** additional service available at extra cost, extra service at extra cost
zusätzliche Erlöse *mpl* ancillary revenues
zusätzlicher Fahrer *m* additional authorized driver *(Abk.: AAD, Mietwagen)*
Zusatzverkauf *m* additional sale, supplementary sale
Zusatzversicherung *f* supplementary insurance, additional insurance
Zuschauerreise *f* organized trip for TV viewers
Zuschlag *m* extra charge; supplementary fare, surcharge, add-on
zuständig *adj* functionally competent; responsible
Zustellbett *n* rollaway bed, rollaway, camp bed, extra bed
Zuwanderungsgesetz *n* Immigration Act, immigration law
Zwangsumtausch *m* compulsory exchange
Zwangsurlaub *m* compulsory holiday
Zweibettkabine *f* double bed cabin, two-

berth cabin *(Unterbetten)*; twin cabin *(zwei Einzelbetten)*
Zweibettzimmer *n* double bedroom, twin-room *(Zimmer mit zwei Einzelbetten)*
Zweibuchstabenkürzel *n* **für Fluggesellschaften** two-letter code for airlines
zweifellos *adv* undoubtedly
zweigleisig *adj* double tracked, double-track
Zweikanal-Abfertigungsverfahren *n* co-channel clearance procedure
zweisprachig *adj* bilingual
zweisprachige Beschilderung *f* bilingual signpost
zweisprachige Studienrichtung *f* bilingual discipline
zweistellig *adj* double-digit, two-digit
zweistelliger Zuwachs *m* double-digit growth
Zweiter Bildungsweg *m* adult education, second-chance education
Zweites Seerechtsänderungsgesetz *n* second amendment of maritime law
Zweitregister *n* secondary register
Zweitstart *m* relaunch
Zweit- und Dritt-Urlaubsreise *f* second and third holiday tour, second and third holiday trip
Zweitwohnsitz *m* second domicile, secondary residence, second home
Zweitwohnungssteuer *f* tax on secondary residence
Zweitwohnungstourismus *m* second home tourism
zwischen den Jahren at year-end, at the turn of the year, between Christmas and New Year
Zwischenaufenthalt *m* layover, stopover
Zwischenbericht *m* interim report
Zwischendeck *n* between deck, steerage
Zwischenhalt *m (dtCH)* intermediate landing, stop, stopover *(Zwischenlandung, Zwischenstation)*
Zwischenhandel *m* commission business, intermediate trade
Zwischenklasse *f* between class, upper (premium) economy class *(Airline)*
Zwischenlandung *f* stopover, intermediate landing
Zwischenrechnung *f* interim bill, intermediate check
Zwischensaison *f* shoulder season
Zwischensumme *f* subtotal, intermediate total
Zwischenübernachtung *f* overnight stay en route, overnight stop-over
Zwischenverkauf *m* **vorbehalten** subject to prior sale, subject to goods being unsold
zwitschern *v* twitter

Anhang

Inhalt

Deutsche, österreichische und Schweizer Abkürzungen

AA **Auswärtiges Amt** *n* Federal Foreign Office of Germany

AA GG/DB **Arbeitsausschuss** *m* **der Gesamtgemeinschaft deutscher DER--Vertretungen mit DB-Lizenz** Working Committee of the Association of German DER subsidiaries with a German Railways license *(nicht mehr gültig, aber im Gespräch)*

AB **Air Berlin**

ABB **Allgemeine Beförderungsbedingungen** *fpl* general conditions of carriage

ABR **Amtliches Bayerisches Reisebüro** *n* Bavarian Travel Agency *(nicht mehr gültig, aber im Gespräch)*

ABRV **Allgemeine Bedingungen** *fpl* **für die Reiserücktrittskosten-Versicherung** general terms and conditions for insurance against cancellation in the event of non-commencement, rebooking or interruption of a journey

ABtBR **Allgemeine Bedingungen** *fpl* **für die Versicherung von touristischen Beistandleistungen und Rücktransportkosten** standard policy conditions for the insurance for travel assistance in all emergencies and medical repatriation

ACS **Automobilclub** *m* **der Schweiz** Swiss Automobile Club

ADAC **Allgemeiner Deutscher Automobil-Club** *m* German Automobile Association

ADFC **Allgemeiner Deutscher Fahrrad-Club** *m* General German Cycling Club, German Cycling Association

ADV **Arbeitsgemeinschaft** *f* **Deutscher Verkehrsflughäfen** Association of German Commercial Airports

ADZ **Allgemeine Deutsche Zimmerreservierung** *f* general German room reservation

AEG **Allgemeines Eisenbahngesetz** *n* German Railway Act

AFI **Alpenforschungsinstitut** *n* Alpine research institute

AG **Aktiengesellschaft** *f* joint-stock company, *(AE)* stock corporation, public limited company

AGB **Allgemeine Geschäftsbedingungen** *fpl* general terms and conditions, standard terms and conditions

AGBG **Gesetz** *n* **zur Regelung des Rechts der Allgemeinen Geschäftsbedingungen** Regulation Act for General Contract Terms Law

AgV **Arbeitsgemeinschaft** *f* **der Verbraucher** consumer association

AJT **Aktion Junge Touristik** *Fachverband für touristische Aus- und Weiterbildung*

ALP **Arbeitsgemeinschaft** *f* **der Alpenländer** Association of Alpine Countries

AMA **Stuttgarter Messeverbund** *m* **von Auto und Motorradausstellung und Wintertourismus** *(nicht mehr gültig, aber im Gespräch)*

ARB **Allgemeine Reisebedingungen** *fpl* general travel conditions

ARBÖ **Auto- Motor- und Radfahrbund** *m* **Österreichs** Austrian car, motorbike and bicycle association

Arge ALP **Arbeitsgemeinschaft** *f* **der Alpenländer** Working Community of the Alps

ARK **Aktion** *f* **zur Rettung des Kulturerbes** campaign for the rescue of the cultural heritage

ARZ **Autoreisezug** *m* car sleeper train; motorail train

ASA **Arbeitsgemeinschaft** *f* **Südliches Afrika** Association Southern Africa

ASD **Arbeitsmedizinischer und Sicherheitstechnischer Dienst** *m* **der Berufsgenossenschaft** safety-engineering service of a trade association

ASR **Arbeitskreis** *m* **selbstständiger Reisebüros** Working Committee of Independent Travel Agencies, Association of only independent travel agencies *(Bundesverband mittelständischer Reiseunternehmen)*

AST **Anruf-Sammeltaxi** *n* hailed shared taxi, shared taxi service

ATE **Arbeitskreis** *m* **Trekking- und Expeditionstourismus** Working Committee of Trekking- and Expedition Tourism

Atis **Anerkannte Tourist-Informationsstelle** *f* Accredited Tourist Information by the German Tourism Association (DTV)

Auma **Ausstellungs- und Messe-Ausschuss** *m* **der Deutschen Wirtschaft** Association of German Trade Fair Industry

AvD **Automobilclub** *m* **von Deutschland** Automobile Association of Germany

AVR **Allgemeine Bedingungen** *fpl* **für die Versicherung von Reisegepäck** *(AE)* general terms and conditions of travel baggage insurance, *(BE)* general terms and conditions of travel luggage insurance

AWA **Austria Web Academy**

AZP **Abrechnungszentrale** *f* **Personenverkehr** *(AE)* accounting center of DB, *(BE)* accounting centre of DB

BA **British Airways**

BAföG **Bundesausbildungsförderungsgesetz** *n* Law on support for education and training

BAV **Bundesaufsichtsamt** *n* **für das Versicherungswesen** Federal Supervisory Office for Insurance Companies

BAV **Bundesverband** *m* **der Autovermieter Deutschlands** Federal Association of German Car Rental Agencies

BBI **Flughafen Berlin-Brandenburg International**

BCD **BCD Travel Germany** *Deutsche Tochtergesellschaft von BCD-Amsterdam, Business Travel Management, Geschäftsreisemanagement*

BCSD **Bundesvereinigung** *f* **City- und Stadtmarketing Deutschland** German Association of City and Town Marketing

BDF **Bundesverband** *m* **der Deutschen Fluggesellschaften** German Airline Association

BDI **Bundesverband** *m* **der Deutschen Industrie** "The Voice of German Industry"

BDÜ **Bundesverband** *m* **der Dolmetscher und Übersetzer e.V.** Federal Association of Interpreters and Translators

BeschFG **Beschäftigungsförderungsgesetz** *n* Employment Promotion Act
BetrVG **Betriebsverfassungsgesetz** *n* Work Constitution Law
BFS **Bundesanstalt** *f* **für Flugsicherung** German Federal Institute for Air Traffic Control *(nicht mehr gültig, aber im Gespräch)*
BGB **Bürgerliches Gesetzbuch** *n* German Civil Code, Civil Law
BIP **Bruttoinlandsprodukt** *n* gross domestic product *(Abk.: GDP)*
BME **Bundesverband** *m* **Materialwirtschaft, Einkauf und Logistik e.V.** German Association Materials Management, Purchasing and Logistics e.V.
BMVBS **Bundesministerium** *n* **für Verkehr, Bau- und Städteentwicklung** Federal Ministry of Transport, Building and Urban Affairs
BMWi **Bundesministerium** *n* **für Wirtschaft und Technologie** Federal Ministry of Economics and Technology
BO Kraft **Betriebsordnung** *f* **Kraftverkehr** law related to passenger transportation by bus
BPG **Best-Preis Garantie** *f* best price guarantee
BRAG **Bundesverband** *m* **der Reiseleiter, Animateure und Gästeführer** German tourist manager, animateur and tourist guide association
BRT/BRZ **Bruttoregistertonne** *f*/**Bruttoregisterraumzahl** *f* *Raummaß eines Schiffes/Gesamter umbauter Raum*
BSK **Bundesverband** *m* **Selbsthilfe Körperbehinderter** *(Barrierefreier Tourismus)* Federal Association for the Disabled *(Barrier-Free-Tourism)*
BSP **Bruttosozialprodukt** *n* gross national product *(Abk.: GNP)*
BTM **Berlin Tourismus Marketing** *Förderung des Berlin-Tourismus*
BTS **Business Travel Show** *in Düsseldorf, Veranstalter Centaur, London*
BTW **Bundesverband** *m* **der Deutschen Tourismuswirtschaft** Federal Association of the German Tourism Industry
BUND **Bund** *m* **für Umwelt- und Naturschutz Deutschland** German Environment and Nature Conservation Federation
BVT **Bodensee-Vorarlberg-Tourismus**
C&C **Contact & Creation** Public Relations Agency *(PR-Agentur im Tourismus)*
CBR **Caravan, Boot und Internationaler Reisemarkt** *m* Caravan, boat and international travel market *(Vorgängermesse der FREE, München)*
CMT **Internationale Ausstellung für Caravan, Motor, Touristik in Stuttgart**
CRS **Computerreservierungssystem** *n*
CWT **Carlson Wagonlit Travel** *Business Travel Management, Deutsche Zentrale in Eschborn, Geschäftsreisemanagement*
DANTE **Arbeitsgemeinschaft** *f* **für nachhaltige Tourismus-Entwicklung** Association for sustainable Tourism Development
DAV **Deutscher Alpenverein** *m* German Alps Association
DB **Deutsche Bahn** *f* German Railways
Dehoga **Deutscher Hotel- und Gaststättenverband** *m* German Hotel and Catering Association
DER **Deutsches Reisebüro** *n* German Travel Agency

DFS **Deutsche Flugsicherung** *f* German Air Traffic Control
DGfR **Deutsche Gesellschaft** *f* **für Reiserecht** German Association for Tourism Law
DGT **Deutsche Gesellschaft** *f* **für Tourismuswissenschaft**
DGU **Deutsche Gesellschaft** *f* **für Umwelterziehung** German Association of Environmental Education
DHV **Deutscher Heilbäderverband** *m* German Spa Association
DIHK **Deutscher Industrie- und Handelskammertag** *m* German Chambers of Industry and Commerce
DLH **Deutsche Lufthansa** *f* German Lufthansa
DMC **Destination Management Company** FTI-Holding für deren diverse Incoming-Agenturen
DNR **Deutscher Naturschutzring** *m* German Association for Nature Conservation
DRV **Deutscher ReiseVerband** *m* German Travel Association
DSFT **Deutsches Seminar** *n* **für Tourismus** German Institute for Professional Training in Tourism
DTV **Deutscher Tourismusverband** *m* German Tourist Association
DWV **Deutscher Wellness-Verband** *m* German Wellness Association
DZT **Deutsche Zentrale** *f* **für Tourismus** German National Tourist Board *(Abk.: GNTB)*
EB **Europabus** *m* express coach network *(consisting of more than 30 partners all over Europe)*
EC **Eurocity** *m* European Inter-city train
EGG **Elektronisches Geschäftsverkehrsgesetz** *n* Electronic Business Act
EKH **Eigenkapitalhilfeprogramm** *n (AE)* equity support program, *(BE)* equity support programme
EMAS **Eco Management and Audit-Scheme** *Zertifiziertes Umweltmanagementsystem nach ISO 14001 für Flughäfen*
E-Tourismus **Nutzung von Informations- und Kommunikationstechnologie im Tourismus**
EU **Europäische Union** *f* European Union
EVO **Eisenbahnverkehrsordnung** *f* Railway Traffic Act
EWH **Europa Wanderhotels** *npl*
EWS **Europäisches Währungssystem** *n* European monetary system
EZB **Europäische Zentralbank** *f* European Central Bank *(Abk.: ECB)*
Fama **Fachverband** *m* **Messen und Ausstellungen** fair and exhibition association
FCM **Travel Solutions (DER), Frankfurt/Main** (hervorgegangen aus Touristikkonzern Flight Center), Geschäftsreisemanagement, Firmenreisebüro-Kette
FDSV **Fachverband** *m* **deutscher Sprachreise-Veranstalter** Association of German language-learning holiday operators, Association of German language-learning vacation operators
Fewo **Ferienwohnung** *f* holiday flat, apartment
FÖJ **Freiwilliges Ökologisches Jahr** *n* voluntary year of ecological service

FRA **Drei-Letter-Code** *m* **für den Flughafen-Betreiber Frankfurt/Main** Three Letter-Code Frankfurt-Airport-Operator

FREE **Freizeit, Reisen, Erholung** *Nachfolgemesse in München für CBR*

FSJ **Freiwilliges Soziales Jahr** *n* voluntary year of social service

FTI **Frosch Touristik International, München** *einer der führenden deutschen Reiseveranstalter*

FUR **Forschungsgemeinschaft Urlaub und Reisen** *siehe auch RA*

FVW International **Zeitschrift** *f* **für Touristik und Business Travel** magazine for tourism and business travel

GAST **Gemeinschaft** *f* **Autofreier Schweizer Tourismusorte** *(u.a. Zermatt und Saas Fee)* community of carfree Swiss touristic villages

GBK **Gütegemeinschaft** *f* **Buskomfort** Association of German bus tour operators for classification of tour busses

GbR **Gesellschaft** *f* **des bürgerlichen Rechts** unlimited partnership under the German Civil Code, civil code company

GDF **Gewerkschaft** *f* **der Flugsicherung** German Air Traffic Controller Association

GewO **Gewerbeordnung** *f* Commerce and Industry Regulation Act, Trade Law

GfK **Gesellschaft** *f* **für Konsumforschung** Association for market research

GmbH **Gesellschaft** *f* **mit beschränkter Haftung** limited liability company (Ltd.)

GUS **Gemeinsschaft Unabhängiger Staaten** (Russland, Weißrussland, Ukraine, Armenien, Aserbaidschan, Moldawien, Kasachstan, Usbekistan, Turkmenistan, Kirgisien, Tadschikistan)

GWB **Gesetz** *n* **gegen Wettbewerbsbeschränkungen** German Cartel Act

HG **IATA-Haftungsgemeinschaft** *f* IATA-liability assurance pool with DRV-travel agencies

HGB **Handelsgesetzbuch** *n* code of commercial law

HRG **Hogg Robinson Group,** Geschäftsreisenkette, Geschäftsreisemanagement

HSMA **Hotel Sales and Marketing Association** *Deutsche Sektion von HSMAI-International, Vereinigung der Hotelverkaufs- und Marketing--Verwantwortlichen*

HUGO **Heute unerwartet gestorbenes Objekt** *n* human gone

IATA **Internationaler Luftverkehrsverband** *m* International Air Transport Association

IC **Intercity** *m* national high quality express train

ICE **Intercityexpress** *m* German high speed train Intercityexpress

IDRF **Interessengemeinschaft** *f* **der Regionalflughäfen** German Regional Airports community of interests

IFA **Internationale Flug-Ambulanz** *f* Flight-Ambulance-International

IHA **Hotelverband** *m* **Deutschland** *Interessenvertretung der Individual- und Kettenhotels*

IHK **Industrie- und Handelskammer** *f* chamber of industry and commerce

IMEX **Frankfurter Messe für Tagungen und Incentive-Reisen**

	Worldwide Exhibition for Incentive Travel, Meetings and Events; Incorporating Meetings made in Germany
ITB	**Internationale Tourismusbörse** *f* International Tourism Exchange
ITF	**Institut** *n* **für Tourismus- und Freizeitforschung** *z. B. an der HTW/Chur, Schweiz mit dem Angebot von Bachelor-, Master- sowie executiven MBA-Lehrgängen*
IWF	**Internationaler Währungsfonds** *m* International Monetary Fund
KG	**Kommanditgesellschaft** *f* limited partnership
KISLS	**Kommunikations- und Informationssystem** *n* **Luftverkehrssicherheit** communication and information system of air traffic control
KMU	**Kleine und mittlere Unternehmen** *npl*
KUONI	einer der führenden europ. Reiseveranstalter
LBA	**Luftfahrtbundesamt** *n* Federal Office for Aviation
LZO	**Luftverkehrszulassungsordnung** *f* aviation certification regulation
MEZ	**Mitteleuropäische Zeit** *f* Central European Time
MFV	**Mehrfrequenzwahlverfahren** *n* dual tone multifrequency, multifrequency code
MHVÖ	**Montanhistorischer Verein** *m* **Österreich**
MID	**Mobilität** *f* **in Deutschland** *Studie des Bundesverkehrsministeriums*
MTCH	**M-Travel Switzerland** *Schweizer Reiseveranstalter*
Multi-GDS	**parallele Nutzung mehrerer GDS** (GDS = Global Distribution System)
Multi-Host	**Anschluss zusätzlicher Leistungsträger, integrierte Angebotsdarstellung**
NDS	**Nachdiplomstudium** *n* post-graduate studies
NUR	**Neckermann und Reisen** *führende Marke von Thomas Cook*
ÖAMTC	**Österreichischer Automobil- Motorrad- und Touring-Club** *m* Austrian automobile, motor-bike and touring club
ÖBB	**Österreichische Bundesbahnen** *fpl* Austrian Railways
OBT	**Online Business Travel** *DB-Buchungsportal für mittelständische Unternehmen*
OFT	**Otto Freizeit und Touristik** *touristische Beteiligungsgesellschaft*
OHG	**offene Handelsgesellschaft** *f* general partnership
ÖHV	**Österreichische Hotelvereinigung** *f* Austrian Hotel Association
OÖTI	**Oberösterreich Tourismus Information** *f*
ÖPNV	**öffentlicher Personennahverkehr** *m* regional public transport, local public transport
ÖRV	**Österreichischer Reisebüroverband** *m* Association of Austrian Travel Agents
ÖVT	**Österreichischer Verein** *m* **für Touristik** Austrian Tourism Association
ÖW	**Österreich Werbung** *f* The Austrian National Tourist Office *(Urlaubsservice Österreich)*
PAX	**Abkürzung für Passagier**
PBefG	**Personenbeförderungsgesetz** *n* passenger transportation law
PEP	**Produkt-Erfahrungs-Programm** *n Vorzugstarife/-preise für Reisebüro-Mitarbeiter*
Pkm	**Personenkilometer** *m* passenger kilometre

PPB	**Partner Plus Benefit** *von Lufthansa, Firmenrabattprogramm zur Reisekostenoptimierung*
Q	Qualitätssiegel der spanischen Tourismusbranche für eine standardisierte Service-Qualität
QTA	**Quality Travel Alliance** *Strategische Allianz der Reisebüro-Kooperationen Alpha, Best-Reisen, RMG, RTK, Schmetterling-Reisen und TUI Travel Star*
RA	**Reiseanalyse** *f* travel analysis *(RA is a representative survey describing the holiday behaviour of Germans, their travel related attitudes, motivations and interests)*
Railjet (ÖBB)	**Hochgeschwindigkeitszug München-Wien mit 3 Klassen**
RBB	**Reisebüro-Bahn-Beirat** *m* **der DB-Agenturen** travel agency and railway advisory board of German Railway agencies *(nicht mehr gültig, aber im Gespräch)*
RC	Touristikmesse Reise und Camping, Essen
RDA	**RDA Internationaler Bustouristik Verband** *m Reise-Ring Deutscher Autobusunternehmungen International, Sitz Köln*
Reisen HH	**Internationale Ausstellung Tourismus Caravaning in Hamburg**
Reise-pavillon	**Internationale Messe für anderes Reisen im Rahmen der FREE in München**
REWE	**Revisionsverband** *m* **der Westkauf-Genossenschaften** *neben Supermarktbetreiber auch drittgrößte europ. Reiseveranstalter-Gruppe*
RKA	**Reisekostenabrechnung** *f* travel expenses report, *(BE)* claim for travel expenses, travel expenses accounting
RKI	**Ehemalige Reisemesse Köln International**
RL	**Richtlinie** *f* directive *(EU)*; guideline
SAC	**Schweizer Alpen-Club** *m* Swiss Alpine Club
SBAO	**Schiffsbesetzungs- und Ausbildungsordnung** *f* German rules for amount of the crew and their training
SBB	**Schweizer Bundesbahnen** *fpl* Swiss Railways
SCCV	**Schweizer Camping- und Caravanning-Verband** *m* Suisse Association for camping and caravanning
Service Q	**Service Qualität Deutschland** *Hotels geben Auskunft über ihre Leistungen*
SES	**Senior-Experten-Service** *m* Senior Expert Service, SES *(German non-profit corporation of specialists who have retired from their active professional career offering vocational training, further education and qualification of specialists and managers in Germany and abroad)*
SHV	**Schweizer Hotelier-Verein** *m* Swiss Hotel Association
SNAV	**Syndicat National des Agences de Voyage** Französischer Reisebüro- und Veranstalterverband**,** French Travel & Tourist Agents Association
SRV	**Schweizer Reisebüro-Verband** *m* Swiss Federation of Travel Agencies
ST	**Schweiz Tourismus** *m* Swiss National Tourist Office

StlB	**Standardlinienbus** *m* standard scheduled bus, *(BE)* standard scheduled coach
StülB	**Standardüberlandlinienbus** *m* standard scheduled overland bus
STV	**Schweizer Tourismusverband** *m* Swiss Tourism Association
TAA	**Travel Agency Accounting** *Finanzdienstleister, Großwallstadt*
TC	**Thomas Cook** *Europas zweitgrößter Reiseveranstalter*
TCR	**Thomas Cook Reisen** *fpl*
TCS	**Touring Club Suisse**
TIC	**Travel Industry Club** Wirtschaftsclub Geschäftsreisen
TIK	**Tourismus-Interessen-Kreis** *m Vereinigung der Tourismusstudenten an der TU Dresden, Fakultät Verkehrswissenschaften, Lehrstuhl Tourismuswirtschaft, Herausgeber der TAA-Tourismus-Ausbildungs--Analyse*
TIN	**touristische Informationsnorm** *f* touristic information standard, touristic information quota
Travel Expo	**Entscheidermesse der Tourismusbranche** Fachmesse für Touristik, Business Travel und Technologie in Köln, Veranstalter: FVW Event & Service
TT	**Travel Talk** *Wochenmagazin für Reiseverkäufer (FVW Medien Gruppe)*
TTT	**Ehemaliges Projekt Travel, Tour Trends in Köln als Nachfolger der RKI**
TUI	**Touristik Union International** *Europas führender Reiseveranstalter*
TUIfly	**TUIfly** *Zusammenlegung der beiden TUI-Ferienfluggesellschaften Hapagfly und HLX, z. T. bei Air Berlin*
Türofed	**türkischer Hotelverband** *m* Turkish Federation of Hoteliers
TÜV	**Technischer Überwachungsverein** *m* German autonomous association of technical service providers
UG	**Unternehmergesellschaft** *f Mini-GmbH ist Alternative zu Ltd-Limited nach englischem Recht*
UH	**Union** *f* **Helvetia**
UMS	**United Market Square** *Einkaufs-Zusammenschluss für Reisedienstleistungen*
UNWTO	**Welttourismusorganisation** *f* World Tourism Organization
UVP	**Umweltverträglichkeitsprüfung** *f* Environmental Impact Assessment Act, test to the environmental compatibility, environmental impact analysis
UWG	**Gesetz** *n* **gegen unlauteren Wettbewerb** fair trade law, law against unfair competition
VC	**Verinigung** *f* **Cockpit** *Pilotengewerkschaft*
VDR	**Verband** *m* **Deutsches Reisemanagement** the Business Travel Association of Germany
VFF	**Verband** *m* **der Fährschifffahrt & Fährtouristik** Association of ferry travel and ferry tourism
VGB	**Verwaltungsberufsgenossenschaft** *f* trade cooperative association, occupational cooperation for administration

VGR **volkswirtschaftliche Gesamtrechnung** *f* national accounting, national accounts

VIR **Verband** *m* **Internet Reisevertrieb** internet touristic sales association

V-KON **VDR-Konsolidierungsprogramm** *n Einkaufsallianz*

VNT **Verband** *m* **Neue Touristik** *Online Reise-Anbieter*

VSB **Verband** *m* **Schweizer Badekurorte** Swiss Spa Association

VSRD **Verband** *m* **Selbstständiger Reiseberater in Deutschland**

VT **Viva Touristika** *Reisemesse in Frankfurt/Main*

WA **Warschauer Abkommen** *n* Warsaw Convention

WEZ **Westeuropäische Zeit** *f* Greenwich Mean Time

WHO **Welthandelsorganisation** *f* World Trade Organization *(Abk.: WTO)*

WWU **Wirtschafts- und Währungsunion** *f* Economic and Monetary Union *(Abk.: EMU)*

ZAK **zügige Abhilfe** *f* **und Kulanz** *f* rapid remedy and fairness

Englische Abkürzungen (international gebräuchlich)

AA **(The) Automobile Association** Automobilclub für Großbritannien und Nordirland

AAA **American Automobile Association** weltweit größter Automobilclub

AAD **additional authorized driver** zusätzlicher Fahrer *m* Mietwagen

AAPA **Association of Asia Pacific Airlines** Asiat./Pazif. Fluggesellschaften-Verband

ABA **American Bus Association** Amerikanischer Bus-Verband

ABTA **Association of British Travel Agents** Britischer Reisebüro-Verband

ACC **Airport Conference Center** Flughafen-Veranstaltungsbereich

ACD **automatic call distribution** automatische Anrufverteilung

ACI **Airports Council International** Weltorganisation der Flughäfen

ACTA **Association of Canadian Travel Agents** Kanadischer Reisebüro--Verband

ACTE **Association of Corporate Travel Executives** Internationaler Geschäftsreisenverband

ADP **Automatic Data Processing** weltweiter Anbieter von Services rund um die Personalabrechnung und das Reisekostenmanagement

ADR **Average Daily Rate** Tagesdurchschnittspreis *m*

AIC **agent in charge** diensthabender Angestellter *m*

AJAX **Asynchronous Java Script and XML** Asynchrone Datenübertragung zwischen Server und Browser, Schlüsseltechnik beim Web 2.0

AL **All inclusive** Alles-Inklusive-Pauschalreise *f*

ALI **additional liability insurance** Haftpflichtzusatzversicherung *f* Mietwagen

all in **all-inclusive** pauschal, ganzheitlich, umfassend = Pauschalreise mit festgelegtem Leistungspaket wie Getränken u.a.

Amex **American Express International** Business Travel Management Inc., Geschäftsreisemanagement

AOC **Air Operator Certificate** Flugbetriebserlaubnis *f*

AP **American Plan** (Fullboard) Code für Vollpension

API **Application Programming Interface** Schnittstelle für Vernetzung von Plattformen und Diensten beim Web 2.0

Apis **Advanced Passenger Information System** automatisches System zum Abfragen (personenbezogener) Daten vor dem Abflug in die USA

APM **automated peoplemover-system** automatisches Peoplemover-System

ASC **airport service charge** Flughafenservicegebühr *f*

BA **1. Bachelor** akademischer Grad; **2.** Snowboard-Style-Disziplin für **Big Air** mit High Jump und Straight Jump

BAR **Best Available Rate** günstigster Reisepreis *m*

BRIC **Brasilien, Indien und China** Schwellenländer/Absatzmärkte

BSP **Billing and Settlement Plan** Abrechnungsverfahren *n* der IATA-Fluggesellschaften mit den Reisebüros

BTC **business travel center** Reise-Geschäftszentrum
CDW **collision damage waiver** Haftungsbefreiung *f* Mietwagen, Vollkaskoversicherung *f*
CIM **Cruise Industry Management** Internationaler Studiengang für Seetouristik an der Hochschule Bremerhaven
CLIA **Cruise Lines International Association** Internationaler Kreuzfahrt--Reedereien Verband
CNR **corporate net rate** Firmen-Nettorate
CP **Continental Plan** Code für Übernachtung/Frühstück
CPU **central processing unit** Prozessor *m*, Zentraleinheit *f*
CRM **customer relation management** Kundenbeziehungsmanagement *n*
CRS **computer reservation system** computergestütztes Reservierungssystem *n*, Computerreservierungssystem *n*
CTM **Certified Travel Manager** Berufsqualifikation *f* zur Führungskraft für Geschäftsreisen
DMO **Destination Management Organization** Tourismusverband
DOT **Department of Transport(ation)** US-Verkehrsministerium *n*
EBIT **Earnings before Interest and Taxes** Betriebsergebnis vor Zinsen und Steuern
EBITDA **Earnings before Interest and Taxes, Depriciation and Amortization** Betriebsergebnis vor Zinsen, Steuern und Abschreibungen
EBT **Earnings before Taxes** Betriebsergebnis vor Steuern
ECB **European Central Bank** Europäische Zentralbank *f (Abk.: EZB)*
ECC **European Cruise Council** Europäischer Kreuzfahrtenverband
ECPAT **End Child Prostitution, Child Pornography and Trafficking of Children for Sexual Purposes** Netzwerk zur Bekämpfung der Prostitution mit Kindern im Tourismus
ECTAA **Group of National Travel Agents' and Tour Operators' Associations** Interessenvertretung der Reisebüro- und Reiseveranstalter-Verbände der EU-Mitgliedstaaten
EDC **electronic draft capture** elektronische Datenerfassung
EDIFACT **Electronic Data Interchange for Administration, Commerce and Transport** elektronischer Datenaustausch für Verwaltung, Wirtschaft und Verkehr
ELFAA **European Low Fares Association** Interessenvertretung der Billigfluggesellschaften
EP **extended protection** *(Abk.: EP)* Haftpflichtdeckungssumme *f* Erhöhung der *(Mietwagen)*
EP **European Plan** Code für Übernachtung allein
eRFP **electronic request for proposal** elektronische Ausschreibung
ERP **enterprise resource planning** Ressourcenplanung in Unternehmen
ETTC **European Turkish Tourism Council** Europäische Interessengemeinschaft für Türkei-Tourismus
EU **European Union** Europäische Union *f (Abk.: EU)*
Euram **European Academy of Management**
FAA **Federal Aviation Authority** Luftfahrt-Aufsichtsbehörde *f*
FOID **form of identification** Identifikationsschlüssel *m*
GAT **General Aviation Terminal** Abfertigungshalle *f* für Geschäftsflieger

GDP **gross domestic product** Bruttoinlandsprodukt *n (Abk.: BIP)*

GDS **Global Distribution System** weltweit agierendes computergestütztes Reservierungssystem

GIT **Group Inclusive Tour** Gruppenpauschalreise *f*, Gesellschaftsreise *f*

GNP **gross national product** Bruttosozialprodukt *n (Abk.: BSP)*

going POSH **Port Outward Starbord Home** Einbuchungsmöglichkeit auf der Kabinen-Schattenseite für die Überfahrt nach Indien, als es noch keine Klima-Anlage gab

going public **going public** Börsengang eines Unternehmens

GPMM **Grand Port Maritime de Marseille** Partnerschaft zwischen der Marseiller Hafenbehörde und Kreuzfahrt-Reedereien zum Aufbau dieses bedeutenden Mittelmeer-Hafens (2013 – Kulturhauptstadt Europas)

GS Snowboard-Style-Disziplin für **Giant Slalom** – Riesenslalom

GT **Gran Turismo/Grand Tour** Reise zu Europas Kulturstädten seit der Renaissance für viele junge Adelige und vermögende Bürger

GTA **German Tourism Academy** Deutsches Seminar für Tourismus (DSFT)

HP Snowboard-Style-Disziplin für **Halfpipe**

HPI **Hotel Price Index** Hotel Durchschnittspreis

IACO **Convention on International Civil Aviation** Abkommen *n* über die internationale Zivilluftfahrt

IATA **International Air Transport Association** Internationaler Luftverkehrsverband *m*

IATE **International Association for Tourism Economics** Internationale Vereinigung für Tourismuswirtschaft

IBE **Internet Booking Engine** Webbasierte Buchungsmaske für Internet-Reisebüros

ICAO **International Civil Aviation Organisation** Internationale Zivilluftfahrtbehörde *f*

ICCA **International Congress & Convention Association** Internationale Kongreß- und Tagungsvereinigung

ID **identity card** Ausweis *m*, Personalausweis *m*

IDP **international driving permit** internationaler Führerschein *m*

IFRS **International Financial Reporting Standards** Rechnungslegung nach internat. Normen

IIT **Independent Inclusive Tour** Einzelpauschalreise

ISPS **Inernational Ship and Port Facility Security Code** Internationale Sicherheitsbestimmungen für Häfen und Kreuzfahrtschiffe

IT **1. Information Technology** Informationstechnik *f*, Informationstechnologie *f*; **2. Inclusive Tour** Pauschalreise *f* ehemals auf Basis von Linientarifen; **3. Intelligent Ticketing** *Gesamtprozess von der Flugbuchung bis zur Abrechnung und Datenauswertung ohne Papierausdruck*

JAA **Joint Aviation Authorities** Vereinigung Europäischer Luftfahrtbehörden

LX **Swiss International Air Lines** *(Abk.: LX, nationale Schweizer Fluggesellschaft)*

MAP	**Modified American Plan** (Halfboard) Code für Halbpension
MBA	**Master of Business Administration** Akademischer Grad
MFC	**multifrequency code** Mehrfrequenzwahlverfahren *n (Abk.: MFV)*
MGTO	**Macau Government Tourist Office** Tourismusbehörde von Macau
MICE	**Meetings, Incentives, Conferences and Exhibitions** *feststehender Begriff für Veranstaltungen*
MTOW	**Maximum Take-off Weight** Höchststartgewicht für Luftfahrzeuge
Natko	**Nationale Koordinationsstelle Tourismus für Alle**
NGO	**Non-governmental organization** zwischenstaatliche Organisation, nicht auf Regierungsebene
NTO	**1. National Tourist Office/Organization** Ausländisches Fremdenverkehrsbüro; **2. Non traditional Outlet** Nicht stationäres sondern virtuelles Reisebüro
OS	**Austrian Airlines** *(Abk.: OS, nationale Österreichische Fluggesellschaft)*
OTA	**Online Travel Agency** Online-Reisebüro *n*
PAI	**personal accident insurance** Insassenunfallversicherung *f*
PLC	**Public limited company** Kapitalgesellschaft *f* (ähnlich GmbH, bzw. UG, Unternehmergesellschaft)
PNR	**passenger name record** Passagierdatensatz *m*
POP	**point of purchase** Ort des Warenangebots aus Sicht des Konsumenten (Marketing)
POS	**point of sale** Verkaufspunkt *m*
PPP	**1. Passenger Protection Plan** Versicherungsschutz gegen Insolvenz von Fluggesellschaften; **2. Public Private Partnership** privat finanziert/betriebene Infrastrukturprojekte
PR	**public relations** Öffentlichkeitsarbeit *f*
PTA	**prepaid ticket advice** Rufpassage *f*
RAC	**(The) Royal Automobile Club** Automobilclub für Großbritannien und Nordirland
REIT	**Real Estate Investment Trust** Immobilien-Aktiengesellschaft
REVPAR	**Revenue per available room** Umsatz pro verfügbares Hotelzimmer, Logiserlös
RezView-NG	**Hotel-CRS von Pegasus Solutions** Hoteldienstleister, NG steht für Next Generation
RFP	**Request for Proposal** Aufforderung zur Abgabe eines Angebots (Hotels international)
ROE	**rate of exchange** Umrechnungskurs *m*, Wechselkurs *m*
Ropo	**Research online, purchase offline** Information übers Internet, Buchung im Reisebüro
SATTE	**South Asia Travel Tourism Exchange** Touristikfachmesse in Indien, Markenpartnerschaft mit ITB
SBT	**Self Booking Tool** Online-Buchungssystem *n*, Selbstbuchungstool *n*
SC	**Super Cover bei Mietwagen als Option zur Kombination von CDW und TP buchbar; bei Zahlung der Tagesgebühr wird die Selbstbeteiligung von CDW und TP ausgeschlossen** as a supplement only available to the combination of CDW and TP by paying

the daily charge specified, though the liability for the excess in relation to CDW and TP will be eliminated

SEA **Search Engine Advertisement** Suchmaschinenwerbung

SEM **Search Engine Marketing** Besuchergewinnung einer Webseite über Suchmaschinen

SEO **Search Engine Optimization** Suchmaschinenoptimierung

SITE **Society of Incentive and Travel Executives** Vereinigung der Fachleute von Incentive-Reisen

SLA **service level agreement** Leistungsvertrag

SME **small and medium-sized enterprises** mittelständische Unternehmen *npl*

SMO **Social Media Optimization** Optimierung einer Webseite für S.M.--Dienste

SS Snowboard-Style-Disziplin für **Slopestyle**; auch Obstacle Course

STAR **Spain Tourism Award** Vertriebsauszeichnung für Spanien-Urlaub durch Turespana, das Spanische Fremdenverkehrsamt
Special Technology for Agents Rating Bonitätsprüfung durch BSP
Service Tool for Accomodation Registration Software zur webbasierten Abwicklung von Hotelbuchungen

STP **Satellite Ticket Printer** Multi-Dokumentendrucker (IATA)

STS **Swiss Travel System** Öffentlicher Verkehr mit Bahn, Bus und Schiff. Die Schweiz per Swiss Pass erleben.

Tats **Travel Agency Technologies Services** Reisebürospiegel *m*, Anbieter von Mid- und Backoffice Systemen

TC **Thomas Cook** Europa-Zentrale in Peterborough, Europas zweitgrößter Reiseveranstalter

TCS **Ticket Service Charge** Flugschein-Ausstellungsgebühr (differenziert nach Reiseziel, Bezahlungsart und Reiseklasse)

TEN **Tourism European/Ecumenical Network** Zusammenschluss tourismuskritischer Nichtregierungsorganisationen

TMC **Travel Management Company** Unternehmen mit integriertem Travel Management zur Optimierung beim Einkauf von Geschäftsreisen

TOD **ticket on departure** Tickethinterlegung *f*

TOE FL **Test of English as a Foreign Language** Englischer Sprachtest für den Hochschulzugang

TOMA **Tour Operator Maske** (oder Management) Amadeus, computergestütztes touristisches Reservierungssystem

TP **Theft Protection bei Mietwagen buchbar bei Diebstahlschutz** optional theft protection of car rental

TPM **ticketed point mileage** Ein-Kupon-Meilen *fpl*

Travel 2.0 Entwicklung im Tourismus aufgrund von neuen Technologien und Trends im Web 2.0

TSA **tourism satellite accounts** Satellitensystem *n* Tourismus

TTP **TUI Travel Plc.** TUI-Tochtergesellschaft, in London börsennotiert

UFTAA **United Federation of Travel Agents¼80 Association** Dachorganisation der nationalen Reisebüro-Verbände

UGC **user generated content** vom Nutzer selbst entwickelte Inhalte im Internet

UIB **University of the Balearic Islands, Department of Applied Economics** Universität der Balearen, Fachbereich angewandte (Volks-) Wirtschaft

UIC **Union Internationale des Chemins de Fer**, International Union of Railways
Internationaler Eisenbahnverband

UNWTO **World Tourism Organization** Welttourismusorganisation *f*

USTOA **United States Tour Operators Association** Verband der Reiseveranstalter der USA

VAT **value added tax** Mehrwertsteuer *f*

VSO **Voluntary Service Overseas** Freiwilliger Entwicklungsdienst im Ausland

WTM **World Travel Market**, London; Neben ITB-Berlin weltgrößte Fachmesse im Tourismus

WTO **World Trade Organization** Welthandelsorganisation *f*

WTTC **World Travel and Tourism Council** Welttourismusverband *m*

WYSE **World Youth Student and Educational Travel Confederation** Weltverband des Jugend-, Studenten- und Bildungsreisens

YIG **Youth Incoming Germany** Berlin/Deutschland-Werbung um Kinder- und Jugendreisen

Fraport – Terminal-Plan

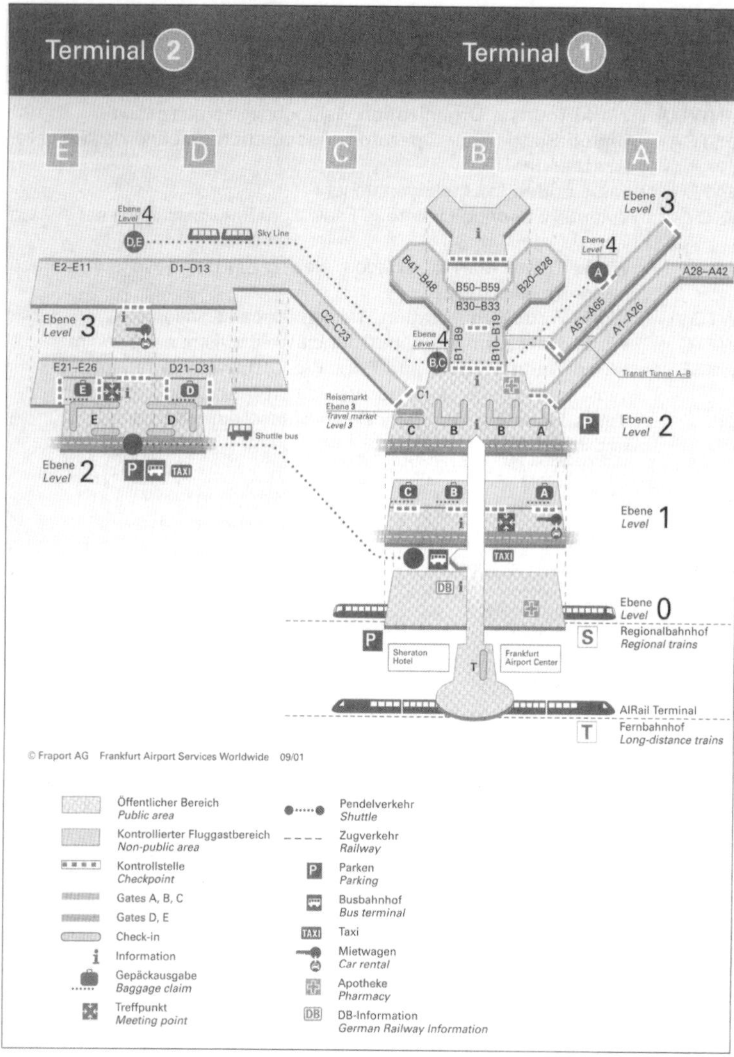

Umsatzsteuersätze in Europa 2009

Land	Regelsatz	Restaurant-dienstleistungen	Hotelbeher-bergung	Nahrungs-mittel	
Belgien	21,0%	21,0%	6,0%	6/12/21%	taxe sur la valeur ajoutée (TVA) oder belasting over de toegevoegde waarde (BTW)
Bulgarien	20,0%	20,0%	7,0%	20,0%	Dana Dobavena Stoynost (DDS)
Dänemark	25,0%	25,0%	25,0%	25,0%	omsaetningsavgift (MOMS)
Deutschland	19,0%	19,0%	19,0%*	7,0%	Mehrwertsteuer
Estland	20,0%	20,0%	9,0%	20,0%	Käibemaks
Finnland	22,0%	22,0%	8,0%	17,0%	arvonlisävero (AVL) oder mervärdess-katt (ML)
Frankreich	19,6%	5,5%	5,5%	5,5%	taxe sur la valeur ajoutée (TVA)
Griechenland	19,0%	9,0%	9,0%	9,0%	foros prostithemenis axias (FPA)
Großbritannien	15,0%**	15,0%**	15,0%**	0,0%	value added tax (VAT)
Irland	21,5%	13,5%	13,5%	0,0%	value added tax (VAT)
Italien	20,0%	10,0%	10,0%	4,0%	imposta sul valore aggiunto (IVA)
Lettland	21,0%	21,0%	21,0%	21,0%	Pievienotas vertibas nodoklis
Litauen	21,0%	21,0%	21,0%	21,0%	Pridetines vertes mokestis
Luxemburg	15,0%	3,0%	3,0%	3,0%	taxe sur la valeur ajoutée (TVA)
Malta	18,0%	18,0%	5,0%	0,0%	value added tax (VAT)
Niederlande	19,0%	6,0%	6,0%	6,0%	omzetbelasting (OB) oder belasting over de toegevoegde waarde (BTW)
Norwegen	25,0%	25,0%	0,0%	11,0%	merverdiavgift (MVA)
Österreich	20,0%	10,0%	10,0%	10,0%	Mehrwertsteuer

Land	Regelsatz	Restaurant-dienstleistungen	Hotelbeher-bergung	Nahrungs-mittel	
Polen	22,0%	7,0%	7,0%	3,0%	podatku od towarów i uslug
Portugal	20,0%	12,0%	5,0%	5,0%	imposto sobre o valor acrescentado (IVA)
Rumänien	19,0%	19,0%	9,0%	19,0%	Taxa pe valoarea adăugată
Schweden	25,0%	25,0%	12,0%	12,0%	mervärdeskatt (ML)
Schweiz	7,6%	7,6%	3,6%	2,4%	Mehrwertsteuer (Mwst)
Slowakische Republik	19,0%	19,0%	19,0%	19,0%	daň z pridanej hodnoty
Slowenien	20,0%	8,5/20,0%	8,5%	8,5%	Davek na dodano vred nost
Spanien	16,0%	7,0%	7,0%	4,0%	impuesto sobre el valor añadido (IVA)
Tschechische Republik	19,0%	19,0%	9,0%	9,0%	Daňi z přidané hotnoty
Türkei	18,0%	18,0%	18,0%	18,0%	Katma deger vergisi (KDV)
Ungarn	25,0%	25,0%	18,0%	18,0/25,0%	általános forgalmi-adó (AFA oder GTT)
Zypern	15,0%	8,0%	5,0%	0,0%	foros prostithemenis axias (FPA)

* hier ist eine Reduzierung der Steuersätze ab 1.1.2010 auf 7% geplant

** befristete Senkung von 17,5 auf 15% bis Ende 2009

Stefan Hintz, Braunschweig

Stand Oktober 2009

Urlaubsreiseverhalten 2008

Alle Urlaubsreisen = 100%	1998	2008		
Verkehrsmittel	**gesamt**	**gesamt**	**Inland**	**Ausland**
PKW/Wohnmobil	49,6	47,3	75,2	34,5
Flugzeug	32,5	36,3	0,8	52,4
Bus	9,6	9,0	9,7	8,6
Bahn	6,6	4,9	12,1	1,7
Unterkunft				
Hotel/Gasthof	43,5	50,1	29,5	59,4
Ferienwohnung/Ferienhaus	23,7	22,4	32,5	17,7
Pension/Privatzimmer	12,4	8,1	13,1	5,8
Camping	7,3	6,3	9,0	5,1
Reiseausgaben ges. pro Person pro Reise (Ø in EUR)	737	834	525	974
Ø **Reisedauer** in Tagen	13,9	12,5	10,4	13,5
Urlaubsreisen ges. (Mio.)	63,4	64,0	20,0	44,0

RA ReiseAnalyse 2009

Urlaubsreiseausgaben 2009

Entsprechend den Reiseabsichten für 2009 sind die Deutschen hinsichtlich ihrer geplanten Urlaubsreiseausgaben für 2009 nur ein wenig zögerlich: 58% derjenigen, die 2008 gereist sind, planen für ihre Urlaubsreisen 2009 genauso viel auszugeben wie 2008, 9% planen sogar mehr auszugeben. Nur ein kleiner Teil plante geringere Ausgaben als 2008 (11%) und 22% wissen einfach noch nicht, wie viel sie im Urlaub 2009 ausgeben werden. Um Kosten zu sparen werden von diesen 33% vor allem Einsparungsmöglichkeiten am und im Urlaub genannt, der Verzicht auf die Urlaubsreise kommt erst an 6. Stelle und wird von nur 18% als Option ins Auge gefasst.

Geplante Urlaubsreiseausgaben 2009

Werde 2009 für meine Urlaubsreisen im Vergleich zu 2008...	**Reisende 2008**
... gleich viel ausgeben	58%
... mehr ausgeben	9%
... weniger ausgeben	11%
Weiß noch nicht	22%
Mögliche Einsparungen (Mfn. mgl.):	
Verstärkt nach Sonderangeboten suchen	30%
Mir ein preisgünstiges Reiseziel aussuchen	28%
In der günstigeren Nebensaison Urlaub machen	24%
Eine preisgünstige Unterkunft wählen	21%
Bei den Nebenkosten am Urlaubsort sparsamer sein	20%
Gar keine Urlaubsreise machen	18%
Eine kürzere Urlaubsreise machen	16%
Ein nähergelegenes Reiseziel wählen	13%
Weniger Urlaubsreisen machen	10%
Anstelle einer langen Reise mehrere kürzere Reisen machen	4%

Basis: Personen

RA ReiseAnalyse 2009

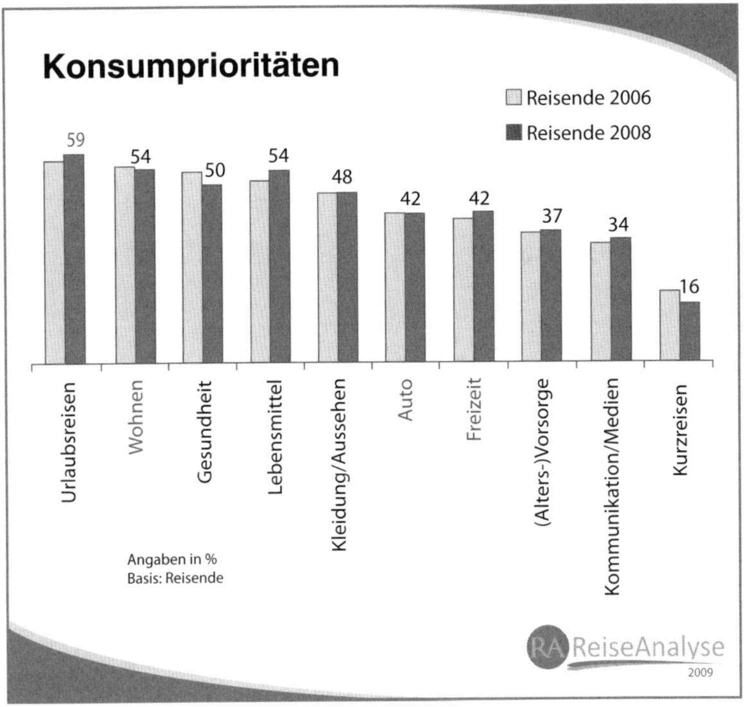

Die hohe Bedeutung der Urlaubsreisen für die deutschen Urlauber zeigt sich auch in ihrer unveränderten Position an 1. Stelle der Konsumprioritäten.

Die beliebtesten Reiseziele der Deutschen

Urlaubsreisen ab fünf Tagen Dauer in Mio.		2008
Deutschland		**29,8**
davon:	Nord-/Ostsee	9,5
	Alpen- und Voralpenland	2,0
	sonstiges Bayern	4,2
	Baden-Württemberg	2,6
Weitere Nahziele		**19,8**
davon:	Österreich	5,3
	Frankreich	2,2
	Dänemark, Benelux	4,0
	GB, Irland, Skandinavien	3,9
Mittelmeer/Mittelstrecke		**23,3**
davon:	Balearen	3,3
	Kanaren	2,5
	spanisches Festland, Portugal	2,5
	Italien	6,8
	Griechenland	2,0
	Türkei	3,3
	Nordafrika	1,9
Fernziele		**4,8**
davon:	USA, Kanada	1,8
	Karibik	0,5
	Mittel- und Südamerika	0,4
Gesamt		**77,8**

Deutschland ist und bleibt der Deutschen liebstes Reiseziel: 2008 unternahmen die Bundesbürger knapp 30 Prozent ihrer Urlaubsreisen – ab fünf Tagen Dauer – im eigenen Land. Beliebt waren vor allem die Küstenregionen an Nord- und Ostsee sowie Bayern und die Alpenregion. Beliebtestes Auslandsziel der Deutschen ist nach wie vor Spanien. Italien und Österreich rangieren auf Platz 2 und 3 der Beliebtheitsskala.

Quelle: DRV

Die weltweit 10 beliebtesten Reiseziele aller Nationen

Besucher im Jahr in Mio.	2007	2008
Frankreich	81,9	79,4
USA	56,6	58,7
Spanien	59,0	57,4
China	54,7	53,0
Italien	43,7	42,8
Großbritannien	30,8	30,5
Türkei	22,2	27,0
Deutschland	24,4	24,9
Mexiko	21,4	22,9
Österreich	20,3	21,9

Im Jahr 2008 wurden weltweit insgesamt 924 Millionen (2007: 908 Millionen) internationale touristische Ankünfte gezählt. Das entspricht einer Steigung von zwei Prozent gegenüber 2007. Die meisten Besucher aus aller Welt zählte im Jahr 2008 wieder Frankreich. Die USA haben Spanien überholt und befinden sich nun auf Platz 2. Deutschland verliert einen Rang und ist nun auf Platz 8 in der Beliebtheitsskala.

Quelle: Fakten und Zahlen zum deutschen Reisemarkt 2008

Ausgaben und Einnahmen Deutschlands im internationalen Reiseverkehr

2008 gaben die Deutschen laut UNWTO 84,7 Milliarden US-Dollar für ihre Auslandsreisen aus. Damit bestätigten die Deutschen erneut ihre Position als Reiseweltmeister. Die USA rangierten mit Reiseausgaben in Höhe von 80,8 Milliarden US-Dollar für Auslandsreisen weiterhin auf Platz 2. Nach Berechnungen der Dresdner Bank haben die Ausgaben der Deutschen für Reisen ins Ausland im Jahr 2008 das bisherige Spitzenniveau des Jahres 2007 überschritten. Als Reiseziel profitierte Deutschland von der wachsenden Reiselust seiner Gäste und konnte seine Einnahmen weiter steigern.

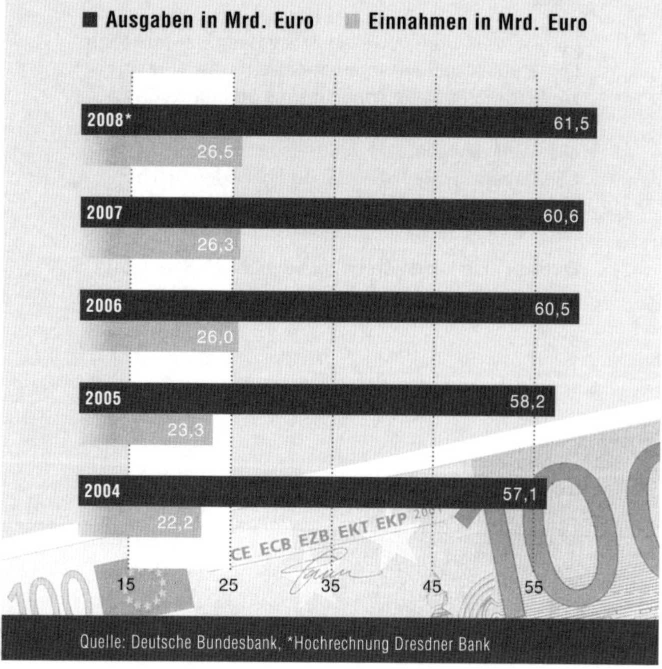

Quelle: Deutsche Bundesbank, *Hochrechnung Dresdner Bank

Wie viele Reisebüros gibt es in Deutschland?

	2007	2008
Klassische Reisebüros	3.301	3.192
Business Travel	939	951
Touristische Reisebüros	7.164	6.903
Summe Reisebüros	11.404	11.046
davon		
IATA-Agenturen	4.147	3.873
DB-Agenturen	3.048	2.973

Definitionen

Klassisches Reisebüro: Reisebüro mit mindestens einer Veranstalter- und mindestens einer Verkehrsträgerlizenz

Business Travel: Reisebüro / Dienstleister / Betriebsstelle eines Firmenreisedienstes, die überwiegend Dienstreise- und Geschäftsreisekunden abwickeln.

Touristisches Reisebüro: Reisebüro mit mindestens zwei Veranstalterlizenzen, ohne Verkehrsträgerlizenz

Wie gliedern sich die Umsätze der Reisebüros?

Konsolidierte Umsätze aller Reisevertriebsstellen in Mrd. Euro

	2007	2008
Gesamtumsatz	21,4	21,8
davon		
Privatkundengeschäft	14,0	14,2
Business Travel	7,4	7,6

Die Reisebüros wickeln auch den größten Teil der IATA-Flugticket-Umsätze (siehe Seite 9) von insgesamt zehn Milliarden Euro ab.

Quelle: DRV-Vertriebsdatenbank, Rewe-Marktforschung

Landkarte Deutschland, Österreich, Schweiz

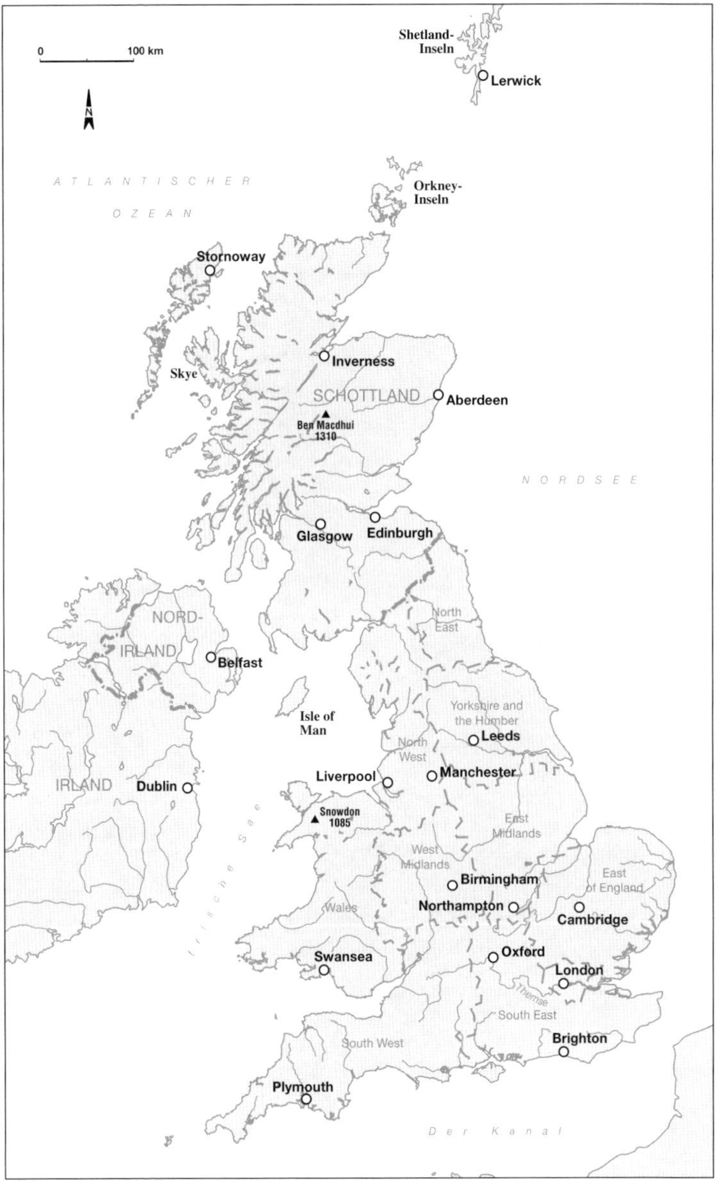

Landkarte Großbritannien und Nordirland

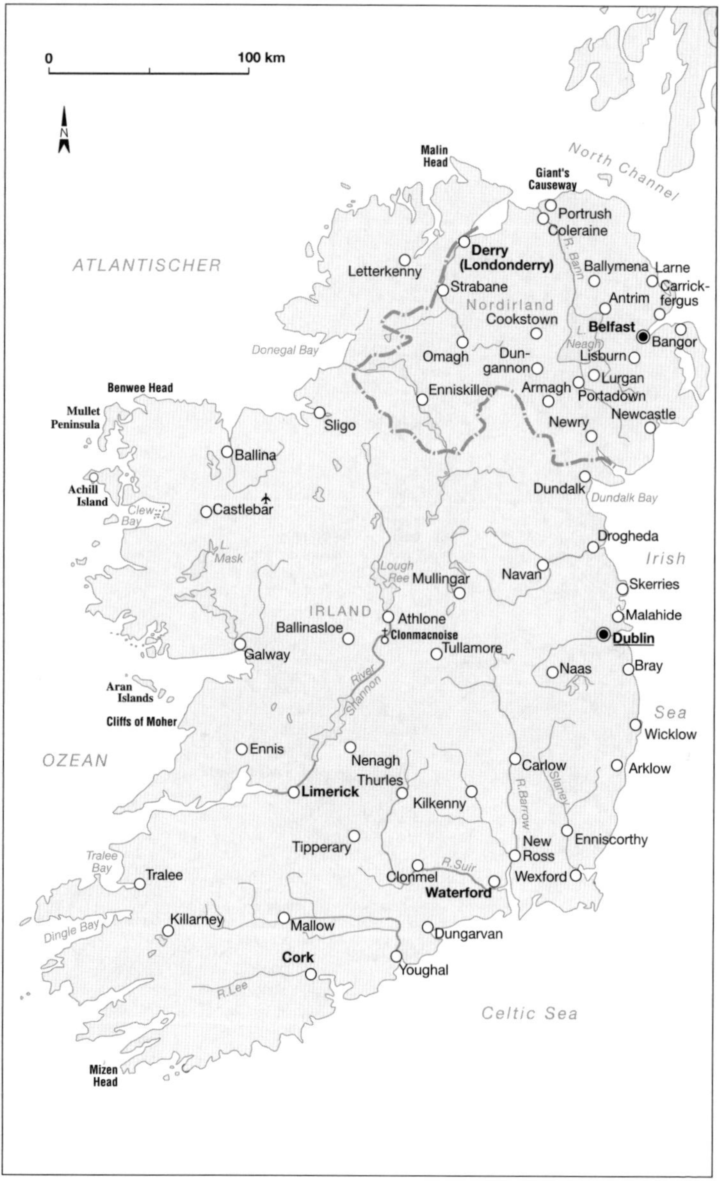

Landkarte Irland

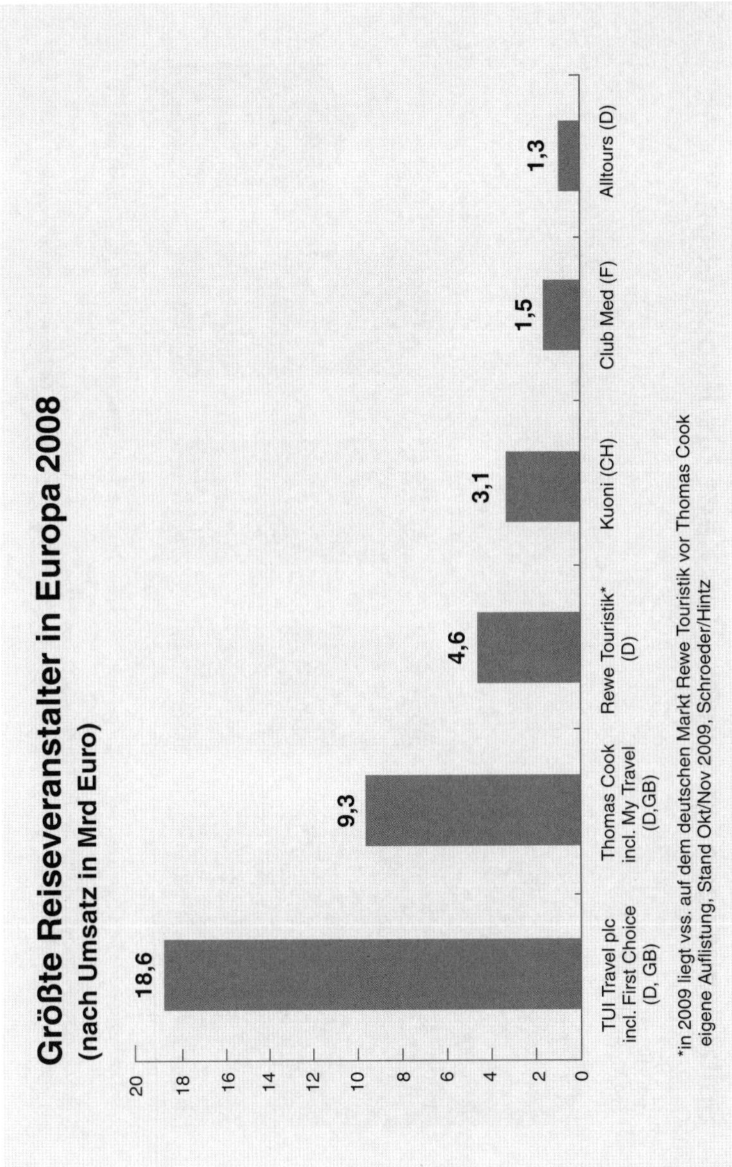
Größte Reiseveranstalter in Europa 2008
(nach Umsatz in Mrd Euro)
20
18
16
14
12
10
8
6
4
2
0
18,6
9,3
4,6
3,1
1,5
1,3
TUI Travel plc incl. First Choice (D, GB)
Thomas Cook incl. My Travel (D,GB)
Rewe Touristik* (D)
Kuoni (CH)
Club Med (F)
Alltours (D)
*in 2009 liegt vss. auf dem deutschen Markt Rewe Touristik vor Thomas Cook
eigene Auflistung, Stand Okt/Nov 2009, Schroeder/Hintz

Spitzenreiter bunt gemischt - Von Kette bis Kooperation

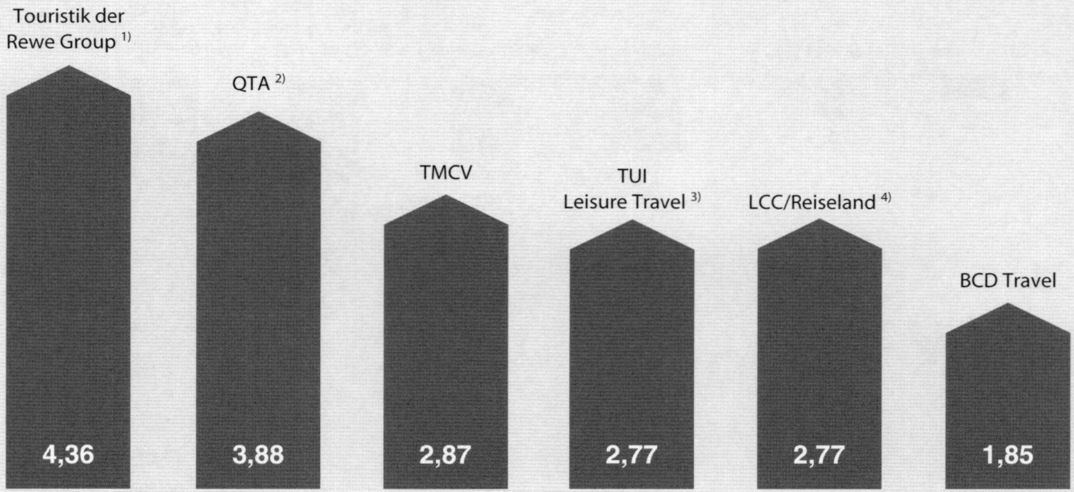

Umsatz in Milliarden Euro

1) Inklusive der Rewe-Beteiligung RSG mit den Kooperationen Pro Tours/RCE, Deutscher Reisering, Tour Contact und Prima Urlaub.
2) Inklusive 50 Prozent der Umsätze der RT-Beteiligungen TUI Travel Star und Alpha.
3) Inklusive 50 Prozent der Umsätze der TUI-Beteiligung TUI Travel Star.
4) Strategische Allianz Ende 2007 gegründet und noch im Aufbau. Die restlichen Umsätze der OFT bleiben unberücksichtigt.

Quelle: FVW

Noch mal nach oben

Die Umsätze der Geschäftsreisebüros

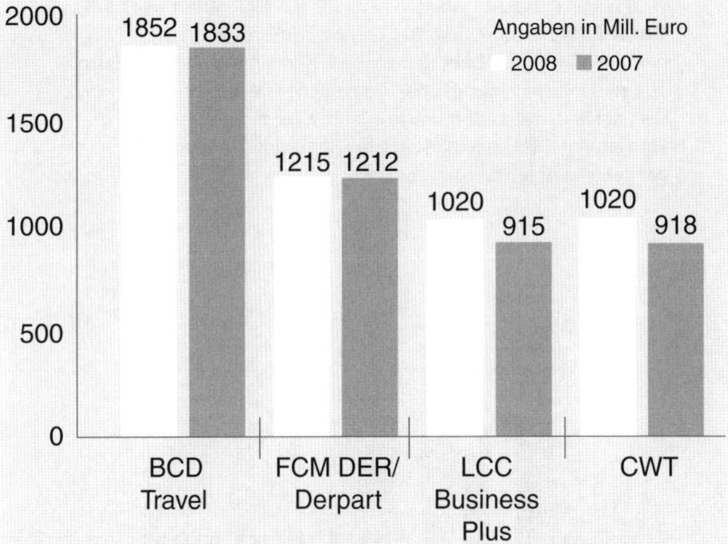

Die vier großen Geschäftsreisebüros in Deutschland konnten 2008 unisono an Umsatz gewinnen. Nicht aufgelistet sind in dieser Tabelle die Umsätze von HRG Germany, American Express und First Business Travel, die keine Zahlen lieferten. Nach Schätzungen der fvw liegen die vermittelten Umsätze dieser Anbieter jeweils deutlich unter einer Milliarde Euro.

Quelle: FVW

Sparen auf hohem Niveau

Die wichtigsten Zahlen der VDR-Geschäftsreiseanalyse 2009

2008 haben deutsche Unternehmen rund **8,5 Mill. Mitarbeiter auf Geschäftsreise** geschickt. Das waren fast 15 Prozent mehr als noch vor vier Jahren. Dabei gaben die Reisenden **pro Tag 136 Euro** aus, zwei Euro weniger als 2007. Damit geben sie doppelt soviel Geld auf Reisen aus wie normale Urlauber. Die bringen es auf 67 Euro am Tag. Die Gesamtkosten einer Dienstreise fielen im vergangenen Jahr um fünf auf 311 Euro.

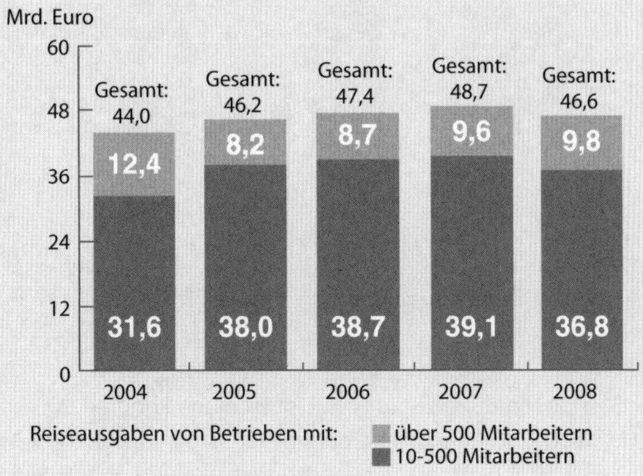

Quelle: VDR-Geschäftsreiseanalyse 2009

Die Verteilung der Reisekosten

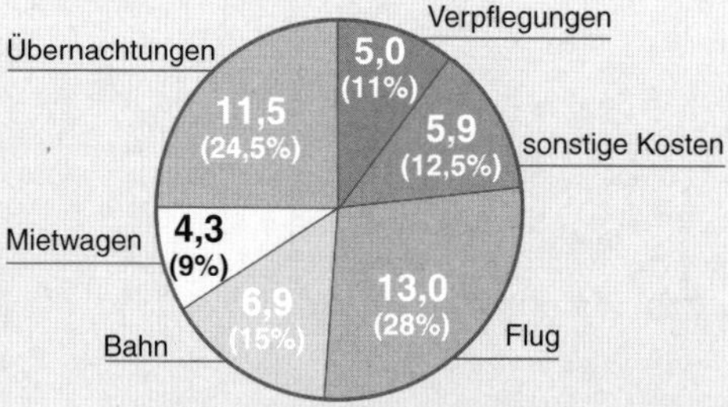

Angaben in Mrd. Euro. Gesamt 4,6 Milliarden Euro

Maßnahmen zur Kostenreduzierung

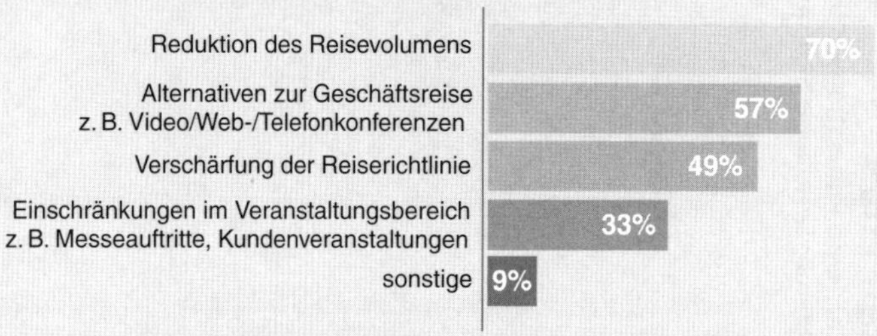

Mehrfachantworten der Unternehmen möglich,
Quelle: VDR-Geschäftsreiseanalyse 2009

Airline-Allianzen 2009

Mitglieder-Liste (incl Carrier Identification Codes = Two Letter Codes, siehe das Tourismuslexikon, 5. Auflage Schroeder/Hintz)

Star Alliance	
Lufthansa	LH
Swiss International Air Lines	LX
Austria Airlines	OS
British Midland Airways bmi	BD
Air Canada	AC
Air China	CA
Singapore Airlines	SQ
United Airlines	UA
Continental Airlines	CO
Air New Zealand	NZ
All Nippon Airways	NH
LOT Polish Airlines	LO
SAS Scandinavian Airlines	SK
TAP Portugal	TP
Thai Airways	TG
US Airways	US
Adria Airways	JP
Asiana Airlines	OZ
Blue1	KF
Croatia Airlines	OU
Egypt Air	MS
Schanghai Airlines	FM
South African Airways	SA
Spanair	JK
Turkish Airlines	TK

Netz: über 900 angeflogene Flughäfen

Beitrittskandidaten:

Brussels Airlines	SN
TAM Linhas Aéreas	JJ
Aegean Airlines	A3
Air India	AI

Skyteam	
Air France	AF
KLM	KL
Alitalia	AZ
Delta Air Lines	DL
Aeroflot	SU
Aeroméxico	AM
Czech Airlines	OK
Korean Airlines	KE
China Southern Airlines	CZ

Netz: über 900 Zielflughäfen

Beitrittskandidaten:

Air Algerie	AH
Garuda Indonesia	GA
Malaysia Airlines	MH
TAROM	RO
Uzbekistan Airways	HY
Vietnam Airlines	VN

One World	
British Airways	BA
American Airlines	AA
Cathay Pacific	CX
Finnair	AY
Iberia	IB
Japan Airlines	JL
LAN	LA
Malév	MA
Quantas Airways	QF
Royal Jordanian	RJ

Netz: fast 700 angeflogene Flughäfen

Beitrittskandidaten:

Mexicana de Aviación	MX
S7 Airlines	S7

Auflistung, Stand Okt/Nov 2009
Schroeder/Hintz